RECUEIL
CONTENANT

L'Edit de Création fur l'établiffement de la Jurifdiction Confulaire de la Ville de Clermont, principale & Capitale de la Province d'Auvergne, & de celles de Riom & Brioude, créées à l'inftar de la Ville de Paris.

AVEC
LES DECLARATIONS ET ARRESTS

donnés en faveur des Jurifdictions Confulaires, pour autorifer ladite Juftice; comme auffi l'Inftruction & l'ordre obfervé aux Elections des Juge-Confuls.

LE tout recueilli & dreffé par les foins de M. CORTIGIER, *Confeiller du Roy, Referendaire en la Chancellerie établie prés la Cour des Aydes de Clermont-Ferrand, & Juge des Marchands de Clermont l'année* 1714: Mrs BRUN, *Confeiller du Roy, Chauffe-cire en ladite Chancellerie;* & CHEIX, *Confuls.*

A PARIS, rue de la Harpe,
Chez LAURENT-D'HOURY, Imprimeur-Libraire, vis-à-vis la rue S. Severin, au St Efprit.

MDCCXXII.
AVEC APPROBATION ET PRIVILEGE DU ROY.

A MONSEIGNEUR

MONSEIGNEUR

CLAUDE LE BLANC,

Chevalier, Conseiller du Roy en tous ses Conseils, Secretaire d'Etat ayant le Département de la Guerre, Grand-Croix, Grand Prevôt & Maître des Cérémonies de l'Ordre Militaire de S. Louis, &c.

ONSEIGNEUR,

Les Juge-Consuls de la Ville de Clermont en Auvergne ayant recueilli les Edits, Declarations du Roy, Ar-

ã ij

rêts & Reglemens concernant le Commerce & les Jurisdictions Consulaires, ont crû qu'ils devoient faire part au
Public de leurs recherches ; & comme cette Province que
vous avez si sagement gouvernée, vous a des obligations infinies, ils osent vous prier de leur accorder encore
votre protection pour ce Recueil, persuadés que s'il peut
avoir votre approbation, il aura celle de toute la France ;
puisqu'il se trouve peu de Magistrats dans le Royaume qui
joignent comme vous, MONSEIGNEUR, autant
de capacité à autant de prudence. Toutes les Sciences
vous sont familieres, la Politique, les Détails, la Guerre,
le Négoce même ; rien ne vous est nouveau. Les grands
Emplois que vous remplissez si dignement, sont les preuves
de l'élévation & de l'étendue de votre génie.

Qui sçait mieux que vous, MONSEIGNEUR,
que la grandeur d'un Etat n'a pas besoin seulement de l'é-
clat des Armées, mais qu'il faut encore qu'elle soit soutenue
par la force des Loix, par une sage administration des Finances, & par un Commerce bien reglé ?

Nous souhaitterions, MONSEIGNEUR, qu'il
nous fût permis de rappeller vos rares & éminentes qualités ; mais comme nous craindrions de ne le pouvoir faire
sans blesser votre modestie, nous parlerons seulement icy de
de la bonté de votre cœur & de votre désinteressement, en

EPITRE.

vous faisant ressouvenir, MONSEIGNEUR, *de la douleur que ressentit toute la Province, lorsque votre Grandeur fut appellée pour Dunkerque: Les Peuples publioient hautement qu'ils perdoient un Protecteur, qu'ils perdoient un pere tendre & affectionné, qui ménageant les interests du Roy, avoit sçû mettre de justes bornes à l'avidité & à l'avarice des Partisans. Ils seront consolés, lorsqu'ils verront votre Nom*, MONSEIGNEUR, *à la tête d'un Livre qui leur est utile: Ils recevront ce Livre avec joye, & approuveront la respectueuse hardiesse qu'ont eu de vous le présenter,*

MONSEIGNEUR,

Vos très-humbles, très-obéïssans, très-affectionnés & très-redevables serviteurs, CORTIGIER, Conseiller du Roy, Référendaire en la Chancellerie près la Cour des Aydes de Clermont, Juge des Marchands l'année 1714: BRUN, Conseiller du Roy en ladite Chancellerie; & CHAIX, Consuls.

AVIS
AUX CORPS DES MARCHANDS
de cette Province d'Auvergne.

LA protection que nos Rois très-Chrétiens ont toujours donnée aux Juges & Consuls contre ceux qui entreprenoient sur leurs Jurisdictions, & qui en vouloient troubler la tranquilité, nous fait connoître que le Commerce a toujours passé pour un des plus grands avantages de l'Etat, puisque c'est lui qui enrichit les Peuples, qui produit l'abondance, qui rend puissans & invincibles les Royaumes & les Princes qui les gouvernent.

Nous en voyons l'utilité, Messieurs, puisque la plus grande partie des Etats subsistent par le Commerce.

Démosthene nous apprend l'origine des Jurisdictions Consulaires, car il dit qu'anciennement à Rome & à Athenes il y avoit des Juges constitués dans chaque Métier, pour terminer les differens qui naissoient entre personnes de même Commerce, de même Négoce & de même état. Paul III. établit à Rome des Juge-Consuls pour les Marchands de de Draps, & dans cette grande Ville d'Athenes il y avoit six Juges des Marchands pour autant de Métiers differens.

AVIS.

Et ce qui donna lieu au grand Roy Charles IX. d'heureuse mémoire (qui cherchoit si prudemment les moyens de rétablir le Commerce dans son Royaume) de faire revivre ces mêmes Jurisdictions, fut qu'étant un jour entré dans la Lanterne de la Grand-Chambre de son Parlement de Paris, il fut sensiblement touché d'entendre prononcer un Arrêt qui mit hors de Cour & de Procès deux Marchands qui avoient plaidé dix ou douze ans, après avoir essuyé tous les degrés de Jurisdictions; & ce grand Prince honora de tant de Privileges cet établissement, que les Souverains ses successeurs les ont fait publier de tems en tems.

Le feu Roy Louis le Grand de glorieuse mémoire, a eu tant de bonté pour nos Jurisdictions, qu'il n'a pas discontinué de leur accorder des faveurs & des graces toutes Royales, dans le tems même que la Parque inhumaine tramoit contre sa vie ce funeste attentat : & le plus auguste Senat du monde (dont l'intégrité ne sera jamais corrompue, & dont la science est au-delà de celle des humains) à qui le bien de l'Etat & la félicité des Peuples sont si chers, a honoré de tant de beaux Arrêts & Reglemens nos Jurisdictions, que nous avons crû qu'il étoit de notre devoir d'en faire un Recueil pour le bien & l'utilité de nos Justiciables, afin de maintenir l'autorité, la sincerité & la bonne-foy du Commerce, qui est l'ame de la plus honorable Profession.

Le nom de Juge est quelque chose de si grand, que les Grecs ne donnoient point de qualité plus relevée aux premiers Rois, que celle de Juges; & lorsque les Hebreux demanderent un Roy à Samuel, ils dirent que c'étoit pour les juger. Salomon, le plus sage de tous les hommes, dont les Arrêts furent reçus par tous les coins du monde avec une admiration sans égale, ne fit d'autre priere à Dieu sinon d'être sage pour bien juger : *Quia non petisti à me dies multos, nec divitias, aut animas inimicorum tuorum, sed postulasti sapientiam ad discernendum judicium, ecce feci secundùm sermones tuos.* Et c'est par cette politique que les Empereurs Romains ont étendu leur Empire, & que les Royaumes & les Républiques sont parvenues au comble de la grandeur où l'on les voit aujourd'huy : *Justitia radix est immortalitatis.*

Vous devez avoir, Messieurs, la justice en si grande recommandation; que les Loix soient gravées dans vos cœurs d'une maniere si vive, qu'il soit facile de voir que vous n'agissez plus que par ses mouvemens, & qu'il ne paroisse aucune difference entre vous & ses volontés; vous êtes des Loix animées : *Lex est judex mutus, & judex est lex animata.* Car sans vos équitables Jugemens le Commerce seroit en désordre, & dans une perpetuelle déroute : l'objet des esperances publiques deviendroit funeste; le trouble & la mauvaise foy s'empareroit du cœur des Négocians; les désordres y prendroient place, & nos admirables Jurisdictions perdroient presqu'en un moment les brillans de leur suprême autorité. Ce seroit un mal sans remede : *Omnibus remedium, nisi fractæ fidei.*

Aussi dans les Elections des Juge-Consuls, cette Assemblée ne doit être composée que des plus notables

AVIS.

bles de ceux qui font profession de Commerce, & ceux dont on doit faire choix, doivent être des personnes de probité, commodes, éclairés, sans reproches, & d'un âge conforme à l'Arrest du Conseil d'Etat du Roy inseré dans ce Recueil, à peine de nullité des élections; afin que remplis de prudence, ils puissent maintenir par leurs équitables jugemens la paix & la tranquilité dans le Commerce.

Il est même nécessaire que ceux qui sortent de Charge assistent exactement aux Audiences une seconde année, afin d'aider de leurs conseils & de leurs lumieres les nouveaux Juge-Consuls, comme il se pratique très utilement dans la Jurisdiction de cette Ville Capitale, & dans toutes les autres bien réglées.

Les Juge-Consuls doivent veiller à ce qui peut reprimer les abus qui pourroient s'être glissés, & les désordres qui pourroient survenir en leurs Jurisdictions.

Ils doivent arrêter le cours des procedures, faire comparoître autant qu'il se peut les Parties en personnes, afin d'éviter les surprises, & d'apprendre par leurs bouches la sincerité de leurs diferens. Ils doivent aussi reprimer les efforts des Parties adverses, dans la connoissance qu'ils auront de leur injuste prétention, & maintenir ce qu'ils auront si prudemment & si sagement ordonné: *Breviter & gratis*.

Il n'y a rien qui enrichisse plus les Villes, les Provinces & les Royaumes, que le Trafic de la Marchandise, fondé sur la foi des Marchands qui agissent loyalement entr'eux, sans témoins ni Notaires, & sans observer la subtilité des Loix & la rigueur des

Ordonnances: mais comme il se trouve des esprits processifs & litigieux, il faut extirper cette chicanne qui est si fort enracinée, sur le champ, se distinguer par une prompte expédition des autres Juges; non seulement parce que nous y sommes obligés par nos Instituts, mais encore par la charité que nous devons aux Particuliers & au Public, qui souffriroit par le retardement du Commerce: & il est absolument necessaire d'étouffer ces diferens dès leur naissance, & par des temperamens convenables faciliter aux Debiteurs les moyens de se liberer sans faire aucuns préjudice à la sûreté des Créanciers.

Les Juge-Consuls doivent être exacts à renvoyer les Affaires qui ne sont pas de leur compétence, mais severes à les retenir lorsque la connoissance leur apparient.

Car il est très-avantageux à l'Etat que les Marchands connoissent des Affaires du Commerce: *Suæ artis quisque optimus disputator est.*

APPROBATION.

J'Ay lû par ordre de Monseigneur le Garde des Sceaux l'Ouvrage intitulé : *Recueil contenant l'Edit de création sur l'Etablissement de la Jurisdiction Consulaire des Marchands de la Ville de Clermont Principale & Capitale de la Province d'Auvergne, & de celles de Riom, Brioude & autres, créées à l'instar de celle de Paris, &c. avec l'Avis au Corps des Marchands de ladite Province, & l'Instruction générale sur la Jurisdiction Consulaire des Marchands.* Je n'y ai rien trouvé de contraire aux droits du Roy, ni à la Jurisprudence du Royaume. A Paris ce troisième Avril 1718.

COUET DE MONTBAYEUX.

PRIVILEGE DU ROY.

LOUIS par la grace de Dieu Roy de France & de Navarre; A nos amés & féaux Conseillers, les Gens tenant nos Cours de Parlement, Maîtres des Requêtes ordinaires de notre Hôtel, Grand Conseil, Prevôst de Paris, Baillifs, Seneschaux, leurs Lieutenans Civils, & autres nos Justiciers qu'il appartiendra; SALUT. Notre bien amé le Sieur * * * Nous ayant fait remontrer qu'il souhaitteroit faire imprimer & donner au Public un *Recueil de plusieurs de nos Edits, Déclarations & Reglemens concernant le Commerce & la Jurisdiction Consulaire*, s'il Nous plaisoit de lui accorder nos Lettres de Privilege sur ce necessaires : A CES CAUSES, voulant favorablement traiter ledit sieur Exposant, Nous lui avons permis & permettons par ces Présentes de faire imprimer ledit Recueil en tels volume, forme, marge, caracteres, conjointement ou séparément, & autant de fois que bon lui semblera, & de le faire vendre & debiter par tout notre Royaume, pendant le tems de sept années consecutives, à compter du jour de la datte desdites Presentes. Faisons défenses à toutes personnes, de quelque qualité & condition qu'elles soient d'en introduire d'impression étrangere dans aucun lieu de notre obéissance ; comme aussi à tous Libraires, Imprimeurs & autres, d'imprimer, faire imprimer, vendre, faire vendre, debiter ni contrefaire ledit *Recueil de plusieurs de nos Edits, Déclarations & Reglemens concernant le Commerce & la Jurisdiction Consulaire* en tout ni en partie, ni d'en faire aucuns extraits sous quelque prétexte que ce soit, d'augmentation, correction, changement de titre, feuille séparée, ou autrement, sans le consentement par écrit dudit sieur Exposant, ou de ceux qui auront droit de lui, à peine de confiscation des exemplaires contrefaits, de quinze cent liv. d'amende contre chacun des contrevenans, dont un tiers à Nous, un tiers à l'Hôtel-Dieu de Paris, l'autre tiers audit sieur Exposant, & de tous dépens, dommages & intérêts. A la charge que ces Presentes seront enregistrées tout au long sur le Registre de la Communauté des Libraires & Imprimeurs de Paris, & ce dans trois mois de la datte d'icelles; que l'impression de ce Recueil sera faite dans notre Royaume, & non ailleurs, en bon papier & beaux caractères, conformément aux Reglemens de la Librairie; Et qu'avant de l'exposer en vente, le Manuscrit ou Imprimé qui aura servi de copie à l'impression dudit Recueil, sera remis dans le même état où l'Approbation y aura été donnée, ès mains de notre trescher & féal Chevalier Garde des Sceaux de France le sieur d'Argenson, & qu'il en sera ensuite remis deux Exemplaires dans notre Bibliotheque publique, un dans celle de notre Château du Louvre, & un dans celle de notre très-cher & féal Chevalier Garde des Sceaux de France le sieur d'Argenson; le tout à peine de nullité des Presentes. Du contenu desquelles Vous mandons & enjoignons de faire jouir ledit sieur Exposant ou ses ayans cause, pleinement & paisiblement, sans souffrir qu'il leur soit fait aucun trouble ou empêchement. Voulons que la copie desdites Presentes, qui sera imprimée au commencement ou à la fin dudit Recueil, soit tenue pour duement signifiée, & qu'aux copies collationnées par l'un de nos amés & féaux Conseillers & Secretaires, foi soit ajoûtée comme à l'Original: Commandons au premier notre Huissier ou Sergent de faire pour l'exécution d'icelles tous Actes requis & necessaires, sans demander autre permission, & nonobstant clameur de Haro, Charte Normande, & Lettres à ce contraires; Car tel est notre plaisir. Donné à Paris le 30e jour du mois de Juin l'an de grace 1718, & de notre Regne le troisiéme. Par le Roy en son Conseil, Signé, DE SAINT-HILAIRE.

Il est ordonné par l'Edit du Roy du mois d'Aoust 1686, & Arrests de son Conseil, que les Livres dont l'impression se permet par Privilege de Sa Majesté, ne pourront être vendus que par un Libraire ou Imprimeur.

Registré sur le Registre IV. de la Communauté des Libraires & Imprimeurs de Paris, page 335, n°. 359, conformément aux Reglemens, & notamment à l'Arrest du Conseil du 13 Aoust 1703. A Paris le 4 Juillet 1718.

DELAULNE, *Syndic.*

Ledit Sieur *** a cedé son Privilege à LAURENT D'HOURY, Imprimeur-Libraire, suivant l'accord fait entr'eux.

INSTRUCTION

INSTRUCTION GENERALE
SUR LA
JURISDICTION CONSULAIRE DES MARCHANDS.

LE ROY Charles IX. du nom, d'heureuse Memoire, désirant subvenir à ses Sujets, & les rédimer de la véxation & dépense, à cause de la longueur & surprise des procés au sujet de la Marchandise & du Négoce, créa un Juge & quatre Consuls par son Edit donné à Paris en Novembre 1563, pour rendre cette justice gratuitement, sans aucun salaire, ni aucune rétribution; cet Edit quoique salutaire, & pour mieux dire si nécessaire au Public, a été neantmoins traversé par les Lieutenans Civils, Prevôts, Baillifs, Senéchaux, & autres Juges ordinaires, qui n'ont pas laissé de s'opposer toûjours, & d'essayer d'en empêcher le cours & l'execution, même de l'étouffer (s'il leur eût été possible) quasi dés sa naissance; comme il se voit & justifie par les Declarations & Arrêts de la Cour, donnez en consequence d'iceluy.

Or ces empêchemens n'ont pas été seulement tentez par le Prevôt de Paris & ses Lieutenans; mais par tous les autres Juges ordinaires, faisant deffenses aux Sergents d'adjourner

A

les Parties pardevant lesdits Juge & Consuls, ni de mettre à execution leurs Sentences, répondant ordinairement des Requêtes. Portant deffenses d'executer les Sentences des Consuls, élargissant les Prisonniers emprisonnez, en vertu desdites Sentences, & eux & autres Juges ordinaires des moindres Villes, comme Pontoise, Senlis, Meaux, Melun, & autres faisant deffenses aux Sergens de leur Ressort, d'adjourner aucuns Justiciables de leurs Jurisdictions, pardevant lesdits Juge & Consuls.

Et quoique les deffenses d'iceux Juges d'executer lesdites Sentences n'ayent point de lieu, par les termes précis de l'Edit, par lequel en l'article 11. les appellations des Sentences doivent être relevées en la Cour, & l'on s'y doit pourvoir, sans avoir égard ausdites deffenses.

Et quoi qu'aussi par ce même Edit, il y ait commandement exprés à tous Huissiers & Sergens d'adjourner les Parties devant lesdits Juge & Consuls, & mettre à execution leurs Commissions, Sentences & Mandemens, nonobstant les deffenses des Juges ordinaires ; neantmoins parce qu'au mépris les Juges ordinaires ne laissoient pas de continuer leurs entreprises, est intervenu la Déclaration du Roy donnée à Bourdeaux le 28e. jour d'Avril 1565. ce qui est confirmé par une autre Declaration donnée à Paris le 4 Octobre 1611. verifiée à la Cour, par lesquelles le Roy a confirmé ce qui étoit des deffenses faites aux Juges ordinaires, d'entreprendre sur la Jurisdiction Consulaire, suspendre ni empêcher l'execution de leurs Sentences, à peine d'être responsables des dépens, dommages & interêts des Parties, en leurs propres & privez noms ; suivant ces Edits & Declarations est intervenu Arrest le 14 jour de Mars 1611. Entre Nicolas Marcher, Appelant comme de Juge incompétant des Jugemens du Prevôt de Paris, d'une part ; & Jacques Audiger Intimé, Appelant des Sentences des Consuls d'autre, par lequel entr'autres choses. La Cour a fait inhibitions & deffenses au Prevôt de Paris, ses Lieutenans & Presidiaux du Châtelet de proceder par cassation des Sentences des Consuls, & au Substitut du Procureur General d'en empêcher l'execution à peine des dommages & interêts des Parties en leurs propres & privez noms, sauf à icelles à se pourvoir par appel ou autrement.

Par Arrêt du 5 Mars 1615. le Lieutenant Civil ayant cassé une Sentence des Consuls, par laquelle Jean Darquy avoit été condamné & emprisonné à la Requête de Jean Guillebon & Martin Parisis, & élargy le Prisonnier, lesdits Guillebon & Parisis se sont portez pour Appelants comme de Juge incompétent ; la Cour a dit qu'il avoit été mal nullement & incompétemment jugé, ordonné, procedé & executé, bien appelé par les Appelans, a cassé, revoqué & annullé comme attentat, tout ce qui a été fait par le Prevôt de Paris : Ordonné que les amandes si aucunes ont été payées, seroient rendues, & à ce faire ceux qui les auroient reçues, contraints par les mêmes voyes qu'avoient été les Appelans ; condamné l'Intimé aux dépens de la cause d'appel, & fait iteratives deffenses au Prevôt de Paris de proceder par cassation des Sentences des Consuls, sauf aux Parties à se pourvoir par appel.

Il y en a un autre du 12 Mars 1615. entre Louis Perdoux, Appelant d'une part, & Nicolas Jacques Intimé ; qui ordonne la même chose que le précedent.

Il appert donc qu'en vertu des Edits, Declarations & Arrêts donnez à cet effet, le Prevôt de Paris, ses Lieutenans, ni autres Juges ordinaires & subalternes ne peuvent faire deffenses d'executer les Sentences, les Jugemens & Commissions des Consuls, sur Requête ni autrement, ne peuvent élargir les Prisonniers, & en vertu de l'Ordonnance desdites Sentences, Jugemens & Commissions, ne peuvent empêcher les Sergens d'adjourner les Parties devant lesdits Juge & Consuls, & quand ils le font, l'appel comme de Juge incompetant se trouve bon, comme il est porté par lesdits Arrêts.

Nonobstant tous ces Edits, Declarations, Arrêts, & plusieurs autres en cas semblables, les Juges ordinaires ne laissent (& notamment le Lieutenant Civil) de faire & accorder lesdites deffenses, à quoy obéissent les Sergens du Châtelet, comme à leurs Superieurs, mais le remede est en cas de deffenses, de faire proceder aux executions desdites Sentences & Jugemens, par des Sergens des Eaux & Forêts, Huissiers des Elûs, Cour des Monoyes, Chambre des Comptes, de la Prevôté de l'Hôtel, des Requêtes du Palais, Cour des Aydes, Grand Conseil, Parlement, & autres en nombre infini qui ne sont sujets aux Juges ordinaires, & qui ne déferent pas à leurs Ordonnances ; cependant pour plus grande précaution l'on peut se pourvoir au Parlement, appeler comme de Juge incompetant, & obtenir Arrêt de défenses particulieres qui ne se refusent point en cette rencontre, y en ayant une infinité qui ont été obtenus en cas semblables ; parce que le Lieutenant Civil, étant Juge ordinaire & Royal, n'a pas de pouvoir sur la Justice Consulaire, qui est pareillement Royale & ordinaire, pour les matieres dont la connoissance luy est attribuée.

Les Juge & Consuls doivent connoître de toutes causes de Marchand à Marchand, & pour fait de Marchandise, sur laquelle qui voudroit croire les Juges ordinaires & leurs Procureurs, l'Edit ne s'étendroit qu'entre personnes de même qualité, comme de Drapier à Drapier, Epicier à Epicier, Marchand à Marchand, & ainsi des autres ; mais si ces raisons avoient lieu la Justice des Consuls seroit bien petite ; il n'auroit point falu d'Edit pour ce regard ; car des personnes de même vacation n'ont pas souvent affaire ensemble ; mais outre que les qualitez pareilles ayant quelque differend, doivent être terminées & vuidées par lesdits Juge & Consuls ; sont encore entendus de Marchand à Marchand, les Marchands & Epiciers qui vendent des drogues aux Teinturiers pour teindre, les Boulangers & Paticiers qui achetent leur bled d'un Marchand Blatier, les Tailleurs qui achetent des étoffes pour employer en des habits qu'ils ont marchandé de fournir, les Carriers qui vendent leurs pierres au Maçon, les Plâtriers de même, les Messagers, Voituriers de Vin, Imprimeurs, Libraires, Brodeurs, Courtiers, Paveurs, & generalement tous ceux qui achetent pour revendre, qui font commerce de Marchandise en quelque sorte & maniere que ce soit, parce que leur négoce entre dans le commerce.

Cette proposition est conforme aux Arrêts de la Cour, le premier, du 12 Mars 1615. rendu entre Louis Perdoux Courtier de vin, & Nicolas Jaquet Cabaretier. Un second, du 7 Janvier 1628. rendu entre Gilles Hardel Faiseur d'instrumens de musique, & André Bertin Maître Mirouetier. Un troifiéme, du 7 Septembre 1629. entre Nicolas de la Vigne Imprimeur, & Savinien Pigoreau Libraire. Un quatriéme, du 6 Mars 1634. entre Jean Clement Marchand à Paris, & Jean Dupuis Maître Brodeur. Un cinquiéme, du 28 Septembre 1647. entre Antoine Brunel Sergent Royal à Estampes, & Françoise Merlin & Consors. Le sixiéme, du 24 Avril 1654. entre Jean Alleaume Voiturier par terre, & Guillaume Thibault Marchand. Le septiéme, du 22 Janvier 1659. entre Jean Vatel Maître Paveur, & les Jurez dudit Métier. Et le huitiéme, rendu le 16 Mars 1658. entre les Juges & Consuls de Soissons, d'une part; & les Presidiaux dudit lieu, par lequel il a été jugé deux choses. L'une, que les Consuls doivent connoître des differends de Marchand à Marchand pour fait de marchandise, de Marchand à Artisan, & d'Artisan à Marchand pour le fait de marchandises par eux achetées des Marchands pour employer aux ouvrages qu'ils revendront. L'autre, qu'il s'agissoit de marchandise déposée, vendue par un privilegié qui en demandoit le payement à un Cabaretier, & à ses Coheritiers qui n'étoient point Marchands, & cependant la Cour n'a pas laissé de confirmer la Sentence qui avoit été rendu par lesdits Juge & Consuls, parce que dans le fond il s'agissoit de marchandise achetée pour vendre, que celuy qui l'avoit vendue ayant fait la vente, avoit derogé & fait fonction de Marchand, & que ceux qui étoient assignez representoient un Marchand.

Estant observé que la plûpart de ces Arrêts sont intervenus à l'Audiance sur les conclusions de Messieurs les Avocats Generaux, Talon & Bignon qui en ont rendu raison; parce qu'en effet, les Teinturiers achetant des étoffes, les Boulangers le bled, les Maîtres d'Hôtel, pourvoyeurs & Cuisiniers, les viandes, chair, poissons & épices, les Messagers & Voituriers amenans les denrées, un Maçon qui a entrepris un bâtiment, de la chaux, pierre, briques & carreaux, un Charpentier le bois pour employer à l'entreprise qu'il a fait, un Cordonnier, Savetier & Carrossier; d'un Corroyeur, d'un Tanneur, un Maréchal & Serrurier qui achette d'un Marchand de Fer, un Vitrier du verre, & un infiny d'autres, soit pour trafiquer, marchander, négocier & gagner sur l'achapt qu'ils font, ce qui est conforme à la Declaration du Roy donnée à Bourdeaux le 18 Avril 1565. verifiée le 19 Juillet ensuivant, par laquelle il y a un article précis qui porte que tous Marchands feront convenus & jugez par lesdits Juge & Confuls, nonobstant les fins d'incompetence & de renvoy qu'ils pourroient requerir en vertu de leurs Lettres de Committimus aux Requêtes de l'Hôtel du Palais, comme payeur de Compagnie & autres Officiers Royaux, qui font trafic de Marchandifes, Confervateurs des Privileges des Univerfitez, Meffagers & autres Officiers d'icelles par le moyen des Privileges, qu'aucuns d'eux voudroient prétendre leur avoir été donnez au contraire, confirmez & verifiez en la Cour, aufquels Privileges il est dérogé, & lefdits Privilegiez deboutez du renvoy qu'ils pourroient demander.

Lefdits Juge & Confuls peuvent auffi connoître de toutes Lettres de change, crédit, & entre toutes fortes de perfonnes de quelque état, qualité & condition qu'elles foient, les changes étant une efpece de commerce & trafic, comme il a été reconnu & remarqué par le défunt Roy Henry le Grand de trés heureufe & louable Memoire, en fon Edit de la réduction des Rentes au denier feize. Donné à Paris au mois de Juillet l'an 1602. par lequel Sa Majefté défend à tous fes Juges d'avoir aucun égard, & déclarer nuls, & de nul effet & vertu toutes promeffes d'interêts fous feing privé, à quelque prix que ce foit, & d'échange & rechanges, finon entre Marchands pour fait de marchandifes, ou des Marchands hantans & fréquentans les Foires de Lyon; de forte qu'il appert que ceux qui font change, & ne font Marchands, font justiciablesdefdits Juge & Confuls, pour raifon defdites Lettres de change & Billets de change, lefdits Juge & Confuls condamnent par corps à quelques fommes qu'ils puiffent monter, & ils font fondez en Edit & en Arrêts, & par l'article 16. de l'Edit de leur création, commençant, *pour faciliter la commodité du commerce* ; le Roy permet aux Marchands d'impofer & lever fur eux telle fomme de deniers qu'ils aviferont neceffaire pour l'achat ou louage d'une maifon qui fera appelée la place commune des Marchands, laquelle il a établie à l'inſtar, & tout ainſi que les places appelées le Change en la Ville de Lyon, & Bourſes des Villes de Toulouſe & Rouen, avec tels & ſemblables privileges, franchiſes & libertez, dont jouiſſent les Marchands fréquentans les Foires de Lyon, places de Toulouſe & de Rouen ; Or par l'Edit du Roy François I. donné au mois de Février 1535. verifié en Parlement. Portant Reglement touchant la compétance du Conſervateur de Lyon ; il luy a été donné pouvoir de juger par corps pour quelque ſomme que ce puiſſe être, ce qui a été confirmé par Arrêt du Conſeil contradictoirement rendu & ſigné en commandement le 15 Septembre 1642. par lequel en conſequence de l'Edit de l'année 1635. & verification d'iceluy, la Juriſdiction dudit Juge Conſervateur des Privileges des Foires de Lyon eſt confirmée & particulierement pour l'execution de ſes jugemens, tant par priſe de corps & biens, meubles des Parties condamnées, que par criées & decrets des immeubles ; ainſi les Juge & Conſuls étant créez à l'inſtar dudit Conſervateur, ont même pouvoir que luy pour les Lettres & Billets de change, auſſi par Arrêt du 8 Février 1653 ſur l'appel interjetté par Jean Rolland, d'une Sentence renduë par leſdits Juge & Conſuls à l'encontre de luy au profit de Nicolas Canville, portant condamnation par corps de la ſomme de trois mille livres contenuë en une Lettre de change ; ladite Sentence a été confirmée & l'Appelant condamné à une amende, d'autant que ce ſont deniers privilegiez qui doivent être payez ponctuellement & à jour nommé, autrement cela ruineroit le Commerce.

Outre cette condamnation par corps pour fait de Lettre de change, leſdits Juge & Conſuls jugent & condamnent auſſi par corps pour quelque ſomme que ce puiſſe être pour marchandiſes de Salines, d'autant que c'eſt un privilege particulier, accordé par pluſieurs Declarations du Roy aux Marchands de Salines, & nottamment par Arrêt de la Cour de Parlement du 17 Juillet 1535. rendu entre Jean Dulot & ſa femme Appelans de la Sentence renduë par le Prevôt de Paris ou ſon Lieutenant, anticipez d'une part, & Laurent le Redde Marchand bourgeois de Paris & ſa femme, anticipez d'autre, encore entre Robert le Lievre & autres Marchands; par lequel la Cour a declaré que le pouvoir de contraindre ceux ausquels le poisson est vendu par prise de Corps, sera dorénavant gardé & observé, ainsi jugé & confirmé par Arrêt du 6 May 1652.

Les Sentences desdits Juge & Consuls seront executoires jusqu'à la somme de 500 liv. tournois, nonobstant oppositions ou appelations quelconques, & par provision jusqu'à l'infiny, sur les biens & par corps, aprés les quatre mois suivant l'Edit, & encore qu'il soit deffendu aux Secretaires de signer des reliefs d'appel, & aux Maîtres des Requêtes de les sceller au-dessous de 500 liv. tournois, neanmoins la verité est qu'ils ne laissent pas d'en expedier, d'autant que les Parties laissent les sommes portées par la Sentence; mais quand on en vient plaider au Parlement, les Avocats ne veulent conclure à cause de la fin de non-recevoir qu'allegue l'Intimé, portée par Edit au-dessous de 500 liv.

Et par Arrêt servant de Reglement general rendu, toutes les Chambres assemblées sur les conclusions de Messieurs les Gens du Roy, le 29 Janvier 1658. il a été arrêté que les Sentences desdits Juge & Consuls seroient executées nonobstant l'appel à quelques sommes qu'elles se puissent monter, & que contre icelles ne seroit donné aucunes deffenses particulieres.

Il y en a qui entrent en doute si lesdits Juge & Consuls peuvent donner permission d'obtenir & faire publier Monitoires.

S'ils peuvent permettre de faire enquestes par autres Juges que par eux.

S'ils admettent & instruisent l'inscription de faux.

S'ils peuvent permettre sur Requeste de faire proceder par voye de saisie & Arrêt.

S'ils peuvent condamner à plus grosses amandes que celles portées par l'Edit.

S'ils peuvent permettre de prendre des Prisonniers les Fêtes & Dimanches, & dans la quinzaine des Fêtes solemnelles.

S'ils peuvent permettre de faire ouverture des coffres, buffets, Chambres, & autres lieux.

Et autres choses que l'on peut faire, & dont plusieurs font
question

question pour raison de ladite Jurisdiction.

A ces questions & autres se peut dire & répondre, en un mot, que lesdits Juge & Consuls peuvent permettre toutes les choses susdites avec justice & raison.

La raison est en un mot, qu'ils sont Juges Royaux établis & confirmez par les autoritez Royales pour reconnoître le droit & l'équité des Parties sur leurs demandes & deffenses, & pour leur rendre justice.

Et neanmoins afin de contenter les plus timides & craintifs, ils considereront que puisqu'ils sont Juges pour rendre le droit à qui il appartient, & que l'une des Parties ne peut justifier son droit, que par monitions ils peuvent donner permission de la faire publier aux fins de révélation selon les formes; pour icelle étant raportée au Greffe, être les Témoins ouis sur les révélations par un des Consuls ayant sous luy le principal Commis du Greffe du Consulat, & ce fait être recollez & confrontez en la Chambre du Conseil en la présence des Juges, pour par eux proceder incontinent au jugement du procés.

Peuvent aussi lesdits Juge & Consuls si bon leur semble, faire l'enqueste sommaire sur les révélations qui serviront de recolement & confrontation.

Si les Témoins revelans ne sont de la Ville, lesdits Juge & Consuls peuvent ordonner pour éviter aux frais des Parties que les révélations seront portées au plus prochain Juge Royal des lieux, & aux domiciles des Parties, pour icelles être autorisées & reconnues pardevant ledit Juge Royal & apportées pardevant iceux Juge & Consuls, & la confrontation si besoin est, étant faite en la présence desdits Juge & Consuls, proceder au jugement du procés.

Le même se peut faire pour les Enquestes, & ordonner qu'elles se feront par le plus prochain Juge Royal des lieux & domiciles des Parties ou Témoins, pour icelles raportées être fait droit comme dessus, & il faut se ressouvenir toûjours de commettre le plus prochain Juge Royal, d'autant que cette Justice Consulaire est Royale.

Quant à la permission de faire proceder par voye de saisie & Arrêt sur Requête, il n'y a aucune difficulté, étant l'assurance du Créancier, contre son Debiteur en hazard de s'absenter, ou détourner ses biens, ainsi cette permission est autorisée par Arrêt du 12 Mars 1615. au profit de Loüis Perdoux, contre Nicolas Jacquet & sa femme, Appelans de la permission de saisie desdits Juge & Consuls ; mais il est bon de mettre & adjoûter, *sans transporter en baillant par le saisi gardien solvable.*

Quant aux amandes, elles sont limitées à dix livres, moitié applicable aux Pauvres, & l'autre moitié pour les necessitez de la bource ; mais il n'est pas deffendu selon l'Edit d'en faire de plus grande selon le délit.

Pour ce qui est de sçavoir s'ils peuvent permettre de prendre des Prisonniers, les Fêtes & Dimanches, & dans les quinzaines des Fêtes solemnelles, c'est un point qui ne reçoit aucune difficulté, d'autant que les Debiteurs & mauvais Payeurs se cachent ordinairement les jours ouvrables & autres qu'ils pensent pouvoir être arrestez, bravent leurs Créanciers, & & se mocquent d'eux les jours des Fêtes : au moyen de quoy, puisque toutes executions se font en vertu des Sentences, Jugemens & Ordonnances des Juges qui les ont émanez, & qu'à eux privativement appartient de connoître de l'effet desdits executions, & notamment ausdits Juge & Consuls, comme il est porté par la Declaration du Roy du 11 Octobre 1611, où il est deffendu à tous Huissiers & Sergens de faire aucuns Exploits, ni assigner les Parties pardevant les Juges ordinaires, en execution de Sentences & Jugemens desdits Juge & Consuls, à peine des dépens, dommages & interêts des Parties ; il est sans doute que lesdits Juge & Consuls ont pouvoir de donner permission d'emprisonner les Debiteurs Fêtes & Dimanches, & dans les quinzaines des Fêtes solemnelles, pour éviter la perte aux Créanciers, & punir les bravades des mauvais & témeraires Debiteurs, qui mangent le bien de leurs Créanciers & se mocquent d'eux.

Aussi par deux Arrêts des 7 Juin 1658, & 8 Avril 1659. la Cour en la séance du Préau au Châtelet, a renvoyé auxdits Juge & Consuls, pour pourvoir sur les Requêtes afin d'élargissement de ceux qui avoient été emprisonnez, en vertu de leurs Sentences & Ordonnances ; & ainsi a prouvé qu'ils ont le droit de permettre d'emprisonner les jours des Fêtes & Dimanches.

Lesdits Juge & Consuls peuvent permettre sur Requête au premier Huissier ou Sergent, de faire faire ouvertures des chambres, coffres & autres choses des Parties condamnées pour seureté des Créanciers, & éviter le transport des biens du Debiteur, & ladite description des biens & ouvertures être faite en la présence de l'Hoste de la Maison, de deux Témoins, & de deux ou trois notables voisins, à l'un desquels feront lesdits biens baillez en garde jusqu'à ce qu'autrement, & par justice en ait été ordonné, & ce toutes fois après un procés verbal & raport fait de ne pouvoir trouver la Partie.

Toutes ces permissions doivent être données aux périls & fortunes des Supplians, pour éviter aux faux donnez à entendre.

Puisque les Juge & Consuls sont Juges, & leurs Jugemens, Executoires; ils peuvent donner toutes sortes de contraintes, & autres Actes pour les faire executer, même contraindre les Audianciers à ce faire, à peine de suspension de leurs Charges.

Il ne peut être nié que dés le précedent siécle de 1500. jusqu'à 1660. quoique florissant & célèbre par quantité d'hommes excellents en toutes Professions, Sciences, Arts, Vaccations & Métiers, jusqu'aux plus mécaniques, les esprits ne soient devenus grandement processifs & litigieux en telle façon que la chicane ne fût jamais si grande en France.

Ce sont les Paysans & le menu Peuple, principalement en certains Païs, qui sont les plus hardis, affectionnez & passionnez à plaider.

Cette passion a aussi occupé les esprits des Marchands, la loyauté & fidélité, n'étant plus en quelqu'uns, & se trouvant foible en d'autres, ce qui a donné lieu à la création d'un Juge & quatre Consuls.

Laquelle Création n'est sans exemple dans l'antiquité, car nous apprenons de Démosthenes *oratione contra apaturium*, qu'il y en avoit à Athenes & à Rome qui étoient Juge constituez dans chaque métier pour les differends procedans entre eux, & pour cause du même métier, *certa professionis vel ne-*

B ij

gotiationis reus ad jurisdictionem pertinet ejus , qui huic negotiationi præ est L. Periniquum 7. C. de jurisd. omnium jud.

Les Consuls des Marchands sont Juges, qu'eux-mêmes doivent & peuvent élire d'entre eux, chacun an, en chaque Ville où ils sont établis, habitans d'icelle, natifs du Royaume, qui ont Jurisdiction & connoissance des differends entre Marchands, pour fait de marchandise seulement, privativement à tous autres Juges.

Cette définition est prise des Edits de création, Ordonnances Royaux & Arrêts qui se sont ensuivis.

Par laquelle définition on voit que lesdits Consuls doivent nécessairement être, ou avoir été Marchands.

Qu'ils soient originaires & natifs de France.

Qu'ils soient demeurans en la Ville du Consulat, car nuls autres que ceux qui sont ou ont été Marchands, qui sont natifs de la Ville, ou de quelque lieu que ce soit du Royaume, & habitent en la Ville du Consulat peuvent sçavoir les mœurs & bien connoître toutes les circonstances, & ce qui est requis pour bien juger entre Marchands pour fait de marchandise. *Artis suæ quibusque peritis de eadem arte potius quam cuipiam credendum val. Max lib. 8. cap. 11.* conformément à plusieurs textes de droit.

Or leur nombre doit être ordinairement de cinq par les termes de l'Edit de création d'iceux pour Paris, en ces termes : *Pour Juge & Consuls de nôtre Ville de Paris, seront élûs cinq Marchands natifs & originaires de nôtre Royaume, demeurans en ladite Ville, la Charge desquels ne durera qu'un an sans que pour quelque cause ou occasion que ce soit aucun d'iceux puisse être continué;* mais dans les autres Villes, il n'y doit avoir qu'un Juge & deux Consuls.

De plus la forme de l'Election est prescrite par l'article second, en ces termes. *Ordonnons & permettons auxdits cinq Juges & Consuls d'assembler trois jours avant la fin de leur année, jusqu'au nombre de soixante Marchands Bourgeois de la Ville, qui en éliront trente d'entr'eux, lesquels sans partir du lieu & sans discontinuer, procederont avec lesdits Juge & Consuls à l'instant, & le même jour à peine de nullité à l'Election de cinq nouveaux Juge & Consuls des Marchands qui feront le serment devant les anciens, & sera la forme susdite gardée & observée en l'Election desdits Juge & Consuls, nonobstant oppositions ou appellations quelconques.*

Mais quand au nombre des Juge & Consuls de cette Ville, il ne doit être que de trois, sçavoir un Juge & deux Consuls, ainsi qu'il est porté par l'Edit de nôtre création du mois d'Avril 1665.

Il a été permis aux Marchands Bourgeois de Paris, & depuis à tous ceux des autres Villes, auxquelles le Roy a permis l'établissement des Juge & Consuls de dresser un lieu qui seroit appelé la place commune des Marchands, laquelle le Roy établissoit à l'instar, & tout ainsi que les places appelées le change en la Ville de Lyon, & Bourses és Villes de Toulouse & de Roüen.

Les Marchands élûs pour exercer ladite Charge s'ils la refusent, peuvent être contraints de l'accepter & de l'exercer, par les mêmes voyes que les autres Charges de Ville.

Et si quelqu'un par necessité est contraint de s'absenter par longue absence, il en doit avertir les autres Juges, demander son congé, & les Marchands doivent là-dessus s'assembler pour faire élection & subrogation d'un autre à sa place.

Le même se pratique, s'il advient que quelqu'un décede pendant l'an de son Consulat.

Or étant une fois élûs, ils ne peuvent être démis sans connoissance de cause même après avoir presté le serment devant les anciens, où ils sont tenus de le faire.

Mais pour cause infamante, ils peuvent être démis, *causa cognita & judicata* de même que les Juges ordinaires.

Par l'Ordonnance du même Roy Charles IX. faite à Bourdeaux en 1565. il fut ordonné que les Juge & Consuls établis à Paris, connoîtroient & jugeroient en premiere Instance de tous differends entre Marchands Habitans de Paris, pour marchandise vendue & acheptée en gros ou en détail, sans que pour ce la Cour de Parlement de Paris, ou autres Juges Royaux en puissent prendre aucune Jurisdiction ou connoissance, soit par appel ou autrement, sinon & és cas qui excederont la somme de 500 l. tournois, les termes de l'Edit sont.

Et quant à la marchandise vendue, acheptée, ou promise livrer, & payement pour icelle destinée à faire en ladite Ville, les Marchands en gros & en detail, tant Habitans de ladite Ville, qu'autres Juris-

dictions & Reſſorts de nôtre Royaume par cédules, promeſſes ou obligations ; encore qu'elles ſoient paſſées (dit l'Edit) ſous le Scel de nôtre tre Châtelet de Paris, avons iceux Juge & Conſuls deſdits Marchands de nôtre Ville de Paris, declarez Juges compétans, & à eux attribuons la connoiſſance & juriſdiction des differends qui naîtront entre leſdits Marchands pour le cas que deſſus, pour raiſon de quoy Nous voulons, tous leſdits Marchands y être convenus, appelez & jugez, nonobſtant les fins d'incompétence & de renvoy, qu'ils pourroient réquerir en vertu de nos Lettres de Committimus, pardevant les Gens tenans les Requêtes de nôtre Hôtel, ou Requête de nôtre Palais à Paris, comme Payeurs de Compagnie, & autres de nos Officiers qui font trafic de marchandiſe, & auſſi pardevant les Conſervateurs des Privileges des Univerſitez, comme Meſſagers & autres Officiers d'icelles, qui ſont Marchands par le moyen des Privileges, qu'aucun d'eux voudroient prétendre leur avoir eſté donnez au contraire par nos Predeceſſeurs, dont pour ce regard, & en tant qu'ils ſont Marchands, Nous les déboutons, & ne voulons iceux Juge & Conſuls y avoir aucun égard ; ains leur permettons paſſer outre, nonobſtant oppoſitions ou appellations d'incompétence, qui pourront être interjettées en fraude, & ſans préjudice d'icelles demeurans leſdits Privileges, entr'autres choſes en leur entier.

Cela eſt conforme aux opinions des Docteurs qui ont tenu que les Marchands Forains, ſoit qu'ils tiennent magazin & boutique, ou non, même les Clercs, Preſtres, Gendarmes, & autres privilegiez doivent ſubir Juriſdiction devant leſdits Conſuls, quant ils font trafic de marchandiſe ; car audit cas ils renoncent à leur privileges.

Pour le regard des Marchands Forains qui ont boutique au lieu de l'établiſſement des Conſuls, ils y doivent proceder pardevant eux, & c'eſt l'opinion des Docteurs.

Les Marchandes publiques peuvent être pourſuivies, & pourſuivre pardevant les Juge & Conſuls, pour fait de marchandiſe contre Marchands ; ainſi qu'il a été jugé par Arrêt du premier Mars 1580.

Et quoique les veuves & heritiers non Marchands ne ſoient de la Juriſdiction des Conſuls, neanmoins ils ſont tenus d'y ſubir Juriſdiction, en execution du Jugement donné contre le défunt ſuivant l'Arrêt du 19 May 1567. & d'un autre rendu au profit des Juge Conſuls de Soiſſons, le 16 Mars 1658. & ils y doivent ainſi proceder.

EDIT DU ROY.

SUR l'érection, Election & établissement d'un Juge, &
de quatre Consuls des Marchands en sa Ville de Paris,
pour connoître de tous Procès & differends à mouvoir
entre Marchands pour fait de marchandise, donné audit
Paris, au mois de Novembre 1563. portant en outre
faculté ausdits Juges & Consuls, de choisir & nommer
pour leur Greffier, telle personne d'experience que bon
leur semblera, lû & publié és Parlemens de Paris &
Bourdeaux, & au Châtelet dudit Paris.

CHARLES par la grace de Dieu Roy de
France: A tous presens & avenir salut;
Sçavoir, faisons que sur la Requête & Re-
montrance à Nous faites en nôtre Conseil
de la part des Marchands de nôtre bonne
Ville de Paris, & pour le bien public &
abréviation de tous procès & differends en-
tre Marchands qui doivent negocier ensemble de bonne foy,
sans être astreints aux subtilités des Loix & Ordonnances;
avons par l'avis de nôtre trés-honnorée Dame & Mere, des
Princes de nôtre Sang, Seigneurs & Gens de nôtre dit Conseil, statué, ordonné & permis ce qui s'ensuit.

Novemb.
1563.

Premierement, avons permis & enjoint au Prevôt des Marchands, & Echevins de nôtredite Ville de Paris, nommer & élire en l'Assemblée de cent Notables Bourgeois de ladite Ville de Paris; qui feront pour cet effet appellez & convoquez trois jours aprés la publication des Presentes, cinq Marchands du nombre desdits cent, ou autres absens; pourvû qu'ils soient natifs & originaires de nôtre Royaume, Marchands & demeurans en nôtredite Ville de Paris, le premier desquels Nous avons nommé Juge des Marchands, & les quatre autres Consuls desdits Marchands, qui feront le Serment devant ledit Prevôt des Marchands, la Charge desquels cinq ne durera qu'un an, sans que pour quelque cause ou occasion que ce soit l'un d'eux puisse être continué.

Ordonnons & permettons ausdits cinq Juge & Consuls, assembler & appeller trois jours avant la fin de leur année, jusqu'au nombre de soixante Marchands bourgeois de ladite Ville, qui en éliront trente d'entr'eux, lesquels sans partir du lieu, & sans discontinuer procederont avec lesdits Juge & Consuls à l'instant & le jour même, à peine de nullité, à l'élection de cinq nouveaux Juge & Consuls des Marchands qui feront le Serment devant les anciens, & sera la forme des susdites, gardée & observée d'orénavant en l'Election desdits Juge & Consuls, nonobstant oppositions ou appellations quelconques, dont nous reservons à nôtre personne & nôtre Conseil la connoissance, icelle interdisant à nos Cours de Parlement & Prevôt de Paris.

Connoîtront lesdits Juge & Consuls des Marchands, de tous procés & differends qui seront cy-aprés mis entre Marchands, pour fait de marchandise seulement; leurs veuves Marchandes publiques; leurs facteurs, serviteurs & commettans, tous Marchands; soit que lesdits differends procedent d'Obligation, Cedules, Recepissez, Lettres de change ou crédit, réponses, assurances, transports de dettes & novation d'icelles, comptes, calcul ou erreur en iceux, compagnies, sociétez ou associations ja faites, ou qui se feront cy-aprés; desquelles matières & differends Nous avons de nos pleine puissance & autorité Royale, attribué & commis la connoissance, jugement & décision auxdits Juge &
Consuls

Consuls, & aux trois d'eux privativement à tous nos Juges : appelé avec eux si la matiere y est sujette, & en sont requis par les Parties, tel nombre de personnes de Conseil qu'ils aviseront, exceptez toutefois & reservez les procés de la qualité susdite, jà intentez & pendant pardevant nos Juges ; ausquels neanmoins enjoignons les renvoyer pardevant lesdits Juge & Consuls des Marchands, si les Parties le requierent & consentent.

Et avons dés-à-présent déclaré nuls tous transports de cédulles, obligations & dettes qui seront faits par lesdits Marchands, à personne privilegiée, ou autre quelconque, non sujette à la Jurisdiction desdits Juge & Consuls.

Et pour couper chemin à toute longueur, & ôter l'occasion de faire & plaider, Voulons & ordonnons que tous Adjournemens soient libellez, & qu'ils contiennent demande certaine, & seront tenues les Parties de comparoir en personne à la premiere Assignation, pour être ouis par leur bouche, s'ils n'ont legitime excuse de maladie ou absence, esquels cas envoyeront par écrit leur réponse, signée de leur main propre, ou audit cas de maladie, de l'un de leurs Parens, voisins ou amis, ayant de ce charge & procuration speciale, dont il sera aparoir à ladite Assignation, le tout sans aucun ministere d'Avocat ou Procureur.

Si les Parties sont contraires & non d'accord de leurs faits, délai compétant leur sera préfix à la premiere comparition, dans lequel ils produiront leurs Témoins qui seront ouis sommairement, & sur leur déposition le differend sera jugé sur le champ, si faire se peut ; dont nous chargeons l'honneur & la conscience desdits Juge & Consuls.

Ne pourront lesdits Juge & Consuls en quelque cause que ce soit, octroyer qu'un seul délai qui sera par eux arbitré, selon la distance des lieux & qualitez de la matiere, soit pour produire Piéces en Témoins ; & iceluy échû & passé, procederont au jugement du differend entre les Parties, sommairement & sans figure de procés.

Enjoignons ausdits Juge & Consuls, de vacquer diligemment en leur Charge, durant le temps d'icelle, sans prendre directement ou indirectement en quelque maniere que ce soit aucune chose, ni pesent, ou don sous couleur, ou nom d'épices, ou autrement à peine de crime de concussion.

Voulons & nous plaît, que des Mandemens, Sentences ou jugemens qui seront donnez par lesdits Juge & Consuls des Marchands, ou les trois d'eux comme dessus, sur differends meus entre Marchands, & pour fait de marchandise, l'appel ne soit reçû ; pourvû que la demande & condamnation n'excede la somme de 500 liv. tournois, pour une fois payer, & avons dés-à-présent déclaré non-recevables les appellations qui seroient interjettées desdits Jugemens, lesquels seront executez en nos Royaume, Pays & Terres de nôtre obéissance, par le premier de nos Juges des lieux, Huissiers ou Sergens sur ce requis, ausquels & chacun d'eux enjoignoient de ce faire, à peine de privation de leurs Offices sans qu'il soit besoin de mander aucun Placet, Visa, ni Pareatis.

Avons aussi dés-à-présent declaré nuls tous Reliefs d'appel, ou Commission qui seroient obtenus au contraire, pour faire appeler les Parties, intimer ou adjourner lesdits Juge & Consuls, & deffendons trés expressément à toutes nos Cours Souveraines & Chancellerie de les bailler.

Et ceux qui excederont ladite somme de 500 liv. tournois, sera passé outre à l'entiere execution des Sentences desdits Juge & Consuls, nonobstant oppositions ou appellations quelconques, & sans préjudice d'icelles ; que Nous entendons être relevées & Ressorts, en nôtre Cour de Parlement à Paris, & non ailleurs.

Les condamnez à garnir par provision ou diffinitivement, seront contraints par Corps à payer les sommes liquidées par lesdites Sentences & Jugemens qui n'excederont 500 liv. tournois, sans qu'ils soient reçûs en nos Chancelleries à demander Lettres de répit, & neantmoins pourra le créditeur faire executer son Debiteur condamné en ses biens meubles, & saisir les meubles.

Contre lesdits condamnez Marchands ne seront adjugez, dommages & interêts, requis pour le retardement du payement, qu'a raison du denier douze, à compter du jour du premier adjournement, suivant nos Ordonnances faites à Orléans.

Les Saisies établissement de Commissaires & vente de biens ou fruits seront faits en vertu desdites Sentences & Jugemens, & s'il faut passer outre les criées & interpositions de Decret, seront par autorité de nos Juges ordinaires des lieux, ausquels très expressément enjoignons, & chacun d'eux en son détroit tenir la main à la perfection desdites criées, adjudication des heritages saisies, & à l'entiere execution des Sentences & Jugemens qui seront donnez par lesdits Juge Consuls des Marchands, sans y user d'aucune remise ou longueur, à peine de tous dépens, dommages & interêts des Parties.

Les executions encommancées contre les condamnez par lesdits Juges & Consuls, seront parachevées contre les heritiers, & sur les biens seulement.

Mandons & commandons aux Geolliers & Gardes de nos Prisons ordinaires, & de tous hauts-Justiciers recevoir les Prisonniers qui leur seront baillez en garde par nos Huissiers ou Sergens, en executant les Commissions ou Jugemens desdits Juge & Consuls des Marchands, dont ils seront responsables par Corps, & tout ainsi que si le Prisonnier avoit été amené par l'autorité de l'un de nos Juges.

Pour faciliter la commodité de convenir & négocier ensemble, Avons permis & permettons aux Marchands bourgeois de nôtre Ville de Paris, natifs & originaires de nos Royaumes, Pays & Terres de nôtre obéïssance, d'imposer & lever sur eux telle somme de deniers qu'ils aviseront nécessaire pour l'achapt, ou louage d'une maison ou lieu qui sera appelée la Place commune des Marchands, laquelle Nous avons dés-à-présent établie à l'instar, & tout ainsi que les Places appelées le Change en nôtre Ville de Lyon & Bourses de nos Villes de Toulouse & Rouen, avec tels & semblabes privileges, franchises & libertez, dont jouissent les Marchands fréquentans les Foires de Lyon, & Places de Toulouse & Rouen.

Et pour arbitrer & accorder ladite somme, laquelle sera employée à l'effet que dessus, & non ailleurs; les Prevôt des

Marchands & Echevins de nôtredite Ville de Paris, assembleront en l'Hôtel de ladite Ville, jusqu'au nombre de cinquante Marchands, & notables Bourgeois qui en députeront dix d'entr'eux avec pouvoir de faire les cotisations & departement de la somme qui aura été, comme dit est, accordée en l'Assemblée desdits cinquante Marchands.

Voulons & ordonnons que ceux qui seront refusans de payer leur taxe ou quote part, dans trois jours après la signification ou demande d'icelle y soient contraints par vente de leurs Marchandises, & autres biens-meubles, & ce par le premier nôtre Huissier ou Sergent sur ce requis.

Deffendons à tous nos Huissiers ou Sergens faire aucuns Exploits de Justice, ou adjournement en matiere Civile aux heures du jour que les Marchands seront assemblez en ladite Place commune qui seront de neuf à onze heures du matin, & de quatre jusqu'à six heures de relevée.

Permettons aussi ausdits Juge & Consuls de choisir & nommer pour leur scribe & Greffier, telle personne d'experience, Marchand, ou autres qu'ils aviseront, lequel fera toutes expeditions en bon papier, sans user de parchemin, & luy defendons tres étroitement de prendre pour ses salaires & vacations autre chose qu'un sol tournois pour feuillet, à peine de punition corporelle, & d'en répondre par lesdits Juge & Consuls en leurs propres noms, en cas de dissimulation & connivence.

Si donnons en mandement à nos amez & feaux, les Gens tenans nos Cours de Parlemens, Prévôt de Paris, Senéchal de Lyon, Baillifs de Roüen, & à tous nos autres Officiers qu'il appartiendra, que nos presentes Ordonnances ils fassent lire, publier & enregistrer, garder & observer chacun en son Ressort & Jurisdiction sans y contrevenir, ni permettre qu'il y soit aucunement contrevenu en quelque maniere que ce soit, & afin de perpetuelle & stable memoire, Nous avons fait apposer nôtre Scel à ces Presentes. Donné à Paris au mois de Novembre, l'an de grace mil cinq cens soixante trois : Et de nôtre Regne le troisiéme, ainsi signé par le Roy en son Conseil, DE L'AUBESPINE, & scellé du grand Sceau de cire verte.

Lecta, publicata & registrata, audito & hoc requirente Procuratore generali Regis de mandato expresso ejusdem Domini nostri Regis, cui tamen placuit ut hi qui in judices mercatorum assumentur, jus jurandum præstent quod præstari solet ab his à quorum sententiis ad curiam appellatur: id que per modum provisionis duntaxat, & secundum eaque in registro curiæ perscripta sunt, anno Domini millesimo quingentesimo sexagesimo tertio sic signatum, DU TILLET.

Lû & publié en jugement au Châtelet de Paris, séant en Siége noble Homme & sage Maître Nicolas Lhuillier, Conseiller du Roy, & Lieutenant Civil de la Prevôté de Paris, ce requerant les Gens du Roy nôtre SIRE, audit Châtelet, & ce par le commandement du Roy; & ordonnons être enregistré és Registres ordinaires du Greffe dudit Châtelet. Fait le Mercredy 26e. jour de Janvier, l'An 1563. Signé, GOYER & LE CHARRON.

Enregistré au sixiéme volume des Bannieres, Registre ordinaire dudit Châtelet és CLXXX. CLXXXI. CLXXXII. & CLXXXIII. feüillets dudit Registre.

Lûes, publiées & enregistrées, ouy, & non empêchant le Procureur General du Roy de Bourdeaux, en Parlement le septiéme jour de May mil cinq cens soixante cinq. Signé, DE PONTAC.

DECLARATION
DE SA MAJESTE'

En interprétation dudit Edit d'Erection donnée à Bourdeaux le vingt-huitième jour d'Avril 1565. Contenant le pouvoir à eux donné de connoître de certaines Causes, non particulierement specifiées audit Edit; comme contre Marchands Privilegiez, demeurans és Villes où il y a Jurisdiction Consulaire, ou autre; ladite Declaration verifiée en Parlement, le 19 Juillet 1565.

19 Juillet 1565.

CHARLES par la grace de Dieu Roy de France: A nos Amez & Feaux, les Gens tenans nos Cours de Parlemens, Baillifs, Senéchaux; & tous autres nos Juges qu'il appartiendra, & à chacun d'eux. SALUT, nos chers & bien amez les Marchands & Gardes de la Drapperie, Epicerie, Mercerie, Orphéverie, Pelleterie, & la Communauté des Marchands de Vin & Poisson de Mer, demeurans en nôtre bonne Ville & Cité de Paris, Nous ont par leur delegué trés-humblement fait remontrer.

Que depuis que pour bonnes causes, & justes considerations; Nous avons en nôtredite Ville étably la Jurisdiction d'un Juge & quatre Consuls des Marchands, les Juges ordinaires & Conservateurs des Privileges d'icelle, & autres nos Juges, ont par divers moyens empêché, & chacun jour empêchent le cours de ladite Jurisdiction; sous couleur que le pouvoir que Nous avons attribué ausdits Juge & Consuls, n'est si amplement & particulierement declaré par ledit Edit qu'il est requis, & le contenu en iceluy est par eux respectivement interpreté & restraint à leur avantage.

Ce qui a causé plusieurs difficultez & controverses, dont sont procedez diverses Sentences, deffenses, Jugemens & Arrests contraires à nôtredit Edit, qui rend ladite Jurisdiction illusoire, s'il n'y étoit par Nous pourvû, Nous Suplians déclarer nos vouloirs & intentions, afin que lesdits Juge & Consuls des Marchands sçachent la forme de soy comporter en l'exercice de ladite Jurisdiction, execution entiere de nôtredit Edit comme ils désirent.

Sçavoir faisons que désirant singulierement Justice être administrée à nos Sujets par les Juges que leurs avons commis, sans qu'aucun excede le pouvoir à luy attribué, & que par entreprise ou autrement l'un n'empêche l'autre au cours de la Jurisdiction qui luy est commise, & après avoir fait voir à nôtre Conseil, la Requête & remontrances desdits Marchands avec plusieurs Sentences, Jugemens & Arrêts donnez, tant en nôtredite Cour de Parlement à Paris, qu'autres nos Juges, les Reliefs d'appel & Requêtes répondues pour relever plusieurs appellations de Sentences données par lesdits Juge & Consuls, pour sommes non excedans la somme de 500 liv. & défenses faites à nos Sergens de faire aucuns Exploits ou adjournemens, & d'executer les Sentences & Mandemens d'iceux Juge & Consuls.

Avons par l'avis & meure déliberation d'iceluy nôtredit Conseil en interprétant nôtredit Edit, & pour faire cesser à l'avenir les difficultez & empêchemens susdits; dit, declaré, voulu & ordonné, disons, declarons, voulons & ordonnons, par ces Presentes, de nos certaine science, pleine puissance & autorité Royale.

Que les Juge & Consuls des Marchands établis en nôtredite Ville de Paris, connoissent & jugent en premiere Instance de tous differends entre Marchands Habitans de Paris, pour Marchandise venduë ou acheptée en gros ou en détail ; sans que pour raison de ce nôtre Cour de Parlement à Paris, ou autres nos Juges en puissent prendre aucune Cour connoissance & Jurisdiction, soit par appel ou autrement ; sinon és cas qui excederont la somme de 500 liv. tournois, suivant ledit Edit, & laquelle en tant que besoin est ou seroit, Nous leur avons de rechef interdite, & trés expressément deffenduë, interdisons & deffendons par ces Presentes.

Et quant à la Marchandise venduë ou achetée ou promise livrer, & payement pour icelle destinée à faire en ladite Ville par les Marchands en gros & en détail, tant Habitans de ladite Ville, qu'autres Jurisdictions & Ressorts de nôtre Royaume, par cedules, promesses ou Obligations, encore qu'elles soient passées sous le Scel de nôtre Châtelet de Paris, Avons iceux Juge & Consuls desdits Marchands de nôtredite Ville de Paris, declarez & declarons Juges compétans, & à eux en tant que besoin est, de nouvel attribué & attribuons la connoissance & Jurisdiction des differends qui naistront entre lesdits Marchands pour le cas que dessus.

Pour raison de quoy Nous voulons tous lesdits Marchands y être convenus, appellez & jugez, nonobstant les fins d'incompetance & de renvoy qu'ils pourroient requerir, en vertu de nos Lettres de Committimus, pardevant les Gens tenans les Requêtes de nôtre Hôtel, ou Requêtes de nôtre Palais à Paris; comme Payeurs de Compagnie, & autres de nos Officiers, qui font trafic de marchandise, Conservateurs des Privileges des Universitez; comme Messagers & autres Officiers d'icelles qui font Marchands, par le moyen des Privileges qu'aucuns d'eux voudroient prétendre leur avoir esté donnez au contraire par nos Prédecesseurs, confirmez par Nous, & verifiez en nos Cours; dont pour ce regard, & en tant qu'ils font Marchands, Nous les avons dés-à-présent comme pour lors, déboutez & déboutons, & ausdits Privileges pour ce regard, dérogé & dérogeons de nos pleines puissance & autorité Royale par cesdites Presentes.

Ne voulons iceux Juge & Consuls y avoir aucun égard, ains leur permettons passer outre, nonobstant oppositions ou appellations d'incompétances qui pourroient être interjettées en fraude, & sans préjudice d'icelles; demeurans lesdits Privileges en autres choses en leur entier, déclarons non-recevables toutes appellations interjettées des Sentences & Jugemens donnez par lesdits Juge & Consuls entre Marchands pour fait de Marchandise, & pour sommes non excedans la somme de 500 liv. tournois, jusqu'à laquelle Nous avons permis juger.

Et défendons à nos amez & feaux les Maîtres des Requêtes de nôtre Hôtel, ou Garde des Sceaux de nos Chancelleries, & à nos Secretaires, expedier aucunes Lettres de relief,

ensemble

ensemble à nos Cours de Parlement répondre aucune requête pour ce fait, ni bailler commissions pour faire appeller les Parties ; comme aussi défendons à tous Procureurs occuper, & soy charger desdites Causes d'appel, ni de celles des Marchands qui voudront, pour fait de marchandise, decliner la Jurisdiction desdits Juge & Consuls.

Et au cas de contravention, avons permis & permettons ausdits Juge & Consuls des Marchands proceder contre les Parties condamnées par mulctes & amendes pecuniaires, applicables moitié aux Pauvres de l'Aumône generale de ladite Ville, & l'autre moitié pour l'entretenement de la Place commune desdits Marchands, pourvû que lesdites amendes n'excedent la somme de dix livres tournois.

Et pourtant qu'au moyen desdites défenses faites par aucuns de nos Juges, plusieurs nos Sergens ont refusé & refusent faire les Exploits & ajournemens qui leur sont presentez à faire par lesdits Marchands les uns contre les autres pour fait de marchandise, assister aux Sieges desdits Juge & Consuls pour le service de Justice, & executer leurs Commissions, Sentences & Mandemens, encore qu'il leur soit par exprès enjoint par notredit Edit, Nous, en levant lesdites défenses, comme faites contre nos vouloir & intention, avons de rechef enjoint, & par exprès commandons à nosdits Sergens d'assister aux Sieges desdits Juge & Consuls quand requis en seront, & outre faire tous Exploits & ajournemens qui leur seront, comme dit est, baillez à faire par lesdits Marchands pour les causes que dessus, & aussi mettre à execution tou Mandemens, Commissions & Jugemens donnez par lesdits Juge & Consuls, sans aucune remise ou delation, ne demander Placet, *Visa*, ne *Pareatis*, à peine de privation de leurs Offices.

Et à cette fin défendons à tous nos Juges d'aucunement empêcher lesdits Sergens en faisant & executant ce que dessus, à peine de répondre en leurs noms des dépens, dommages & interêts des Parties procedans desdits empêchemens.

Si vous mandons, & à chacun de vous en droit soy expressément enjoignons, que notredit Edit, si verifié n'a été, ensemble les Presentes, nos Lettres de Declaration vous faites lire, publier & enregistrer sans aucune restrinction, modification, ne difficulté y faire, afin que lesdits Marchands ne soient contraints recourir à Nous pour cet effet.

Mandons à nos Procureurs Generaux esdites Cours, & leurs Substituts esdits Siéges, en requerir la verification, & iceluy Edit, & tout le contenu és Presentes, faire, entretenir, garder & observer de point en point selon leur forme & teneur, sans troubler, n'empêcher lesdits Juge & Consuls de notredite Ville de Paris, ni lesdits Sergens en l'execution du contenu en icelles, sur les peines que dessus, nonobstant quelconques Ordonnances, Edits, Mandemens, Défenses & Lettres à ce contraires.

Et pour ce que de ces Presentes l'on pourra avoir affaire en plusieurs & divers lieux, & est besoin que chacun Marchand entende le pouvoir par Nous attribué ausdits Juge & Consuls, Nous voulons qu'aux *Vidimus* d'icelles dûment collationnées aux originaux par l'un de nos amez & feaux Notaires & Secretaires, ou Notaires Royaux, foy soit ajoûtée comme au present original, & iceluy puisse faire imprimer, sans pour ce demander autres Lettres de congé & permission pour ce faire. Car tel est notre plaisir. Donné à Bourdeaux le vingt-huitiéme jour d'Avril l'An de Grace 1565, & de notre regne le cinquiéme. Ainsi signé, par le Roy en son Conseil, HERAULT, & scellées du grand Scel en cire jaune.

Lûes, publiées & enregistrées, ouy sur ce le Procureur General du Roy, conformément à ses Conclusions, ainsi qu'il est contenu en l'Arrest intervenu sur icelles. A Paris en Parlement, le dix-neuviéme jour de Juillet l'An 1565. Ainsi signé, DU TILLET.

EDIT ET DECLARATION DU ROY,

donné à Bourdeaux au mois d'Avril 1565: Sur l'établissement d'un Juge & deux Consuls des Marchands en sa Ville de Clermont, Principale & Capitale de la Province d'Auvergne; Crée à l'instar de la Jurisdiction Consulaire de Paris, pour jouir par eux des mêmes Privileges accordez aux Juge & Consuls dudit Paris, par l'Edit d'Erection du mois de Novembre 1563.

CHARLES par la Grace de Dieu Roy de France, à tous presens & à venir, SALUT. Les Marchands de notre Ville de Clermont en Auvergne ayans entendu le bon ordre qu'il Nous a plû, par nos Lettres d'Edit du mois de Novembre, conceder & octroyer aux Marchands de notre bonne Ville de Paris, pour le bien public, & abbreviation de tous procès & differends d'entre Marchands qui doivent negocier ensemble de bonne foy, sans être contraints aux subtilitez des Loix & Ordonnances, Nous auroient très-humblement fait supplier & requerir que pour les mêmes considerations notre bon plaisir fût leur conceder & octroyer le même ordre de Justice y être gardé, pour être relevez des grands frais & longueur de ladite Justice, ayans égard au Commerce & Trafic ordinaire qui est en notredite Ville, tant entre nos Sujets qu'autres Marchands étrangers, pour leur donner plus grand moyen de vivre, negocier & trafiquer par cy après; SÇAVOIR FAISONS, qu'après avoir eu sur ce l'Avis de la Reine notre très-honorée Dame & Mere, des Princes de notre Sang, & autres grands & notables Personnages de notre Conseil Privé, Avons, en inclinant liberalement à la supplication & requête desdits Supplians, dit & declaré, & de notre certaine science, pleine puissance & autorité Royale; disons, ordonnons, declarons, voulons, & Nous plaît que l'Ordonnance & Reglement par Nous fait sur l'Ordre de Justice des Marchands de notre bonne Ville

Avril 1565.

D ij

de Paris, dont la copie est cy sous notre contre-Scel attachée, pour les causes & considerations dessus dites, aura lieu, & sortira son plein & entier effet de point en point en notredite Ville de Clermont, comme il est au long & par le menu specifié, & amplement declaré par notredit Edit du mois de Novembre dernier, & tout ainsi que si le tout étoit cy particulierement specifié & declaré, fors & excepté toutefois qu'au lieu que nous avons permis aux Prevôt des Marchands & Echevins de Paris, de nommer & élire en Assemblée cent notables Bourgeois, les Maire & Echevins dudit Clermont n'en pourront nommer que cinquante, & desdits cinquante élire un Juge Marchand avec deux Consuls seulement, ce que Nous leur avons permis & octroyé, permettons & octroyons par ces Presentes: Par lesquelles donnons en Mandement à nos amez & feaux Conseillers, les Gens tenans notre Cour de Parlement de Paris, Senechal dudit Clermont, ou son Lieutenant, & à tous nos autres Justiciers & Officiers qu'il appartiendra, que notredite Ordonnance dudit mois de Novembre, & cesdites Presentes ils fassent publier & enregistrer, garder & observer de point en point sans y contrevenir, ni permettre qu'il y soit contrevenu en quelque maniere que ce soit. Car tel est notre plaisir. Et afin que ce soit chose ferme & stable à toujours, Nous avons fait mettre notre Scel à cesdites Presentes, sauf en autre chose notre droit, & l'autruy en toutes. Donné à Bourdeaux au mois d'Avril, l'an de Grace 1565, & de notre regne le cinquiéme. *Ainsi signé*, Par le Roy en son Conseil, ROBERTET.

Lûes, publiées & enregistrées, ouy sur ce le Procureur General du Roy, en consequence des semblables Lettres cy-devant obtenues par les Marchands de cette Ville, & à la charge que ceux qui seront élûs Juge & Consuls, seront tenus venir prester le serment en ladite Cour, ainsi qu'ont accoutumé faire les Juges de ce Ressort, les appellations desquels ressortissent en icelle. A Paris en Parlement, le 3 jour d'Aoust. 1565. Ainsi signé, DUTILLET.

Collation est faite à l'Original. *Ainsi signé*, DUTILLET.

Extrait des Registres des Ordonnances Royaux, enregistrées en la Cour de Parlement. Signé, LE PREVOST.

EDIT ET DECLARATION DU ROY, donné à Tolose au mois de Février 1565 : Sur l'établissement d'un *Juge* & deux *Consuls des Marchands* en sa *Ville de Thiers*, créé à l'instar de la *Jurisdiction Consulaire de Paris*, pour jouir par eux des mêmes Privileges accordez aux *Juge* & *Consuls* dudit *Paris*, par Edit d'érection du mois de Novembre 1563.

CHARLES par la grace de Dieu Roy de France, A tous presens & à venir, SALUT. Les Marchands de notre Ville de Thiers en Auvergne ayans entendu le bon ordre qu'il nous a plû, par nos Lettres d'Edit du mois de Novembre, conceder & octroyer aux Marchands de notre bonne Ville de Paris, pour le bien public, & abbreviation de tous procès & differends entre Marchands qui doivent negocier ensemble de bonne foy, sans être abstraints aux subtilitez des Loix & Ordonnances, Nous auroient très-humblement fait supplier & requerir que pour ces mêmes considerations, notre bon plaisir fût leur conceder & octroyer le même ordre de Justice pour être gardé, pour être relevé des grand frais & longueur de ladite Justice, ayans égard au Commerce & trafic ordinaire qui est en notre Ville, tant entre nos Sujets qu'autres Marchands étrangers, pour leur donner plus grand moyen de vivre, negocier & trafiquer cy-après. SÇAVOIR FAISONS, qu'après avoir eu sur ce l'Avis de la Reine notre très-honorée Dame & Mere, des Princes de notre Sang, & autres grands & notables Personnages de notre Conseil Privé, Avons, en inclinant liberalement à la supplication & requête desdits Suppliants, dit & declaré, & de notre certaine science, pleine puissance & autorité Royale : Disons & declarons, voulons, ordonnons & Nous plaît, que l'Ordonnance & Reglement par Nous fait sur l'ordre de Justice des Marchands de notre bonne Ville de Paris, dont la coppie est cy sous notre contre-scel attachée, pour les causes & considerations dessusdites, aura lieu, &

Février 1565.

sortira son plein & entier effet de point en point en notredite Ville de Thiers, comme il est au long par le menu spécifié, & amplement declaré par notredit Edit dudit mois de Novembre, & tout ainsi que si le tout étoit particulierement cy spécifié & declaré, sauf & excepté toutefois qu'au lieu que nous avons permis aux Prevost des Marchands & Echevins de notredite Ville de Paris, de nommer & élire en assemblée cent notables Bourgeois, les Maire & Echevins de ladite Ville n'en pourront nommer que cinquante, & desdits cinquante élire un Juge Marchand avec deux Consuls seulement : Ce que nous leur avons permis & octroyé, permettons & octroyons par ces Presentes, par lesquelles donnons en Mandement à nos Amez & Feaux Conseillers, les Gens tenans notre Cour de Parlement, Senechal d'Auvergne ou son Lieutenant, & à tous nos autres Justiciers & Officiers qu'il appartiendra, que notredite Ordonnance du mois de Novembre, & cesdites Presentes ils fassent lire, publier & enregistrer, garder & observer de point en point, sans y contrevenir, ni permettre qu'il y soit contrevenu en quelque sorte ou maniere que ce soit ; Car tel est notre plaisir. Et afin que ce soit chose ferme & stable à toujours, Nous avons fait mettre notre sceau à cesdites Presentes, sauf en autres choses notre droit, & l'autruy en toutes. Donné à Tholose au mois de Février l'an de Grace 1565, & de notre regne le cinquiéme. *Ainsi signé*, Par le Roy en son Conseil, DE LOMENIE.

Lûes, publiées & enregistrées, ouy, & ce consentant le Procureur General du Roy, aux charges & modifications contenuës en semblables Lettres cy-devant octroyées, tant aux Marchands de cette Ville qu'autres. A Paris en Parlement le 22 jour de Janvier l'An 1565. Ainsi signé, DUTILLET.

Collation est faite à l'Original. *Ainsi signé*, DUTILLET.

Extrait des Regiſtres des Ordonnances Royaux, enregiſtrées en la Cour de Parlement. Ainsi signé, LE PREVOST.

REQUESTE presentée par les Marchands de la Ville de Clermont, à Messieurs du Presidial de Riom, sur l'enregistrement de leurs Lettres en la Senechauffée & Siége Presidial dudit Riom.

A MESSIEURS DU SIEGE PRESIDIAL étably pour le Roy en la Ville de Riom.

Supplient humblement les Marchands de la Ville & Cité de Clermont, comme il aye plû de la Majesté du Roy, leur octroyer & établir en ladite Ville un Juge & deux Consuls, pour connoître, juger de tous procès & differends entre les Marchands pour fait de Marchandise, à l'instar de la Ville de Paris & autres de son Royaume, & sur ce dicerné ses Lettres Patentes, lesquelles ont été lûes & publiées en la Cour de Parlement dudit Paris. Ouy sur ce Monsieur le Procureur General du Roy, & de la Reine Comtesse de ladite Ville. Ce Consideré, & attendu que par lesdites Lettres il est mandé à tous les Justiciers & Officiers de la Majesté dudit Seigneur, que d'icelles, ensemble l'Edit & Ordonnance du mois de Novembre 1563, y attachée, ils fassent publier, lire & enregistrer, & observer selon qu'il y est porté; Et afin que nul n'en puisse prétendre cause d'ignorance, requierent lecture & publication être pareillement faites desdites Lettres, Edit & Ordonnance en votredite Cour, à jour de plaiz, selon la forme accoutumée, & icelle être regiſtrée au papier de votre Jurisdiction, pour y avoir recours quand besoin sera : Et parceque vos Sergens refusent mettre à execution les Mandemens, Commissions, Sentences desdits Juge & Consuls d'iceux Marchands, établis pour le Roy en ladite Ville de Clermont, sous ombre de quelques inhibitions & deffenses qu'ils disent leur avoir été par vous faites, que suivant l'Edit & Declaration d'icelles, donné à Bourdeaux le 28 Avril 1565, vous n'ayez à empêcher lesdits Sergens à faire executer les susdits Mandemens, Commissions & Sentences, mais au contraire leur enjoindre de le faire sans aucune remise ou di-

Septembre & Octobre 1566.

lation, ni demander Placet, Visa ni Pareatis, & aux peines portées par iceluy : Et Vous ferez bien. *Et signé*,
PICOLET. AUGIER DURAND.
MESCHIN, *Greffier.*

La presente Requête sera communiquée au Procureur du Roy & de la Reine. Fait le 25 Septembre 1566. Et signé, DUBOURG.

Vû ladite Réquête, ensemble les pieces y attachées, attendu que lesdites pieces ne sont que coppie, & ainsi qu'il n'est mandé faire lire & publier lesdites supposées Provisions & declarations en ce Siége, je declare ne pouvoir consentir quant à present à l'enterinement de ladite Requête, étant mandé icelles pieces faire lire & publier en la Cour de ceans, & voyant l'original, je feray ce qu'il appartiendra; cependant requiers que par la main du Greffier de ceans j'aye copie desdites copie & Requête. *Et signé*, FORGET.

Et depuis vû l'Original des Lettres données à Bourdeaux au mois d'Avril 1565, signées, *Robertet* en son Conseil, sur le reply d'icelles est aussi la publication faite en la Cour de Parlement à Paris, & au Siege du Senechal de Clermont, aux charges y declarées. Je dis pour le Roy & Reine, attendu que l'adresse n'est faite en ce Siége Presidial & Senechaussée d'Auvergne, & qu'aussi qu'il n'appert les Supplians avoir satisfait à l'Ordonnance de la Cour de Parlement, je ne puis quant à present requerir aucune publication en ce Siége. *Et signé*, FORGET.

Vû par Nous les Lettres Patentes du Roy obtenues par les Marchands de la Ville de Clermont, données à Bourdeaux au mois d'Avril 1565, Publications faites desdites Lettres en la Cour de Parlement le 13 jour d'Aoust audit an. Autres Lettres du onziéme jour d'Octobre en ladite année 1565. Requête presentée par lesdits Supplians. Conclusions du Procureur du Roy, auquel le tout par notre Ordonnance a été communiqué. Et tout consideré, Nous avons ordonné & ordonnons que lesdites Lettres Patentes seront enregistrées au Greffe de ladite Senechaussée, & que les Supplians jouïront de l'effet d'icelles, suivant l'Edit de Sa Majesté. Fait ce 12 jour d'Octobre 1566. *Signé*, DUBOURG.

DECLARATION

DECLARATION DU ROY, DONNE'E

à Paris le 18 Decembre 1566, portant que les Juge & Consuls de la Ville de Clermont prêteront le Serment devant les Anciens Juge & Consuls; & à cette fin interdit & défend à la Cour de Parlement de contraindre lesdits Juge & Consuls de le prêter devant eux.

CHARLES par la grace de Dieu Roy de France: Au Senéchal de Clermont, ou son Lieutenant, SALUT. La Cour de Parlement de Paris en procedant à la verification de l'Edit de création de la Jurisdiction des Juge & Consuls de la Ville de Clermont, Capitale du bas Pays d'Auvergne, auroit ordonné sur l'article par lequel est porté que le serment desdits Juge & Consuls se préteroit entre les mains des Echevins de ladite Ville, qu'il se viendroit faire en ladite Cour, qui leur seroit une grande incommodité; attendu que ledit Etat se change tous les ans, & que ladite Ville est distante de Paris cent lieuës. Nous considerant que ce seroit grand foule à nos Sujets, que ledit Juge vint faire le serment en ladite Cour; de l'avis de notre Conseil & de notre certaine science, pleine puissance & autorité Royale, Nous avons dit & declaré, disons & declarons, que notre vouloir & intention est, que ledit Serment se fasse entre les mains des Anciens Juge & Consuls de lad. Ville, ainsi qu'il est porté par ledit Edit de création, sans que pour la modification faite par ladite Cour de Parlement ils soient tenus d'y aller prêter le serment, ce que nous leur avons interdit & deffendu; & à ladite Cour de les y contraindre, ni autrement contrevenir à notre Edit & presente Declaration, sur peine de nullité: Car tel est notre plaisir, nonobstant, comme dessus, & quelconques Edits, Ordonnances, Restrinctions, Mandemens, Défences & Lettres à ce contraires. Donné à à Paris le dix-huitiéme jour de Décembre, l'an de grace 1566. Et de notre Regne le septiéme. Par le Roy en son Conseil. DEVABRES.

18 Decembre 1566.

COMMISSION DU ROY, DU DEUXIEME
Janvier 1567, pour l'exécution de ladite Déclaration.

2 Janvier 1567.

CHARLES Par la grace de Dieu Roy de France: Au premier Huissier ou Sergent sur ce requis, Salut. Pour ce que tu pourrois faire difficulté de faire les significations & exploits requis & necessaires, pour l'exécution des Lettres cy-attachées, soûs le Contre-scel de notre Chancellerie, à cause qu'il ne t'est mandé de ce faire par icelle. Nous te mandons, Commandons, & très-expressément enjoignons par ces Presentes, que icelles tu signifies à notre Cour de Parlement de Paris & à tous autres qu'il appartiendra, & fasse toûs autres exploits, significations & exécutions requises & necessaires, sans pour ce demander aucune Assistance, Permission, Placet, Visa, ni Pareatis, Car tel est notre plaisir. Mandons & commandons à tous nos Justiciers, Officiers &. Sujets, que à toy ce faisant obéïssent. Donné à Paris, le deuxiéme jour de Janvier l'an de grace 1567, Et de notre Regne le septiéme. Par le Roy en son Conseil, DEVABRES.

Signification de la Déclaration & Commission cy-dessus.

L'An 1567 le vingt-neuviéme jour de Janvier, je Jean-Baptiste Musnier Huissier ordinaire du Roy & de son grand Conseil, certifie qu'à la Requête des Juge & Consuls de la Ville de Clermont Capitale du bas Pays d'Auvergne, & en vertu des Lettres patentes par eux obtenues à Paris les huitiéme Décembre 1566 & deuxiéme Janvier 1567, signées DEVABRES, & scellées du grand Scel en cire jaune cy-attaché, contenant le vouloir & intention du Roy, être que lesdits Juge & Consuls feront le serment de leurs Etats pardevant leurs Anciens Juge & Consuls de ladite Ville de Clermont; nonobstant la modification faite par Nosseigneurs de la Cour de Parlement de Paris à l'Edit de la création desdits Etats & Offices, je me suis transporté en cettedite Ville de Paris, le Roy & sondit grand Conseil y étans, pardevers & à la personne de M. Me Philebert de Diou, Conseiller dudit Seigneur en sad. Cour de Parlement de Paris, en la grand'-Chambre d'icelle, trouvé en sa Maison assise rue S. Jean de Beauvais, auquel j'ay montré & signifié lesdites Lettres Patentes, tant pour lui que pour ladite Cour de Parlement, à ce qu'elle ne pretende cause d'ignorance du contenu en icelles, & desquelles je luy ay offert bailler & laisser copie, ensemble de mon present exploit, ce que ledit Sieur a refusé prendre, me disant que les Parties s'adressassent à la Cour si bon leur sembloit, ainsi qu'on a accoûtumé de faire en telles choses, Fait par moy Huissier susdit & soussigné ledit jour & an que dessus. Et *signé*, MUSNIER.

LETTRES PATENTES DU ROY,

données à Paris le 18 Janvier 1567, portant défences & inderdiction au Senéchal de Clermont & autres, d'empêcher directement ou indirectement les Juge & Censuls dudit Clermont en l'exercice de leur Jurisdiction, à peine de répondre de la contravention aux Edits & Déclaration du Roy, & de tous depens, dommages & interêts.

CHARLES Par la grace de Dieu Roy de France: Au premier Huissier ou Sergent sur ce requis, Salut. Les Echevins, Manans & Habitans de la Ville & Cité de Clermont, Principale & Capitale de notre Pays d'Auvergne, Nous ont fait remontrer que les Officiers du Siége du Senechal en ladite Ville, ont pris tant à contre-cœur l'érection & établissement que nous avons faite de la jurisdiction des Juge & Consuls de ladite Ville, qu'ils brassent par tous moyens de la rendre sans effet, faisant plusieurs Actes préjudiciables à ladite Jurisdiction, ne voulans souffrir que les Sergens fassent aucuns exploits ni adjournemens pardevant lesdits Juge & Consuls: & encore ont voulû entreprendre de contraindre leur Greffier de bailler & apporter le Regitre de leurs causes au Siégo dudit Senes-

18 Janvier 1567.

E ij

chal, qui sont vraies entreprises contre nos Edits, à cause dequoy, & que lesdits Juge & Consuls puissent sans trouble ni empêchement exercer leur Jurisdiction. Les Exposans nous ont suppliés & requis leur vouloir sur ce pourvoir. Nous desirant la conservation de ladite Jurisdiction, de l'avis de notre Conseil & de notre certaine science, pleine puissance & authorité Royale, te mandons & commandons par ces Presentes, que tu signifies à ceux dudit Siége dudit Seneschal, & tous autres que besoin sera, que nous leur avons très-expressément interdit & deffendu, interdisons & deffendons d'empêcher directement ou indirectement lesdits Juge & Consuls en leur Jurisdiction, ni rien entreprendre sur eux, sur peine de répondre de la contravention à nos Edits & Ordonnances, & de tous dépens, dommages & interêts : Car tel est notre plaisir. Mandons & commandons à tous nos Justiciers, Officiers & Sujets, comme à toy ce faisant sans demander Placet, Visa ne Pareatis, soit obéy. Donné à Paris le dix-huitiéme jour de Janvier l'an de grace 1567. Et de notre Regne le septiéme. Par le Roy en son Conseil, DE VABRES.

DECLARATION DU ROY DONNE'E à Paris le dernier Janvier 1567, en interpretation de l'Edit d'érection, & du pouvoir donné aux Juge & Consuls des Marchands de la Ville de Clermont, sur ce qu'ils doivent & peuvent connoître, & par forme de Reglement.

Dernier Janvier 1567.

CHARLES par la grace de Dieu Roy de France : A tous ceux qui ces presentes Lettres verront, SALUT. Sur les remontrances à nous faites en notre Conseil de la part des Echevins & Habitans de la Ville & Cité de Clermont, Principale & Capitale de notre Pays d'Auvergne, tendant à fin de reglement de la Jurisdiction des Juge & Consuls, des Marchands établis en ladite Ville, à l'instar de celle de notre bonne Ville de Paris, pour obvier à toutes doutes & difficultés. Sçavoir faisons que de l'avis de notre Conseil, & pour bonne cause à ce nous mouvant, avons dit & declaré, disons & declarons par ces Presentes, que lesdits Juge & Consuls des Marchands connoîtront suivant l'Edit de leur établissement & nos Lettres de declaration sur iceluy de tous differends de Marchand au Marchand, pour fait de Marchandises seulement, vendues & troquées, ou debitées entre-eux en gros ou en détail, sans toutefois qu'ils puissent prendre connoissance de ce qui est ou sera achepté pour l'usage des personnes, encore qu'ils soient Marchands, comme pain, vin, viande, habillemens & autres telles choses, pour servir à l'usage de la personne; ne connoîtront aussi de ce qui consiste en ouvrages & artifices manuels, comme Massonnerie, Charpenterie, Laboureurs de terres, Vignes, Jardins, & autres semblables qui ne sont pour fait de négotiation & trafic, ains seulement pour l'usage & commodité particulieres des personnes: connoîtront iceux Juge & Consuls de tous differends de Marchand à Marchand pour argent baillé, prêt l'un à l'autre, par Sedule, Missive, Lettre de change ou argent baillé à recouvrer ou reçû l'un pour l'autre dedans & dehors notre Royaume. Tous Marchands de notredit Royaume non resident en ladite Ville de Clermont, qui n'auront achepté en icelle Marchandise, ou leur aura été envoyée suivant leur mandement, ou celle qu'ils auront vendue aux Marchands de ladite Ville, & auroit promis l'y livrer ou payer les deniers de leurs achapts en icelle, feront tenus par vertu des Commissions desdits Juge & Consuls, comparoir pardevant eux, pour répondre & souffrir condamnation s'ils se trouvent redevables, sans que aucun de nos Juges puisse empêcher l'execution desdites Commissions; ce que leur avons derechef très-expressément deffendu, sur peine de répondre en leur propres & privés noms, dépens, dommages & interêts des parties: Les Veuves, Heritiers, Bien-tenans & Tuteurs des enfans mineurs d'aucuns Marchands qui étoient obligés à quelque Marchand demeurant en ladite Ville de Clermont, pour les causes que dessus, feront tenus nonobstant qu'ils ne soient Marchands y comparoir en personne, pardevant lesdits Juge & Consuls des Marchands, ou par un Marchand auquel ils passeront procuration pour souffrir condamnation de la debte du defunt Marchand, comme le representant & possedant ses biens, pourvû que ladite debte procede du fait de négotiation & marchandise, & que ledit deffunt fût actuellement Marchand. Déclarons tous payeurs de Compagnies & autres nos Officiers de quelque état, qualité & condition qu'ils soient, faisant actuellement fait de marchandises par eux ou par personnes interposées, justiciables desdits Juge & Consuls, & tenus de comparoir en personne s'ils sont appellés pour fait de marchandises qu'ils auront vendu, ou acheppté pour revendre & non autrement. Connoîtrons en outre lesdits Juge & Consuls des Marchands des gages, salaires & pensions des Apprentifs Commissionnaires, Facteurs & Serviteurs des Marchands pour le fait du trafic seulement; & sur la plainte à Nous faite par lesdits Marchands des entreprises de jurisdiction qui se font journellement au préjudice d'icelles desdits Juge & Consuls. Deffendons derechef très-expressément à nos Amez & Feaux les Maîtres des Requêtes Ordinaires de notre Hôtel, Garde des Sceaux de nos Chancelleries, & à nos Secretaires d'expedier aucunes Lettres de relief d'appel sur les Sentences desdits Juge & Consuls, s'ils n'exedent la somme de cinq cens liv. suivant ledit Edit : Et afin que par la malice des parties appellantes ils ne soient surpris; leur deffendons signer ou expedier aucun desdits Reliefs de Sentences desdits Juge & Consuls, s'il ne leur appert de l'extrait de ladite Sentence, excedant la somme de cinq cens livres suivant ledit Edit, à peine de nullité, sauf aux parties condamnées de se pourvoir si bon leur semble, pardevant notre très-cher & Feal Chancelier. Deffendons à notre Cour de Parlement de Paris, & à tous autres nos Juges répondre aucunes Requêtes, pour faire deffences aux Parties Marchands de proceder pardevant lesdit Juge & Consuls pour fait de marchandises, ni décerner Commission pour empêcher l'execution des Sentences desdits Juge & Consuls, n'excédan ladite somme de cinq cens livres, & aux Procureurs de ne les poursuivre ni occuper, les condamnés par lesdits Juge & Consuls à payer difinitivement, ou à garnir par provision, jusques à la somme de cinq cens livres, seront contraints par toutes voyes dûes & raisonnables, & par emprisonnement de leurs personnes, nonobstant & sans aucunement diferer aux appellations qui pourroient être interjettées; & en cas de pretenduë incompetence desdits Juge & Consuls, celuy qui l'aleguera sera tenu declarer sur le champ les causes d'icelle, & à faute de ce faire, pourront lesdits Juge & Consuls passer outre au peril & fortunes de la partie qu'il requerra, sans qu'iceux Juge & Consuls puissent être pris à partie, sinon comme nos Juges en cas de dol, fraude ou concussion. Mandons & commandons à nos Huissiers & Sergens mettre incontinent à execution les Jugemens & Sentences desdits Juge & Consuls qui leur seront presentés, leur assister & faire tous exploits que requis seront, pour l'administration de Justice, à quoy en cas de refus ou delays voulons qu'ils soient contraints de l'ordonnance desdits Juge & Consuls par multes & amandes. Si donnons en Mandement à nos Amez & Feaux les Gens tenans notre Cour de Parlement à Paris, que ces Presentes nos Lettres ils fassent lire, publier & enregistrer, entretenir, garder & observer de point en point, jouir & user lesdits Juge & Consuls du contenu en icelles plainement & paisiblement, sans leur nuire ne souffrir être donné empêchement contraire, contraignant ou faisant contraindre à l'observation d'icelles, tous ceux qu'il appartiendra par les voyes de Justice, nonobstant opposition ou appellations quelconques, pour lesquelles nous voulons être defferé: Car tel est notre plaisir, nonobstant aussi quelconques Ordonnances, Deffences, Restrictions & Lettres à ce contraires, ausquelles avons pour ce regard dérogé & dérogeons par ces Presentes, lesquelles seront enregistrées ou besoin sera, à ce que aucun n'en pretende cause d'ignorance. En temoin dequoy avons fait apposer notre Scel à cesdites Presentes. Donné à Paris le dernier jour de Janvier l'an de grace 1567. Et de notre Regne le septiéme. *Ainsi signé*, Par le Roy en son Conseil, CAMUS, & scellées du grand Scel en cire jaune.

EDIT ET DECLARATION DU ROY,

donné à Fontainebleau au mois de Mars 1567, sur l'etablissement d'un Juge & de deux Consuls des Marchands en sa Ville de Riom, crée à l'instar de la Jurisdiction Consulaire de Paris, pour jouyr par eux des mesmes Privileges accordés aux Juge & Consuls dudit Paris, par l'Edit d'Erection du mois de Novembre 1563.

Mars 1567.

CHARLES par la grace de Dieu Roy de France: A tous presens & à venir, SALUT. Les Marchands de notre Ville de Riom en Auvergne ayans entendu le bon ordre qu'il nous a plû, par nos Lettres d'Edit du mois de Novembre 1563. conceder & octroyer aux Marchands de notre bonne Ville de Paris, pour le bien public, & abbreviation de tous procès & differends d'entre Marchands qui doivent negocier ensemble de bonne foy, sans être contraints aux subtilitez des Loix & Ordonnances, Nous auroient très-humblement fait supplier & requerir que pour les mêmes considerations, notre bon plaisir fût leur conceder & octroyer le même ordre de Justice y être gardé, pour être relevé des grand frais & longueur de ladite Justice, ayans égard au Commerce & trafic ordinaire qui est en notredite Ville de Riom, entre nos Sujets & autres Marchands étrangers, de quelques qualités qu'ils soient, pour leur donner plus grand moyen de vivre, negocier & trafiquer par cy-après. SÇAVOIR FAISONS, qu'en inclinant liberalement à la supplication & requête desdits Supplians, avons dit, declaré & ordonné, & de notre certaine science, grace speciale, pleine puissance & autorité Royale: Disons, declarons & ordonnons, voulons & Nous plaît, qu'icelle notredite Ordonnance & Reglement par Nous fait sur l'ordre de Justice des Marchands de notre bonne Ville de Paris, ayt lieu, & sorte son plein & entier effet de point en point en notredite Ville de Riom, comme il est au long & par le menu specifié, & amplement declaré par notredit Edit du mois de Novembre, & tout

ainsi

ainsi que si le tout étoit cy particulierement spécifié & déclaré; fors & excepté toutefois qu'au lieu que nous avons permis aux Prevôt des Marchands & Echevins de ladite Ville de Paris, de nommer & élire en assemblée cent notables Bourgeois, les Consuls & Habitans de notredite Ville de Riom n'en pourront nommer que cinquante, & desdits cinquante élire un Juge Marchand avec deux Consuls seulement: Ce que nous leur avons permis & octroyé, permettons & octroyons par ces Presentes, par lesquelles mandons à nos amés & féaux Conseillers, les Gens tenans notre Cour de Parlement dudit Paris, Sénéchal d'Auvergne, ou son Lieutenant à Riom, & à tous nos autres Justiciers & Officiers qu'il appartiendra, que notredit Edit du mois de Novembre, & cesdites Presentes, ils fassent lire, publier & enregistrer, entretenir, garder & observer de point en point, selon leur forme & teneur, & du contenu en icelles faire souffrir, & laisser jouir & user lesdits Supplians pleinement & paisiblement, sans leur faire naître, ou donner, ni souffrir leur être fait, mis, ou aucun trouble, détourbier & empêchement au contraire. Car tel est notre plaisir. Et afin que ce soit chose ferme & stable à toujours, nous avons fait mettre notre Scel à cesdites Presentes; sauf en autres choses notre droit, & l'autruy en toutes. Donné à Fontainebleau au mois de Mars, l'an de grace 1567, & de notre Regné le septiéme. *Ainsi signé*, Par le Roy en son Conseil, BONAUD.

Visa Contentor, BONAUD.

Lûes, publiées & enregistrées, ouy sur ce le Procureur General du Roy, aux charges contenues ès Lettres de semblable érection cy-devant octroyées, tant aux Marchands de cette Ville, qu'autres, pour en jouir comme lesdits Marchands, hormis ceux de cettedite Ville & de Lyon. A Paris en Parlement le 30 jour de May 1567. Ainsi signé, DUTILLET.

Collation est faite à l'Original. *Ainsi signé,* DUTILLET.

Extrait des Registres des Ordonnances Royaux, enregistrées en la Cour de Parlement. Signé, DE SAINT-GERMAIN.

LETTRES d'interdiction du 4 Septembre 1570, au profit des Juge & Consuls des Villes de Clermont, Riom, Montferrand & Thiers; Portant défenses au Sénéchal d'Auvergne, son Lieutenant, Gens tenans le Siége Présidial, qu'autres Juges inferieurs, de n'entreprendre aucune chose qui soit au préjudice de la Jurisdiction desdits Juges & Consuls, à peine de tous dépens, dommages & intérêts.

24 Septembre 1570.

CHARLES par la grace de Dieu Roy de France: Au premier notre Huissier ou Sergent sur ce requis, SALUT. Les Juge & Consuls des Villes de Clermont, Riom, Montferrand & Thiers en notre Pays d'Auvergne, nous ont fait remontrer que combien qu'il soit interdit, tant au Sénéchal d'Auvergne, Gens tenans le Siége Présidial, qu'autres Juges ordinaires, de ne troubler ni empêcher les Jurisdictions desdits Juge & Consuls, de ne travailler ni molester les Sergens qui font les exécutions & exploits de ladite Jurisdiction; toutefois tant les Officiers de la Sénéchaussée d'Auvergne, qu'autres Juges inferieurs, ordinairement entreprennent sur ladite Jurisdiction, font interditions aux Parties de proceder pardevant ladite Jurisdiction, & multent de peines & amendes, ensemble les Sergens, pour avoir fait des exploits & autres exécutions, ce qui est cause que les Sergens ne veulent faire les adjournemens & autres exploits requis & necessaires, ni assister aux Plaiz & Audiences de ladite Jurisdiction, & les Geoliers des Prisons n'osent recevoir en icelles les Prisonniers & Condamnés qui leur sont envoyés, au grand interêt & dommage de nos Sujets, & en préjudice de ladite Jurisdiction: Nous supplians & requerans les Exposans leur vouloir sur ce pourvoir. Nous désirans le soulagement de nos Sujets, & la Jurisdiction desdits Juge & Consuls n'être par tels moyens être énervée, de l'avis de notre Conseil, & de notre certaine science, pleine puissance & autorité Royale, Nous avons interdit & défendu, interdisons & défendons,

:tant audit Sénéchal d'Auvergne, son Lieutenant, que Gens tenans le Siége Présidial, Juges inférieurs, & tous autres, de ne directement ou indirectement faire ni entreprendre chose qui soit au préjudice de ladite Jurisdiction, ni mulcter & condamner d'amandes lesdites Parties, ni les Sergens qui feront les adjournemens & exploits de ladite Jurisdiction, sur peine de tous dépens, dommages & interêts ; Et afin que ladite Jurisdiction soit entretenue, & les Jugemens donnés en icelle exécutés selon leur forme & téneur, te mandons en outre faire exprès Commandement à tous nos Huissiers & Sergens faire tous exploits necessaires pour l'entiere exécution, soit par les premieres assignations, que exécutoires & contraintes des Jugemens qui seront donnés, assister aux Audiences les jours ordinaires, appeller les causes selon la forme prescrite par notre Edit & Declaration ; & ce sur les peines y contenues ; & aux Geoliers & Gardes de nos Prisons ordinaires, & de tous Hauts Justiciers, recevoir les Prisonniers qui leur seront baillez en garde par nosdits Huissier ou Sergens exécutens Commissions ou Jugemens desdits Juge & Consuls, dont ils seront responsables par corps, & tout ainsi que si les Prisoniers avoient été amenés par autorité de l'un de nos Juges, sans que en quelque maniere que ce soit, ni par autorité autre que desdits Juge & Consuls, les puissent mettre hors, sur les peines portées par ledit Edit, voulans que les contrevenans soient adjournés en notre Conseil Privé, pour répondre desdites contreventions, & se voir condamner aux dépens, dommages & interêts des Parties & Sergens, nonobstant oppositions ou appellations quelconques, pour lesquelles & sans préjudice d'icelles ne voulons être differé. Te mandons de signifier ces Presentes à tous ceux que besoin sera, afin qu'ils n'en prétendent cause d'ignorance, sans pour ce demander Placet, Visa, ni Pareatis. Et pour ce que d'icelles l'on pourra avoir affaires en plusieurs & divers lieux, Nous voulons que au *Vidimus* dûement collationné par l'un de nos amés & féaux Notaires & Secretaires, ou fait sous Scel Royal, foi soit ajoutée, & tous Exploits en vertu d'icelui faits comme en vertu du present original. Car tel est notre plaisir. Mandons & commandons à tous nos Ju-

F ij

fticiers, Officiers & Sujets, que à toi ce faisant soit obéï, nonobstant comme dessus, & quelconques Lettres à ce contraires. Donné à Paris le quatriéme jour de Septembre, l'an de grace 1570, & de notre Regne le dixiéme. *Ainsi signé*, Par le Roy en son Conseil, DUVAL.

LETTRES PATENTES DU ROY,

du 11 Septembre 1570, Portant interdiction & défenses au Parlement de connoître des prétendues contraventions opposées par les Praticiens & Officiers des Sénéchauffées & Bailliages d'Auvergne, contre les Juge & Consuls des Marchands des Villes de Clermont, Riom, Montferrand & Thiers, à peine de nullité.

11 Septembre 1578.

CHARLES Par la grace de Dieu Roy de France: A nos amés & féaux les Gens de notre Cour de Parlement à Paris, Salut & Dilection. Les Délégués de treize bonnes Villes d'Auvergne, representant le tiers & commun état dudit Pays, nous-ont fait remontrer qu'ils connoissoient journellement & de plus en plus le grand profit & commodité qui revient aux Habitans dudit Pays, par l'institution des Juge & Consuls par nous établis aux Villes de Clermont, Riom, Montferrand & Thiers; que dès le commencement de l'établissement, plusieurs gens de Pratique & autres se fâchans de ce qu'on ne veut admettre Avocat ni Procureur ausdites Jurisdictions, ont trouvé tous moyens à eux possibles d'empêcher l'effet desdites Jurisdictions, & suscitent les Officiers de la Sénéchaussée pour ce faire : Surquoy par nous il y a eu plusieurs Provisions dépêchées, & même pour ce que ceux de ladite Sénéchaussée & Bailliages vouloient voir les Regiſtres des Causes expédiées devant lesdits Juge & Consuls, sans qu'il y eût personne qui se plaignît de l'entreprise. Nous dès le dix-huitiéme Janvier 1567, avons par Lettres sur ce expédiées, interdit & défendu audit Sénéchal & tous autres, de faire aucune entreprise sur ladite Jurisdiction, sur peine de répondre de la contravention à nos Edits & Ordonnances, & de tous dépens, dommages & interêts; Et voyans lesdits Praticiens que le moyen leur étoit ôté, ils ont suscité notre Procureur General en notredite Cour, lequel a presenté Requête sans rien spécifier, que lesdits Juge & Consuls prennent connoissance de toutes matieres, re-requerant que lesdits Juge & Consuls fussent adjournés en ladite Cour, pour répondre des entreprises, & être réglé, ainsi qu'il appert par la copie de la Commission cy-attachée. Et pour ce que ladite réquisition est générale, & qu'il n'y a aucuns Particuliers qui se plaignent, & n'y a nulle contravention particulierement cottées; que par ce moyen lesdits Juge & Consuls, s'ils étoient tenus de venir répondre sur telles demandes generales, ne pourroient être que travaillés, & ne se trouveroit personne qui voulût accepter lesdites Charges: les Exposans nous ont suppliés & requis, afin que l'ordre si bien établi ne soit point troublé, & que ceux qui pourront être élûs en Juge & Consuls ne soient rafroidis de faire service au Public, nous ont suppliés & requis leur vouloir sur ce pourvoir. Nous, après que par la copie de la Commission cy-attachée sous le contre Scel de notre Chancellerie, nous est apparu qu'il n'y a nulle plainte particuliere, ains que le tout est général, sans rien spécifier, ne voulans que par tels moyens il soit fait préjudice à nos Edits, de l'avis de notre Conseil, & de notre certaine science, pleine puissance & autorité Royale, Vous avons interdit & défendu, interdisons & défendons de prendre aucune Cour, Jurisdiction ni connoissance desdites contraventions prétendues, sur peine de nullité de tout ce qui sera fait par vous au contraire; & sauf aux Parties qui se sentiront intéressées, de se pourvoir comme verront bon être. Ne voulons & n'entendons que lesd. Juge & Consuls ayent autre connoissance que celle qui leur est attribuée par nos Edits & Déclarations: Mandant au premier Huissier ou Sergent sur ce requis, de vous signifier ces Presentes, sans pour ce demander Placet, Visa ni Paréatis. Et pour ce que de ces Presentes l'on pourra avoir affaire en plusieurs & divers lieux, voulons qu'au *Vidimus* d'icelles dûment collationné par l'un de nos amés & féaux Notaires

& Secretaires, ou fait fous Scel Royal, foy foit ajoutée comme au propre original. Car tel eſt notre plaiſir, nonobſtant quelconques Edits, Ordonnances & Lettres impétrées ou à impétrer, à ce contraires. Donné à Paris l'onziéme jour de Septembre, l'an de grace 1570, & de notre Regne le dixiéme. *Ainſi ſigné*, Par le Roy en ſon Conſeil, DESBALDIT.

COMMISSION *du Roy, portant Permiſſion d'impoſer ſur tous les Marchands, Artiſans, faiſant trafic de Marchandiſe en gros & en détail, de la Ville & Fauxbourgs de Clermont, certaine ſomme de deniers pour l'achat ou louage d'une Maiſon commune pour le Corps des Marchands ; enſemble pour autres frais faits pour le fait de ladite Juriſdiction.*

1570. CHARLES par la grace de Dieu Roy de France: A nos amés & féaux les Juge & Conſuls des Marchands par nous établis en notre Ville de Clermont, Salut. Nos chers & bien aimés les Marchands demeurans en notredite Ville de Clermont nous ont en notre Conſeil Privé, par leur Procureur Syndic, humblement fait dire & remontrer, que par l'Edit par nous fait ſur la création d'un Juge & quatre Conſuls des Marchands en pluſieurs Villes de notre Royaume, & même en notredite Ville de Clermont, nous leurs avons entre-autres choſes, pour faciliter la commodité de négocier enſemble, permis impoſer & lever ſur eux telle ſomme qu'ils aviſeront être néceſſaire pour l'achat ou louage d'une maiſon & place, comme remettans l'arbitrage d'icelle ſomme à l'aſſemblée que nous aurions voulu être faite de cinquante Marchands notables Bourgeois, qui en députeroient dix d'entre-eux; avec pouvoir de faire les cottiſations & départemens de la ſomme qui aura été accordée en l'aſſemblée deſdits Marchands, & qui pour l'établiſſement de votre Juriſdiction en ladite Ville, accommoder le Siége & Auditoire d'icelle, & faire la dépenſe qu'il vous a convenu faire de ladite Ville de Clermont en notre Ville de Paris, pour prêter en notre Cour de Parlement le serment de votredite élection, & autres affaires concernant ladite Jurisdiction, ont par forme de prêt avancé grande somme de deniers, pour desquels être remboursez ils ont, suivant la teneur de notredit Edit, sur l'exécution de votredite Jurisdiction, fait faire élection de dix Marchands pour faire la cotisation & département nécessaire sur les Marchands & Artisans de ladite Ville de Clermont, doutant iceux Exposans que lesdits Commis à faire la taxe, fissent difficulté de procéder à l'assiete & impôts des frais susdits, d'autant qu'il semble par ledit Edit ne leur être mandé, sinon imposer les deniers qui seront employés en l'achat & louage de ladite Place commune, combien que ce qui a été déboursé par iceux Exposans pour le fait susdit, doive être compris comme nécessaire à l'érection d'icelle Jurisdiction, en nous humblement requerans leur vouloir sur ce pourvoir de remede nécessaire; Parquoi désirans subvenir à nos Sujets selon l'exigence des cas considérés, que sans avoir par iceux Exposans fait & avancé lesdits frais, votredite Jurisdiction n'eût été établie comme elle est. Nous, ces choses considérées, & autres à ce nous mouvans, vous mandons & très expressément enjoignons que repris pardevers vous l'état des frais faits par iceux Exposans pour les causes & occasions susdites, & iceux vûs, calculés & arrêtés, faites la somme à quoi ils se trouveront monter, avec telle somme qu'il sera par vous avisé être nécessaire pour l'achat ou louage d'une maison; lesdits cinquante Marchands appellés pour fournir aux frais susdits de l'exécution entiere de notredit Edit, imposer par lesdits Commis & Députés à ce, sur tous les Marchands, Artisans demeurans en notre Ville & Faubourgs de Clermont, faisant train & trafic de marchandise en gros & en détail, le fort portant le foible, le plus justement & également que faire se pourra: Voulans que les refusans de payer leur taxe & cotte dans trois jours après la signification & demande d'icelle, y soient contraints par vente dn leurs marchandises & autres biens meubles, selon qu'il est porté par notredit Edit, nonobstant oppositions ou appellations quelconques faites ou à faire, pour lesquelles &

sans préjudice d'icelles ne voulons être aucunement différé, avec les executions être parachevées jusqu'à l'entier payement desdites taxes ; la connoissance desquelles oppositions ou appellations nous avons retenue & réservée à nous & à notre Conseil Privé, icelle interdite & défendue, interdisons & défendons à tous Juges quelconques, de notre grace spéciale, pleine puissance & autorité Royale, par ces Presentes, pour des deniers qui en proviendront être lesdits Exposans rembourfez de ce qu'ils ont avancé ladite maison ou louage d'icelle payé, & le surplus être mis és mains d'un notable Marchand Bourgeois de ladite Ville, qui sera par vous commis, pour l'employer par vos Ordonnances ausdits frais nécessaires à faire pour le fait d'icelle Jurisdiction, à la charge d'en compter par lui, pardevant vous ou vos Successeurs à l'avenir. Car tel est notre plaisir, nonobstant quelconques Ordonnances, Restrinctions, Mandemens & Défenses, & Lettres à ce contraires. Donné à   le jour de   l'an de grace 1570, & de notre Regne le dixiéme. *Ainsi signé*, Par le Roy en son Conseil, SPIFAINE.

LETTRES PATENTES DU ROY,
en faveur des Juge & Consuls de la Ville de Clermont, Portant enjonction au Parlement de faire défenses aux Sénéchaux de Clermont & Riom, & Gens tenans le Siége Présidial audit Riom, qu'autres Officiers, de n'empêcher aux Sergens d'assister à leur Jurisdiction & faire tous Exploits & Ajournemens pour le fait de ladite Jurisdiction, les y contraindre à cette fin, ou faire contraindre par toutes voyes & contraintes, & ce sur peine de privation de leurs Etat & Offices.

1 Aoust 1572.

CHARLES par la grace de Dieu Roy de France, A nos amés & féaux les Gens tenans notre Cour de Parlement de Paris, Salut & Dilection. Les Juge & Consuls de de la Ville de Clermont en Auvergne, nous ont fait remontrer que combien que par notre Edit de la création & érection des Juge & Consuls de notre Ville de Paris, & Déclaration faite sur icelle, à l'instar desquels les Supplians auroient été créés & érigés, nous ayons entre-autres choses, sur la difficulté que faisoient nos Sergens, au moyen des défenses à eux faites par aucuns de nos Juges, d'assister au Siége desdits Juges & Consuls, pour le service & exercice de ladite Justice, & exécuter leurs Sentences, Jugemens & Commissions, faire les exploits & adjournemens qui leur sont donnés par lesdits Marchands, pour fait & trafic de Marchandise : Ordonné & par exprès enjoint, & très-expressément commandé à iceux Sergens d'assister au Siége desdits Juge & Consuls, quand requis en seront, faire tous exploits & adjournemens qui leur seront baillés à faire par lesdits Marchands, pour les causes susdites, & aussi mettre à exécution tous Mandemens, Commissions & Jugemens donnés par lesdits Juge & Consuls, sans aucune remise ou dilation, ni de demander Placet, Visa, ni Paréatis, à peine de privation de leurs Offices, comme plus à plein est déclaré par lesdits Edits & Déclaration ; Et néanmoins nos Sergens, tant de notredite Ville de Clermont, Riom, qu'autres nos Villes dudit Pays d'Auvergne, sous prétexte de quelques défenses à eux faites, comme ils disent, par les Sénéchaux d'Auvergne à Riom & Clermont, & Gens tenans le Siége Présidial audit Riom, & autres nos Officiers desdits lieux, font difficulté d'assister en ladite Jurisdiction, & faire lesdits exploits & exécutions, au très-grand retardement de Justice d'icelle Jurisdiction, dommages & interêts des Parties ; nous suppliaans & requerans à cette cause les Exposans leur pourvoir sur ce. Nous, par l'avis de notre Conseil, vous mandons, commettons & enjoignons par ces Presentes, que le contenu en nosdits Edit & Déclaration, cy-attachés sous le contre-Scel de notre Chancellerie, à l'instar desquels lesdits Supplians ont, comme dit est, été créés & érigés ; vous faites garder, observer & entretenir de point en point par lesdits Sénéchaux de Riom, Clermont, & Gens tenans le Siége Présidial audit Riom, Officiers, Sergens & autres qu'il appartiendra ; & lesdits

G

Supplians jouir & user pleinement & paisiblement, faisant ou
faisant faire expresses inhibitions & défenses de par nous ausdits Sénéchaux & Gens tenans ledit Siége Présidial, & autres nos Officiers, de ne dorénavant empêcher, ou faire défenses ausdits Sergens d'assister en ladite Jurisdiction, faire
les exploits & adjournemens d'icelle, contraignant à ce faire,
ou faisant contraindre lesdits Sergens par les voyes & contraintes portées par nosdits Edits & Déclaration, & ce sur
peine de privation de leurs états & Offices : Mandant en outre, & enjoignant très-expressément par ces Presentes, à notre Procureur General, & Substituts ésdites Sénéchaussées &
Siége Présidial, d'y tenir la main, à ce qu'il ne soit aucunement contrevenu à nosdits Edits & Déclarations, & cesdites
Presentes, ains iceux être entierement gardés & entretenus.
Car tel est notre plaisir. Donné à Paris le premier jour
d'Août l'an de Grace 1572, & de notre Regne le douziéme.
Ainsi signé, Par le Roy en son Conseil, POTIER.

---

*ARREST de la Cour de Parlement sur l'Entérinement
desdites Lettres, portant qu'icelles, ensemble le present
Arrest, seront lûes & publiées és Auditoires desdites Sénéchaussées & Siége Présidial de Riom, jour de Plaiz, &
icelles enregistrées és Greffes desdits lieux.*

2 Septembre 1572.

CHARLES par la grace de Dieu Roy de France:
A tous ceux qui ces Presentes Lettres verront, Salut.
Sçavoir faisons que sur la requeste présentée à notre Cour de
Parlement par les Juge & Consuls des Marchands de notre
Ville de Clermont en Auvergne, à ce que nos Lettres Patentes par eux obtenues le premier jour d'Août dernier passé,
fussent entérinées selon leur forme & teneur. Vûes par notredite Cour nosdites Lettres, signées *Potier*, par lesquelles
& pour les causes contenues en icelles, est mandé à notredite
Cour faire garder, entretenir & observer selon sa forme &
teneur le contenu esdits Edit d'érection desdits Juge & Con-

suls, & Déclaration d'icelui, par nos Sénéchaux d'Auvergne & Clermont, leurs Lieutenans, Gens tenans le Siége Présidial à Riom, Officiers & Sergens desdits lieux, & tous autres qu'il appartiendra, & faire défenses expresses à iceux Juges de plus à l'avenir empêcher lesdits Sergens d'assister à la Jurisdiction desdits Juge & Consuls, ni à faire les Exploits & ajournemens d'icelle, sur peine de privation de leurs états & Offices. Vûs aussi lesdits nos Edit & Declaration sur icelui, publiés en notredite Cour les 18 Janvier 1563, & 19 Juillet 1565, le consentement de notre Procureur Général sur lesdites nos Lettres Patentes, & Requête à luy par Ordonnance de notredite Cour communiquée, & tout consideré, notredite Cour ayant égard à ladite Requête, & au consentement de notredit Procureur Général, a ordonné & ordonne, suivant nosdites Lettres Patentes, & icelles entérinant, que nosdits Edit & Déclaration sur icelles, seront observés, entretenus & gardés selon leur forme & téneur par nosdits Sénéchaux, leurs Lieutenans, Juges, Présidiaux, Officiers & Sergens de nos Sénéchaussées, & Siége Présidial d'Auvergne & Clermont, & chacun d'eux respectivement. Leur a notredite Cour enjoint les observer & garder, ainsi qu'il est porté par nosdites Lettres Patentes, & inhibé & défendu d'y contrevenir en aucune manière, sur les peines indites & contenues par nosdits Edit & Déclaration, & Lettres Patentes, lesquelles, ensemble ce present Arrest, seront à cette fin lûes & publiées ès Auditoires, aux Causes de nosdites Sénéchaussées d'Auvergne & de Clermont, & Siége Présidial de Riom, respectivement à jour de Plaiz ordinaires d'iceux Siéges, & iceux tenus & regiftrés ès Greffes desdits lieux, pour y avoir recours quand besoin sera. Et enjoint icelle notre Cour aux Substituts de notredit Procureur Général èsdits Siéges, tenir la main à l'observation & entretenement de nosdits Edit, Déclaration & Lettres Patentes, sur peine d'amende arbitraire. Pourquoy nous, à la Requête desdits Juges & Consuls des Marchands de Clermont, mandons, en commettant par ces Présentes ausdits nos Sénéchaux d'Auvergne, Clermont, Baillif de Montferrand, ou leurs Lieutenans Généraux & Particuliers, Juges, Chastelains defdits Lieux, premier des Huiſſiers en notredite Cour, ou notre Sergent, & à chacun d'eux, comme qui à lui appartiendra, qu'ils mettent le contenû cy-deſſus à exécution entiere ſelon ſa forme & teneur, & en ce qu'il la requiert & requerra, & de ladite exécution faſſent Procès verbal ou relation en forme dûe, pour ſervir & valoir auſdits Juge & Conſuls quand beſoin ſera. Mandons & commandons à tous nos Juſticiers, Officiers & Sujets, à chacun deſdits Commis, en ce que deſſus obéir. Donné à Paris en notre Parlement, le deuxiéme jour de Septembre l'an de grace 1572, & de notre Regne le douziéme. *Ainſi ſigné*, Par la Chambre,

DUTILLET

LETTRES PATENTES DU ROY,

confirmatives à celles du premier Aouſt 1572, & outre portant enjonction à la Cour de Parlement de faire obſerver & garder le contenu èſdites Lettres en pluſieurs autres Cours & Juriſdictions; entre-autres, dans les Reſſorts de Bourbonnois, Lyonnois, Limoſin, la Marche, Berry, Saint Pierre-le-Mouſtier, Foreſts, Vellay, & autres Limitrophes d'Auvergne, auſſi-bien que dans les Reſſorts d'Auvergne.

5 Novembre 1574.

HENRY par la grace de Dieu Roy de France & de Pologne: A nos amés & féaux les Gens tenans notre Cour de Parlement de Paris, Salut. Les Juge & Conſuls de la Ville de Clermont en notre Pays d'Auvergne, nous ont fait remontrer que pour les difficultés que faiſoient nos Huiſſiers, & Sergens des Sénéchauſſées d'Auvergne & Clermont d'exécuter leurs Jugemens, Sentences, Commiſſions & Mandemens. Le feu Roy Charles notre très-cher Seigneur & Frere dernier decedé, que Dieu abſolve, leur auroit octroyé les Lettres de contrainte du premier jour d'Aouſt 1572, copie deſquelles eſt cy-attachée ſous le Contre-ſcel de notre

Chancellerie, & à vous adressantes, que vous auriez verifiées, & sur icelles donné votre Arrest du deuxiéme Septembre ensuivant, aussi cy-attaché, qui auroient depuis été bien gardés & observés ésdites Sénéchaussées d'Auvergne & Clermont seulement. Et pour ce que par icelles n'est mandé les faire garder & observer par autres Juges, comme entre-autres par les Baillifs de Montferrant, Sénéchaux de Bourbonnois, Lyonnois, Limosin, la Marche, Baillifs de Berry, Saint Pierre-le-Moustier, Forest & Vellay, & autres Limitrophes dudit Pays d'Auvergne, les Marchands desquelles Provinces, à cause du grand trafic & Commerce qui se fait en ladite Ville de Clermont, y trafiquent & fréquentent ordinairement, contre lesquels est le plus souvent requis & necessaire, & exécuter des Mandemens, Commissions & Jugemens desdits Supplians; mais lesdits Juges, Huissiers & Sergens desdites Provinces font de ce faire difficulté : à cette cause lesdits Exposans nous ont très-humblement fait supplier & requerir leur pourvoir sur ce. Nous, par l'avis de notre Conseil, vous mandons, commettons & enjoignons par cesdites Presentes, que le contenu ésdites Lettres dudit premier jour d'Aoust 1572, & en votredit Arrest dudit deuxiéme Septembre, cy, comme dit est, attaché sous le contre-Scel, vous faites garder, observer & entretenir de point en point par tous lesdits Siéges & Jurisdictions susdites, & ailleurs que besoin sera, & dont requis serez, y contraignant à ce faire, & faisant contraindre lesdits Juges, Huissiers & Sergens, & autres qui pour ce seront à contraindre, & comme s'ils y étoient expressément & particulierement compris dans lesdites Lettres, que de rechef nous leurs mandons & enjoignons très-expressément faire par cesdites Presentes. Car tel est notre plaisir. Donné à Lyon le cinquiéme jour de Novembre l'an de grace 1574, & de notre Regne le premier. *Ainsi signé*, Par le Roy en son Conseil, COMBAUD.

ARREST de la Cour de Parlement sur l'Entérinement desdites Lettres, pour l'exécution des Jugemens des Juge & Consuls de Clermont, tant dans les Ressorts de Bourbonnois, Lyonnois, Limosin, la Marche, Berry, Saint Pierre-le-Moustier, Forest, Vellay, qu'autres Limitrophes du Pays d'Auvergne.

2 Juillet 1575.

HENRY, par la grace de Dieu, Roy de France & de Pologne, au premier des Huissiers de notre Cour de Parlement, ou autre Sergens, Salut. Vûes par notredite Cour nos Lettres Patentes données à Lyon le cinquiéme Novembre 1574, signées par le Roy en son Conseil, *Combaut*, par lesquelles nous voulons & entendons que les Lettres de contrainte obtenues par les Juge & Consuls de la Ville de Clermont en Auvergne le premier jour d'Aoust 1574, & Arrest de notredite Cour sur la vérification d'icelle du deuxiéme Septembre ensuivant, pour l'exécution de leurs jugemens, soient gardés, entretenus & observés de point en point selon sa forme & téneur, ès Sénéchaussées de Bourbonnois, Lyonnois, Limosin, la Marche, Baillifs de Berry, Saint Pierre-le-Moustier, Forest, Vellay, & autres Limitrophes du Pays d'Auvergne, nonobstant que par icelles Lettres ne leur ait été enjoint: la Requête présentée par lesdits Juge & Consuls de Clermont, afin de leur entretenir icelles Lettres; les conclusions sur ce de notre Procureur Général; Et tout consideré. Notredite Cour ayant égard ausdites Lettres, icelles entérinant; a ordonné que le contenu esdites Lettres du premier jour d'Août 1572, & Arrest intervenu sur la vérification d'icelles, du second jour de Septembre ensuivant, seront gardés & exécutés ès Sénéchaussées de Lyonnois, Bourbonnois, Limosin, la Marche, Bailliages de Saint Pierre le-Moutier, Forest, Vellay, & autres Limitrophes du Pays d'Auvergne, comme s'il leur étoit enjoint & mandé par icelles Lettres. Pource, Nous, de l'Ordonnance de notredite Cour, te mandons en commettant, qu'à la requête desdits

Juge & Consuls de Clermont, tu signifies ces Présentes à tous qu'il appartiendra, à ce qu'ils n'en puissent ignorer, certifiant notredite Cour de tes Exploits. Sur ce commandons à tous nos Justiciers & Sujets, que à toy en ce faisant soit obéi. Donné à Paris en notre Parlement le deuxiéme jour de Juillet l'an de grace 1575, & de notre Regne le deuxiéme. *Ainsi signé*, Par la Chambre, DUTILLET.

EDIT DU ROY, portant la confirmation de l'établissement de la Jurisdiction Consulaire des Marchands de la Ville de Clermont, n'ayant icelle été comprise dans la suppression de celles qui ont été supprimées lors des Etats tenus à Blois.

HENRY par la grace de Dieu Roy de France & de Pologne: A nos amés & féaux les Gens de notre Cour de Parlement de Paris, Salut. Ayant fait voir en notre Conseil la Requête cy-attachée, à nous presentée de la part de notre très-honorée Dame & Mere, & considerant que la Ville de Clermont en Auvergne est la Capitale & principale Ville dudit Pays, avons de l'avis de notredit Conseil, ordonné & ordonnons que la Jurisdiction des Juge & Consuls cy-devant établis en icelle, y sera continuée, & à cet effet avons de notre pleine puissance & autorité Royale, confirmé & confirmons ledit établissement, pour être ladite Jurisdiction exercée en ladite Ville, comme il avoit été fait cy-devant, & fait de present, sans que l'on puisse prétendre ladite Jurisdiction être comprise en la suppression des Jurisdictions des Juge & Consuls, portés par nos Ordonnances faites sur la résolution prise en l'Assemblée des Etats de notre Royaume, dernierement tenue en notre Ville de Blois, dont partant que besoin est ou seroit, nous l'avons excepté & réservé, exceptons & réservons par ces Presentes, lesquelles nous vous mandons & ordonnons à cette fin faire publier & enregistrer en notredite Cour, & le contenu garder & entre-

22 Mars 1580.

tenir fans y contrevenir, ne fouffrir y être contrevenu en quelque forte & maniere que ce foit. Car tel eft notre plaifir. Donné à Paris le vingt-deuxiéme jour de Mars, l'an de grace 1580, & de notre Regne le fixiéme. *Ainfi figné*, Par le Roy en fon Confeil, GUIBERT.

Regiftrées, ouy le Procureur Général du Roy, pour jouir par les Impétrans de l'effet contenu en icelles. A Paris en Parlement le dixiéme jour de May l'an 1580. Ainfi figné, DUTILLET.

ORDONNANCE RENDUE PAR LES JUGE & Confuls de la Ville de Clermont, contre ceux qui occupent & comparent pour les deux Parties.

DE L'ORDONNANCE DE MESSIEURS les Juge & Confuls des Marchands établis en cette Ville de Clermont, Principale & Capitale de la Province d'Auvergne.

15 Avril 1662.

SUR ce qui nous eft apparu, & en confequence des plaintes à nous faites par plufieurs Parties procedans devant nous, que certaines Perfonnes fondées de Procuration defdites Parties, fe feroient ingerées & immifcées contre tout ordre de Droits, de fe préfenter, occuper & comparoir pardevers nous, non feulement pour le Demandeur en caufe, mais encore pour le Défendeur; ce qui fait un notable préjudice aufdites Parties, vû les inconveniens qui en arrivent: & pour obvier à l'avenir à ceux qui pourroient provenir d'icelles comparitions. Avons fait & faifons défenfes à toutes Perfonnes fondées de Procuration & autres, de fe préfenter & comparoir à l'avenir pour les deux Parties, à peine de cinquante livres d'amende, nullité de procedures, dépens, dommages & interêts defdites Parties; & parce qu'il n'eft permis à notre Greffier de comparoir ni occuper aucune Procuration pour aucunes des Parties procedans devant nous en cette qualité, attendu fa Charge de Greffier, avons à icelui fait

fait & faisons les défenses que dessus, aux mêmes peines, & en cas de contravention, avons déclaré les amendes cy-dessus dûement encourues contre les contrevenans chacun endroit soy. Ordonnons que la presente Ordonnance sera lûe, publiée & enregistrée à notre premiere Audience, & affichée où besoin sera, afin que nul n'en prétende cause d'ignorance. Fait à la Chambre du Conseil le quinziéme jour d'Avril 1661. *Et signé*, MARESCHAL, Juge. DELAIGUE & BROCHE, Consuls.

ORDONNANCE rendue par lesdits Juge & Consuls dudit Clermont de l'année 1662; *contre les Conseillers de ladite Jurisdiction, par faute par lesdits Conseillers de n'assister aux Audiences.*

NOUS voyant le desordre commis de la part de nos Conseillers, en ce qu'ils n'assistent en aucune de nos Audiences, au préjudice du serment par eux prêté devant nous, avons en consequence de ce, enjoint & enjoignons à nosdits Conseillers d'assister pendant leur année à toutes nos Audiences, à moins qu'il n'ayent excuse légitime: autrement & par faute de ce, avons les défaillans retenu en l'amende de trois livres tournois chacun, applicable le tiers aux Pauvres de l'Hopital général, le tiers aux Prisonniers de cette Ville, & l'autre tiers aux réparations de Céans. Et afin qu'ils ayent à commencer à y satisfaire dans Mardi prochain, & qu'ils n'en ignorent, notre présente Ordonnance leur sera signifiée à l'un pour tous quatre. Fait à la Chambre du Conseil le quinziéme Avril 1662. *Et signé*, MARESCHAL, Juge. DELAIGUE & BROCHE, Consuls.

15 Avril 1662.

Le seiziéme jour d'Avril 1662, a été par nous Huissiers de la Jurisdiction Consulaire de cette Ville de Clermont, signifiée la susdite Ordonnance, & d'icelle baillé copie à Maître   Pileron. Conseiller de ladite Jurisdiction, tant pour lui, que pour les autres trois Conseillers, parlant à sa Personne, le tout afin qu'ils n'en pretendent cause d'ignorance, & qu'ils ayent à satisfaire à icelle. Fait ledit jour & an que dessus, ès presence de ANNET MANDET & autres. Et signé, HYVERT & MORIN, Huissiers.

NOUS, attendu que trois de nos Conseillers ont satisfait à notre susdite Ordonnance, & que ledit Pileron n'y a voulu satisfaire, avons les amendes cominées contre les nommés Juge, Bernard & Rome, levées, & icelles déclarées encourues contre ledit Pileron, au payement de laquelle il y sera contraint par toutes voyes de Justice dûes & raisonnables. Fait à la Chambre du Conseil le 16 jour de May 1662.

EDIT DU ROY, pour la Nomination d'un Juge & deux Consuls à Brioude.

Juillet 1704.

LOUIS par la grace de Dieu Roy de France & de Navarre: A tous présens & à venir, Salut. La protection que nous donnons au Commerce de notre Royaume, nous auroit fait écouter favorablement les très-humbles remontrances des Marchands & Négocians de notre Ville de Brioude en Auvergne, contenant que le Commerce qui fait l'application de la plus grande partie des Habitans de ladite Ville, est ce qui les met en état de subsister avec leurs familles ; mais qu'il se trouve de si grandes difficultés lorsqu'il s'agit d'obtenir des condamnations, soit pour prêt de marchandises de Marchand à Marchand, soit pour Lettres de Change ou autres affaires concernant le Commerce, à cause que la Ville de Brioude est située à l'extrémité de la Province d'Auvergne, & des Provinces du Vellay, Gévaudant & Rouergue, dont elle est environnée ; & que les Marchands & Habitans de ladite Ville & desdites Provinces sont obligés de se pourvoir pour les affaires de Négoce pardevant les Juge & Consuls de la Ville de Clermont, qui est la plus prochaine Jurisdiction Consulaire, éloignée de Brioude de quatorze lieues de France ; ou pardevant les Juge & Consuls de la Ville de Montferrand & de Thiers, qui sont encore plus éloignées; ce qui les consomme en frais, & cause un retardement très-considerable dans les affaires du Commerce, n'y ayant point de Jurisdiction Consulaire dans les Provinces du Velay, Gevaudan & Rouergue, non plus que dans la haute Auvergne. Que cet inconvénient a déterminé les Marchands & Négocians de Brioude de faire une Assemblée générale pour examiner les moyens de faire cesser le préjudice qu'ils souffrent depuis tant d'années, faute d'avoir dans ladite Ville ou dans leur voisinage une Jurisdiction Consulaire, & qu'ils ont délibéré unanimement de Nous faire de très-humbles remontrances sur la nécessité qu'il y a d'établir une Jurisdiction Consulaire dans ladite Ville de Brioude, qui se trouve par sa situation au milieu desdites quatre Provinces, dont les principales Villes correspondent pour le Commerce à celle de Brioude; ce qui fait qu'il sera plus avantageux d'y établir la Jurisdiction Consulaire que dans aucune autre Ville desdites Provinces, parce qu'il sera plus aisé aux Marchands des autres Villes de se pourvoir pardevant les Juge-Consuls de Brioude où ils ont continuellement affaire, que pardevant ceux de Clermont, où ils sont obligés d'aller avec beaucoup de peine, principalement en hyver, pendant lequel la grande quantité de néges qui tombent dans le Pays, rendent les chemins impraticables: ce qui empêche la décision des affaires, ruine entierement le Commerce, & favorise la mauvaise foy des Debiteurs, qui se prévalent de la difficulté qu'il y a de les poursuivre & d'obtenir des condamnations. Pourquoi ils nous auroient supplié d'établir dans ladite Ville de Brioude une Jurisdiction Consulaire, semblable à celle établie dans notre bonne Ville de Paris, en vertu de l'Edit du mois de Novembre 1563. Au moyen de quoi ils seront plus en état, aussi-bien que les Marchands & Négocians desdites Provinces de Velay, du Puy, de Gevaudan, Rouergue, & haute Auvergne, de poursuivre & faire juger les affaires de Commerce qu'ils auront de la compétence des Juge-Consuls. A ces causes, & autres à ce nous mouvans, étant pleinement informé de l'avantage que le Public & les Marchands négocians reçoivent de l'exercice de la Jurifdiction Confulaire qui eſt établie dans toutes les principales Villes de notre Royaume, de l'avis de notre Conſeil, de notre certaine ſcience, de notre grace ſpéciale, pleine puiſſance & autorité Royale, Nous avons par ces Préſentes ſignées de notre main, créé & établi, créons & établiſſons dans notre Ville de Brioude, une Jurifdiction Conſulaire, pour connoître, conformément audit Edit du mois de Novembre 1563, de tous procès & diférends qui feront cy-après mûs entre Marchands pour fait de marchandiſe ſeulement, ſuivant les Ordonnances & Reglemens faits ſur cette matiere: laquelle Jurifdiction ſera compoſée de trois notables Marchands habitans de la Ville de Brioude, d'un Greffier & deux Huiſſiers, avec les mêmes attributions & prérogatives portées par ledit Edit du mois de Novembre 1563, & par les Ordonnances, Déclarations, Arrêts & Reglemens concernant les Jurifdictions Confulaires: A l'effet dequoi Nous avons permis & enjoint, permettons & enjoignons aux Maire & Echevins de notredite Ville de Brioude, de nommer & élire pour cette fois ſeulement, conjointement avec douze des principaux Marchands de ladite Ville, qui ſeront pour ce convoqués huit jours après la publication des Préſentes, leſdits trois Marchands habitans de ladite Ville de Brioude, pour y exercer la Jurifdiction Confulaire; le premier deſquels ſera appellé Juge des Marchands, & les deux autres Confuls des Marchands. Et feront leſdits Juge & Confuls élûs le ſerment pour la premiere fois ſeulement devant le Sénéchal de Riom, de bien & loyalement adminiſtrer ladite Jurifdiction Confulaire, avant que d'en commencer l'exercice, & ne durera la Charge deſdits Confuls des Marchands, qu'un an, ſans qué pour quelque cauſe & occaſion que ce ſoit, aucun d'eux puiſſe être continué: pourra ſeulement le Juge être pris chaque année dans le nombre de ceux qui auront été Confuls. Permettons & ordonnons auſdits Juge & Confuls des Marchands d'aſſembler & appeller avec eux, trois jours avant la fin de leur année d'exercice, juſqu'au nombre de douze des principaux Marchands habitans de ladite Ville de Brioude: & dans les années ſuivantes les anciens Juge & Confuls des Marchands, avec leſdits douze

Marchands, pour en élire huit d'entre eux, lesquels sans partir du lieu, procederont à l'inſtant & de même, à peine de nullité, avec leſdits Juge & Conſuls en Charge, à l'élection d'un nouveau Juge & de deux nouveaux Conſuls des Marchands: qui prêteront ſerment le lendemain du jour de l'élection, devant les Juge & les Conſuls ſortant de Charge, pour être enſuite inſtalés le même jour qu'ils auront prêté ſerment par leſdits Juge & Conſuls des Marchands ſortant d'exercice. Voulons & entendons que les appellations qui ſeront interjettées des Sentences rendues par leſdits Juge-Conſuls de Brioude, ne puiſſent être relevées qu'en notre Parlement de Paris, pour les cas & matieres ſujettes à l'appel: Défendons à tous autres Juges d'en connoître, à peine de nullité. Permettons en outre auſdits Juge-Conſuls des Marchands de choiſir & nommer pour Greffier telle perſonne d'expérience, Marchand ou autre, qu'ils aviſeront, lequel Greffier fera toutes les Expéditions, conformément à l'Edit de 1563, & aux Arrêts & Reglemens ſur ce intervenus: lui défendons très-expreſſément, auſſi bien qu'aux Huiſſiers, de prendre pour leurs ſalaires & vacations autres droits que ceux qui ſont portés par ledit Edit, & par leſdits Arrêts & Reglemens. Sy donnons en mandement à nos amés & féaux les Gens tenans notre Cour de Parlement de Paris, & à tous nos autres Cours & Officiers qu'il appartiendra, que ces Préſentes ils faſſent lire, publier & enregiſtrer, garder & obſerver, chacun en ſon Reſſort & Juriſdiction, ſans y contrevenir, ni permettre qu'il y ſoit aucunement contrevenu, en quelle maniere que ce ſoit. Car tel eſt notre plaiſir. Et afin que ce ſoit choſe ſtable & permanente, Nous avons fait appoſer notre Scel à ces Préſentes. Donné à Verſailles au mois de Juillet l'an de grace 1704, & de notre Regne le ſoixante-deuxiéme. Signé, LOUIS. Viſa, PHELYPEAUX, A côté, Par le Roy, PHELYPEAUX. Vû au Conſeil, CHAMILLART.

Regiſtré, ouy & ce requerant le Procureur Général du Roy, pour être exécuté ſelon leur forme & teneur, & copies collationnées envoyées aux Sénéchauſſées de Riom, Clermont & Montferrand, pour y être lûes, publiées & enregiſtrées. Enjoint aux Subſtituts du Procureur Gé-

néral du Roy ausdits Siéges, d'y tenir la main, & d'en certifier la Cour dans un mois, suivant l'Arrest de ce jour. A Paris en Parlement, le 9 Aoust 1704. Et signé, DARGOU.

ARREST DE LA COUR DE PARLEMENT de Bourdeaux, portant Cassation du Reglement fait par les Présidiaux de Guyenne, ensemble de la condamnation d'amende portée par iceluy, & déclare le tout nul & abusif, & fait inhibitions & défenses, tant aux Présidiaux de Guyenne que tous autres du Ressort de la Cour de faire tels Reglemens, & d'entreprendre cy-aprés sur la Jurisdiction de la Cour de la Bourse, ni de recevoir aucun appel venant de ladite Cour de la Bourse, & aux Sergens de leurs Siéges & Sénéchaussées, d'exploiter les Reliefs desdites appellations, & aussi que tant le Procureur General du Roy audit Siége de Guyenne, que celuy qui a prononcé ledit Reglement, comparoîtront en personne en la Chambre du Conseil, ledit Arrest obtenu par Pierre Vidal, le 11 Mars 1604.

11 Mars 1603.

ENTRE Pierre Vidal Appelant du Sénéchal de Guyenne ou son Lieutenant, & autrement Demandeur le profit & utilité de certain deffaut, d'une part ; & Françoise Salomon, & Jean Duplantez, Intimez & Deffendeurs d'autre : Ouis Dusolio pour ledit Vidal Appelant, Dragon pour du Plantez, & Duval le jeune pour ladite Salomon, Avocats & Procureurs des Parties, & Dumulet pour le Procureur du Roy, &c. LA Cour, ayant quant à ce, égard aux réquisitions du Procureur General du Roy, a cassé & casse le Reglement fait par les Conseillers, Magistrats du Siége Présidial de Guyenne, duquel lecture a été faite ; ensemble les condamnations d'amande portée par iceluy, déclarant le tout nul & abusif, & a fait & fait inhibitions & deffenses, tant ausdits Conseillers, Magistrats dudit Siége Présidial de Guyenne, qu'autres du Ressort d'icelle de faire tels & semblables Reglemens, & en ce faisant empêcher les Parties d'appeler en ladite Cour de leurs Sentences & Jugemens, & les Sergens de leurs Sieges & Senéchaussées, d'exploiter les Reliefs desdites appellations en la Cour, & en outre la Cour leur a fait inhibitions & deffenses d'ordonner les amandes à la discretion de la Cour, sans spécifier envers qui elles sont ordonnées, à peine de mille livres, de nullité, de tous dépens, dommages & interêts des Parties. Ordonne en outre ladite Cour, que tant le Substitut du Procureur General du Roy audit Siége, qui a requis iceluy Reglement, que le Lieutenant ou Conseiller Magistrat qui l'a prononcé, comparoîtront en personne au premier jour en la Chambre du Conseil d'icelle, pour répondre aux Conclusions du Procureur General du Roy, & qu'au surplus du differend des Parties, icelles Parties aux fins plaidées mettront par tout le jour leurs piéces pardevers elle, pour leur être dit droit sur le Registre, collationné *Et signé*, DE PONTAC.

Le vingtiéme de Decembre mil six cens sept, le présent Arrest a été signifié à M. de Mainban, Lieutenant General en Guyenne, & Maître des Requestes en son Hôtel, auquel luy ay fait les inhibitions portées par ledit Arrest, parlant à luy sur le degré du Palais, qui a refusé de prendre copie par moy, &c.

Et signé, VIDEAU.

ARREST DE LA COUR DE PARLEMENT

de Bourdeaux, portant adjournement personnel contre le Lieutenant Général de Bragerac, & permission ausdits Juge-Consuls de faire exploiter lesdits Mandèmens décernés par eux, avec enjonction au premier Huissier ou Sergent Royal sur ce requis, d'exploiter lesdits Mandemens, & en outre inhibitions & défenses audit Sénéchal de Bragerac ou son Lieutenant, d'empècher l'exécution d'iceux Mandemens, à peine de mille livres ; ledit Arrest obtenu par lesdits Juge & Consuls le 4 Mars 1607.

4 Mars 1607.

VEU par la Cour la Requête à elle presentée le quinziéme du present mois de Mars par Etienne Bernard, Jean Guerin, Maturin Vrignon Juge & Consuls de la Bourse Commune de la presente Ville de Bourdeaux : Contenant que par l'Edit de l'établissement de leur Jurisdiction, leur a permis de décerner des Mandemens pour assigner tous Marchands, en ce que s'agit de Marchand à Marchand ; Néanmoins le Sénéchal de Bragerac empèche que lesdits Mandemens n'y soient exploités dans sa Jurisdiction, sans avoir de lui Paréatis ; au moyen dequoy requierent être fait inhibitions & défenses formelles, tant audit Sénéchal de Bragerac que tous autres, d'user de telles façons de faire, à peine de tous dépens, dommages & interêts, & suspension de leurs Charges. Réponses de Claveau Substitut du Procureur du Roy, mises au pied de ladite Requête, qui n'empêche les Mandemens du Juge & Consuls de la Bourse, en fait de Marchand à Marchand, & pour fait de marchandise, être exploité par tous Huissiers ou Sergens du Ressort de la Cour, sans Mandement, Placet, ne Paréatis, & à tous Sénéchaux & Juges d'empêcher l'execution des Mandemens, à telle peine que de droit. Mandement desdits Juge & Consuls de ladite Bourse, du 7 d'Avril 1616. Paréatis du Sénéchal de Bragerac,

Bragerac, & Exploits d'assignations faits en consequence, du dixiéme du present mois. Requête huy à ladite Cour présentée par lesdits Supplians, aux fins de l'enterinement de la Présente. Dit a été, avant faire droit de ladite Requête, que la Cour a ordonné & ordonne que le Lieutenant Général de Bragerac sera appellé, pour lui oui, en être ordonné ce qu'il appartiendra: cependant a permis & permet ausdits Supplians faire exploiter les Mandemens dont est question. Enjoint au premier Huissier ou Sergent Royal sur ce requis, de ce faire, & fait inhibitions & défenses audit Sénéchal de Bragerac, ou son Lieutenant, empêcher l'exécution d'icelui Mandement, sur peine de mille livres. Prononcé à Bourdeaux en Parlement le vingt-quatriéme jour de Mars 1607. Collationné. *Signé*, DE PONCARTEL.

HENRY par la grace de Dieu Roy de France & de Navarre, au premier Huissier de notre Parlement, ou notre Sergent sur ce requis, Salut. A la requête d'Etienne Berard, Jean Guerin, Juge & Consuls de la Bourse commune de notre Ville de Bourdeaux, Nous te mandons par ces Présentes que tu signifies l'Arrest huy donné en notre Parlement, sur la Requête par les Supplians presentée contre le Lieutenant Général au Siége de notre Ville de Bragerac, & icelui assigné en notredite Cour à certain & competent jour, pour proceder suivant ledit Arrest, & autrement, ainsi que de raison. Et néanmoins fai à notre Sénéchal, ou sondit Lieutenant audit Siége, les inhibitions contenues par ledit Arrêt, aux peines portées par icelui, & pour raison de ce faire tous Exploits requis & nécessaires. Commandons à tous nos Sujets ce faisant toi obéir. Donné à Bourdeaux en notre Parlement le vingt-quatriéme Mars l'an de grace 1607, & de notre Regne le dix-huitiéme. Par la Chambre, *signé*, DE PONTAC. *Et scellé.*

ARREST DE LA COUR DE PARLEMENT,

portant défenses au Prevôt de Paris de proceder par cassation des Sentences des Juge & Consuls, ni d'en empêcher l'exécution, à peine de répondre des dommages & interêts des Parties; sauf à Elles à se pourvoir par appel en la Cour à l'ordinaire: ledit Arrêt obtenu par Nicolas Marcher le 14 Mars 1611.

14 Mars 1611.

ENtre Nicolas Marcher Appellant comme de Juge incompétent des Jugemens du Prevôt de Paris des 15 Octobre, condamnation de cent livres d'amende, exécution, Jugement du 17 Novembre, exécutoire en consequence, du premier & dixiéme Décembre, & de ce qui s'en est ensuivi, d'une part: & Jacques Audiger Intimé & Appellant de l'Ordonnance & Jugement des Consuls des onziéme & quinziéme Septembre; & ledit Marcher Intimé d'autre, sans que les qualités puissent préjudicier. Après que Germain pour l'Appelant comme de Juge incompétent des Sentences du Prevôt de Paris, revoquant celles des Consuls, nonobstant l'appel condamnation, demandes, exécution de ce qui s'en est ensuivi, a conclu à ce que le tout soit cassé, avec restitution de dommages & interêts: La Martiliere pour l'Intimé a dit que la cause où il s'agit d'un Bail de Bétail, n'est de la Jurisdiction des Consuls, & conclut en son appel de ce qu'ils en ont connu, déclarant que ce qui a été fait au Châtelet n'a été à sa poursuite, mais du Substitut, pour conserver la Jurisdiction, à laquelle n'a interet & n'empêche l'amende être rendue. La Cour dit qu'il a été mal, nullement & incompétemment jugé, procedé & ordonné par le Prevôt de Paris, a cassé & révoqué tout ce qui a été par lui fait & executé, & condamne l'Intimé ès dépens de la Cause d'appel. Ordonne que les amendes payées seront rendues, à ce faire ceux qui les ont reçûes, contraints par les mêmes voyes de prison que l'Appelant a faites, & fait inhibitions & défenses au Prevôt

de Paris, ses Lieutenans & Présidiaux du Châtelet, proceder en cassation des Sentences des Consuls, & au Substitut d'en empêcher l'exécution, à peine des dommages & intérêts des Parties; sauf à icelles Parties à se pourvoir contre lesdites Sentences par appel ou autrement, ainsi qu'ils verront être à faire; & sur l'appel de la Sentence diffinitive des Consuls, ordonne qu'elles concluront, joint les appellations verbales, le Procès préalablement apporté & mis au Greffe. Fait en Parlement le quatorziéme jour de Mars 1611. Signé,
VOISIN.

ARREST du Conseil Privé du Roy, donné sur la Requête présentée par la Communauté des Marchands de Poitou, ès Villes de Poitiers & Niort, par lequel le Roy en son Conseil, sans avoir égard aux Ordonnances des Présidiaux, leur a fait inhibitions & défenses, conformément aux Lettres Patentes cy-devant transcrites, du 22 Février 1599, de troubler ni empêcher lesdits Juge & Consuls en l'exercice de leurs Charges, & mettre au néant leurs Sentences; & autres défenses & injonctions portées par lesdites Lettres Patentes.

SUR la Requête présentée par la Communauté des Marchands de Poitou, ès Villes de Poitiers & Niort, tendante à ce que sans avoir égard aux défenses faites par les Présidiaux de Poitiers, du 30 Janvier dernier, il soit dit que les Juge-Consuls dudit Poitiers soient maintenus en leur Jurisdiction, suivant les Edits de Sa Majesté, & conformément aux Arrêts du Parlement de Paris; en ce faisant, que les Parties adjournées pardevant lesdits Consuls, y comparoîtront pour décliner la Jurisdiction, si la matiere y est sujette; & en cas d'appel, d'incompétence ou autrement, les Parties se pourvoiront au Parlement, suivant les Edits, & non pardevant le Présidial de Poitou, ou autres Juges: & enjoint à tous

13 Juin 1611.

I ij

Huissiers & Sergens de faire les adjournemens pardevant lesdits Juge & Consuls dudit Poitiers & Niort, & mettre à exécution leurs Sentences, nonobstant toutes défenses qui leur pourroient être faites par lesdits Juges de Poitiers & autres. Vû par le Roy en son Conseil l'Edit de Sa Majesté sur l'érection d'un Juge & trois Consuls des Marchands en ladite Ville de Poitiers, du mois de May 1566; Arrêts du Parlement de Paris des 7 Mars 1603, & 6 May 1608; Lettres de confirmation du Reglement de la Jurisdiction desdits Juge-Consuls du 21 Février 1599; autre Arrêt dudit Parlement du 9 Mars 1610; Jugemens desdits Présidiaux sur les plaintes de plusieurs Particuliers, par lesquels auroient été faites défenses d'assigner les Parties pardevant lesdits Consuls, & exécuter leurs Jugemens, des 5 Mars 1607, 9 & 10 Décembre 1608, 28 Décembre 1609, 28 Avril, 28 May & 17 Septembre 1610, 29 Janvier, 3, 14 & 18 Février, & 18 Mars 1611; ladite Ordonnance du 29 Janvier dernier : Tout consideré, Le Roy en son Conseil, sans avoir égard aux Ordonnances desdits Présidiaux, leur a fait inhibitions & défenses, conformément aux Lettres Patentes de Sa Majesté du 21 Février 1599, & Arrêts de ladite Cour des 7 Mars 1603, 6 May 1608, & 10 Mars 1610, de troubler ni empêcher lesdits Juge & Consuls en l'exercice de leurs Charges, mettre au néant leurs Sentences, ni assigner les Parties pardevant eux, au préjudice des assignations & Procès pendant pardevant lesdits Juge-Consuls; sauf toutefois ausdites Parties assignées, décliner leur Jurisdiction si l'aventure y est sujette : & en cas d'appel, d'incompétence ou autrement, se pourvoir par appel audit Parlement, non pardevant lesdits Présidiaux & autres Juges, conformément à l'Edit de leur création, auquel & ausdits Arrêts défenses sont faites ausdits Présidiaux d'y contrevenir. Enjoint Sa Majesté à tous Huissiers & Sergens faire tous Exploits qui leur seront baillés à faire pour assigner pardevant lesdits Juge & Consuls, mettre leurs Sentences, Jugemens & Commissions, & tout ce qui aura par eux été jugé, à dûe & entiere exécution, nonobstant les défenses desdits Présidiaux, & sur les peines portées par l'Edit de la Création desdits Juge & Consuls. Fait au Conseil Privé du

Roy tenu à Fontainebleau le 13 Juin 1611. *Signé*, BOUER. *Et scellé de cire jaune.*

Commission du Roy pour l'exécution du susdit Arrest.

LOUIS par la grace de Dieu Roy de France & de Navarre: A notre Huissier ou Sergent sur ce requis, Salut. Nous te mandons & commandons que l'Arrest de notre Conseil cy attaché sous le contre-Scel, ce jourd'hui donné sur la requête à nous présentée par la Communauté des Marchands de notre Pays de Poitou, ès Villes de Poitiers & Niort, tu signifies aux Présidiaux esdits lieux, Sergens & tous autres que besoin sera, à ce qu'ils n'en prétendent cause d'ignorance, & ayent à y obéir, lui faisant de par nous très-expresses inhibitions & défenses d'y contrevenir, ni attenter aucune chose au préjudice d'icelui, à peine de tous dépens, dommages & interêts, & autres peines portées par nos Edits & Ordonnances. De ce faire, & tous autres actes & exploits requis & nécessaires pour l'exécution de notredit Arrest, te donnons plein pouvoir, sans que tu sois obligé de demander aucun Congé ne Paréatis. Car tel est notre plaisir. Donné à Fontainebleau le treiziéme jour de Juin 1611, & de notre Regne le deuxiéme. *Signé*, Par le Roy en son Conseil, BOUER. *Et scellé de cire jaune sur simple queue.*

ARREST DE LA COUR DE PARLEMENT,

intervenu au profit de Martin Parifis, & de Jean Guillebon son Associé, Appellans du Jugement du Prevôt de Paris du 20 Juin 1614, d'une part; & lesdits Danier & sa femme: ledit Jugement portant cassation des Sentences des Juge & Consuls. Par lequel la Cour a cassé, révoqué & annulé tout ce qui avoit été fait par ledit Prevôt de Paris, & ordonné que les amendes, si aucunes avoient été payées en vertu desdits Jugemens, seroient rendues.

5 Mars
1615.

Entre Jean Guillebon & Martin Parifis Marchands Drappiers à Paris, Appelans de la Sentence donnée par le Prevôt de Paris le dixiéme Juin dernier, les Juge & Consuls intervenans d'une part; & Jean Danier Maître Tailleur d'habits, Intimé, Défendeur d'autre, sans que les qualités puissent préjudicier. Delamet pour les Appelans a conclu en leur appel de ce que le Prevôt de Paris en sa maison, a cassé les Sentences des Consuls, avec condamnation d'amende contre eux, exécution, & ce qui s'en est ensuivi; à ce que lesdites Sentences données par le Juge incompétent, soient cassées, & les Sentences données par les Consuls, en ce qui est de leur Jurisdiction, & dont il n'y a point d'appel, ains en partie exécutées le soient pour ce qui reste. Mailet pour les Consuls intervenans pour la conservation de leur Jurisdiction. Le Feron pour l'Intimé dit que la Cause au fond n'est de la Jurisdiction des Consuls, parce que ce n'est entre Marchands, néanmoins sur un seul défaut est condamné & emprisonné, dont il s'est plaint au Juge ordinaire pour avoir élargissement, ce qu'il a pû faire. La Cour dit qu'il a été mal, nullement & incompétemment jugé, ordonné, procedé & exécuté, bien appellé par les Appelans; a cassé, & révoqué & annullé comme attentat, tout ce qui a été fait par le Prevôt de Paris, ordonné que les amendes, si aucunes ont été payées, seront rendues, à ce faire ceux qui les auront reçûes, contraints par les mêmes voyes qu'ont été les Appellans. Condamne l'Intimé ès dépens de la Cause d'appel, & a fait défenses au Prevôt de Paris de proceder par cassation de Sentences des Consuls ; sauf aux Parties se pourvoir par appel, suivant les Arrêts. Fait en Parlement le cinquiéme jour de Mars 1615. *Et signé*, DUTILLET.

ARREST DE LA COUR DE PARLEMENT,
portant Reglement entre les Juges Présidiaux, & le Juge & Consuls de Troyes.

Entre Marie Jossier veuve de feu Jacques Morel, vivant Marchand Demandeur à Troyes, Jean Bourjon Sergent Royal demeurant audit Troyes, & les Juge-Consuls dudit lieu, Appellans des Sentences rendues par les Présidiaux de Troyes les 20 & 27 Aoust 1524, d'une part ; & Jean Gauterost & lesdits Juges Présidiaux de Troyes, Intimés en leurs noms, d'autre. Vû par la Cour l'Arrest du Conseil du huitiéme Mars 1625, par lequel en sondit Conseil auroit renvoyé les Parties en ladite Cour, pour y proceder sur leurs différends ainsi que de raison ; Arrest de rétention en icelle du dixiéme Juin 1625, par lesquels auroit été ordonné que les Parties y viendront proceder suivant les derniers erremens, ladite Sentence du vingtiéme Aoust 1624, par laquelle auroit été donné défaut contre ladite Jossier, & sur le profit d'icelui & requête, tant dudit Gauterost, que Procureur du Roy, interviendroit en cause ; ordonne que ladite Jossier seroit réadjournée, & cependant, eu égard à la qualité dudit Gauterost qui n'étoit Marchand ; lecture faite de l'adjournement à lui donné par ledit Bourjon l'aîné, pardevant lesdits Juge & Consuls ; défenses auroient été faites à ladite Jossier de traiter ledit Gauterost pardevant lesdits Consuls, pour le contenu en l'Exploit dudit Bourjon, à peine de l'amende, dépens, dommages & intérêts, & ordonne que ledit Bourjon qui avoit fait pardevant lesdits Juge-Consuls, seroit adjourné à comparoir en personne au lendemain matin, pour répon-

21 May 1616.

dre aux conclusions que le Procureur du Roy voudroit contre lui prendre ; enjoignons à Belin & Clement Sergens du service de faire ledit adjournement, & d'en apporter exploit au Procureur du Roy dans ce jour, à peine d'amende, suspension de leurs Charges ; & demeureroit ledit Exploit de Bourjon au Greffe, ladite Sentence du 27 dudit mois, par laquelle par Jugement dernier, pour avoir par ladite Jossier contrevenu ausdites défenses, elle auroit été condamnée à trois livres d'amende, & fait main-levée audit Gauterost de ses biens pris par exécution à la requête de ladite Jossier, & icelle condamnée en tous ses dépens dommages & interêts liquidés à la somme de quatre livres, en ce non compris le coût de ladite Sentence, & à elle fait défenses de s'ayder de ladite Sentence des Consuls ; & seroient les gardiens des meubles exécutés, contraints iceux rendre audit Gauterost, & ce faisant déchargés : & à l'égard dudit Bourjon, faute d'être comparu en personne suivant l'assignation à lui baillée, donné défaut personnel au Procureur de Roy, & pour le profit d'icelui ordonne que ledit Bourjon seroit prins & appréhendé au corps, sinon adjourné à trois briefs jours, & ses biens saisis & annotés, avec défenses d'exploiter, à peine de crimes de feux, jusqu'à ce qu'autrement en eût été ordonné, & que l'amende à laquelle lesdits Belin & Clement avoient été condamnés, leur seroit rabatue, moyennant qu'ils mettent ladite Sentence à exécution contre ledit Bourjon, & qu'il leur auroit été enjoint à peine de suspension de leurs Charges : Acte du huitiéme Juillet 1625, par lequel ledit Gauterost auroit consenti pour son regard à ladite Marie Jossier, que la Sentence donnée par les Juge & Consuls de Troyes le vingtiéme Aoust 1614, fût executée, lui offrant les dépens tels que de raison : & pour le regard dudit Bourjon, soutenant qu'il étoit mal assigné, Arrest du 19 Février 1616, par lequel sur lesdites appellations les Parties auroient été appointées au Conseil, corrigeroient leurs Plaidoyés, & ajoûteroient ce que bon leur sembleroit, bailleroient contredits & salvations : causes d'appel, réponses à icelles, productions des Parties, contredits desdits Jossier & Bourjon. Requête des Présidiaux du onziéme du present mois, employée pour
contredits

contredits & falvations à icelle defdits Joflier & Bourjon. Deux Requeftes des Juge & Confuls des 12 & 13 dudit mois, employée pour contredits & falvations, l'une fignifiée de l'Ordonnance de la Cour & mife au fac, & tout confideré. notredite Cour a mis & met les appellations & ce dont a été appellé au néant fans amende, ordonne que la Sentence des Juge & Confuls de Troyes du 20 Aouft 1624, fera exécutée felon fa forme & teneur, a déchargé & décharge ledit Bourjon & Marie Joflier des condamnations contre-eux rendues par les Juges Préfidiaux, ordonne que ce qu'ils montreront avoir payé de l'amende & dépens, leur fera rendu ; a fait inhibitions & défenfes aufdits Préfidiaux de prendre connoiffance des Caufes dont la connoiffance appartient aufdits Juge & Confuls, ni d'empêcher l'exécution de leurs jugemens : fauf aux Parties adjournées comparoir pardevant les Confuls, de décliner leur jurifdiction, fi la matiere y eft fujette ; & en cas d'appel d'incompétence ou autrement, fe pourvoir en la Cour fuivant les Edits & Ordonnances ; condamne ledit Gauteroft fuivant fes offres envers ladite Joflier, aux dépens tant faits au grand Confeil Privé, que caufe d'appel, pour fon regard, tels que de raifon, & fans dépens entre toutes les autres Parties. Prononcé le vingt-troifiéme jour de May 1626. *Signé*, DUTILLET.

Le quatriéme Juillet 1626, fut le prefent Arreft fignifié & baillé coppie à Maiftre Philippe Foreft Procureur de Partie adverfe. Fait par moy Huiffier en Parlement fouffigné. Ainfi figné, HERGON.

ARREST DE LA COUR DE PARLEMENT,

donné au profit des Juge & Consuls d'Abbeville, & Antoine Mauvoisin Marchand, & leur Greffier en Chef, Appelans d'une Sentence rendue par le Lieutenant General de la Sénéchaussée de Ponthieu, & Demandeurs à l'encontre de Philippes Papin Lieutenant General en ladite Senéchaussée : & Maistre Jean Papin Avocat du Roy audit Siége, Intimés en leurs propres & privés noms. Par lequel la Sentence est mise au néant, &c. & fait droit sur les conclusions du Procureur General du Roy, a déclaré les défenses faites par ledit Lieutenant General, de nul effet & valeur, enjoint à tous Huissiers & Sergens de donner les assignations dont ils seront requis pardevant les Juge & Consuls, sans connoissance de cause, & défenses audit Lieutenant General de prendre connoissance des Causes attribuées ausd. Juge & Consuls, ni de l'exécution de leurs Sentences & Jugemens.

30 Janvier 1657.

ENtre les Juge & Consuls d'Abbeville, & Antoine Mauvoisin Marchand & Greffier en Chef de ladite Jurisdiction Consulaire, Appellans tant comme de Juges incompétens qu'autrement, d'une Sentence rendue par le Lieutenant General de la Senéchaussée de Ponthieu le dernier Juin 1651, & Demandeurs aux fins de la Requête énoncée par Arrest du quatorziéme Juillet ensuivant, à ce que défenses soient faites aux Intimés cy-après nommés de plus commettre telles entreprises que celles portées par ladite Sentence, & lesdits Intimés condamnés aux dépens, dommages & interêts soufferts & à souffrir à cause desdites défenses portées par icelle, d'une part; & Maistre Philippes Papin, Ecuyer Seigneur de Machy, Conseiller du Roy & Lieutenant en la Senéchaussée de Ponthieu, & Maistre Jean Papin Avocat du Roy audit

Siége, Intimés en leurs propres & privés noms, d'autre part, sans que les qualités puissent nuire ni préjudicier. Après que Laurenchée pour les Appellans, &c. Rimbancourt pour les Intimés, ont dit qu'en communiquant de la cause au Parquet des Gens du Roy, ils sont demeurés d'accord, sous le bon plaisir de la Cour, de l'appointement par l'un d'eux récité; & Talon pour le Procureur General, ouy. La Cour a mis & met l'appellation & ce dont est appel au néant, & en émandant & corrigeant, & faisant droit sur les Conclusions du Procureur General du Roy, a déclaré & déclare lesdites défenses de nul effet, & enjoint à tous Huissiers & Sergens Royaux de donner les assignations dont ils seront requis pardevant les Juge & Consuls, sans connoissance de cause, tout ainsi qu'ils le faisoient auparavant lesdites défenses; a fait & fait inhibitions & défenses de prendre connoissance des Causes attribuées aux Juge-Consuls par l'Edit de leur création & Arrests de la Cour, & de l'exécution de leurs Sentences & Jugemens: sauf aux Parties à se pourvoir en la Cour, & au Substitut du Procureur General au même Siége de plus faire réquisitions, & respectivement aux Juge & Consuls de rien entreprendre sur la Jurisdiction ordinaire; le tout conformément aux Edits, Déclarations, Arrêts & Reglemens, & seront les amendes rendues si aucunes ont été payées, & ceux qui les ont reçûes contraints par les mêmes voyes, & sur la folle intimation les Parties hors de Cour & de Procès, le tout sans dépens. Fait en Parlement le trentiéme Janvier 1652. *Signé*, GUYET.

D'un gros Regiſtre contenant les Edits & Déclarations du Roy, & Arrêts tant de ſon Conſeil, que du Parlement de Normandie, donnés en faveur de la Juriſdiction des Prieur & Conſuls des Marchands à Rouen & du Commerce, en a été extrait ce qui enſuit.

Du dixiéme May 1658, à Rouen, en la Cour de Parlement.

10 May. 1658.
ENtre Maiſtre Jacques Royer, Lieutenant Particulier Criminel au Bailliage de Rouen, Impétrant du Mandement de la Cour du huitiéme de ce mois, pour faire dire que comme ayant fait ſaiſir les Livres comptoirs de Jean Dies Marchand en cette Ville, à cauſe de ſon abſence, & comme prétendu avoir fait fraude à ſes Créanciers ; qu'au préjudice du Lieutenant General Civil qui doit avoir auſſi fait mettre les ſcellés audit Comptoir, effets & autres lieux de la maiſon dudit Dies, tout ce qui fait a été par lui ſera confirmé ; & la procedure dudit Lieutenant Civil caſſée, & permis au Lieutenant Criminel de continuer ſes diligences. Vû la proviſion de la choſe comme étant purement criminelle, & défendeur de Requêtes verbales, preſent en perſonne, & par Maiſtre Georges Louche ſon Procureur d'une part : Maiſtre Marc-Antoine d'Etat Lieutenant General audit Bailliage, & Préſident au Siége Préſidial dudit lieu, François Briſſault Subſtitut du Procureur General du Roy audit Siége, adjournés en vertu dudit Mandement, comparans par Maiſtre Guillaume Mabire leur Procureur, d'autre, les Prieur & Conſuls de cette Ville, Demandeurs en Requête pour faire dire qu'au préjudice, tant deſdits Lieutenans Civil & Criminel, le négoce de cette affaire doit être renvoyé en leur Juriſdiction, prétendant qu'il ne s'agit purement & ſimplement que d'affaires des Comptes de Marchands à Marchands, & non pas de banqueroute, n'y ayant aucune plainte qui paroiſſe avoir été renduës à l'encontre dudit Dies, & partant que comme étant en poſſeſſion, ſuivant leurs Privileges verifiés en la Cour,

ils la supplient de leur renvoyer l'Instance, comparans en personnes, & par Maistre Claude Marc leur Procureur; & les Créanciers dudit Dies, Demandeurs en autre Requête verbale, à ce qu'attendu que l'on a fait saisir & mettre les scellés aufdits comptoirs & autres lieux de la maison dudit Dies, en vertu du Mandement desdits Consuls, ladite Instance soit renvoyée devant eux, étant l'interêt & profit des Créanciers qui pourront se rencontrer, pource que plus facilement leurs comptes seront à moins de frais examinés, comparans par Maistre Jacques Robert leur Procureur; & ledit Jean Dies aussi Demandeur de sa part en autre Requête verbale, à ce que Mandement lui soit accordé pour faire assigner ses Créanciers afin de voir l'état de ses effets & pertes, & à cette fin attendu qu'il n'y a aucun d'iceux qui se soit plaint de son absence, faire défenses ausdits Lieutenans Civil & Criminel de continuer leurs diligences, obéissant se representer devant lesdits Juge & Consuls compétens de connoître de telle nature de cause, ensemble representer en la presence de ses Créanciers tous ses Livres & effets, & cependant qu'il lui soit donné sauf-conduit de sa personne pour un an, comparant par Maistre Richard le Bon son Procureur, d'autre part, sans que les qualités préjudicient. Ouy ledit Royer Lieutenant Particulier; lequel a conclu aux fins de sondit Mandement, que le Substitut dudit Procureur General du Roy audit Bailliage, soit condamné de remettre au Greffe Criminel le Procès verbal & information par lui faite, & à lui envoyée pour y mettre ses conclusions, & que défenses lui seront faites à l'avenir de porter ni envoyer aucunes informations criminelles en la Chambre civile, ni faire aucunes réquisitions en matieres criminelles ailleurs qu'en la Chambre criminelle, pardevant le Lieutenant General Criminel, ou pour son absence ou récusation, pardevant lui, comme Lieutenant Particulier, Assesseur Criminel, & premier Conseiller audit Baillage, en laquelle qualité il se maintient suffisamment établi par ses Provisions, Arrêts de la Cour, & possession continuelle; & défenses au Lieutenant Civil de connoître ni faire informer des fraudes commises ès faillites & banqueroutes, ni autre matiere criminelle, con-

K iij

formément aux Edits de Création de leurs Charges, Déclarations, Arrêts & Reglemens donnés en consequence. Barue Avocat dudit Dies, lequel a conclu aux fins de sadite Requête verbale; & ledit Briffault Substitut dudit Procureur General du Roy, lequel a dit qu'il se présenté sur l'assignation à lui donnée, instance dudit Royer, devant lequel il n'a voulu faire aucune réquisition, n'estimant pas qu'il y ait encore sujet de faire poursuite criminelle, mais requis devant le Lieutenant que les biens dudit Dies absent soient mis en sûre garde, pour l'interêt du Roy & du Public : de laquelle réquisition & Ordonnance donnée sur icelle, ledit Royer ayant eu connoissance, il a de son seul mouvement ordonné qu'il se transporteroit en la maison dudit Dies, pour informer & dresser Procès verbal, lequel lui ayant été communiqué, ensemble celui qui avoit été fait par ledit Lieutenant General, il avoit requis que la Compagnie fût assemblée pour pourvoir à ce qui est de l'interet public. Vû la contention desdits Juges, ce qu'ayant été fait, & ledit Royer n'ayant voulu se presenter quoiqu'averti par le Greffier, il fut donné Sentence portant qu'il seroit continué, & ledit Lieutenant, en quoi il n'y a aucun sujet de plainte contre ledit Procureur du Roy, & soutient qu'il doit être déchargé de ladite assignation; pour ce qui est de l'intervention dudit Dies, desdits Consuls & prétendus Créanciers qui demandent d'être renvoyés devant lesdits Consuls, & que tems soit donné audit Dies pour se representer, ledit Dies doit se pourvoir par les formes, presenter Requête, & prendre Lettres de répi, desquelles ledit Lieutenant doit être seul compétent par l'Ordonnance & suivant l'usage qui s'observe en tous lieux, esquelles Lettres seront enterinées, s'il est jugé capable de cette grace, après avoir appellé les Créanciers; & ne peuvent lesdits Consuls en avoir connoissance, puisqu'ils ne sont établis que pour regler les diferends de Marchand à Marchand, mais en ce fait il est question d'une affaire generale, où il se trouvera des Créanciers hipotecaires & de toutes sortes de conditions, & des mineurs interessés, dont le Procureur du Roy doit prendre la protection, ainsi que des absens, se rencontrant souvent de semblables faillites : plusieurs considerations qui obligent ledit Procureur du Roy de prendre l'interêt pour Sa Majesté, ou pour les interessés ; & si ces sortes d'affaires étoient renvoyées aux Consuls, ce seroit autoriser les banqueroutes, qui continueroient par l'impunité de leurs crimes ; lesquels Consuls n'ayant l'autorité ni la puissance pour cet effet, & cette affaire se trouvera peut-être criminelle, selon les faits qui seront éclaircis par la representation des Livres, & par les circonstances desdits faits : partant soutient que sans s'arrêter aux Requêtes verbales desdits Consuls & prétendus Créanciers, la Requête dudit Dies doit être renvoyée audit Bailly, pour y être pourvû en connoissance de cause, ainsi qu'il appartiendra. Le Bigos Avocat pour ledit Lieutenant General, lequel a dit que sans demeurer d'accord de la qualité que prend ledit Royer de Lieutenant Particulier Criminel, quoiqu'il ne soit que premier Assesseur Criminel, laquelle qualité il entend lui contester, dont il en demande acte, & soutient que ledit Poyer doit être évincé de son Mandement, attendu que l'instance dont il s'agit est publique, generale & politique, dont il est seul compétent, ayant même été jugé par plusieurs Arrêts que le crime de Police appartient aux Juges Politiques, comme entr'autres entre le Vicomte de Fallaise & le Lieutenant Criminel dudit lieu, pour un fait de Police, ou une instance criminelle fut renvoyée devant le Vicomte comme Maire de ladite Ville, au préjudice dudit Lieutenant Criminel dudit lieu, la procedure duquel fut cassée : l'intervention dudit Dies qui demande sauf-conduit pour faire voir ses pertes à ses Créanciers, n'étant considerable, puisqu'il devoit faire telle Requête devant ledit Lieutenant General, au lieu de s'absenter ; & où il devoit être renvoyé faire sa Requête, suivant l'Ordonnance, n'ayant aucune qualité pour s'adresser en premiere instance en ladite Cour : & d'autant que les Consuls se presentent pour intervenir en cette cause, sans avoir donné aucune Requête par écrit, ni rien fait signifier audit Lieutenant General, qui n'a connoissance de la contestation qu'ils prétendent former, qui seroit une surprise manifeste : supplie la Cour de trouver bon qu'il en soit averti pour y répondre. Le Fevre Avocat pour lesdits

Créanciers, lequel a aussi conclu aux fins de leur Requête verbale. Et Maurry Avocat pour lesdits Prieur & Consuls, qui a soutenu qu'il n'y a lieu de proceder en l'affaire dont est question, ni pardevant le Lieutenant Criminel, ni par le Lieutenant Civil, d'autant qu'il s'agit purement de Marchandises & de Négoce, & de la conservation de l'interêt des Marchands interessés aux affaires dudit Dies; qui ne devoient plaider ailleurs que devant lesdits Prieur & Consuls, y ayant même déja saisie faite, & à la requête de l'un desdits Créanciers, en vertu d'une Cedule rendue devant lesdits Prieur & Consuls, ensuite de quoi il sera bon de regler les privileges & préferences desdits Créanciers, où il ne se trouve rien qui puisse établir la Jurisdiction desdits Lieutenans du Bailly, qui ne doivent connoître des répis & attermoyemens entre Marchands, qui résultent ordinairement de la vûe & discution de leurs Livres: ainsi toutes fois & quantes que pareilles questions se sont offertes, la Cour les a toujours renvoyées devant lesdits Consuls; concluant à ce moyen à ce que sans s'arrêter à la procedure, tant de l'un & de l'autre des Juges Civil & Criminel, le tout doit être renvoyé pardevant lesdits Prieur & Consuls. Et aussi Hue Avocat General pour le Procureur General du Roy. La Cour a accordé acte ausdits Lieutenant General Civil & Lieutenant Particulier Criminel de leurs soutiens & déclarations; a envoyé sur ce Mandement obtenu par ledit Lieutenant Particulier, les Parties quant à present hors de Cour & de Procés; Et faisant droit sur les Requêtes desdits Dies & Créanciers, les a renvoyés pardevant lesdits Prieur & Consuls des Marchands, où les Livres & Registres seront representés, & pourvû ausdits Créanciers ainsi qu'il appartiendra: auquel Dies cependant ladite Cour a octroyé sauf-conduit de sa personne pour le tems d'un mois. Fait comme dessus. *Signé*, VAIGNON, avec Paraphe.

Collationné sur ledit Registre par moy Greffier de la Jurisdiction des Prieur & Consuls à Rouen, soussigné. Signé, BECACEL.

ARREST

ARREST DE LA COUR DE PARLEMENT,

donné au profit des Juge & Consuls de Reims, contre les Officiers du Bailliage dudit Reims: Par lequel la Cour ordonne qu'ils auront Commission pour faire en icelle qui bon leur semblera, aux fins de leur Requête; cependant seront les Arrêts & Reglemens de ladite Cour, exécutés, fait défenses ausdits Officiers d'y contrevenir, à peine de mille livres d'amende contre chacun des contrevenans en leurs noms: & en cas de contravention, permis d'emprisonner les contrevenans.

LOUIS par la grace de Dieu Roy de France & de Navarre: Au premier des Huissiers de notre Cour de Parlement, ou autre notre Huissier. Comme ce jourd'huy vû par notredite Cour la Requête presentée par les Juge & Consuls des Marchands établis en la Ville de Reims, contenant qu'au préjudice de l'Edit de leur Création, & de notre Déclaration verifiée en notredite Cour le seiziéme Janvier 1612, laquelle il leur a permis de faire signifier, lire & publier, à ce qu'aucun n'en ignore, & ait à y obéir par Arrest du seiziéme Mars dernier, & de la signification qui en a été faite à leur Requête aux Officiers du Bailliage & Siége Présidial de Reims, & autres Officiers, Huissiers & Sergens dudit Bailliage; & au mépris de plusieurs Arrêts par eux obtenus, les Officiers dudit Bailliage & Siége Présidial de Reims ont entrepris de ruiner & anéantir ladite Jurisdiction Consulaire par deux moyens: le premier, d'empêcher que nos Sergens dudit Bailliage & Siége Présidial baillent aucuns Exploits d'assignation pardevant les Supplians; le second, de ne permettre l'exécution de leurs Sentences: & de fait, lorsque les Particuliers chargent nosdits Sergens de donner des assignations pardevant les Supplians, au lieu d'y satisfaire, & suivant l'intention des Parties, ils donnent au contraire lesdites assignations pardevant les Presidiaux, & cela au sujet

7 Septembre 1648.

L

de ce que les Huissiers Audienciers des Supplians ont été déchargés de representer leurs Provisions, & de prêter le serment pardevant lesdits Presidiaux, & de ce qu'ils ont été déclarés n'être de la Communauté, ni sujets aux Reglemens desdits Sergens, qui ont été condamnés en tous leurs dommages, interêts & dépens, avec défenses de les troubler & empêcher en la fonction & exercice de leurs Offices d'Huissiers Audienciers, par Arrest du 28 Mars dernier; comme aussi lorsque les Parties condamnées par Sentences des Supplians, pour quelque refus de payer, commettent quelques legeres rebellions, & s'évadent ou sont emprisonnés, alors les Officiers dudit Siége Presidial, prétendent avoir seulement la connoissance de l'exécution des Sentences des Supplians, veulent obliger lesdits Huissiers Audienciers de mettre leurs Procès verbaux en leurs Greffes, & entreprennent sur ladite Jurisdiction Consulaire, élargissent de leur autorité les detenus emprisonnés pour dettes civiles, de l'Ordonnance des Supplians. Et de fait quand lesdits Audienciers font Procès verbaux de l'évasion des Prisonniers, & de ce qu'on leur a ôté des mains, & empêché par quelques moyens qu'ils les emprisonnent actuellement, & qu'ils les rapportent aux Supplians qui ont donné les Sentences & Jugemens en vertu desquelles les contraintes se doivent faire; aussi-tôt le Substitut de notre Procureur General audit Siege Presidial, ensemble le Lieutenant Criminel son beau-frere, prennent cet Exploit de Justice pour un crime, font les Procès aux Huissiers Audienciers des Supplians, & aux Recors qui les ont assistés; de telle sorte que souventefois ils n'ont aucuns Huissiers à leur Audience, parce qu'on les tient Prisonniers; dequoy il y a eu plusieurs plaintes sur icelles, divers Arrêts qui font défenses ausdits Officiers du Presidial d'en connoître : mais que tant s'en faut que cela les ait retenus, qu'au contraire ils ont donné hardiesse à toutes sortes de personnes de faire & commettre des irreverences inciviles & désobéissances envers les Supplians, & à la face de la justice, lorsqu'ils l'exercent, jusque dans leur Parquet, des excès & battures, juremens & blasphêmes, présupposant que lesdits Supplians n'ont aucun droit ni pouvoir d'en faire justice:

tellement que si à cause de ces mauvaises actions commises à la face des Juges, les Supplians condamnent quelques-uns en l'amende, ils s'en mocquent, ne veulent pas obéir, & commettent des rebellions, à cause dequoy si on les veut mener & conduire Prisonniers, lesdits Officiers du Siege Presidial empêchent, mais bien plus emprisonnent lesdits Huissiers & Sergens qui exécutent les Sentences & Ordonnances des Supplians, & les condamnent en des amendes payables par corps, & tous les jours & à toutes occasions renouvellent & recommencent tels & pareils attentats, par le moyen dequoy ladite Jurisdiction Consulaire demeure sans exercice, & les Jugemens donnés en icelle demeurent sans exécution, en quoy nos Sujets souffrent. Pourquoy étant nécessaire d'arrêter le cours de telles entreprises & violences, afin de pourvoir à la tranquilité publique, laquelle pourroit être troublée, & de grands malheurs & accidens funestes arrivés par cette violence si extraordinaire que lesdits Officiers du Presidial exercent tous les jours, & en tous les actes de l'exétion des Jugemens donnés par les Supplians. A ces causes requeroient être enjoint aux Huissiers Sergens dudit Baillage & Siége Presidial de Reims, & à tous autres, de donner les assignations dont ils seront requis par les Parties pardevant les Supplians, & de mettre à exécution les Sentences & Jugemens, & Ordonnances desdits Supplians qui leur seront mises en main, & à la requête & diligence des Parties, nonobstant les défenses des Officiers dudit Presidial, à peine de suspension de leurs Charges, & de cinq cens livres d'amende contre chacun d'eux, avec défenses particulieres aux Officiers dudit Bailliage & Siége Presidial d'entreprendre sur la Jurisdiction des Supplians, ni d'empêcher l'exécution de leurs Sentences & Ordonnances, ni de connoître de l'exécution d'icelles, & des Procès verbaux qui seront faits par les Sergens en exécution desdites Sentences, en quelque sorte & maniere que ce soit, d'empêcher l'exploitation & vente des biens des condamnés, & emprisonnement de leurs personnes en vertu des Sentences & Jugemens des Supplians, ni d'élargir aucuns Prisonniers, de condamner en l'amende & emprisonner les Sergens exécuteurs des Ordonnances & Man-

L ij

demens des Supplians, à peine de dix mille livres d'amende, & de répondre en leurs noms des dommages & interêts des Parties, nonobstant oppositions & appellations quelconques, & sans préjudice pour lesquelles ne sera differé. Vû aussi lesdits Arrêts & autres pieces attachées à ladite Requête, Conclusions de notre Procureur General ; tout consideré. Notredite Cour a ordonné & ordonne que lesdits Supplians auront Commission pour faire assigner en icelle qui bon leur semblera aux fins de leur Requête : cependant seront les Arrêts & Reglemens de notredite Cour exécutés selon leur forme & teneur : Fait défenses ausdits Officiers dudit Bailliage & Siége Presidial d'y contrevenir, à peine de mille livres d'amende contre chacun des contrevenans en leurs noms ; & en cas de contravention, permet d'emprisonner les contrevenans. Sy te mandons à la requête desdits Supplians mettre le present Arrest à exécution selon sa forme & teneur, & à cette fin faire tous Exploits requis & nécessaires. De ce faire te donnons pouvoir. Donné à Paris en notre Parlement le septiéme Septembre l'an de grace 1648. Collationné par la Chambre. *Signé*, G U Y E T.

ARREST DE LA COUR DE PARLEMENT,

par lequel ladite Cour auroit ordonné que par les Juge & Consuls il seroit pourvû aux Prisonniers detenus en vertu de leurs Sentences & Ordonnances par eux rendues jusqu'à la somme de deux cens livres.

7 Juin 1668.

SUR ce que les Juge & Consuls ont representé à la Cour qu'il y avoit quelques Prisonniers detenus en vertu de leurs Jugemens pour petites sommes, & requis la Cour leur donner Audience ; & attendu qu'il ne s'est presenté aucun Avocat ni Procureur pour lesdits Prisonniers. La Cour ordonne que par les Juge & Consuls il sera pourvû aux Prisonniers detenus en vertu des Sentences & Ordonnances par eux rendues, jusqu'à la somme de deux cens livres, & ce qui sera par eux ordonné, exécuté nonobstant oppositions & appellations quelconques, sans préjudice d'icelles. Fait au Châtelet la Cour y séant le septiéme Juin 1568. Collationné.

ARREST DE LA COUR DE PARLEMENT, du 18 Janvier 1577, intervenu au nom de Philippes Petitpied Marchand à Troyes, Appellant d'une Sentence des Juge & Consuls de Paris, rendue au profit de Nicolas Doublet Marchand à Paris, comme prétendant n'être point leur justiciable, & qu'il devoit être traduit en ladite Ville de Troyes. Par lequel la Cour, sans s'arrêter aux conclusions du Procureur du Roy, tendantes à ce que la Cause fût renvoyée sur les lieux, la marchandise n'ayant point été livrée à Paris, ni l'obligation à cedule y passée, ni payement destiné, pour plusieurs bonnes considerations à cela mouvans, auroit mis l'appellation au néant, & ordonné que la Sentence desdits Juge & Consuls dont est appel, sortiroit son effet.

Entre Philippe Petitpied Marchand demeurant à Troyes, Appelant de certaine Sentence donnée par les Juge & Consuls de cette Ville de Paris le septiéme jour de Decembre 1675, d'une part ; & Nicolas Doublet aussi Marchand & Bourgeois de cette Ville de Paris, d'autre. Après que Lhomede pour l'Appellant a conclu en son appel, à ce qu'étant adjourné à la requête de l'Intimé pardevant les Juge & Consuls des Marchands de Paris, pour se voir condamner à payer la somme de cinq cens tant de livres, pour vente & délivrance de Marchandise contenue en un Mémoire par luy envoyé audit Intimé, combien que ladite Marchandise ne soit de la qualité ni du prix porté par ledit Memoire, ni même loyale ; & ayant remontré qu'ils ne pouvoient être ses Juges, d'autant que leur Jurisdiction ne s'étendoit sur luy, qu'il

18 Janvier 1577.

L iij

étoit Marchand en la Ville de Troyes, & que pour raison de ladite marchandise n'y avoit cedule ou obligation passée, ni destination du payement en cette Ville, lesdits Juge & Consuls néanmoins auroient ordonné qu'il procederoit pardevant eux à ce qu'il soit dit mal-jugé, & que si l'Intimé a quelque chose à lui demander, il se pourvoye pardevant son Juge ordinaire. Et que Maugé pour l'Intimé a dit que suivant le Mémoire de l'Appellant, il lui a envoyé de cette Ville à Troyes, par le Messager ordinaire qui avoit coutume de porter ses marchandises, celles contenues audit Mémoire, de la loyauté desquelles il ne se peut plaindre à l'Appelant, lequel enfin il a été contraint faire adjourner pardevant les Juge & Consuls pour en avoir payement ; ce qu'il soutient avoir bien fait, & que l'Appelant y doit répondre, d'autant que la marchandise étant sortie de cette Ville, lesdits Juge & Consuls en ont pû & doivent connoître. A quoy a dit Brisson pour le Procureur General du Roy, que les Juge-Consuls ne sont fondés en Jurisdiction sur les Marchands Forains, sinon en trois cas de l'Ordonnance, qui sont que la marchandise soit délivrée à Paris, la cédule ou obligation faite d'icelle à Paris, ou le payement destiné ; & des trois, deux défaillent à l'Intimé : car il n'y a cédule, ne destination de payement ; & encore que les marchandises soient de Paris, elles n'emportent pas Privileges sur les Marchands qui les emmennent, ou à qui on les envoye, pour être traités pardevant lesdits Juge & Consuls, tellement que pour ce ledit Appellant étant demeurant en la Ville de Troyes où le Mémoire desdites marchandises a été fait, il le faudroit renvoyer pardevant son Juge. La Cour par plusieurs bonnes causes & considerations à cela mouvans, a mis & met l'appellation au néant sans amende, ordonne que ce dont a été appellé sortiroit son plein & entier effet. Fait en Parlement le dix-huitiéme jour de Janvier 1577. Collationné. *Signé*,

FOURNIER, jeune.

ARREST DE LA COUR DE PARLEMENT,

au profit des Juge & Consuls de la Ville de Troyes, contre Etienne Blanchard Huissier en ladite Jurisdiction, Appellant de leur Sentence : Lequel pour réparation des cas mentionnés au Procès, a été condamné à comparoir en l'Audience desdits Juge & Consuls de Troyes, nud tête & à genoux, & demander pardon, & banni pour un an du Bailliage de Troyes.

VEu par la Cour le Procès criminel fait par les Juge & Consuls des Marchands établis en la Ville de Troyes, contre Etienne Blanchard Huissier en ladite Jurisdiction, Prisonnier ès prisons de la Conciergerie du Palais, Appelant de la Sentence contre lui donnée le 30 jour de May, par laquelle pour réparation des cas mentionnés audit Procès, auroit été condamné en dix livres d'amende applicable suivant l'Edit, & tiendroit prison jusqu'à ce qu'il eût payé ladite somme, lui faisant défenses de plus récidiver, ains de se comporter modestement à l'avenir, à peine de plus grande amende s'il y échet, & interdiction de sa Charge ; & outre tenu de comparoir pardevant lesdits Consuls au premier Siége du matin, & il y déclareroit que témérairement il auroit dit & proféré les paroles mentionnées audit Procès verbal, & outre ledit Blanchard interdit d'exercer sa Charge en ladite Jurisdiction, ni assister aux Siéges qui se tiendront en icelle pendant trois mois, à peine de nullité, & de dépens, dommages & interêts des Parties. Conclusions du Procureur General du Roy, auquel le tout auroit été communiqué, & se seroit porté Appellant *à minima* de ladite Sentence, requis être tenu pour bien relevé, & droit lui être fait sur sondit appel & conclusion. Ouy & interrogé en ladite Cour ledit Blanchard sur sa cause d'appel & cas à lui imposés, & tout consideré. Dit a été que ladite Cour a mis & met ladite appellation dudit Blanchard & Sentence au néant, a reçû &

18 Juillet 1623.

reçoit ledit Procureur General du Roy Appellant *à minima* de ladite Sentence, l'a tenu & tient pour bien relevée; & faisant droit sur sondit appel & conclusions, pour réparation des cas mentionnés audit Procès, a condamné & condamne ledit Blanchard comparoir en la Chambre de la Jurisdiction desdits Juge & Consuls de Troyes, & *illic* tête nue & à genoux dire & déclarer que méchamment, témérairement & indiscrétement, & comme mal-avisé, il a proferé les paroles mentionnées ès Procès verbaux étant audit Procès, dont il se repent, & en demande pardon à Dieu, au Roy & à Justice, & ausdits Consuls; & fait l'a banni & bannit pour un an du Bailliage dudit Troyes, Prevôté & Vicomté de Paris; à lui enjoint de garder son ban à peine de la hart: outre le condamnons en vingt-quatre livres parisis d'amende envers le Roy, applicable au pain des Pauvres Prisonniers de la Conciergerie du Palais, & tenir prison pour ladite somme. Et pour faire mettre le present Arrêt à exécution, ladite Cour a renvoyé & renvoye ledit Blanchard Prisonnier pardevant lesdits Juge & Consuls. Fait en Parlement le dix-huitiéme jour de Juillet 1623. *Signé*, RADIGUES.

Collation de la presente coppie a été faite à son original étant en parchemin, sain & entier en écriture & signature, & fut rendu par Nous Notaires Royaux à Troyes soussignés, le vingt-sixiéme jour de Juillet 1642 avant midi. Ainsi signé, COMBAULT & BARRAT.

ARREST DE LA COUR DE PARLEMENT,

intervenu sur l'appellation faite par le nommé Marlot du Jugement des Juge-Consuls, portant confirmation d'icelui.

27 Juillet 1624.

ENtre Jean & Toussaint, le sieur Marlot & Compagnie, Appelans d'une Sentence donnée par les Juge & Consuls de cette Ville de Paris le premier Decembre 1621, & de ce qui s'en est ensuivi, d'une part; & André Langlois Marchand Bourgeois de Paris, Intimé d'autre. Vû par la Cour ladite Cour

Cour ladite Sentence dont est appel, par laquelle lesdits Juge & Consuls, sans préjudice des prétendues fins de non-recevoir alléguées par lesdits Marlot, auroient ordonné que ledit Langlois verifieroit sa demande, & lesdits Marlot au contraire, si bon leur sembloit, tant par témoins qu'autrement dûement, ainsi qu'ils verront bon être. Arrest du 30 Janvier 1624, par lequel sur ledit appel les Parties auroient été appointées au Conseil à bailler causes d'appel, réponses & produire causes d'appel, réponses & productions desdites Parties: contredits par elles fournis suivant l'Arrest du 24 Avril dernier, tout consideré. Dit a été que la Cour a mis & met l'appellation au néant sans amende: Ordonné que ce dont a été appellé sortira son plein & entier effet, dépens réservés. Prononcé le vingt-septiéme jour de Juillet 1624. *Signé,*
GALLARD.

ARREST DE LA COUR DE PARLEMENT, par lequel le Procès verbal & Information faite par les Juge & Consuls de Paris, & emprisonnement fait de la personne de Jacques Lalonde, de leur Ordonnance, en la Conciergerie du Palais, a été avoué, & ensuite le Procès fait & parfait audit Lalonde: lequel pour les cas mentionnés audit Procès, auroit été condamné à faire amende honorable en l'Auditoire des Juge & Consuls, battu & fustigé de verges, & banni du Royaume.

VEu par la Cour le Procès criminel fait de l'Ordonnance d'icelle, à la requête du Procureur General du Roy, Demandeur contre Jacques Lalonde Défendeur & accusé, Prisonnier en la Conciergerie du Palais: Procès verbal & Information faite par les Juge & Consuls de cette Ville, tenant leur Audience le septiéme Septembre 1640, sur la plainte à eux faite par Louis Larcher demeurant à Besaulcourt, près S. Leu: Interrogatoires faits audit Lalonde par lesdits Juge & Consuls, ensemble leur Ordonnance portant

30 Janvier 1641.

M

que ledit Lalonde seroit amené & conduit ès prisons de ladite Conciergerie, pour y être pourvû : Arrest de ladite Cour du 12 dudit mois de Septembre, par lequel auroit été ordonné que ledit Lalonde seroit arrêté ausdites Prisons, pour être ouy & interrogé sur les faits de la plainte d'icelui Larcher, & information faite en consequence : Interrogatoires faits audit Lalonde par l'un des Conseillers de ladite Cour à ce commis, le vingt-deuxiéme dudit mois, contenant ses réponses, confessions & dénégations : Autre Arrest du douziéme Octobre ensuivant, portant que les témoins ouis en l'information faite par lesdits Juge & Consuls, seroient répetés en leurs dépositions, & si besoin étoit, confrontés audit Lalonde, faite par ledit Conseiller commis le 26 Novembre audit an 1640, & autres poursuivans : Plusieurs écroues d'emprisonnement dudit Lalonde, tant ès Prisons du grand & petit Châtelet, que du Fort-Levêque. Conclusions dudit Procureur General, oui & interrogé par ladite Cour ledit Lalonde sur les cas à lui imposés, tout consideré. Dit a été que la Cour, pour réparation des cas mentionnés audit Procès, a condamné & condamne ledit Jacques Lalonde faire amende honnorable, nud en chemise, la corde au col, en la Salle desdits Juge & Consuls, l'Audience tenant, & *illic* à genoux, tenant en ses mains une torche ardente du poids de deux livres, dire & déclarer que témérairement & comme mal-avisé il a mal & furtivement pris dans ladite Salle pendant l'Audience, la bourse mentionnée audit Procès, dont il s'en repent, & en demande pardon au Roy & à Justice, & fait être battu & fustigé nud de verges par les Carrefours & lieux accoutumés de cette Ville, & en outre l'a banni & bannit du Royaume de France à perpetuité ; lui enjoint de garder son ban à peine de la hart : & déclaré & déclare tous & un chacun ses biens situés en Pays de confiscation, acquis & confisqués à qui il appartiendra, sur iceux & autres non sujets à confiscation, préalablement pris la somme de deux cens livres parisis d'amende envers le Roy, applicable au pain des Prisonniers de ladite Conciergerie. Fait en Parlement, prononcé audit Lalonde, & exécuté le 30 Janvier 1641. *Signé*, GUYET.

SENTENCE DES JUGE ET CONSULS,

donnée au profit de Pierre Lambert Marchand demeurant à   , Demandeur; à l'encontre de Jean Biberon Marchand de Bois : Par laquelle ledit Biberon auroit été condamné à enlever du Port de Trelou certaine quantité de Bois & Charbon, & en vingt livres d'amende, pour s'être pourvû, au préjudice des défenses à luy faites par lesdits Juge & Consuls, pardevant le Prevôt des Marchands & Echevins de la Ville de Paris; & défenses lui auroient été faites de récidiver, à peine de plus grande amende.

LEs Juge & Consuls des Marchands établis par le Roy notre Sire à Paris : A tous ceux qui ces Presentes Lettres verront, Salut. Sçavoir faisons que sur le différend mû & pendant pardevant Nous entre Pierre Lambert Receveur & Admodiateur de la Terre & Seigneurie de Trelou, Demandeur, comparant en personne, d'une part; & Jacques Biberon Marchand de Bois demeurant à Paris, Défendeur & défaillant d'autre part. Par ledit Demandeur auroit été dit que par Exploit de Clabaut Sergent, en datte du premier jour d'Aoust 1657, present mois & an, fait sommer & interpeller ledit Défendeur de venir enlever incontinent & sans délai le reste de quatre à cinq cens cordes de Bois, & cent muids de Charbon pris sur le Port de Trelou, & en payer le prix suivant & ainsi qu'il est porté par le marché fait entre eux le 24 Novembre 1655, & outre lui payer la somme de onze cent vingt-six livres restant de plus grande somme, pour reste du prix de la quantité de trois cens quatre-vingt-neuf cordes de bois, & quarante muids de charbon, avec cent soixante-trois toises de bois à lui délivrées, & enlevées tant par lui que personnes interposées par ses ordres; protestant en cas de retard, de toutes pertes, dépens, dommages & in-

6 Aoust 1657.

M ij

terêts par lui soufferts & à souffrir procedant de son retard, lequel Défendeur auroit été de ce faire refusant, pour lequel refus lui auroit ledit Demandeur par le susdit Exploit, fait donner assignation audit Défendeur à comparoir à ce jourd'hui pardevant Nous, pour se voir condamner tant par provision que diffinitivement, même par emprisonnement de sa personne suivant l'Edit, à venir enlever tout le bois de corde & charbon étant sur le Port de Trelou, restant à livrer de la quantité portée par le marché; & payer au Demandeur ladite somme de onze cent vingt-six livres tournois, ensemble la somme à quoy montera le prix de la marchandise, tant dudit bois de corde que charbon restant à livrer, avec tous dépens, dommages & interêts, à quoy ledit Demandeur auroit conclu & requis dépens : lequel Défendeur ne seroit venu ne comparu, ni autre pour lui; au moyen dequoy nous auroit ledit Demandeur requis défaut, & que lui aurions octroyé, & par vertu d'icelui ordonné qu'itératif commandement sera fait audit Défendeur de comparoir pardevant nous au premier jour, autrement qu'il sera procedé ainsi que de raison; suivant & en vertu de laquelle notre Ordonnance itératif commandement a été fait audit Défendeur de comparoir aujourd'huy pardevant nous : lequel Défendeur ne seroit venu ne comparu, ni autre pour lui, combien qu'il ait été appellé & attendu en la maniere accoutumée. Nous, ouy ledit Demandeur, vû les défauts de par luy de Nous bien & dûement obtenus, à l'encontre dudit Défendeur, & par vertu d'iceux, lecture faite du marché fait entre les Parties sous leurs seings privés, ensemble de la sommation cy-devant dattée, à nous exhibée par ledit Demandeur, & à lui à l'instant rendue ; & attendu que ledit Demandeur auroit affirmé sa demande contenir verité, avons condamné & condamnons ledit Défendeur à enlever incontinent & sans délay du Port de Trelou le bois & charbon restant à enlever du contenu au marché fait entre les Parties, ensemble de payer la somme à quoy montera le prix de la marchandise, tant dudit bois de corde que charbon restant à livrer audit lieu par provision, en baillant par ledit Demandeur caution; autrement & faute de ce faire sera ledit Défendeur contraint par toutes voyes dûs & raisonnables, suivant l'Edit. Aussi condamnons ledit Défendeur ès dépens, dommages & interêts dudit Demandeur, & audit Défendeur fait & lui faisons défenses de poursuivre ledit Demandeur ailleurs que pardevant nous, à peine de l'amende, & de tous dépens, dommages & interêts; & pour s'être par ledit Défendeur pourvû pardevant le Prevôt des Marchands & Echevins de cette Ville, au préjudice des Edits & Déclarations du Roy, & de nos défenses, condamné & condamne en vingt livres d'amende, applicable suivant l'Edit de notre érection, pour laquelle somme sera délivré exécutoire: & faisons itératives défenses audit Défendeur de récidiver lesdites poursuites ailleurs que pardevant Nous, à peine de plus grande amende, s'il y échet: & en outre condamnons ledit Défendeur à acquitter & indemniser ledit Demandeur de la poursuite & condamnation qui pourroit être renduë à l'encontre dudit Demandeur, avec tous dépens, dommages & interêts. Mandons à l'un des Huissiers de cette Jurisdiction, autres Huissiers ou Sergens à cheval, ou Sergens Royaux, premiers sur ce requis, ces Presentes mettre à dûe & entiere exécution de point en point, selon leur forme & teneur, nonobstant oppositions & appellations quelconques, & sans préjudice d'icelles, pour lesquelles ne sera differé. En témoin de ce Nous avons fait mettre notre Scel à ces Presentes. Donné à Paris le Lundi sixiéme jour d'Aoust 1657.

PROCES VERBAL, fait par les Juge & Consuls, contre certain Quidam accusé d'avoir pris une bourse l'Audience tenant.

CE jourd'huy Mercredi vingt-deuxiéme jour d'Octobre 1659, sur les cinq heures de relevée, l'Audience tenant par Nous Juge & Consuls des Marchands établis par le Roy notre Sire à Paris, grand bruit se seroit élevé en notre Salle judiciaire, en sorte que l'Audience en auroit été troublée; & Nous étant informés de la cause dudit bruit, Nous auroit été

22 Octobre 1659.

rapporté par l'un des Huissiers Audienciers de cette Jurisdiction, que l'on auroit surpris certain Quidam fouillant dans la poche d'un nommé Genty, auquel ledit Quidam auroit pris sa bourse ; & à l'instant, pour nous instruire de ce qui s'étoit passé, aurions enjoint ausdits Huissiers Audienciers de faire perquisition dudit Quidam, & de l'amener pardevant Nous, pour être ouy & interrogé : ce qu'ayant fait, avons dudit Quidam pris & reçû le serment en tel cas requis & accoutumé, & icelui interrogé sur la verité de ce que dessus, & après son interrogatoire prêté séparément, avons aussi ouy séparément plusieurs témoins, & leurs dépositions fait rédiger en forme d'information ; & pour être fait droit sur icelle par Nosseigneurs de Parlement, ordonné que ledit Quidam seroit conduit ès Prisons de la Conciergerie du Palais, & autant desdites informations, interrogatoire porté au Greffe de nosdits Seigneurs de Parlement, pour l'exécution de laquelle notre Ordonnance, sinon l'un desdits Huissiers se seroit saisi dudit Quidam, & avec escorte suffisante icelui conduit èsdites Prisons, & fait écroue de sa personne à la requête de Monseigneur le Procureur General : ce fait & à l'instant nous sommes sortis de notredite Jurisdiction Consulaire, & rendu chez Messieurs les Gens du Roy, ausquels avons fait récit de ce que dessus, & du tout dressé le present Procés verbal pour servir & valoir en tems & lieu, les jour & an susdits. *Signé*, LE MARCHAND, LE VIEUX, HELLYOT, PLANSON, & GERVAIS, Juge & Consuls ; & VERRIER, Commis au Greffe.

Ensuit l'écroue d'emprisonnement de la personne dudit Quidam.

Extrait des Registres du Greffe de la Conciergerie du Palais à Paris, du 22 Octobre 1659.

Bertrand Noury amené Prisonnier ès Prisons de la Conciergerie, par Simon Huissier au Consulat, de l'Ordonnance des Juge & Consuls, pour être fait droit. *Signé*, LE BOURSIER, avec Paraphe.

SENTENCE rendue par les Juge & Consuls de Paris, portant condamnation pour un Billet payable au Porteur, valeur reçûe.

LEs Juge & Consuls des Marchands établis par le Roy notre Sire à Paris: A tous ceux qui ces Presentes Lettres verront, Salut. Sçavoir faisons que sur le differend mû & pendant pardevant Nous entre Messire Luc de Rives, Conseiller du Roy en ses Conseils, & Maître ordinaire de sa Chambre des Comptes, Demandeur suivant l'Exploit de Fontaine Huissier Audiencier en cette Jurisdiction, en datte du jourd'huy, comparant par Claude Dubois, fondé de Procuration, d'une part; & Messire Pierre Merault, Défendeur & Défaillant, d'autre part. Par ledit Demandeur auroit été dit qu'il avoit fait convenir & adjourner ledit Défendeur audit jour pardevant Nous, pour répondre & proceder suivant le Jugement de Nous rendu le 14 du present mois, & ce faisant, le voir condamner à payer à lui Demandeur la somme de trente mille livres tournois contenue en son Billet payable au porteur dans la fin du mois d'Aoust dernier, pour valleur reçûe, en datte du deuxiéme Juillet aussi dernier; lequel est ès mains de lui Demandeur: ensemble à payer le profit d'icelle somme suivant l'Ordonnance, à quoy il auroit conclu, & à ce faire contraint suivant l'Edit, requerant outre dépens: Lequel Défendeur n'y seroit venu ni comparu, ni autre pour lui, combien qu'il ait été appellé & attendu en la maniere accoutumée. Nous, après avoir oui ledit Demandeur, lui avons, ce requerant, donné défaut, & par vertu d'icelui lecture faite de notredit Jugement susdatté, & attendu qu'il auroit affirmé sa demande contenir verité, avons condamné & condamnons ledit Défendeur à bailler & garnir audit Demandeur ladite somme de trente mille livres tournois, avec le profit d'icelle somme, suivant l'Ordonnance, par provision, en baillant par ledit Demandeur caution: autrement & à faute de ce faire, ledit Défendur contraint par toutes

24 Octobre 1661.

voyes dûes & raisonnables, suivant l'Edit, & si l'avons condamné és dépens, la taxe d'iceux à nous réservée. Mandons à l'un des Huissiers Audienciers de cette Jurisdiction, autres Huissiers, Sergens à cheval, ou Sergens Royaux, premier sur ce requis, ces Presentes mettre à dûe & entiere exécution de point en point, selon sa forme & teneur, nonobstant oppositions ou appellations quelconques, & sans préjudice d'icelles, pour lesquelles ne sera différé. En témoin de ce nous avons fait mettre notre Scel à ces Presentes. Donné à Paris le Lundi vingt-quatriéme jour d'Octobre 1661. *Et signé*, VERRIER, avec Paraphe.

ARREST DU CONSEIL D'ESTAT,
confirmatif de ladite Sentence.

17 Novembre 1661.

SUR la Requête présentée au Roy en son Conseil par Luc de Rives, Conseiller de Sa Majesté en ses Conseils, Maître ordinaire de la Chambre des Comptes de Paris, contenant que le sieur de Lyonne Conseiller de Sadite Majesté en tous ses Conseils, Ministre d'Etat, & Commandeur de ses Ordres, étant debiteur du Suppliant d'une somme de trente mille livres, il luy auroit donné en payement d'icelle un Billet du deuxiéme Juillet dernier, de pareille somme, signé & payable au porteur dans la fin du mois d'Aoust aussi dernier, par Maistre Pierre Merault Secretaire de Sa Majesté. Pour avoir payement dudit Billet, le Suppliant ayant été obligé de faire assigner ledit Merault devant les Juge & Consuls de Paris, il auroit laissé rendre un Jugement par défaut le 14. Octobre dernier; mais pour éloigner le payement de ladite somme, ledit Merault a surpris un Arrest du Conseil de Sa Majesté le 21 dudit mois d'Octobre, portant que le Suppliant y sera assigné, cependant surcis à l'exécution dudit Jugement des Consuls, & le 24 dudit mois assignation a été donnée au Suppliant audit Conseil; lequel Arrest est rendu sur un fait particulier qui ne concerne point le Suppliant, lequel de bonne foy a pris dudit sieur de Lyonne ledit Billet payable au porteur au porteur par ledit Merault qui est une personne solvable, & sur les Billets duquel il se fourniroit d'autres sommes, ensorte que ce seroit vouloir interrompre toute sorte de commerce & d'affaires, si un debiteur d'un Billet payable au porteur, étoit recevable à faire un procès au Conseil à ceux qui s'en trouvent porteurs : que si ledit sieur Merault a eu des affaires avec le sieur Bruant, Commis du sieur Fouquet ci-devant Surintendant, c'est à lui à chercher des voyes d'en sortir ; & s'il étoit vrai, ce que non ; que ledit Billet de trente mille livres eût passé par ses mains, ce ne seroit pas un moyen pour se faire décharger du payement d'icelui, parce qu'un Billet dudit Merault, comme dit est, homme solvable, passé en peu de tems en plusieurs mains pour la valeur que l'on en paye comptant, & partant il le doit acquitter au Suppliant, lequel a suivi sa bonne foy, & la sûreté d'un Billet payable au porteur. Requeroit à ces causes qu'il plût à Sa Majesté décharger le Suppliant de l'assignation à lui donnée au Conseil le 24 Octobre dernier, & ordonner que le Jugement des Consuls de Paris sera exécuté, comme il eût pû faire avant l'Arrest du 21 dudit mois d'Octobre. Vû ladite Requête, ledit Billet du deuxiéme Juillet dernier, ledit Jugement des Consuls, l'Arrest du Conseil & assignation donnée en icelui, & autres piéces attachées à la Requête, ouy le Rapport du sieur Commissaire à ce député, & tout consideré, le Roy en son Conseil, ayant égard à ladite Requête, a déchargé & décharge le Suppliant de l'assignation à lui donnée au Conseil le 24 d'Octobre dernier : ce faisant, ordonne Sa Majesté que ledit Jugement des Consuls de Paris sera executé, comme il eût pû faire avant l'Arrest du Conseil du 21 dudit mois d'Octobre. Fait au Conseil d'Etat du Roy tenu à Fontainebleau le dix-septiéme jour de Novembre 1661. *Signé par Collation*, BECHAMEIL, avec Paraphe.

SENTENCES données par les Juge & Consuls des Marchands d'Angers, au profit de Pierre Ernoul, contre René Moyré & Anne Quantin sa femme.

14 Janvier 1627.

LEs Juge & Consuls des Marchands établis & ordonnés pour le Roy notre Sire en cette Ville d'Angers : A tous ceux qui ces Presentes Lettres verront, Salut. Sçavoir faisons que entre Pierre Ernoul Marchand demeurant en cettedite Ville, present en sa personne, Demandeur d'une part ; & René Moyré & Anne Quantin sa femme, aussi Marchands demeurans à Cossé-le-Vivien, comparans par Urban Cupif, Défendeurs d'autre. Le Demandeur a comme autrefois conclu à ce que lesdits Défendeurs soient condamnés solidairement lui payer en deniers ou acquits valables la somme de deux mille deux cens vingt livres tournois, pour raison de marchandise de vin qu'il leur a vendue & livrée, comme appert tant par cedules, que par son Papier Journal, & demande de dépens, sans préjudice d'autres demandes qu'il entend faire ci-après ausdits Défendeurs. Et par ledit Cupif pour lesdits Moyré & sa femme, & en vertu de Lettre missive dudit Moyré, tant pour lui que sa femme, a été dit qu'ils sont demeurans à Cossé-le-Vivien, Ressort du Comté de Laval, partant demande leur renvoi pardevant le Juge de Laval leur Juge naturel, joint que ledit Moyré est Notaire. Répliquant par ledit Demandeur, a été dit que lesdits Moyré & sa femme sont Marchands, ausquels il a ci-devant vendu grande quantité de marchandise qu'ils ont revendue tant en gros qu'en détail, partant empêche ledit renvoi requis, & que ses conclusions lui soient adjugées ; à tout le moins par provision, joint que ledit Cupif ne fait apparoir de Procuration spéciale desdits Moyré & sa femme, pour occuper pour eux. Surquoy, Parties ouyes, & attendu ce dont est question, Ordonnons que lesdits Moyré & sa femme défendront pardevant nous contre la demande & conclusions dudit Ernoul, nonobstant le renvoi par eux requis, dont les déboutons. Ce fait, & après que ledit Cupif a dit n'avoir charge de défendre, avons desdits Moyré & sa femme audit Ernoul ce requerant, donné & donnons défaut en la presence dudit Cupif, pour le profit duquel, & autre précedent du 14 Decembre dernier, disons être bien & dûement obtenu ; & serment pris dudit Ernoul qui a juré & arffimé sa demande veritable, avons par provision lesdits Moyré & sa femme condamné & condamnons solidairement, sçavoir ledit Moyré par emprisonnement de sa personne, & sadite femme par saisie & vente de ses biens meubles, & autres voyes dûes & raisonnables, suivant l'Edit, payer & garnir ès mains dudit Ernoul par deniers ou acquits valables, ladite somme de deux mille deux cens vingt livres tournois, en baillant par ledit Ernoul caution de rendre ladite Provision, s'il est dit en fin de cause que faire se doive, tous dépens & interêts requis par ledit Ernoul, réservés en diffinitive. Sy donnons en Mandement au premier Sergent Royal sur ce requis, mettre ces Presentes à exécution ainsi que de raison : de ce faire dûement lui donnons pouvoir. Donné audit Angers le quatorziéme jour de Janvier 1627. *Ainsi signé*, NOULLEAUX. *Et scellé de cire rouge.*

LEs Juge & Consuls des Marchands établis & ordonnés pour le Roy notre Sire en cette Ville d'Angers : A tous ceux qui ces Presentés Lettres verront, Salut. Sçavoir faisons que entre Pierre Ernoul Marchand demeurant en cettedite Ville, present en sa personne, Demandeur d'une part ; & René Moyré & Anne Quantin sa femme, aussi Marchands demeurans à Cossé-le-Vivien, comparans par Urban Cupif Défendeur d'autre. Le Demandeur a conclu à ce que notre Sentence prononcée du 14 de ce mois, soit déclarée diffinitive, & ce faisant que les Défendeurs soient condamnés solidairement, purement & simplement lui payer par deniers ou acquits valables la somme de deux mille deux cens vingt livres, contenue & pour les causes portées par notredite Sentence, & aux interêts & dépens. Et par ledit Cupif pour lesdits Moyré & sa femme, en vertu de Procuration spéciale passée pardevant Marcoul Notaire Royal au Mans, résidant à Coſſé-le-Vivien le dix-huitiéme de ce mois, a été remontré, comme ils ont ci-devant fait, qu'ils ſont demeurans au Bourg de Coſſé au Comté de Layal, & qu'ils ſont juridiciables du Juge ordinaire dudit lieu, devant lequel ils demandent leur renvoi de la cauſe, comme étant leur Juge naturel, & délarent qu'ils ſont Appellans comme de Juges incompétens, de notre Sentence de rétention de la Cauſe, dudit jour 14 de ce mois ; & où voudrions paſſer outre, proteſtent d'attentat, & de nous prendre à partie en nos propres & privés noms, & de toutes pertes, dépens, dommages & interêts. Répliquant par ledit Ernoul, a été dit que leſdits Moyré & ſa femme ſont Marchands qui font trafic de marchandiſe, leſquels ont vendu & débité en gros & en détail le vin qu'il leur a vendu, mentionné par ladite Sentence, partant empêche le renvoi par eux requis, joint qu'ils en ont été déboutés par notredite Sentence du quatorziéme de ce mois, & perſiſté en ſes concluſions. Surquoy, Parties ouies, lecture faite de notre Sentence proviſoire ci-deſſus mentionnée, & au moyen de l'appel d'incômpétence interjetté par ledit Moyré & ſa femme, Ordonnons que les Parties ſe pourvoiront ainſi qu'elles verront : Et néanmoins ce requerant ledit Ernoul, ordonnons que notredite Sentence proviſoire ſera executée ſelon ſa forme & teneur, baillant par lui caution de rendre ladite Proviſion, s'il eſt dit que faire ſe doive. Mandons au premier Sergent Royal ſur ce requis, ſignifier ces Preſentes à tous qu'il appartiendra, & faire en vertu d'icelles tous Exploits de Juſtice neceſſaires : de ce faire lui donnons pouvoir. Donné à Angers le vingt-huitiéme jour de Janvier 1627.

Suivant lequel Jugement ci-deſſus, & autre proviſoire y mentionné, ledit Ernoul a été cautionné par Pierre le Geay Marchand demeurant en cettedite Ville, après avoir ouy lecture d'iceux, à quoy l'avons reçû & jugé, & condamné ledit Ernoul l'en acquitter par les mêmes voyes & rigueurs qu'il y pourroit être contraint. Donné audit Angers pardevant nous Juges ſuſdits le cinquiéme Mars audit an. *Signé*, NOULLEAUX. *Et ſcellé de cire rouge.*

ARREST DE LA COUR DE PARLEMENT,

donné au profit de Pierre Ernoul Marchand à Angers, contre René Moyré & Anne Quantin sa femme, aussi Marchands demeurans à Cossé-le-Vivien, Ressort de Laval, confirmatif des Sentences rendues par les Juge-Consuls d'Angers, au profit dudit Ernoul, contre lesdits Moyré & sa femme.

EXTRAIT DES REGISTRES DE PARLEMENT.

Entre René Moyré & Anne Quantin sa femme, Marchands Hôtelliers demeurans à Cossé, Appellans d'un Jugement contre eux rendu par les Consuls de la Ville d'Angers le 7 Janvier 1627. tant comme de prétendus Juges incompétens, qu'autrement, & Intimés d'une part : & Pierre Ernoul Marchand demeurant audit Angers, Intimé, & aussi Appellant des Ordonnances & Jugemens contre lui rendus par le Juge de Laval ou son Lieutenant, les 18 Janvier, 21 Juin, 5 & 10 Juillet 1627. aussi tant comme de prétendus Juges incompétens, qu'autrement, d'autre part. Et encore entre ledit Ernoul Appelant des Jugemens contre lui rendus par les Juges de Château-Gontier & de Laval les 10 Avril, 8 Juin & 9 Septembre 1628, ensemble d'une Ordonnance rendue par ledit Juge de Laval sur Requête le douziéme dudit mois de Septembre; Emprisonnement fait de sa personne & de Jean Badier Sergent, détention de leurs personnes ès Prisons dudit Laval ; d'un autre Jugement du quinziéme dudit mois, & de toute la procedure faite par lesdits Juges de Château-Gontier & de Laval, tant comme de prétendus Juges incompétens, qu'autrement, Intimé d'une part : & ledit Moyré Intimé & Appellant d'un Jugement de nonobstant l'appel, donné par lesdits Juge-Consuls, aussi tant comme de prétendus Juges incompétens, qu'autrement, emprisonnement fait de sa personne en vertu dudit Jugement, & de tout ce qui s'en est ensuivi d'autre. Et encore

19 Juillet 1631.

ledit Ernoul Demandeur à l'enterinement des Lettres par lui obtenues en Chancellérie le 22 Juin 1630, d'une autre part : & lesdits Moyré & sa femme Défendeurs d'autre. Vû par la Cour lesdites Sentences des Juge-Consuls, par lesquelles lesdits Moyré & sa femme auroient été condamnés solidairement & par provision payer audit Ernoul la somme de deux mille deux cens vingt livres en deniers ou quittances, & qu'en baillant par lui caution lesdits Jugemens seroient exécutés. Lesdits Jugemens du Juge de Laval, le premier dudit jour dix-huitiéme Janvier 1627, par lequel défenses sont faites audit Ernoul de faire aucune poursuite contre ledit Moyré pardevant lesdits Juge-Consuls, ni de mettre à exécution contre lui leurs Jugemens, à peine de cent livres d'amende ; le deux du vingtiéme jour de Juin audit an 1627, par lequel lesdites défenses sont réiterées audit Ernoul, à peine de deux cens livres d'amende ; le troisiéme du cinquiéme Juillet ensuivant, par lequel lesdites défenses auroient encore été réiterées audit Ernoul, à peine de ladite amende de deux cens livres payable sans déport, nonobstant oppositions ou appellations quelconques ; le quatriéme du dixiéme dudit mois de Juillet, par lequel main-levée est faite audit Moyré & sa femme, des heritages sur eux saisis en vertu des Sentences desdits Juge-Consuls, en baillant caution des fruits des choses saisies, & décharge les Commissaires établis ausdits heritages ; le cinquiéme du 11 Septembre audit an, par lequel lesdites défenses auroient été réiterés audit Ernoul, & à tous Sergens de requerir ni mettre à exécution les Sentences & Jugemens donnés par lesdits Juge-Consuls au profit dudit Ernoul, contre ledit Moyré, à peine de deux cens livres d'amende contre chacun des contrevenans, payable sans déport, nonobstant oppositions ou appellations quelconques ; le six du dixiéme Avril 1628, par lequel lesdites défenses auroient encore été réiterées audit Ernoul, à peine de cinq cens livres d'amende, dès-à-present déclaré jugée exécutoire à l'encontre de lui, & payable par corps, & mis la personne dudit Moyré à récréance, & d'icelle décharge ceux qui s'étoient submis le représenter en la Ville de Château-Gontier, & fait défenses audit Badier Sergent &

tous autres Sergens, de faire aucunes contraintes à l'encontre dudit Moyré, à la requête dudit Ernoul, jusqu'à ce qu'autrement en eût été ordonné; le septiéme du huitiéme Juin 1628, par lequel est ordonné que pour avoir par lesdits Ernoul & Badier enfraint lesdites défenses, ils seront contraints chacun au payement de cinq cens livres, déclaré exécutoire contre eux & par corps, nonobstant oppositions ou appellations quelconques; le huitiéme du 12 Septembre ensuivant, par lequel lesdites défenses sont réiterées ausdits Ernoul & Badier, à peine de mille livres d'amende. L'Exploit d'emprisonnement fait de la personne, tant dudit Ernoul que Badier, le treiziéme dudit mois de Septembre, ès Prisons de Laval; le neuviéme & dernier desdits Jugemens du quinziéme dudit mois de Septembre, par lequel entre-autres choses est ordonné que les Prisons seront ouvertes ausdits Ernoul & Badier, en payant par eux la somme de soixante livres, à laquelle auroit été moderée l'amende contre eux jugée, & le payement fait d'icelle le même jour. Le Jugement donné par ledit Juge de Château-Gontier du neuviéme dudit mois de Septembre, par lequel entre-autres choses il auroit mis la personne dudit Moyré à pleine main-levée & délivrance, & déchargé les cautions & certificateurs, & défenses faites audit Ernoul d'attenter à la personne dudit Moyré en vertu Jugement desdits Juge-Consuls, jusqu'à ce que la Cour en ait autrement ordonné, ce qui seroit exécuté nonobstant oppositions ou appellations quelconques. Arrests des 9 May 1628 & 9 Février 1629, par lesquels sur lesdites appellations les Parties auroient été appointées au Conseil, bailler causes d'appel, réponses, & produire causes d'appel. Réponses & productions desdites Parties, sur les appellations reglées par ledit Arrest du neuviéme May. Contredits respectivement fournis, & dudit Ernoul par Requête du 30 Juin 1629, suivant l'Arrest du 21 Juillet 1628, avec causes d'appel. Réponses & productions desdites Parties sur les autres appellations réglées par ledit Arrest du 9 Février. Lesdites Lettres tendant à être ledit Ernoul reçu à articuler de nouvel, & vérifier les faits y contenus. Défenses, appointement en droit, & joint productions desdites Parties: Et tout consideré. DIT A ESTE' que ladite Cour, entant que touche les appellations dudit Ernoul, dit qu'il a été mal, nullement & incompétemment procédé, jugé, exécuté & emprisonné : A cassé, révoqué & annulle tout ce qui a été fait par lesdits Juges de Laval & de Château-Gontier, déclare l'emprisonnement desdits Ernoul & Badier nul, injurieux, tortionnaire & déraisonnable, Ordonne que leur écroue sera rayé & biffé, & que ladite somme de soixante livres d'amende par eux payée, sera rendue & restituée audit Ernoul, & à ce faire ceux qui l'ont reçûe, contraints par les mêmes voyes que ledit Ernoul l'a été ; & lesdits Moyré & sa femme condamnés ès dommages & interêts dudit emprisonnement liquidés à trente-deux livres parisis. Et sur les appellations desdits Moyré & sa femme, a mis & met lesdites appellations au néant sans amende, a ordonné & ordonne que ce dont a été appellé sortira son plein & entier effet. Et pour proceder au principal, ensemble sur lesdites Lettres, a renvoyé & renvoye les Parties pardevant lesdits Juge-Consuls d'Angers, & a condamné & condamne lesdits Moyré & sa femme ès dépens ; a fait & fait inhibitions & défenses ausdits Juges de Laval & de Château-Gontier de prendre aucune connoissance des Sentences & Jugemens des Juge-Consuls, ni faire aucunes défenses d'exécuter leurs Jugemens, à peine de tous dépens, dommages & interêts des Parties : Et sauf aux Parties eux pourvoir par appel en ladite Cour, suivant l'Edit de Création desdits Juge-Consuls, & Arrests de ladite Cour. Prononcé le dix-neuviéme jour de Juillet 1631. *Ainsi signé*, RADIGUES. *Et scellé sur simple-queue de cire jaune.*

LOUIS par la grace de Dieu Roy de France & de Navarre : Au premier notre Huissier ou Sergent sur ce requis, Salut. De la partie de Pierre Ernoul Marchand demeurant à Angers, Nous te mandons qu'à la requête dudit Ernoul tu mettes à dûe & entiere exécution selon sa forme & teneur l'Arrest de notre Cour de Parlement du dix-neuviéme Juillet dernier, par ledit Ernoul obtenu à l'encontre de Réné Moyré & Anne Quantin sa femme, ci-attaché sous le contre-Scel de notre Chancellerie, nonobstant qu'il ne soit que

par

par extrait: De ce faire te donnons pouvoir. Donné à Paris le huitiéme jour d'Aoust l'an de grace 1631, & de notre Regne le vingt-deuxiéme. *Ainsi signé*, Par le Conseil, DOUJAT. *Et scellé.*

ARREST DE LA COUR DE PARLEMENT,
confirmatif d'une Sentence du Châtelet du qui a jugé une question importante dans la Coutume de Paris, & autres Coutumes qui ont des dispositions semblables sur une question de substitution.

PAR cette Sentence & Arrest il a été jugé deux choses. L'une que les Créanciers d'un heritier présomptif en succession collaterale, n'étoient point recevables à combattre une disposition testamentaire, par laquelle une Testatrice pour causes à elle connues, a substitué la part & portion de cet heritier présomptif dans sa succession, tant meubles qu'immeubles, propres & acquêts, aux enfans de cet heritier, lequel n'en auroit que le simple usufruit pendant sa vie.

L'autre, que ces mêmes Créanciers comme exerçans les droits de cet heritier présomptif, qui consentoit de sa part l'exécution de la disposition, n'étoient point recevables à demander à leur profit la distraction des quatre quints des propres, réservés par la Coutume aux heritiers collateraux, pour pouvoir se vanger sur iceux, aux offres qu'ils faisoient d'abandonner aux enfans substitués l'autre quint, & tous les meubles & effets mobiliaires, & les acquêts immeubles.

DISPOSITION TESTAMENTAIRE.

La Testatrice déclare que ses heritiers présomptifs étoient Anne Courtois sa sœur femme séparée quant aux biens du Sieur Dufays pour moitié; & les enfans de défunte Marie Courtois aussi sa sœur, au jour de son decès femme du sieur Varrié pour l'autre moitié. *Et pour raisons à elle connues, & parce que telle est sa volonté*, elle *substitue la part & portion de ses* biens, tant meubles qu'immeubles, deniers & effets mobiliers, acquêts & propres qui reviendront à ladite Anne Courtois, jusqu'à la troisième génération; laquelle substitution la Testatrice de sa bonne & franche volonté a faite en la meilleure forme que substitution se peut faire, sans qu'Anne Courtois, ses enfans & autres descendans jusqu'à la troisième génération, puissent vendre & aliener, engager, ni hipotequer aucune chose de ses propres, acquisitions & autres heritages & effets qui leur appartiendront & écheront par le décès de ladite Testatrice; laquelle Anne Courtois & ses enfans substitués jouiront seulement de l'usufruit de tous lesdits biens substitués, que ladite Testatrice leur donne pour pension viagere alimentaire, qui ne pourra être saisie ni touchée par aucuns de leurs Créanciers: autrement ladite Testatrice les donne & legue dès-à-present à l'Hôpital General de Paris.

DISPOSITIF DE LA SENTENCE.

Il a été dit que faisant droit sur les demandes des Parties touchant ladite substitution, *Sans avoir égard aux demandes des Directeurs des Créanciers d'Anne Courtois, dont ils sont déboutés, le Testament de ladite Claude Courtois du 6 Novembre 1702, & la substitution y portée, seront executés selon leur forme & teneur, & en consequence main-levées des saisies & arrêts, dépens compensés.*

C'est cette Sentence qui a été confirmée par ledit Arrest, avec amende & dépens.

La Sentence a été rendue au Rapport de M. de Brilleux, Conseiller au Châtelet.

L'Arrest a été rendu en la quatriéme Chambre des Enquêtes, au Rapport de M. l'Abbé le Moyne, Conseiller.

EXTRAIT DES REGISTRES de Parlement.

1 Juillet 1706.

LOUIS par la grace de Dieu Roy de France & de Navarre: Au premier des Huissiers de notre Cour de Parlement, ou tel autre notre Huissier ou Sergent sur ce requis, Salut. Sçavoir faisons que comme de certaine Sentence donnée par notre Prevost de Paris, ou son Lieutenant le 31 Aoust 1703, entre François Pélissier Avocat ès Conseils; Claude Duplessis Commissaire au Châtelet de Paris; & Benoist

Chamba Officier du Sieur Maréchal de Villeroy, Créanciers & Directeurs des droits des autres Créanciers d'Anne Courtois veuve de feu François Dufays, heritiere pour moitié de Claude Courtois, au jour de son decès veuve Guillaume Hermant Huissier au Parlement, Demandeurs aux fins de leurs Requêtes verbales des 6 & 10 Février 1703, d'une part : & ladite Anne Courtois veuve dudit Dufays, heritiere pour moitié de ladite défunte Claude Courtois veuve Hermant sa sœur, & Nicolas Eustache Colin le jeûne Procureur au Châtelet, en son nom, & comme Tuteur créé à la substitution testamentaire faite par ladite Claude Courtois veuve Hermant, & Louis Varrié ci-devant Commissaire au Châtelet, Tuteur de Henry-Jean Julien, & de Joseph Varrié enfans de lui & défunte Marie Courtois sa femme, auparavant veuve Gilbert Bourdat Notaire au Châtelet, Anne Varrié fille majeure, & Marie-Claude Bourdat, aussi fille majeure ; tous cinq enfans & heritiers pour l'autre moitié, par representation de ladite Courtois leur mere, & de ladite Claude Courtois leur tante : Nicolas Thomas ancien Procureur au Châtelet, usufruitier des biens délaissés par défunt Nicolas Cleron aussi Procureur au Châtelet ; Magdelaine Tessu veuve Nicolas Charlot, & les nommés Charlot & Bourdin èsdits noms, Guillaume & François Hodier heritiers du nommé du Bourguet, Jean Hermant Procureur au Châtelet en son nom, comme heritier dudit Guillaume Hermant son frere, tous Défendeurs d'autre part. Et entre ledit Nicolas Thomas, ci-devant Procureur au Châtelet, Créancier de la succession de défunte Claude Courtois, au jour de son decès veuve Guillaume Hermant Huissier en notredite Cour, auparavant veuve Nicolas Cleron Huissier au Châtelet, Demandeur aux fins de sa Requête verbale du 27 Avril 1703, d'une part : & lesdits Pelissier & Consorts èsdits noms de Directeurs, Défendeurs d'autre part. Et aussi lesdits Charlot, Bourdin & Consorts èsdits noms qu'ils procedent, Demandeurs aux fins de la Requête verbale dudit jour 27 Avril 1703, d'une part : & lesdits Pelissier & Consorts èsdits noms, Défendeurs d'autre part. Il auroit été dit que sur les demandes des Parties touchant ladite substitution, faisant droit sans avoir égard à celle des Directeurs des Créanciers d'Anne Courtois, veuve de François Dufays, dont ils auroient été déboutés, le Testament de ladite Claude Courtois dudit jour 6 Novembre 1702, & la substitution y portée, seroient executés selon leur forme & teneur, & en consequence mainlevée desdites saisies & arrêts; les dépens faits pour raison des demandes jugées, compensés.

Eût été appellé à notre Cour de Parlement, en laquelle Parties ouyes en leurs causes d'appel, & le Procés par écrit conclu par Arrest du 28 Avril 1704, & François Pelissier Avocat és Conseils, Claude Duplessis notre Conseiller Commissaire Examinateur au Châtelet de Paris, & Benoist Chamba Officier du Sieur Maréchal de Villeroy, Créanciers & Directeurs des droits des autres Créanciers d'Anne Courtois veuve de François Dufays, heritiere pour moitié de Claude Courtois, au jour de son decès veuve de Guillaume Hermant Huissier au Parlement, Appelans de ladite Sentence du 31 Aoust 1703, d'une part : & ladite Anne Courtois veuve dudit sieur Dufays, heritiere pour moitié de ladite défunte Claude Courtois veuve Hermant sa sœur, & Nicolas Eustache Colin le jeune Procureur au Châtelet en son nom, comme Tuteur créé à la substitution testamentaire faite par ladite Claude Courtois veuve Hermant, Intimés d'autre part, & reçû pour juger en la maniere accoutumée, si bien ou mal auroit été appellé, les dépens respectivement requis par les Parties, & l'amende pour Nous, & sont les Parties appointées à fournir griefs & réponses, faire production nouvelle & causes, icelles donner contredits dans le tems de l'Ordonnance. Vû icelui Procès, Griefs fournis par lesdits Pélissier & Consorts èsdits noms le 23 Aoust 1704, en exécution dudit Arrest de conclusion du 28 Avril 1704, à ce que l'appellation & Sentence dont étoit appel fussent mis au néant, en ce qu'elle déboutoit lesdits Directeurs de leurs demandes, & ordonne que la substitution portée par le Testament de Claude Courtois sera executée, fait main-levée des saisies & arrêts, & compense les dépens des demandes jugées.

Emandant quant à ce, & ayant égard aux demandes desdits Directeurs des 6 & 10 Février 1703, que la substitution contenue au Testament de ladite défunte du 6 Novembre 1702, fût déclarée nulle jusqu'à concurrence de la moitié qui revient à Anne Courtois dans les quatre quints des propres, laquelle seroit délaissée ausdits Directeurs Créanciers & exerçans ses droits, pour être vendus en la Direction avec les autres biens, & qu'il fût ordonné que les loyers, fruits & arrerages leur seroient payez du jour du decès de la défunte, à ce faire les Locataires, Fermiers & Debiteurs contraints, ce faisant décharges, & que lesdits Courtois & Colin fussent condamnés aux dépens des Causes principale & d'appel. Réponses fournies par ledit Colin audit nom le 25 May 1705, aux Griefs desdits Pelissier & Consorts èsdits noms, en execution dudit Arrest de conclusion du 28 Avril 1704. Salvations fournies par lesdits Pelissier & Consorts èsdits noms le 29 Mars 1706. Sommation de fournir de réponses par ladite Anne Courtois aux Griefs desdits Pelissier & Consorts èsdits noms. Deux Productions nouvelles desdits Pelissier & Consorts èsdits noms: la premiere par Requête du 30 Mars 1706. Sommation de la contredire par ledit Colin. Et la deuxiéme par Requête du premier Juin 1706. Sommation de la contredire par ladite Anne Courtois & par ledit Colin audit nom. Tout vû & diligemment examiné. NOSTREDITE COUR par son Jugement & Arrest a mis & met l'appellation au néant, Ordonne que la Sentence de laquelle a été appellé, sortira effet; Condamne lesdits Pelissier & Consorts èsdits noms, en l'amende de douze livres, & aux dépens de la Cause d'appel. Si te mandons à la requête desdits veuve Dufays & Colin èsdits noms, mettre le present Arrest à dûe & entiere exécution de point en point, & selon sa forme & teneur. De ce faire te donnons pouvoir. Donné à Paris en notredite Cour de Parlement en la Quatriéme Chambre des Enquêtes le premier jour de Juillet l'an de grace 1706, & de notre Regne le soixante-quatre.

DU TILLET.

ARREST DU PARLEMENT,

rendu en faveur des Echevins & Habitans de la Ville de Clermont, contre les Consuls & Habitans de Montferrand.

EXTRAIT DES REGISTRES DU PARLEMENT.

29 Juillet 1634.

Entre les Consuls & Habitans de la Ville de Clermont Ferrand, Demandeurs à l'enterinement d'une Requête par eux présentée à la Cour le vingtiéme Janvier dernier, d'une part : & les Echevins, Manans & Habitans de la partie de Clermont, Défendeurs d'autre. Vû par la Cour la demande mentionnée en ladite Requête, tendante à ce qu'il fût ordonné que le droit de Laide seroit continué d'être levé sur toute mesure de bled qui se vendra en leur Marché, comme de coutume, à peine de trois mille livres d'amende ; & que défenses soient faites ausdits Habitans de la Ville de Clermont, & à toutes autres Personnes Seculieres & Religieuses, de construire Bâtimens ou Monastere dans les appartenances dudit Clermont Ferrant, hors l'espace du vuide qui est entre les deux Villes, sous les mêmes peines, & démolition desdits Bâtimens ; en outre que lesdits Demandeurs soient maintenus en leur possession de faire aborder toutes sortes de marchandises destinées à l'usage de Carême, huit jours ou tel autre tems de trois ou quatre jours qu'il plaira à la Cour ordonner auparavant le Vendredi avant le Carême, en leur Ville, & ce jusqu'au Dimanche ensuivant ledit Vendredi, avec défenses à ceux dudit Clermont de l'y troubler, & divertir lesdites marchandises directement ou indirectement pendant ledit tems, pour les conduire en la Ville, à peine de dix mille livres de dépens, dommages & interêts. Défenses, Répliques, appointement en droit, avertissement & productions desdites Parties, Conclusions du Procureur General, & tout consideré. IL SERA DIT que ladite Cour, avant faire droit sur la demande desdits Demandeurs concernant la levée du droit de Laide sur chacune mesure de bled qui se vend au Marché dudit Clermont, Ordonne que les Lettres & Titres portant Permission de lever ledit droit, seront apportés & mis au Greffe de ladite Cour dans un mois, pour ce fait & communiqué au Procureur General, être ordonné ce qu'il appartiendra : Et pour le surplus des demandes portées par ladite Requête, a mis & met les Parties hors de Cour & de Procès, & néanmoins a permis & permet ausdits Demandeurs faire assigner en ladite Cour, si bon leur semble, ceux qu'ils prétendent avoir construit aucuns Edifices, Bâtimens nouveaux, soit pour Particuliers, Communautés ou Monasteres, hors l'espace vuide qui se trouve entre les deux Villes de Clermont & Montferrand, contre les défenses portées par l'Edit d'union desdites deux Villes, & sans dépens. Fait en Parlement le vingt-neuf Juillet 1634. *Signé*,

DONGOIS.

Collationné. Signé, CHAPOTIN, *avec Paraphe.*

ARREST diffinitif du Conseil Privé du Roy, contre Montferrand.

Collationné par un Secretaire du Roy.

Extrait des Registres du Conseil Privé du Roy.

ENtre les Echevins & Habitans de la Ville de Clermont-Ferrand en la partie de Clermont, Demandeurs en Requête du cinquiéme May 1638, d'une part : & les Consuls & Habitans de ladite Ville de Clermont-Ferrand en la partie de Montferrand, Défendeurs d'autre. Vû au Conseil du Roy ladite Requête du cinquiéme May, à ce qu'il soit ordonné que les Lettres du mois de Novembre 1634, obtenues par surprise par lesdits Défendeurs, seront rapportées, & en ce faisant, sans avoir égard à l'enregistrement d'icelles, l'Edit concernant l'union desdites Villes, & Arrests contradictoirement donnés en exécution d'icelui, seront entierement exécutés, sans que pour quelque cause & occasion que ce

23 Juillet 1638.

soit il y puisse être rien innové, même en la tenue de la Foire de Montferrand, qui commencera le Vendredi devant Carême-prenant, & tiendra jusqu'au Vendredi premier de Carême, conformément à leurs anciens Privileges, usage & possession, sans que le tems en puisse être changé pour quelque cause & occasion que ce soit ; & lesdits Défendeurs condamnés en l'amende & aux dépens, & à eux fais défenses d'attenter à l'avenir à l'Edit d'union desdites deux Villes, à peine de deux mille livres d'amende applicable aux Pauvres d'icelles, Ordonnance étant au bas de ladite Requête, portant qu'elle seroit communiquée ausdits Défendeurs, pour eux ouys, ou leur réponse vûe, être ordonné ce que de raison. Exploit de signification d'icelle à Maître Jean Jadon premier Consul député de ladite Ville, du huitiéme dudit mois de May. Procès verbal des contestations desdites Parties, du douziéme dudit mois. Arrest intervenu sur le rapport dudit Procès verbal, du dix-neuviéme dudit mois de May, par lequel auroit été ordonné que les Parties écriroient & produiroient dans huitaine tout ce que bon leur sembleroit. Exploit de signification d'icelui du vingt-sixiéme dudit mois. Copie de Lettres Patentes du mois d'Avril 1630, portant réunion desdites deux Villes. Copie desdites Lettres du mois de Novembre 1634, obtenues par lesdits Défendeurs sur le reglement des jours de la Foire qui se tient audit lieu, & Arrest d'enregistrement d'icelles au Parlement de Paris, du dix-huitiéme Novembre 1634, & Sentence d'enregistrement desdites Lettres au Bailliage dudit Montferrand, du trentiéme Janvier 1635. Arrests du Parlement de Paris des 17 Janvier 1632, 19 Juin audit an 1632, & 29 Juillet 1634, rendus entre lesdites Parties sur le reglement des Foires desdites Villes, & autres diférens. Procès verbaux des Juges d'Yssoire, Billon & Maringues, contenant les auditions de plusieurs Habitans desdits lieux, & attestations des Marchands des jours ésquels les Foires ont accoutumé de se tenir ésdites Villes de Clermont-Ferrand & Montferrand, des 17, 27, 28 & dernier dudit mois de May audit an 1638. Arrest du Conseil donné entre lesdites Parties le 27 Janvier 1633, par lequel auroit été ordonné que lesdites Lettres en forme d'Edit du mois d'Avril
1630,

1630, seront executées selon leur forme & teneur, casse & révoque les Arrests de la Chambre des Comptes des 7 Juin & 27 Septembre 1631, & ce faisant ordonne que conformément ausdites Lettres, les Habitans de ladite partie de Montferrand jouiront de l'exemption des tailles, & ordonne que la somme de quatre mille livres pour la dotation du College de Montferrand, sera imposée par chacun an sur le Pays d'Auvergne, & payée & mise ès mains desdits Consuls; & à cette fin que les Echevins de la partie de Clermont se pourvoiront à l'Evêque dudit Clermont, pour retirer son consentement pour l'établissement dudit College de Montferrand sous l'administration des PP. Jesuites, & qu'à son refus ils se pourvoiront pardevers l'Archevêque de Bourges, & moyennant ce que le College dudit Clermont sera supprimé, suivant & conformément à l'Arrest du Conseil du 13 Mars 1631. Arrest dudit Conseil du 28 Juin 1638, par lequel auroit été ordonné que lesdites Parties ajoûteroient à leurs productions dans trois jours, pour leur être fait droit sur la demande en rapport desdites Lettres du mois de Novembre 1634, dépens réservés. Exploit de signification dudit Arrest du premier Juillet audit an. Acte signifié à la requête desdits Echevins de Clermont Montferrand, par lequel ils déclarent que pour satisfaire audit Arrest du 28 Juin, ils employent ce qu'ils ont ci-devant écrit & produit en ladite Instance, sommant lesdits Habitans de Montferrand d'y satisfaire de leur part, du 3 dudit mois de Juillet. Ordonnance de forclusion pure & simple obtenue à l'encontre desdits Habitans & Consuls de Montferrand de satisfaire audit Arrest du 5 dudit mois de Juillet, signifiée ledit jour. Certificat du Greffier des Productions du Conseil de ce jourd'huy, comme iceux n'ont aucune chose écrit, produit ni ajoûté depuis ledit jour 28 Juin. Avertissement, écritures & productions desdites Parties, sur lesquelles ledit Arrest du 28 Juin est intervenu, & tout ce que par icelles a été écrit & produit pardevers ledit sieur Legrand Commissaire à ce député; Et tout consideré. LE ROY EN SON CONSEIL, faisant droit sur l'Instance, Ordonne que lesdites Lettres obtenues par lesdits Défendeurs, seront rapportées. Leur fait Sadite Majesté

P

défenses de s'en aider, & d'attenter aucune chose au préjudice desdites Lettres d'union, condamne lesdits Défendeurs aux dépens. Fait au Conseil Privé du Roy tenu à Chaillol le vingt-troisiéme Juillet 1636. *Au-dessous de l'Original expedié en en Parchemin, est écrit:* Collationné avec Paraphe. *Et signé,*
CARRE.

Collationné à l'Original par Nous Ecuyer, Conseiller-Secretaire du Roy & de ses Finances, LE MAIRE.

ARREST donné au profit des Juge & Consuls d'Anjou à Angers, contre les Présidiaux de Chasteaugontier, le cinquiéme Aoust 1651.

EXTRAIT DES REGISTRES DE PARLEMENT.

5 Aoust 1651.

ENtre les Juge & Consuls des Marchands d'Angers, Demandeurs aux fins de ladite Commission du 29 May 1643, d'une part: & Maistre Charles Foureau, Lieutenant General en la Senéchaussée & Siége Présidial de Châteaugontier, Défendeur d'autre. Et entre M. Jacques Forcoal, Conseiller-Secretaire du Roy & de ses Finances, Greffier de son Conseil Privé, Propriétaire des Greffes du Siége Présidial dudit Châteaugontier, reçû Partie intervenante sur Requête du 4 Septembre 1647, d'une part: & les Juge & Consuls d'Angers, & Foureau Défendeurs d'autre. Vû par la Cour ladite Commission du 29 May 1647, à ce que défenses fussent faites aux Juges de Châteaugontiers d'entreprendre sur la Jurisdiction des Juge & Consuls, casser & annuler leurs Jugemens, juger aucunes défenses contre les Sergens de leur Ressort, d'exploiter pardevant lesdits Juge-Consuls & autres Juges que pardevant eux; & pour le trouble & entreprise faite à ladite Jurisdiction Consulaire, condamner lesdits Juges de Châteaugontier en dix mille livres de dommages & interêts. Défenses, appointemens en droit, productions & contredits desdites Parties, suivant l'Arrest du 25 Avril audit an 1647: ladite Requête du 4 Septembre 1647, sur laquelle ledit Forcoal auroit été reçû Partie intervenante en la fusdite Instance. Arrest de Reglement sur ladite intervention, du onziéme dudit mois de Septembre audit an 1647. Moyens d'intervention dudit Forcoal. Réponses desdits Juge & Consuls. Productions desdits Forçoal & Juge & Consuls. Forclusions de fournir de réponses & produire par ledit Foureau. Requête desdits Juge & Consuls employée pour contredits contre la production dudit Forcoal, suivant le susdit Arrest & Requête, qui l'auroit déclaré commun. Forclusions d'en fournir par lesdits Forcoal & Foureau. Conclusions du Procureur General du Roy; & tout consideré, DIT A ESTE' que ladite Cour, sans avoir égard à l'intervention dudit Forcoal, a maintenu & gardé, maintient & garde lesdits Juge & Consuls de la Ville d'Angers, en la possession de connoître des Causes de Marchand à Marchand, & pour fait de Marchandise seulement, tant contre ceux qui sont demeurans en la Ville & Quintes d'Anjou, qu'en la Ville & Ressort de la Senéchaussée de Châteaugontier : Et enjoint à tous Sergens de bailler les assignations & adjournement dont ils seront requis, pardevant lesdits Juge & Consuls des Marchands de ladite Ville d'Angers, d'exécuter leurs Jugemens, & faire tous Exploits de Justice entre Marchands, & pour fait de Marchandise seulement, suivant les Edits, Déclarations & Arrêts sur ladite Jurisdiction Consulaire : Fait défenses audit Foureau & autres Officiers de ladite Senéchaussée de Châteaugontier de troubler & empêcher lesdits Juge-Consuls en l'exercice de la Jurisdiction à eux attribuée, révoquer, casser ou empêcher l'execution de leurs Jugemens, ni faire défenses aux Sergens de les exécuter, & donner assignations pardevant les Juge & Consuls, pour les matieres qui sont de leur Jurisdiction : Et a condamné lesdits Foureau & Forcaol ès dépens chacun à leur égard. Prononcé le cinquiéme Aoust 1651. *Signé,* G U Y E T. *Avec Collation.*

LOUIS par la grace de Dieu Roy de France & de Navarre : Au premier notre Huissier ou Sergent sur ce requis. De la partie des Juge & Consuls des Marchands de la Ville d'Angers, Nous te mandons qu'à leur Requête l'Arrest

P ij

de notre Cour du Parlement du cinquiéme Aouft 1651, ci-attaché fous notre contre-Scel, tu mettes à dûe & entiere exécution felon fa forme & teneur, à l'encontre de M. Charles Foureau & autres y dénommés. De ce faire te donnons pouvoir, nonobftant que ledit Arreft ne foit que par extrait. Car tel & notre plaifir. Donné à Paris le 9 Aouft 1651, & de notre Regne le neuviéme. Par le Confeil, DE RACNEY. *Et fcellé du grand Sceau de cire jaune.*

Les Juge & Confuls des Marchands établis pour le Roy notre Sire à Angers, Mandons au premier Sergent Royal fur ce requis, à la Requéte de

adjourner toutes & chacunes les Perfonnes dont il fera requis, Veuves, Heritiers, Tuteurs & Curateurs, à comparoir pardevant Nous en cette Ville d'Angers, en notre Palais de Baudriere, pour eux voir condamner payer les fommes de deniers éfquelles ils font vers

tenus à caufe de Marchandife vendue, foit en gros, ou en détail, tant par cédules qu'autrement: Enfemble à livrer les Marchandifes qu'elles auroient vendues & promis livrer, & fur ce prendre telles conclufions qu'il appartiendra, nonobftant les défenfes faites ou à faire par aucuns des Senéchaux, Baillifs ou leurs Lieutenans, fuivant les Lettres Patentes de Sa Majefté, dont la teneur eft ci-deffus. De ce faire audit Sergent donnons pouvoir. Donné à Angers le

---

ARRESTS donnés au profit des Juge & Confuls à Angers, contre les Officiers de la Senéchauffée & Prevôté de Saumur, les 29 Aouft & 11 Septembre 1654.

EXTRAIT DES REGISTRES DE PARLEMENT.

29 Aouft 1654.

ENtre les Juge & Confuls des Marchands établis en la Ville d'Angers, Demandeurs aux fins d'une Commiffion du 29 May 1643, d'une part: & Maiftre Julien Avril Senéchal & Juge ordinaire de Saumur ; M. Michel Lebœuf Sieur de Beauregard, Juge Prevôt dudit lieu; & M. Jean Bodin Substitut de Monsieur le Procureur General en ladite Prevôté, Défendeurs. Et entre René Legrand Procureur dês Marchands du Ressort de Saumur, Pierre Encolins, Sebastien Leroux, Michel Pecquereau, Jacques Goudaut, Maturin Brancaud le jeune, Urbain Seville, Maturin Reyné, Philippes Chauveau, Pierre Bucher, Marc Hardouin, Guy Angran, Jean Reyné, Pierre Pernault l'aîné, Samuel Perillaut & François Cocquart, tous Marchands du Ressort & Senéchaussée de Saumur, intervenans & reçûs Parties suivant leur Requête du 17 Mars 1653: & lesdits Consuls de la Ville d'Angers & Officiers de Saumur, Défendeurs. Entre ledit Avril Lieutenant General en ladite Senéchaussée, & M. Nicolas Dusol Substitut audit Procureur General audit Siége, Demandeurs en Requête du 24 Mars 1654: & lesdits Juge-Consuls d'Angers, Défendeurs. Et encore entre M. René Foyer Conseiller du Roy, President & Juge de la Prevôté dudit Saumur, ayant repris les instances au lieu dudit Leboeuf précedent Prevôt, Demandeur en Requête du 20 May dernier; & lesdits Juge-Consuls d'Angers Défendeurs d'autre. Vû par la Cour ladite Commission du 29 May, obtenue par lesdits Consuls, à ce que défenses fussent faites ausdits Officiers de la Senéchaussée & Prevôté de Saumur, & aux Substituts dudit Procureur General audit lieu, d'entreprendre sur la Jurisdiction desdits Juge-Consuls d'Angers, casser ni annuller leurs Jugemens, juger aucunes défenses contre les Sergens de leur Ressort, d'exploiter pardevant lesdits Consuls, & d'exécuter leurs Jugemens, ni aux Parties de se pourvoir pardevant iceux Consuls & autres Juges que pardevant eux; & pour le trouble & entreprise faite sur la Jurisdiction Consulaire, condamnés en dix mille livres de dommages & interêts. Défenses desdits Avril & Bodin, & dudit Foyer ayant repris au lieu dudit Leboeuf. Appointement en droit, Productions des Parties, Contredits desdits Consuls & Foyer, & Requête desdits Consuls employée pour contredits. Forclusions d'en fournir par lesdits Avril & Bodin Requête desdits Avril & Dusol dudit 24 Mars, à ce qu'ils fussent maintenus & gardés au droit & possession qu'ils avoient de tout tems de connoître de toutes caufes & diférends des Marchands & pour fait de Marchandife dans leur Reffort, & de les juger fommairement à l'inftar des Confuls, fuivant les Ordonnances; & pour le trouble à eux fait par lefdits Juge-Confuls d'Angers, & entreprife fur la Jurifdiction defdits Officiers, ils fuffent condamnés en dix mille livres de dommages & interêts : & pour connoître leurs contraventions & entreprifes, ordonné (fuivant l'Arreft rendu par le Prefidial de Tours, que les Confuls d'Angers feroient tenus une fois l'année d'exhiber leurs Regiftres aufdits Officiers de la Senéchauffée de Saumur dans ladite Ville d'Angers, pour en être fait extrait defdites entreprifes & contraventions, & outre ès dépens. Défenfes. Appointement en droit. Production dudit Avril. Requête defdits Juge-Confuls, employée pour production. Forclufions de produire par ledit Dufol. Arrefts des premiers & 3 Avril 1653, par lequel fur l'intervention defdits Legrand & Conforts Marchands, les Parties auroient été appointées à bailler moyens d'intervention, réponfes & produire moyens d'intervention. Réponfes defdits Juge-Confuls. Productions d'iceux intervenans & Confuls. Forclufions de fournir de réponfes, produire & contredire par les autres Défendeurs. Requête employée pour contredits par lefdits Confuls. Forclufions d'en fournir par lefdits Intervenans. Requête dudit Foyer du 10 May, à ce qu'il lui fût donné acte de ce qu'il prenoit pour trouble l'affignation donnée audit Lebœuf fon prédeceffeur Prevôt de Saumur, à la Requête defdits Confuls, & de ce qu'il fe rendoit Demandeur à ce qu'il fût maintenu & gardé au droit & Jurifdiction à lui appartenant à caufe du titre de fa Charge, fuivant l'Ordonnance de Blois, article 239 & 240, de connoître des caufes de Marchand à Marchand pour fait de Marchandife, domiciliés dans le détroit de la Prevôté de Saumur, & en la poffeffion immemoriale en laquelle fes Prédeceffeurs & lui étoient de connoître defdites caufes, avec défenfes aufdits Juge & Confuls d'Angers de l'y troubler; à peine de nullité, cinq cens livres d'amende, & de tous dépens, dommages & interêts, même condamnés aux dommages & interêts réfultans du double, & ès dépens. Défenfes. Appointement en droit. Productions des Parties. Requête employée pour contredits par lesdits Consuls. Salvations dudit Foyer, & forclusions de contredire par lui. Conclusions du Procureur General ; Tout joint & consideré. DIT A ESTE' que la Cour faisant droit sur le tout, sans s'arrêter à ladite intervention, ni avoir égard ausdites Requêtes des 24 Mars & 20 May derniers, a maintenu & gardé, maintient & garde lesdits Juge & Consuls d'Angers en la possession de connoître des causes de Marchand à Marchand, & pour fait de Marchandise seulement, tant entre ceux qui sont demeurans en la Ville & Quintes d'Anjou, qu'en la Ville & Ressort de la Senéchaussée & Prevôté de Saumur : Enjoint à tous Sergens de bailler les assignations & adjournemens dont ils seront requis, pardedevant lesdits Juge & Consuls des Marchands établis en ladite Ville d'Angers, d'exécuter leurs Jugemens, & faire tous Exploits de Justice entre Marchands, & pour fait de Marchandise seulement, suivant les Edits, Déclarations, Arrests & Reglemens sur l'établissement de ladite Jurisdion Consulaire : Fait défenses aux Officiers desdites Senéchaussée & Prevôté de Saumur, de troubler & empêcher lesdits Juge & Consuls en l'exercice de la Jurisdiction à eux attribuée, révoquer, casser ou empêcher l'exécution de leurs Jugemens, ni faire défenses aux Sergens de les exécuter, & donner assignations pardevant iceux Juges & Consuls pour les matieres qui sont de leurdite Jurisdiction : Condamne lesdits Avril, Bodin, Dusol & Foyer ès dépens desdites Instances, chacun à leur égard vers lesdits Juge-Consuls, sans dépens de l'intervention. Prononcé le vingt-neuviéme jour d'Aoust 1654. *Signé*, GUYET.

Extrait des Registres de Parlement.

VEU par la Chambre des Vacations la Requête présentée par les Juge-Consuls des Marchands établis en la Ville d'Angers, à ce qu'il fût ordonné que les Arrests contradictoirement par lesdits Supplians obtenus à l'encontre des Officiers des Senéchaussées de Châteaugontier & Saumur les 5 Aoust 1651, & 29 Aoust dernier, par lesquels

11 Septembre 1645.

entre-autres choses les Supplians auroient été maintenus au droit de connoître des Causes d'entre Marchand à Marchand, & pour fait de Marchandise, seroient lûs, publiés & affichés sur les lieux, à ce qu'ils soient notoires au Public, & pour un plus grand établissement de la Jurisdiction des Supplians. Vû aussi lesdits Arrests, & piéces attachées à ladite Requête : Tout consideré. LADITE CHAMBRE ayant égard à ladite Requête, a ordonné & ordonne que lesdits Arrests seront lûs & publiés sur les lieux, à ce qu'aucun n'en prétende cause d'ignorance. Fait en Vacations le 11 Septembre 1654. *Signé*, GUYET.

EXTRAIT des Regiſtres du Conſeil Privé du Roy, au ſujet de la préſcéance accordée aux Marchands contre les Procureurs.

28 Novembre 1662.

ENtre les Syndics des deux Corps des Marchands Merciers, Groſſiers, Jouailliers, Ferronniers, Epiciers, Drapiers, Chauſſetiers & Apoticaires de la Ville de Troyes, Demandeurs en Requêtes des 25 May, 25 Juin & 19 Juillet 1660, suivant les Arrêts du Conseil intervenus sur icelles, & selon l'Exploit de Rabis du 27 Aoust 1661, & en Requête verbale inserée dans l'Arrest de Reglement rendu entre les Parties le 2 Janvier 1662, d'une part : & la Communauté des Procureurs de ladite Ville de Troyes, & Maiſtre Laurent Corrard l'un d'iceux, Défendeurs d'autre part, sans que les qualités puiſſent nuire ni préjudicier aux Parties. Vû au Conseil du Roy copie d'un Arreſt d'icelui du 23 Avril 1630, qui ordonne qu'il seroit inceſſamment procedé à l'union des Hôpitaux & Maladeries de ladite Ville de Troyes. Autre copie d'un Arrest de la Cour du Parlement du 13 Octobre 1646, qui ordonne que par proviſion les Procureurs procederoient & auroient ſcéance dans les Aſſemblées de la Direction des Hopitaux de ladite Ville devant les Marchands d'icelle : autre copie d'Arrest dudit Conseil du 15 Novemvembre 1647, par lequel les Procureurs de ladite Ville de

Troyes

Troyes qui seroient nommés & élûs en la Charge de Directeurs & autres Charges publiques, sont maintenus en la place, rang & préséance, tant dans le Bureau de l'Aumône generale & de ladite Direction, qu'en toutes autres Assemblées publiques & particulieres, avant les Marchands de ladite Ville: autre copie d'Arrest dudit Conseil du onze Septembre 1648, par lequel interprétant l'Arrest du dix-huit Juin 1568, il est ordonné qu'à chaque élection d'Echevins il n'y auroit qu'un Officier, à peine de nullité; & en cas que ce soit un Procureur, les Marchands procederoient en toutes Assemblées, & défenses d'y contrevenir, à peine de tous dépens, dommages & interêts: autre copie d'Arrest dudit Parlement du vingt Mars 1649, portant Commission à la Communauté desdits Procureurs pour faire assigner en icelui qui bon leur semblera, & cependant que les Arrests du treize Avril 1630 & treize Octobre 1646 seront exécutés, & ce faisant, sans préjudice du droit des Parties au principal, précederoient lesdits Procureurs au Bureau de la Direction des Hôpitaux, & Echevinages de ladite Ville de Troyes, & en toutes les Assemblées d'icelle, les Marchands dudit Troyes. Autre copie d'Arrest rendu par défaut le troisiéme Septembre audit an, par lequel les Arrests dudit Parlement des 20 Mars, 16 Avril & 16 Juin precedent, sont cassés, lesdits Marchands déchargés des assignations à eux données audit Parlement, & ordonne que ledit Arrest du onze Septembre 1648, seroit executé, ce faisant, que lesdits Marchands précederoient lesdits Procureurs en toutes Assemblées publiques & particulieres, même au Bureau de l'Aumône & Direction des Pauvres de ladite Ville, & défenses faites ausdits Procureurs de se plus pourvoir audit Parlement. Autre copie d'Arrest dudit Parlement rendu par défaut, du 3 Octobre audit an, par lequel il est ordonné que lesdits Arrests du 13 Octobre 1646, 20 Mars & 30 Avril 1649 seroient exécutés, lesdits Procureurs maintenus au droit de préséance, & défenses ausdits Marchands de les y troubler, ni s'aider desdits Arrests du Conseil. Autre coppie d'Arrest dudit Conseil du 4 Janvier 1650, rendu sur Requête presentée par les Marchands, en cassation de l'Arrest dudit Parlement du 3 Octobre 1649,

Q

par lequel il est ordonné que lesdits Procureurs seront assignés audit Conseil, & cependant surcis à l'exécution dudit Arrest dudit Parlement du 3 Octobre : autre copie dudit Arrest du 23 Février 1650, qui décharge lesdits Procureurs des assignations à eux données audit Conseil. Exploit de signification dudit Arrest du 26 Février audit an : autre copie d'Arrest dudit Conseil du 9 Avril audit an, qui décharge lesdits Marchands des assignations à eux données audit Parlement, & de la condamnation des amendes contre eux adjugées, leur fait main-levée des saisies sur eux faites pour le payement d'icelles, & défenses audit Parlement de prendre connoissance du diférend desdites Parties, & à icelles d'y faire aucunes poursuites, à peine de nullité, cassation de procedure, & de tous dépens, dommages & interêts. Exploit de signification dudit Arrest du 14 dudit mois & an : autre copie d'Arrest dudit Conseil du 13 Aoust 1653, qui renvoye les Parties au Parlement de Paris transferé à Pontoise, pour y proceder sur leurs diférends. Commission dudit Conseil obtenue par lesdits Marchands le 30 Mars 1653, pour y faire assigner le nommé Savin Procureur, pour proceder sur l'appel par lui interjetté dudit Jugement rendu par le sieur Evêque de Troyes. Exploit du sixiéme Avril audit an, contenant assignation audit Savin Procureur à comparoir audit Conseil, pour proceder sur les fins de ladite Commission. Arrest dudit Conseil du 28 Septembre 1655, rendu entre les Prieur, Consuls, Corps & Communauté des Marchands de Toulouse, & les Syndics des Procureurs dudit lieu : autre Arrest dudit Conseil du 30 May 1656 Trois Ordonnances du Bureau de ladite Ville de Troyes, des 12 Octobre 1659, 15 Février & 9 Avril 1660 : autre copie d'Arrest dudit Parlement dudit jour 19 Avril audit an, rendu sur Requête presentée en icelui par lesdits Procureurs, pour faire déclarer les peines portées par lesdits Arrests du Parlement, encourues par lesdits Marchands, pour avoir contesté la préséance à Corrard Procureur, par lequel il est ordonné que lesdits Procureurs auront Commission pour faire assigner qui bon leur semblera aux fins de ladite Requête, & cependant que lesdits Arrests seroient exécutés, avec défenses d'y contrevenir, à peine de mille livres d'amende, dépens, dommages & interêts. Exploit de signification dudit Arrest du dernier dudit mois d'Avril audit an. Copie de Commission obtenue par lesdits Procureurs en ladite Cour de Parlement du quatorziéme May, pour assigner lesdits Marchands pour voir contre eux adjuger le profit d'un défaut; au bas desquelles copies sont des Exploits d'assignations ausdits Marchands du 2 Juillet audit an, à comparoir audit Parlement, aux fins portées par ladite Commission: autre Arrest rendu sur Requête presentée par lesdits Marchands le 15 dudit mois de May audit an, portant que la Communauté desdits Procureurs seroit assignée audit Conseil, & cependant que l'Arrest contradictoire rendu audit Conseil le onziéme Septembre 1648, & autres y intervevenus en consequence, seroient exécutés; ce faisant, que lesdits Marchands précederoient lesdits Procureurs en toutes les assemblées publiques & particulieres, & défenses ausdits Procureurs d'exécuter l'Arrest du 19 Avril dernier, de se servir des assignations y données. Copie de Commission dudit Parlement du 29 dudit mois de May audit an, pour y assigner lesdits Marchands. Exploit d'assignation à iceux du 23 Juin audit an, à comparoir audit Parlement aux fins de ladite Commission: autre copie d'Arrest dudit Parlement du 14 dudit mois & an, qui ordonne l'exécution de l'Arrest du 19 du mois d'Avril. Exploit de signification d'icelui du 19 dudit mois & an. Défaut donné audit Parlement contre lesdits Marchands du 19 dudit mois de Juin audit an. Arrest du Conseil dudit mois & an, qui sursoit toutes poursuites audit Parlement depuis l'Arrest dudit Conseil du 15 May, de défenses audites Parties de se plus pourvoir au Parlement, à peine de 2000 l. d'amende. Défaut obtenu par Claude Perrin Marchand de la Ville de Troyes, contre la Communauté desdits Procureurs, du huitiéme Juillet 1660. Commission sur icelui dudit jour. Exploit de signification du 12 dudit mois & an de l'Arrest dudit jour 25 Juin: autre Arrest dudit Conseil du 9 desdits mois & an, contenant itératives défenses audit Parlement ausdits Procureurs de mettre ledit Arrest d'icelui à exécution, & d'y faire aucunes poursuites, à peine de 2000 liv. d'amende. Exploit de signification dudit Arrest

Q ij

du 12 dudit mois & an. Copie d'Arreſt dudit Parlement du 24 dudit mois & an: autre copie d'Arreſt dudit Conſeil du 30 dudit mois & an: autre copie d'Arreſt dudit Conſeil du 3 Septembre audit an: Exploit de ſignification dudit Arreſt du 9 deſdits mois & an: autre copie d'Arreſt dudit Parlement du 17 dudit mois & an: Procès verbal du Lieutenant General de ladite Ville de Troyes, du 26 dudit mois & an: autre Procès verbal dudit Demiſe Chanoine & Archidiacre de l'Egliſe dudit Troyes, du 17 Octobre audit an: autre copie d'Arreſt dudit Parlement du 27 dudit mois & an: autre du 9 Avril 1661: autre copie d'Arreſt dudit Conſeil du 28 May audit an: Exploit de ſignification dudit Arreſt du dixiéme Juin audit an: défaut & Commiſſion dudit Conſeil du 15 dudit mois & an: Requête preſentée audit Parlement par leſdits Procureurs du 21 dudit mois & an, autre copie d'Arreſt du Conſeil d'Etat du 8 Juillet audit an: Exploit auſdits Procureurs à la requête deſdits Marchands, du 27 Aouſt audit an: autre Arreſt dudit Parlement du 6 Septembre audit an. Requête de contredits deſdits Marchands du 19 Avril dernier: un cahier de papier imprimé qui contient pluſieurs copies d'Arreſts, tant dudit Conſeil que dudit Parlement: copie d'Arreſt dudit Parlement du 8 May audit an 1661: Arreſt du Conſeil du 11 Juillet 1662, contradictoirement rendu en l'Inſtance d'entre les Parties, par lequel Sa Majeſté auroit retenu à ſoy & à ſon Conſeil la cauſe des diférends des Parties; & pour y faire droit, ordonne qu'ils ajoûteront à leurs productions, écriroient & produiroient dans huitaine tout ce que bon leur ſembleroit, dépens réſervés: Exploit de ſignification dudit Arreſt à l'Avocat deſdits Défendeurs aux fins y contenues, du 26 dudit mois de Juillet: acte d'employ pour production deſdits Demandeurs, pour ſatisfaire audit Arreſt de retenue, ſignifié le 13 Novembre audit an: forcluſions de produire de la part deſdits Défendeurs, dudit jour 13 dudit preſent mois de Novembre, ſuivant ledit Arreſt de rétention: Certificat du Greffier Garde des Sacs & Productions du Conſeil de ce jourd'hui, comme de la part deſdits Défendeurs il n'a été aucune choſe produite ni ajoûtée en ſes mains à l'Inſtance d'entre les Parties depuis le 11 Juillet dernier; & tout ce qui a été mis pardevers le Sieur Garibar, Conseiller du Roy en ses Conseils, Maître des Requêtes ordinaire de son Hôtel, Commissaire à ce député : Ouy son Rapport & tout consideré. LE ROY EN SON CONSEIL, faisant droit sur l'Instance, a ordonné & ordonne que l'Arrest dudit Conseil du onze Septembre 1648, & autres rendus en consequence les trois Septembre 1649, treize Janvier & neuf Avril 1650, seront exécutés selon leur forme & teneur, & que suivant iceux & autres des 25 May, 25 Juin, 9 Juillet & 3 Septembre 1660, & 28 May 1661, lesdits Marchands précederont les Procureurs du Siége Présidial & autres Jurisdictions de ladite Ville de Troyes, en toutes Assemblées publiques & particulieres, tant en l'Hôtel de ladite Ville, Bureau des Hôpitaux, qu'autres lieux ; & que lesdits Procureurs ne pourront à l'avenir être élûs ni reçûs èsdites Charges de Directeurs & Administrateurs desdits Hôpitaux, ou Echevins de ladite Ville, que conformément ausdits Arrests des 3 Septembre 1660 & 28 May 1661, & seront précedés par les Marchands qui rempliront de pareilles Charges : Faisant Sa Majesté défenses ausdits Procureurs de se plus pourvoir pour raison de ladite préséance, circonstances & dépendances, à peine de trois mille livres d'amende, & de tous dépens, dommages & interêts ; à ce nonobstant & sans avoir égard aux Arrests du Parlement de Paris des 13 Juillet & 13 Octobre 1646, 13 Octobre 1647, 10 Mars & 8 Octobre 1649, 23 Février 1650, 19 Avril, 14 Juin, 17 Septembre, 20 Octobre & 20 Novembre 1660, 9 Avril & 6 Septembre 1661, que Sa Majesté a cassés & annullés : Ordonne en outre Sadite Majesté que le present Arrest sera affiché, lû, publié & registré, tant en l'Hôtel de ladite Ville de Troyes, & Bureaux des Hôpitaux d'icelle, que partout ailleurs où besoin sera : Enjoint Sadite Majesté au Lieutenant General du Bailliage & Siége Présidial de ladite Ville, Lieutenant Particulier èsdits Siéges & autre Juge Royal sur ce requis, de tenir la main à l'exécution du present Arrest, & ne souffrir qu'il y soit contrevenu, & a condamné lesdits Procureurs & ledit Corrard l'un d'iceux aux dépens, tant de l'Instance principale, qu'en ceux reservés par ledit Arrest du onze Juillet dernier, même en ceux que lesdits Demandeurs ont été obligés de faire audit Conseil depuis ledit Arrest contradictoire du onze Septembre 1648, pour l'exécution, interprétation & confirmation d'icelui. Fait au Conseil Privé du Roy tenu à Paris le 28 Novembre 1662. *Signé en fin*, FORCOUL. *Et* Collationné.

Et au bas est écrit :

Le premier Décembre 1663, signifié l'Arrest du Conseil à Maistre Joseph Cervais Avocat adverse, par moy Huissier du Roy en ses Conseils. Signé, *L E GAY, avec Paraphe.*

La copie de l'Arrest du Conseil ci-dessus, a été extraite & tirée du Registre des Mandemens de l'Hôtel de la Ville de Troyes, par moy Secretaire-Greffier dudit Hôtel, ce dernier jour du mois de Decembre 1695. *Signé*, BLANCHARRT.

ARREST DU CONSEIL D'ESTAT
du Roy, portant Réglement general pour l'âge que doivent avoir les Juge-Consuls des Marchands des Jurisdictions Consulaires du Royaume, suivant l'Edit de Sa Majesté du mois de Février 1672, qui regle l'âge des autres Officiers de Judicature.

Verifié au Parlement de Paris le 29 desdits mois & an.

Extrait des Registres du Conseil d'Etat.

9 Septembre 1673.
LE Roy ayant été informé, qu'encore que les Juge-Consuls des Marchands des Villes de son Royaume ayent attribution de la Jurisdiction par leur établissement, excédante celle des Juges des Siéges Présidiaux, en ce qu'ils ont pouvoir de juger en dernier ressort jusqu'à la somme de cinq cens livres, & par provision à toutes sommes que se puissent être sans restriction, & que par cette raison aucuns desdits Juge-Consuls ne doivent être élûs & admis à ladite fonction, qu'il n'ayent atteint l'âge, capacité & expérience requise & observée par les Juge-Consuls des Marchands de la Ville de Paris, ausquels tous les autres se doivent conformer pour

l'ordre & Police qu'il doivent obferver, ainfi qu'il eft expreffément porté par l'Edit de Sa Majefté du mois de Mars dernier, fervant de Réglement pour le Commerce des Négocians & Marchands, verifié en fa Cour de Parlement, lefquels n'élifent pour exercer la Jurifdiction Confulaire, aucunes perfonnes qu'ils n'ayent atteint l'âge de quarante ans; Néanmoins Sa Majefté a eu avis qu'en aucunes des Villes de fon Royaume, & notamment en celle de Poitiers, cet ordre gardé ni obfervé, ayant le mois de Novembre dernier 1672, élû pour un des Juge-Confuls de ladite Ville le nommé Augereau qui eft mineur, & âgé feulement de vingt-quatre ans, & partant incapable d'exercer aucune Charge de Judicature, ce qui eft directement contre l'intention de Sa Majefté, & la difpofition de fes Ordonnances : à quoy étant néceffaire de pourvoir, & prévenir à l'avenir la continuation de tels abus, & le préjudice notable que le Public en pourroit fouffrir; Ouy le Rapport du Sieur Colbert, Confeiller de Sa Majefté en tous fes Confeils & au Confeil Royal, & Contrôleur General des Finances de France, tout confideré. LE ROY EN SON CONSEIL a Ordonné & Ordonne que l'âge reglé par l'Edit du mois de Février 1672, pour les Officiers des Cours Supérieures, fera obfervé à l'égard des Juge-Confuls, & en confequence que le premier Juge-Conful de ladite Ville de Poitiers & autres du Royaume aura quarante ans, & les autres Confuls vingt-fept ans, à peine de nullité des Elections qui feront faites au préjudice du prefent Arreft, qui fera lû, publié lors de l'Election, & regiftré ès Greffes des Jurifdictions Confulaires; Enjoint Sa Majefté aux Commiffaires de tenir la main à fon exécution, nonobftant oppofitions & autres empêchemens quelconques, dont fi aucunes interviennent, Sa Majefté s'en réferve à foy & à fon Confeil la connoiffance, & icelle interdit à toutes fes Cours & autres Juges. Fait au Confeil d'Etat du Roy tenu à Paris le neuviéme jour de Septembre 1673. Collationné. *Signé*, RANCHIN.

LOUIS par la grace de Dieu Roy de France & de Navarre, Dauphin de Viennois, Comte de Valentinois & Diois, Provence, Forcalquier & Terres adjacentes: A nos amés & féaux les Conseillers ordinaires en nos Conseils, Maître des Requêtes ordinaires de notre Hôtel, les Sieurs Commissaires départis pour l'exécution de nos ordres dans les Provinces & Généralités de notre Royaume, Salut. Nous vous mandons & ordonnons chacun endroit soy de tenir la main à l'exécution de l'Arrest dont l'extrait est ci-attaché sous le contre-scel de notre Chancellerie, ce jourd'huy rendu en notre Conseil d'Etat, par lequel Nous avons réglé l'âge que le premier Juge-Consul de notre Ville de Poitiers, & autres de notredit Royaume doivent avoir, à quarante ans, & les autres Consuls à vingt-sept ans : Commandons au premier notre Huissier ou Sergent sur ce requis, de signifier ledit Arrest à tous qu'il appartiendra, à ce qu'ils n'en ignorent, & faire pour l'entiere exécution d'icelui, & de notredit Edit du mois de Février 1672, y énoncé, tous commandemens, sommations, & autres actes & exploits nécessaires, sans autre permission, nonobstant Clameur de Haro, Chartre Normande, oppositions & autres empêchemens quelconques, dont si aucuns interviennent, Nous nous sommes réservé la connoissance en notre Conseil, & icelle interdite à toutes nos Cours & autres Juges : Voulons ledit Arrrest être lû & publié lors de l'Election desdits Juge-Consuls, & regîstré ès Greffes desdites Jurisdictions Consulaires, & qu'aux copies d'icelui & des Presentes, collationnées par l'un de nos amés & féaux Conseillers & Secretaires, foy soit ajoûtée comme aux Originaux. Car tel est notre plaisir. Donné à Paris le neuviéme jour de Septembre l'an de grace 1673. *Signé*, Par le Roy Dauphin, Comte de Provence, en son Conseil, RANCHIN. *Et scellé.*

Collationné aux Originaux par Nous Conseiller-Secretaire du Roy, Maison, Couronne de France & de ses Finances.

EXTRAIT

EXTRAIT des Regiſtres du Conſeil d'Etat, qui permet aux Marchands de continuer d'écrire ſur leurs Livres de Papier marqué, juſqu'à ce qu'ils ſeront achevés.

SUR ce qui a été repreſenté au Roy en ſon Conſeil, que les Souſermiers des droits ſur le Papier & Parchemin timbré, compris au Bail des Aydes & Entrees fait à Me. Martin Dufreſnoy, ont prétendu obliger les Receveurs des Tailles à prendre de nouveaux Regiſtres dès le premier Octobre de la préſente année 1674, auſſi-tôt qu'ils ont entré en jouïſſance de leur Ferme; que les Curés des Paroiſſes doivent auſſi faire la même choſe pour les Regiſtres qu'ils tiennent pour les Mariages & Baptêmes; & les Marchands Négocians pour leur Commerce: ſe fondant ſur l'Arreſt du Conſeil du 18 Aouſt dernier, qui ordonne qu'à commencer dudit jour premier Octobre, les Timbres du Papier & Parchemin formulés, dont Me. Michel de Praly précedent Fermier ſe ſervoit, ſeroient ſupprimés, avec défenſes d'en employer après ledit jour: comme auſſi leſdits Souſermiers de la Province de Champagne, qui le ſont auſſi des droits de Jauge & Courtage, obligent les redevables deſdits droits de prendre trois quittances, ſçavoir une par le vendeur pour la moitié du droit de Courtage, une autre par l'acheteur pour l'autre moitié, & une troiſiéme pour le droit de Courtage, qui coûte ſix deniers chacune; ce qui eſt inutile & à charge aux Sujets de Sa Majeſté, une ſeule quitance étant ſuffiſante, particulierement à preſent que leſdits droits de Jauge & Courtage payent ſeulement à la vente, ſuivant & conformément à l'Arreſt du Conſeil du 8 du preſent mois. A l'égard des Receveurs Tailles, il eſt impoſſible qu'ils puiſſent prendre de nouveaux Regiſtres pour achever l'exercice de cette année; & l'intention de Sa Majeſté n'a point été d'aſſujettir les Curés, ni les Marchands & Négocians à prendre de nouveaux Regiſtres, lorſqu'Elle a ordonné le changement des Timbres: à quoy étant néceſſaire de pourvoir; Ouy le Rapport du ſieur Col-

28 Novembre 1674.

R

bert, Conseiller ordinaire au Conseil Royal, Contrôleur General des Finances. LE ROY EN SON CONSEIL a permis & permet aux Receveurs des Tailles de se servir pendant le reste de la présente année, des Registres qu'ils ont pris marqués des Timbres dont ledit de Praly ci-devant Fermier des Formules, se servoit, à la charge par ceux qui entreront en exercice l'année prochaine & les suivantes, d'en prendre de nouveaux chacune année, timbrés de la marque dont ledit Dufresnoy & ses Soufermiers se servent, sur les peines portées par l'Arrest du 3 Avril 1674. A l'égard des Curés des Paroisses & des Marchands & Négocians, ordonne Sa Majesté qu'ils continueront d'écrire sur les Registres qu'ils ont pris dudit de Praly ou de ses Soufermiers, lesquels leur serviront jusqu'à ce qu'ils soient remplis; après quoy ils seront tenus d'en prendre de nouveaux dudit Dufresnoy ou de ses Soufermiers. Fait Sa Majesté très expresses défenses aux Soufermiers des Aydes & droits de Jauge & Courtage & du Papier timbré de la Province de Champagne, & à tous autres où lesdits droits de Jauge & Courtage sont établis, de donner qu'une seule quittance pour lesdits droits, à peine de concussion. Enjoint Sa Majesté aux Commissaires départis dans les Généralités du Royaume, tenir la main à l'exécution du présent Arrest. Fait au Conseil d'Etat du Roy tenu à Paris le vingt-huitiéme de Novembre 1674. *Signé*,

BECHAMEIL.

LOUIS par la grace de Dieu Roy de France & de Navarre, Dauphin de Viennois, Comte de Valentinois & Diois, Provence, Forcalquier & Terres adjacentes : Aux sieurs Commissaires départis pour l'exécution de nos ordres dans les Provinces de notre Royaume, Salut. Nous vous mandons & ordonnons chacun endroit soy, de tenir la main à l'exécution de l'Arrest dont l'Extrait est ci-attaché sous le contre-Scel de notre Chancellerie, ce jourd'hui donné en notre Conseil d'Etat. Commandons au premier notre Huissier ou Sergent sur ce requis, de faire pour l'entiere exécution dudit Arrest, & de ce qui sera par vous ordonné en consequence, toutes significations, commandemens, sommations, défenses y contenues, sur les peines y portées, & autres actes

& exploits nécessaires, sans autre permission, nonobstant Clameur de Haro, Chartre Normande, & Lettres à ce contraires; & sera ajoûté foy comme aux Originaux, aux copies dudit Arrest & des Presentes collationnées par l'un de nos amés & féaux Conseillers & Secretaires. Car tel est notre plaisir. Donné à Paris le vingt-huitiéme jour de Novembre 1674, de notre Regne le trente-deuxiéme. *Signé*, Par le Roy Dauphin, Comte de Provence, en son Conseil, LECHAMEIL. Et scellé.

Collationné aux Originaux par Nous Conseiller-Secretaire du Roy, Maison, Couronne de France & de ses Finances.

BERNARD Hector de Marle, Chevalier Seigneur de Versiny, Conseiller du Roy en ses Conseils, Maître des Requêtes ordinaire de son Hôtel, Commissaire départi pour l'exécution des Ordres de Sa Majesté en la Généralité de Riom & Province d Auvergne. Vû par nous l'Arrest du Conseil de Sa Majesté, & Commission sur icelui du 28 Novembre 1674, Nous en vertu du pouvoir à nous donné par Sa Majesté, avons ordonné que ledit Arrest du Conseil dudit jour 28 Novembre 1674, sera executé selon sa forme & teneur, circonstances & dépendances, dans toute l'étendue de notre Département : avons fait défenses à Me. Martin Dufresnoy, ses Commis & Préposés d'y contrevenir, à peine de tous dépens, dommages & interêts. Fait à Clermont le 10 Janvier 1675.

EDIT DU ROY, donné à Versailles au mois de Décembre 1684 ; Sur la reconnoissance des Promesses & Billets sous seing privé.

LOUIS par la grace de Dieu Roy de France & de Navarre: A tous présens & à venir, Salut. Les differens usages établis en plusieurs Siéges & Jurisdictions de notre Royaume depuis notre Ordonnance du mois d'Avril 1667, pour la reconnoissance des Promesses, Billets & autres écri-

Decembre 1684.

tures sous seing privé, & les frais que l'on a pris occasion d'augmenter en aucunes desdites Jurisdictions, Nous ont fait estimer nécessaire d'expliquer plus précisément notre volonté sur ce sujet, & d'établir à cet égard une procedure égale dans toutes nos Cours & Siéges: Sçavoir faisons que Nous pour ces causes & autres à ce Nous mouvans, de notre propre mouvement, pleine puissance & autorité Royale, Nous avons par ces Présentes signées de notre main, dit, statué & ordonné, disons, statuons & ordonnons, voulons & Nous plaît ce qui ensuit.

I. Celui qui demandera le payement d'une Promesse, ou l'exécution d'un autre acte sous seing privé, sera tenu d'en faire donner copie avec l'exploit d'assignation.

II. Le Créancier d'une Promesse ou Billet pourra faire déclarer à sa Partie par l'exploit de sa demande, qu'après un délai qui ne pourra être plus court de trois jours, il demandera à l'Audience du Juge devant lequel il le fera assigner, que la Promesse ou Billet soient tenus pour reconnus; & s'il prétend qu'ils soient écrits ou signés par le Défendeur, & qu'il ne comparoisse pas au jour qui aura été marqué par ledit exploit, le Juge ordonnera que lesdites Promesses ou Billets demeureront pour reconnus, & que les Parties viendront plaider sur le principal dans les délais ordinaires.

III. Lorsque le Défendeur aura constitué Procureur & fourni de défenses, par lesquelles il déniera la verité de l'écriture ou des signatures de l'acte sous seing privé dont il sera question, le Demandeur le fera sommer par un acte de comparoir pardevant le Juge, pour proceder à la vérification dudit acte, sans qu'il soit besoin de prendre aucune Ordonnances du Juge pour cet effet.

IV. Si le Défendeur denie dans la Plaidoirie de la Cause, ou durant l'instruction d'un Procès par écrit, la verité des piéces sous seing privé dont il s'agira, la vérification en sera faite pardevant l'un des Juges qui auront assisté à l'Audience, & qui sera commis suivant l'ordre du Tableau, par celui qui présidera, ou pardevant le Rapporteur du Procès, s'il est distribué.

V. Les piéces sous seing privé & écriture privée, dont on

poursuivra la reconnoissance, seront représentées devant le Juge au jour & à l'heure portée par la sommation qui aura été faite de comparoître devant lui, & seront paraphées par le Juge, & communiquées en sa presence à la Partie.

VI. Si le Défendeur ne comparoît pas, le Juge donnera défaut, & ordonnera que la piéce sera tenue pour reconnue, en cas que le Demandeur n'ait point obtenu de Jugement à l'Audience qui l'ait ainsi ordonné, & qu'il prétende que la piéce soit écrite ou signée de la main du Défendeur, & le Juge ne prendra en ce cas aucunes vacations, & la Partie qui voudra lever le Procès verbal, payera seulement l'expédition de la grosse au Clerc dudit Juge.

VII. Si l'on prétend que la piéce soit écrite ou signée d'une autre main que de celle du Défendeur, le Demandeur nommera un Expert, & le Juge en nommera un autre, pour proceder à la vérification de la piéce sur des écritures publiques & autentiques qui seront représentées par les Demandeurs.

VIII. Si les Parties comparoissent, elles conviendront d'Experts & de piéces de comparaison; & si l'une des Parties étant comparue, refuse de nommer des Experts, le Juge en nommera pour elle.

IX. Lorsque le Demandeur aura obtenu un Jugement à l'Audience, ou dans l'Hôtel du Juge, portant que la Promesse ou Billet dont est question, seront tenus pour reconnus, s'il obtient dans la suite condamnation à son profit du contenu dans lesdits actes, il aura hipoteque sur les biens de son débiteur du jour dudit Jugement.

X. Le Juge ne dressera qu'un seul Procès verbal pour la vérification d'une ou plusieurs piéces, lorsque ladite vérification se fera en même tems, & à la requête de la même Partie; & il sera payé pour lesdits Procès verbaux un écu aux Conseillers de nos Cours, quarante sols aux Lieutenans Generaux & autres Officiers des Bailliages & Senéchaussées où il y a Siége Présidial; & vingt sols à ceux des autres Siéges Royaux, autant à ceux des Duchés-Pairies, & des autres Justices appartenans à des Seigneurs Particuliers, lesquelles ressortissent directement en nos Cours; & quinze sols aux Officiers des autres Justices desdits Seigneurs, & aux Clercs desdits Juges pour l'expédition desdits Procès verbaux, ce qui se trouvera leur être dû suivant les taxes ordinaires par Rôle.

XI. Voulons que tous ceux qui dénieront leurs propres si-signatures ou écritures, soient condamnés en nos Cours en cent livres d'amende envers Nous, & en cinquante livres dans tous nos autres Siéges & Jurisdictions, & en pareille somme envers qui il appartiendra dans les Justices des Seigneurs Particuliers ; outre les dépens, dommages & interêts envers les Parties. Si donnons en mandement à nos amés & feaux les Gens tenans nos Cours de Parlement, que ces Presentes ils ayent à faire lire, publier & regiftrer, & le contenu en icelles entretenir & faire entretenir, garder & observer selon leur forme & teneur, sans y contrevenir, ni souffrir qu'il y soit contrevenu en quelque sorte & maniere que ce soit. Car tel est notre plaisir. Et afin que ce soit chose ferme & stable à toujours, Nous avons fait mettre notre Scel à cesdites Presentes. Donné à Versailles au mois de Decembre l'an de grace 1684, & de notre Regne le quarante deuxiéme.

Regiftré en Parlement le 22 Janvier 1685. Signé, JACQVES.

DECLARATION du Roy, pour l'interprétation des Articles IV. & VI. de l'Ordonnance du mois de Mars 1673, concernant les Lettres & Billets de Change.

10 May 1686.

LOUIS par la grace de Dieu Roy de France & de Navarre: A tous ceux qui ces presentes Lettres verront, Salut. Comme le Commerce attire l'abondance dans les Etats, Nous avons pris un soin particulier d'en faciliter la communication dans notre Royaume, & prévenir autant qu'ils nous a été possible par notre Ordonnance du mois de Mars 1673, toutes les occasions de diférends & contestations qui pourroient y donner quelque trouble, principalement en ce qui concerne l'usage des Lettres & Billets de Change, dont la pratique est, pour ainsi dire, l'ame du Commerce, & le lien de la Société d'entre les Marchands, non seulement de notre Royaume, mais aussi de toutes les parties du Monde les plus éloignées. C'est dans cette vûe que par le Titre V. de notre dite Ordonnance du mois de Mars 1673, Nous avons prescrit en trente-trois Articles ausquels il est distribué, toute la conduite qui doit y être observée, pour empêcher qu'aucune personne pût tomber dans l'erreur, à faute d'en bien connoître la qualité, les conditions & les engagemens: Néanmoins Nous avons appris que quelques difficultés se sont mûes sur l'interprétation des Articles IV. & VI. du même Titre. le premier portant que les Porteurs de Lettres qui auront été acceptées, ou dont le payement échet à jour certain, seront tenus de les faire payer ou protester dans dix jours après celui de l'échéance; & l'autre que dans les dix jours acquis pour le tems du protêt, seront compris ceux de l'échéance & du protêt, des Dimanches & des Fêtes, même des solemnelles; les uns prétendant que dans les dix jours accordés pour le protêt, celui de l'échéance n'y doit point être compris, les autres soutenant le contraire : A quoy étant nécessaire de pourvoir, & de retrancher à nos Sujets toutes les occasions de Procès qui pourroient traverser le soin & l'application qu'ils doivent à leur Négoce. A ces causes, de l'avis de notre Conseil, qui a vû les Articles IV. & VI. de notre Ordonnance du mois de Mars 1673, & de notre certaine science, pleine puissance & autorité Royale, Nous avons dit & déclaré, & par ces Presentes signées de notre main, disons & déclarons, voulons & nous plaît, en interprétant notre Ordonnance, que l'Article IV. d'icelle soit observé selon sa forme & teneur, & ce faisant que les dix jours accordés pour le protêt des Lettres & Billets de Change, ne seront comptés que du lendemain de l'échéance des Lettres & Billets, sans que le jour de l'échéance y puisse être compris, mais seulement celui du protêt, des Dimanches & des Fêtes, même des solemnelles, qui y demeureront compris, & ce nonobstant toutes autres dispositions & usages, même l'Article VI. ci-dessus, en ce qui seroit contraire, ausquels Nous avons dérogé & dérogeons par ces Presentes. Si donnons en Mandement à nos amés & féaux Conseillers les Gens tenans notre Cour de Parlement de Paris, que ces Presentes ils ayent à faire lire, publier & regiſtrer, & le contenu en icelles garder & obſerver ſelon ſa forme & teneur. Car tel eſt notre plaiſir. En témoin dequoy nous avons fait mettre notre Scel à ceſdites Preſentes. Donné à Verſailles le dixiéme jour du mois de May l'an de grace 1686, & de notre Regne le quarante-troiſiéme. *Signé*, LOUIS. *Et ſur le reply*, Par le Roy, COLBERT. *Et ſcellées du grand Sceau de cire jaune.*

Regiſtrées, oüi & ce requerant le Procureur General du Roy, pour être exécutées ſelon leur forme & teneur. A Paris en Parlement le 31 May 1686. Signé, JACQUES.

ARREST DE LA COUR DE PARLEMENT,

avec une Diſſertation ou Obſervations tirées du Droit Romain, par Me. Philippes P.... Avocat ; rendu en faveur des Enfans mineurs : Qui les reçoit à rentrer dans leurs biens vendus en Juſtice après trois publications : condamne le Créancier qui s'en étoit rendu adjudicataire, de rendre & reſtituer tous les fruits perçûs depuis ſon adjudication, & juge qu'ils ne doivent pas être compenſés avec les interêts des ſommes qui lui étoient dûes lors de l'adjudication, quoiqu'il eût offert tout d'abord d'abandonner les biens à lui adjugés, & demande ſeulement la compenſation des fruits avec les interêts.

23 Juillet 1638.

LOUIS par la grace de Dieu Roy de France & de Navarre : A tous ceux qui ces Preſentes Lettres verront, Salut. Sçavoir faiſons que comme de deux Sentences données par le Juge Bailly de Courmont : la premiere du 22 Novembre 1684, entre François Gadois Marchand, demeurant à Paris rue de la Mortellerie, Paroiſſe S. Gervais, heritier de défunt Antoine Gadois & Roſe Millon ſes pere & mere, Demandeur

mandeur audit nom en défistement & entérinement de Lettres Royaux en forme de Refcifion & reftitution entre elle;
d'une part : & Henri Couffin Notaire Royal demeurant à
Courmont, & Denys Vaudron l'aîné, Laboureur, d'autre;
Et entre ledit Couffin incidemment Demandeur en fomma-
tion & recours de garantie, d'une part, ledit Couffin d'autre, par laquelle attendu la déclaration faite par ledit Couffin dans les moyens fignifiés le 25 Septembre 1684, qu'il ne
vouloit point empêcher l'effet des Lettres obtenues par ledit
Gadois; & à l'égard dudit Vaudron, attendu qu'il n'avoit
propofé aucuns moyens pour empêcher l'enterinement defdites Lettres, icelles auroient été entérinées, & en confequence ledit Gadois auroit été remis en tel état qu'il étoit
avant la renonciation par lui faite aux fucceffions de fefdits
pere & mere; lefdits Couffin & Vaudron auroient été condamnés fe défifter & départir au profit dudit Gadois chacun
à leur égard, des heritages & bâtimens mentionnés aux Exploits de demande dudit Gadois, & d'en rapporter les fruits
& revenus, ledit Couffin des heritages énoncés dans la demande contre lui intentée, du jour de l'adjudication qui lui
auroit été faite le dix-fept de Mars 1672, jufqu'au jour de
ladite Sentence, & encore des fruits & revenus defdits bâtimens & heritages énoncés dans la demande intentée contre
ledit Vaudron, du jour de l'aliénation cy-deffus, jufqu'au
jour que ledit Couffin les auroit donnés à rente audit Vaudron; & à l'égard d'icelui Vaudron, auroit été condamné
de rapporter les loyers & fruits des bâtimens & heritages
compris dans l'Exploit de demande dudit Gadois, du jour
du bail à rente qui lui en auroit été fait, jufqu'au jour
de la Sentence, & ce à raifon de 18 livers par an, en repre-
fentant fon bail à rente, & affirmant tant par lui que par ledit Couffin qu'il n'y avoit eu aucun pot de vin, ni d'autres
deniers donnés; & à l'égard des autres heritages, ledit Couffin en rapporteroit les fruits à raifon du dernier bail qu'il en
auroit fait, qui feroit pour ce repréfenté; fur lefquels fruits
& loyers déduction feroit faite contre ledit Couffin des arrerages de la rente de 15 liv. par an, tant de ceux qu'il jufti-
fieroit lui avoir été dûs lors de fon adjudication, que de ceux

S

qui étoient échûs depuis jusqu'au jour de la Sentence : & quant aux autres prétentions dudit Coussin, auroit été ordonné qu'il fourniroit une demande distincte & précise, & piéces justificatives pour y répondre par ledit Gadois comme il aviseroit bon être, & y être fait droit ainsi qu'il appartiendroit ; sauf audit Vaudron de poursuivre la sommation & garantie ainsi qu'il aviseroit bon être, & ledit Coussin & Vaudron condamnés aux dépens liquidés à la somme de 42, liv. 4 s. 2 deniers, non compris les voyages & séjours dudit Gadois, & non compris les épices, levée & coust de ladite Sentence, au payement desquels lesdits Coussin & Vaudron auroient été condamnés. La seconde du trentiéme Avril 1685, entre ledit Denys Vaudron Laboureur demeurant à Courmont, Demandeur suivant l'Exploit fait à sa requête le 13 Aoust 1684 d'une part ; & ledit Henry Coussin Notaire Royal demeurant à Courmont, Défendeur d'autre, par laquelle auroit été ordonné que ledit Coussin feroit cesser pendant le mois la signification de la Sentence, la condamnation contre ledit Vaudron par ladite Sentence rendue audit Courmont par le plus ancien Juge de ladite Justice, pour le déport fait par ledit Bailly, attendu la parenté avec ledit Gadois Demandeur originaire le 22 Novembre 1684, soit en prenant le fait & cause pour lui, & interjettant appel de la Sentence, & le faisant réformer en son nom ou autrement, sinon & à faute de ce faire dans ledit tems, ou autre plus long tems qui pourroit être par ledit Bailly donné cy-après, s'il étoit requis par ledit Coussin, dès-present comme pour lors ledit Vaudron auroit été déchargé de la rente de dix-huit livres par lui reconnue au profit dudit Coussin par ledit Contrat de bail à rente, passé pardevant Gadois Notaire Royal, en présence de témoins, du 12 Juillet 1672, & ledit Coussin condamné lui rendre & restituer les arrerages qui lui avoient été payés par ladite rente depuis le Contrat jusqu'au jour de la Sentence, sauf à lui de les faire allouer ou diminuer par François Gadois sur ce qu'il trouveroit bon être, & ledit Coussin condamné aux dépens de l'Instance, taxés & liquidés à la somme de treize livres quinze sols, non compris les épices, coûts & levée de ladite Sentence, ausquels ledit Couffin auroit pareillement été condamné, sans y comprendre les frais des deux sommations des 3 Août & 30 Decembre 1684, dont ledit Couffin auroit été déchargé : auroit été appellé à notre Bailly de Château-Thierry, ou son Lieutenant, pardevant lequel les Parties auroient été appointées à confirmer ou infirmer, deux Sentences seroient intervenuës. La premiere du 10 Avril 1686, entre ledit Henri Couffin Notaire Royal demeurant à Courmont, Appellant de la Sentence du 22 Novembre 1684, suivant l'Exploit du 30 Mars 1685, d'une part : & ledit François Gadois Marchand demeurant à Paris, au nom & comme heritier de défunt Antoine Gadois l'aîné, vivant Tisserant de Toile, demeurant audit Courmont, & de Rose Millon ses pere & mere, Intimé d'autre par laquelle auroit été dit qu'il auroit été mal-jugé, émandant, les fruits & loyers de la maison & heritages en question, auroient été compensés avec les interêts des sommes dûes audit Couffin depuis l'adjudication des biens & heritages, jusqu'au jour que ledit Gadois est rentré en possession desdits biens ; & faisant droit sur la demande incidente dudit Couffin, le Contrat de vingt-cinq livres de rente fonciere dûe par chacun an par Antoine Gadois à Antoine Couffin pere dudit Henri Couffin, du 22 Avril 1651, auroit été déclaré exécutoire sur ledit Gadois, ainsi qu'il étoit sur feu son pere, & icelui condamné en passer titre nouvel pendant le mois, sinon ladite Sentence vaudroit pour reconnoissance, payer en deniers ou en quittances les arrerages qui étoient dûs au tems de l'adjudication, montant à cent deux livres sept sols six deniers, avec ceux échûs & à écheoir depuis que ledit Gadois étoit en possession des biens & heritages, jusqu'à l'actuel payement, comme aussi la somme de cinquante livres 7 sols de frais & dépens liquidés par Sentence du 3 Mars 1672, ensemble ceux de l'adjudication & frais de visitation de ladite maison tels que de raison ; & en ce qui concernoit les réparations prétendues faites en ladite maison, auroit été ordonné que ledit Gadois viendroit contester sur lesdites réparations ou partie d'icelles mentionnées au rapport des Experts qui auroit été fait, pour ensuite être ordonné ce que de raison, ledit Gadois condamné aux deux tiers de dépens, tant de la Caufe principale que d'appel, l'autre tiers réfervé, à l'exception des épices & coût de la Sentence, qui feroient entierement payés par ledit Gadois. Et la deuxiéme du 20 Novembre 1686, entre ledit Henri Couffin Notaire Royal demeurant à Courmont, Appellant de la Sentence rendue à fon préjudice par le Juge de Courmont, ledit jour 30 Avril 1685, fuivant l'Exploit du 30 Aouft 1689, d'une part ; & Denys Vaudron l'aîné Laboureur demeurant audit Courmont, Intimé d'autre : par laquelle auroit été dit qu'il auroit été bien jugé par la Sentence dont étoit appel, & fans griefs appellé par ledit Couffin, auroit été ordonné que ce dont étoit appellé fortiroit fon plein & entier effet, ledit Couffin condamné aux dépens de la caufe d'appel, tels que de raifon. Eût été appellé en notre Cour de Parlement, en laquelle les Parties en caufe d'appel, & le Procès par écrit conclu & reçû, pour juger entre ledit François Gadois Marchand, au nom & comme heritier de défunt Antoine Gadois l'aîné, vivant Tifferant en Toile demeurant à Courmont, & de Rofe Millon, fes pere & mere, Appellant de la Sentence du 10 Avril 1699, d'une part ; & Henri Couffin Notaire à Courmont, Appelant de la Sentence du 28 Novembre 1686, d'une part ; & ledit Denis Vaudron Laboureur demeurant à Courmont, Intimé d'autre, fi bien ou mal auroit été appellé, & les Parties appointées à fournir de griefs & réponfes, & produire de nouvel dans ledit tems de l'Ordonnance, iceux Procès, griefs, réponfes & falvations. Production nouvelle dudit Couffin. Contredits. Sommation de produire de nouveau par ledit Gadois. Requête du 5 Novembre 1687, dudit François Gadois, à ce qu'il fût reçû Appellant en adherant à fes premieres appellations, tant comme de Juge incompétent qu'autrement, d'une Sentence rendue par le Juge de Frefne le 3 Mars 1672, de l'adjudication faite en confequence des biens appartenans audit Gadois, & de toute la procedure fur laquelle elle étoit intervenue, le tout au profit de Henri Couffin, contre un prétendu Curateur aux fucceffions vacantes des pere & mere dudit Gadois ; fur ledit appel les Parties fuffent appointées au Confeil & joint au Procès, & qu'acte lui fût donné de ce que pour caufe &

moyens d'appel contre ladite Sentence, adjudication & autres procedures, écritures & productions sur ledit appel, il employoit les griefs par lui fournis, ce qu'il avoit écrit & produit ; ce faisant les fins & conclusions par lui prises par lesdits griefs lui fussent adjugées avec les dépens, tant des causes principale que d'appel ; sur laquelle Requête par Ordonnance étant en fin d'icelle, sur ledit appel les Parties auroient été appointées au Conseil & joint, & acte de l'emploi, ordonné que l'Intimé fourniroit de réponses, & produiroit dans le tems de l'Ordonnance. Ladite Sentence du 3 Mars 1672 entre François Fermier Maître Apoticaire, au nom & comme ayant les droits cedés par transport de Henri Coussin Notaire Royal à Courmont, Demandeur en exécution de Lettres obligatoires, Sentences de déclarations, exécutoire, & en condamnation de dépens, frais & mises d'exécution d'une part ; & Jean Merver Manouvrier demeurant audit Courmont, au nom & comme Curateur créé par Justice aux successions & biens vacans qui ont été abandonnés & délaissés par défunt Antoine Gadois l'aîné & Rose Millon sa femme, vivans demeurans audit Courmont, Défendeur d'autre ; par laquelle ledit Merver audit nom auroit été condamné à payer audit François Gadois les frais & mises d'exécution sur lui faites en ladite qualité, & aux frais faits contre les enfans mineurs dudit Gadois, le Tuteur & Curateur desdits enfans mineurs dudit Gadois & Millon, & aux dépens de ladite Sentence taxés & liquidés à la somme de cinquante liv. sept sols, y compris quatre journées de voyages dudit Merver Curateur, la levée & expédition de ladite Sentence, signification d'icelle, & le Contrôle de ladite adjudication faite des biens dudit François Gadois, en consequence de la Sentence du troisiéme jour de Mars 1672. Requête dudit Coussin employée pour réponse à cause d'appel, & production sur ledit appel verbal. Requête du 5 Février 1680, à ce que où il y auroit lieu de confirmer les Sentences obtenues contre lui par ledit Denys Vaudron, les conclusions qu'il auroit prises contre ledit Gadois lui fussent adjugées, icelui Gadois fût condamné à l'acquitter, garantir & indemniser des condamnations de depens qui pourroient intervenir contre lui au profit dudit Vaudron, même ceux par lui faits contre ledit Vaudron, tant des causes principale que d'appel, & qu'acte lui fût donné de ce que pour toutes écritures & productions il employoit le contenu en ladite Requête, & ce qu'il avoit écrit & produit au Procès: sur laquelle Requête par Ordonnance étant en fin d'icelle, sur ladite demande les Parties auroient été appointées en droit & joint, & acte de l'employ, ordonné que le Défendeur fourniroit de défenses & produiroit dans trois jours. Requête desdits Gadois & Vaudron, employée pour défenses, écritures & production. Tout vû & diligemment examiné. NOTREDITE COUR par son Jugement & Arrest, faisant droit sur le tout, entant que touche les appellations dudit Gadois desdites Sentences des 10 Avril 1686, 3 Mars 1672, a mis & met les appellations & Sentences, & ce dont a été appellé au néant, en ce qu'il auroit été ordonné que les fruits & loyers de la maison & heritages en question demeureront compensés avec les interêts dûs audit Coussin, & que ledit Gadois auroit été condamné à payer cinquante livres sept sols pour frais liquidés par la Sentence du 3 Mars 1672; émandant quant à ce, condamne ledit Coussin rapporter les loyers des bâtimens sur le prix de 18 liv. par chacun an, & les fruits des heritages sur le prix des Baux, si mieux ledit Gadois n'aime les faire apprecier par Experts & gens à ce connoissans, dont les Parties conviendront devant le plus prochain Juge Royal des lieux, autre que celui dont est appel, ce qu'il sera tenu d'opter quinzaine après la signification du present Arrest à personne ou domicile; Décharge ledit Gadois de la condamnation de la somme de 50 liv. 7 sols, lesdites Sentences & ce au résidu sortissant effet, en affirmant par ledit Coussin qu'en l'année 1672 les 202 liv. d'arrerages de la rente de 25 liv. lui étoient bien & legitimement dûs, & n'avoit rien reçû sur ladite somme de 202 livres, & sur l'appel dudit Coussin l'appellation au néant: Ordonne que la Sentence de laquelle a été appellé sortira effet, & en consequence sur la sommation les Parties hors de Cour & de Procès; Condamne ledit Coussin en l'amande de douze livres, & aux trois quarts des dépens, tant des causes principale que d'appel vers ledit Gadois, & en tous ceux de cause d'appel & sommation vers Vaudron, l'autre quart compensé; la taxation des adjugés & l'exécution du présent Arrest pardevers notredite Cour, réservés. Si Mandons au premier Huissier de notre Cour de Parlement, ou autres nos Huissiers ou Sergens, mettre le présent Arrest à exécution. De ce faire te donnons pouvoir. Donné à Paris en notre Cour de Parlement le 21 Juillet 1688, & de notre Regne le quarante-cinquiéme. Collationné par Jugement & Arrest de la Cour. *Signé*,

JACQUES, avec Paraphe.

Dissertation ou Observations tirées du Droit Romain.

LA chicane a de tout tems été si fertile en détours, pour tendre des piéges à ceux à qui la foiblesse de leur âge ne peut pas permettre le gouvernement de leurs affaires, ni la défense de leurs biens contre les injustes prétentions, ni le soin même de leurs personnes; que l'on est toujours obligé de leur en ôter l'administration. On peut assurer que s'il y a dans la vie civile un mal absolument necessaire, c'est celui-là; mais il seroit à souhaiter que les Magistrats se pûssent charger eux-mêmes de ces sortes de soins, pour satisfaire pleinement au desir qu'ils ont de rendre aux Mineurs la justice qui leur est dûe. On ne verroit pas des Parens avares refuser exterieurement ces sortes d'emplois, & s'efforcer interieurement à les obtenir, afin de se jetter après comme des vautours carnassiers ou des loups dévorans sur la substance des infortunés pupilles, & se liguer avec des Créanciers pour absorber de grosses successions; incapables par là de rassasier d'insatiables corbeaux, & de satisfaire à de legeres dettes.

Les Loix Romaines ont prescrit des regles sur ces inconvéniens, & la Cour ne pouvoit pas mieux s'y conformer que dans l'espece présente.

En voici une qui me paroît donner lieu à ce que je viens d'avancer.

» Un Mineur pourvû d'un Jugement qui lui adjugeoit le
» payement d'un Fidei-commis, avoit donné caution en Ju-
» stice, & avoit affirmé de l'avoir reçû: cependant le Debi-

» teur de ce Fidei-commis ne lui en avoit pas effectivement
» compté la valeur, & il l'avoit pris en garde fous caution,
» comme chofe à lui prêtée. Ce Mineur étoit en pouvoir au
» moment de fa majorité, de fe faire reftituer en entier, parce
» que par un nouveau Contrat qui étoit celui du Prêt, il
» avoit réduit à une feconde demande la pourfuite de fon
» droit qu'il avoit obtenue par le premier Jugement : *Minor*
» *annis vigenti-quinque, cui fidei-commiſſum folvi pronunciatum*
» *erat, caverat id ſe accepiſſe, & cautionem et debitor quaſi creditæ*
» *pecuniæ fecerat, in integram reſtitui poteſt, qui apertam ex judicati*
» *cauſâ perſecutionem, novo contractu ad initium alterius petitioni*
» *redigerat* ; & ainſi tous les uſufruits lui en devoient être reſti-
» tués par le Créancier même qui s'en étoit rendu adjudica-
» taire. Si le Mineur, continue cette Loy, avoit mal-à-propos
» donné en payement d'une dette contractée par ſon pere
» dans l'adminiſtration d'une autre tutelle, des heritages
» qui ſe trouvent dans ſa ſucceſſion, la Juſtice exige de lui
» qu'il faſſe révoquer une telle vente, & que ces biens-là
» ſoient reſtitués en entier à ce Mineur, ſauf à lui payer les
» interêts qui paroîtront être dûs par la Tutelle, en faiſant
» une compenſation de la quantité des fruits qui auront été
» perçûs. *Prædia patris ſua minor annis vigenti quinque, ob debita*
» *rationis tutela aliorum, quam pater adminiſtraverat, inſolutum*
» *inconſultè dedit ; ad ſuam æquitatem per integrum reſtitutionem re-*
» *vocanda res eſt, uſuris pecuniæ quam conſtiterit ex tutela deberi*,
» *reparatis, & cum quantitate fructuum perceptorum compenſatis. Tota*
» L. *Minor. quadrageſima* ff. *de Minoribus viginti-quinque annis.*

CONCLUSION.

Par la lecture de cette Loy, il eſt aiſé de voir que la Cour
ne pouvoit pas mieux ſe conformer à ſon eſprit & à ſon équité,
qu'Elle l'a fait par l'Arreſt ci-deſſus. A Paris le 16 Mars
1716. *Signé*, P*, Avocat.

ARREST

ARREST DE LA COUR DE PARLEMENT,

rendu en interprétation de l'Article X. du Titre III. de l'Ordonnance des Négocians & Marchands: Par lequel on a jugé qu'un Marchand est obligé de representer ses Livres pour justifier la verité de sa créance, quoiqu'il ait une reconnoissance passée devant Notaire.

EXTRAIT DES REGISTRES DE PARLEMENT.

ENtre Louis Paillot Marchand à Troyes, Appellant de deux Sentences rendues par les Juge & Consuls de la Ville de Troyes le 29 Octobre 1688, & de tout ce qui s'en est ensuivi, d'une part: & Maistre Edme Baillot Conseiller au Presidial dudit Troyes, Louis Veron, Antoine Blainpignon, Edme Gaulart, Joseph Michelin, & Jean-Baptiste Legrin l'aîné, Créanciers de Cyprien Labrun aussi Marchand dudit Troyes, & Nicole Amant sa femme, Intimés d'autre. Vû par la Cour lesdites deux Sentences des Juge & Consuls de Troyes dudit jour 29 Octobre 1688, rendues entre lesdites Parties : par la premiere desquelles lesdites Parties ouyes, attendu le consentement donné par ledit Paillot avec les Directeurs nommés pour la description des effets desdits Labrun & Amant sa femme le 17 dudit mois d'Octobre, & vû l'article de l'Ordonnance de 1667, Titre XXIV. article premier, il auroit été ordonné que ledit Paillot representeroit ses Livres ledit jour à l'entrée de l'Audience, pour être par lesdits Juge & Consuls vûs & examinés en sa presence, & celle desdits Baillot, Veron & Consorts en la Chambre du Conseil, pour justifier de sa créance en ce qui regarde le Négoce qu'il avoit fait avec ledit Labrun, eu égard à la faillite d'icelui Labrun, & conformément à l'Ordonnance de 1673, Titre III. article 10, pour ensuite être ordonné ce que de raison. Et par la deuxiéme auroit été donné défaut contre ledit Paillot non comparant, pour le profit duquel requis par lesdits Baillot, Veron & Consorts, il auroit été dit que la

22 Juillet 1689.

T

précedente Sentence feroit executée felon fa ferme & teneur, dépens réfervés, dont eft appel par ledit Paillot. Arreft d'appointé au Confeil du 8 Mars 1689. Caufes & moyens d'appel dudit Paillot du 11 defdits mois & an. Réponfes fournies par lefdits Baillot, Veron & Conforts, Créanciers & Syndics des autres Créanciers defdits Labrun & fa femme, du 19 Avril audit an 1689. Production des Parties. Contredits fournis par lefdits Baillot & Conforts le 17 May audit an, contre la production dudit Paillot. Requête dudit Paillot du 13 Juin enfuivant, employée pour contredits contre la production defdits Baillot, Veron & Conforts, & falvations contre iceux par lui fournies. Les charges, informations & le Procès fait pour raifon de la faillite & banqueroute dudit Labrun. Arreft donné en plaidant le 28 dudit mois de Juin, par lequel la Cour auroit ordonné que lefdits Procès, charges & informations feroient mis dans un fac à part, & joint en ladite inftance d'entre les Parties, pour en jugeant y avoir tel égard que de raifon, Production nouvelle defdits Baillot, Veron & Conforts, par Requête du 6 du prefent mois de Juillet, employée pour falvations contre ladite Requête d'emploi pour contredits dudit Paillot, dudit jour 13 Juin. Sommation de fournir de contredits contre ladite production nouvelle par ledit Paillot ; Tout confideré, LADITE COUR a mis l'appellation au néant, Ordonne que les Sentences defquelles a été appellé, fortiront effet ; Condamne ledit Paillot en l'amende ordinaire de douze livres, & aux dépens de la caufe d'appel. Fait en Parlement le 22 Juillet 1689. *Signé*, DU TILLET, avec Paraphe.

DECLARATION *du Roy*, *en interprétation de l'Edit du mois de Mars* 1673, *concernant les Billets de Change qui se font par les Gens d'Affaires, & les contraintes pas corps.*

LOUIS par la grace de Dieu Roy de France & de Navarre: A tous ceux qui ces Presentes Lettres verront, Salut. Encore que par l'Article premier du Titre VII. de notre Edit de 1673, servant de Reglement pour le Commerce, regiftré en nos Cours, il foit porté que ceux qui auront figné des Lettres ou Billets de Change, pourront être contraints par corps; ensemble ceux qui y auront mis leur aval, qui auront promis d'en fournir avec remife de place en place, qui auront fait des Promeffes pour Lettres de Change à eux fournies, ou qui devront être entre tous Négocians ou Marchands qui auront figné des Billets pour valeur reçûe comptant ou en marchandifes, foit qu'ils doivent être acquittés à un Particulier nommé ou à fon ordre, ou au porteur: Néanmoins plufieurs Cours, Juges & Jurifdictions ont déchargé & déchargent de la contrainte par corps plufieurs Particuliers Gens d'Affaires, lorfqu'il s'agit du payement des Billets par eux faits pour valeur reçûe, même pour valeur reçûe comptant, fous prétexte que par l'Article 27 du Titre V. du même Edit, il eft porté qu'aucun Billet ne fera réputé Billet de Change, fi ce n'eft pour Lettres de Change qui auront été fournies ou qui devront l'être, & que nos Comptables chargés du recouvrement de nos deniers, les Receveurs, Treforiers, Fermiers Generaux & Particuliers, Traitans Soutraitans & Intereffés dans nos Affaires, ne font point Marchands ni Négocians: de forte que fi on continuoit à les décharger de la contrainte par corps pour le payement des fimples Billets qu'ils font de valeur reçûe, & de valeur reçûe comptant, payable au porteur, ou à un Particulier y nommé, ou à fon ordre, le crédit qui leur eft néceffaire pour le bien de notre fervice ceffoit abfolument, fans lequel ils

26 Février 1692.

T ij

ne peuvent soutenir les affaires dont ils sont chargés, & qu'ils ne soutiennent pour l'ordinaire que par l'usage de ces sortes de Billets qu'ils font comme les Marchands & les Négocians : A quoy voulant pourvoir. A CES CAUSES, de notre certaine science, pleine puissance & autorité Royale, en interprétant entant que besoin seroit notredit Edit du mois de Mars 1673, Nous avons dit, déclaré & ordonné, & par ces Présentes signées de notre main, disons, déclarons & ordonnons, voulons & nous plaît, que l'Article premier du Titre VII. de notredit Edit du mois de Mars 1673 soit exécuté contre les Receveurs, Trésoriers, Fermiers & Sousfermiers de nos Droits, Traitans generaux & particuliers, Interessés & Gens chargés du recouvrement de nos deniers, & tous autres nos Comptables ; & ce faisant qu'ils puissent être contraints par corps, ainsi que les Négocians, au payement des Billets pour valeur reçûe qu'ils feront à l'avenir pendant qu'ils seront pourvûs desdites Charges, ou qu'ils seront chargés du recouvrement de nos deniers, soit que les Billets doivent être acquittés à un Particulier y nommé ou à son ordre, ou au porteur. Si donnons en mandement à nos amés & féaux Conseillers les Gens tenans notre Cour de Parlement & Cour des Aydes à Paris, que ces Présentes ils ayent à faire registrer, & le contenu en icelles faire garder & observer selon leur forme & teneur, nonobstant tous Edits, Ordonnances, Réglemens & autres choses à ce contraires, ausquels nous avons dérogé par ces Présentes. Car tel est notre plaisir. En témoin de quoy nous avons fait mettre notre Scel à cesdites Présentes. Donné à Versailles le vingt-sixiéme jour de Février l'an de grace 1691, & de notre Regne le quarante-neuviéme. *Signé*, L O U I S. *Et plus bas*, Par le Roy, PHELYPEAUX. *Et scellées du grand Sceau de cire jaune.*

Registrées, ouy & ce requerant le Procureur Conservateur : la Déclaration cy-dessus a été lûe & publiée à l'Audience de la Jurisdiction Consulaire des Marchands de la Ville de Clermont, siegeant Messieurs Cortigier l'aîné Juge, Brun & Cheix Consuls, Debrion & Vazeilhes antiques Consuls ; Terringaud & Deydier anciens Juges & Conservateurs ; Solignat & Mallet anciens Consuls, Thierry, Meßance &

Gallard Conseillers. De laquelle publication a été donné acte, & ordonné qu'elle sera enregistrée dans notre Registre de consequence, pour y avoir recours quand besoin sera, & être affichée & publiée partout où il appartiendra. Fait & donné en l'Audience de ladite Jurisdiction Consulaire le Mardy dixiéme jour de Juillet 1714. Signé,

CHAUMOND, Greffier.

DE PAR LE ROY, & Messieurs les Juge & Consuls des Marchands à Poitiers.

LEs Juge-Consuls des Marchands établis par le Roy notre Sire à Poitiers: A tous ceux qui ces Presentes verront, Salut. Sçavoir faisons que sur les plaintes à Nous faites par plusieurs notables Marchands, Artisans & autres nos justiciables, de ce qu'au préjudice des assignations qu'ils font donner pardevant Nous à leurs debiteurs, pour la condamnation des sommes à eux dûes, ils sont traduits pardevant les Juges ordinaires, tant Royaux que subalternes, quoique lesdits Debiteurs soient Marchands, & les Causes de notre compétence, par une mauvaise foy, & pour s'empêcher de payer leurs dettes, s'opposent aux exécutions & emprisonnemens faits en vertu de nos Sentences pardevant lesdits Juges ordinaires, obtiennent des défenses de faire la vente de leurs meubles exécutés & saisis; lesquelsdits Juges ordinaires pour détruire notre Jurisdiction & le Commerce, cassent directement & indirectement nos Sentences, donnent main-levée desdits emprisonnemens & exécutions. Il se trouve des Marchands pour fait de Marchandise & de Commerce, qui se pourvoyent pardevant lesdits Juges ordinaires, qui connoissent desdits diférends, & qui condamnent les Marchands par corps, quoique Nous soyons les seuls Juges compétens d'en connoître, & que les Marchands & Artisans ne peuvent proceder ailleurs que pardevant Nous, suivant & conformément à l'Edit de création de notre Jurisdiction, Déclarations, Ordonnances & Arrests du Conseil. Ces contraventions se faisant dans tous les endroits où il y a des Jurisdictions Consulaires,

13 May 1698.

ont donné lieu aux Marchands des principales Villes de France, de faire de pareilles remontrances, entre autres les Marchands de la Ville de Paris, sur lesquelles les Juge & Consuls de ladite Ville ont rendu leur Ordonnance le 17 Mars dernier, portant défenses à tous Marchands, Procureurs Huissiers & Sergens de contrevenir auxdits Edits, Déclarations, Ordonnances & Arrests du Conseil, sur les peines portées par iceux, qui a été lûe, publiée & affichée par tous les lieux publics de Paris, signifiée aux Communautés des Marchands de ladite Ville, & à celles des Procureurs, Huissiers du Parlement, Châtelet & autres Jurisdictions. Et comme ces contraventions sont plus fréquentes dans l'étendue de notre Jurisdiction qu'en toutes autres, & que notre Edit de création porte pour en jouir conformément & à l'instar des Marchands de Paris, requierent lesdits Marchands leur être sur ce pourvû.

Vû par Nous l'Edit de création de notre Jurisdiction, Lettres Patentes expédiées en consequence, des années 1566, 1570, 1577, 1611. Ordonnance de Sa Majesté de l'année 1672, servant de Reglement pour le Commerce, & plusieurs autres Déclarations & Arrests du Conseil, qui portent que les Juge-Consuls connoîtront des Causes de Marchandises vendues ou achetées par les Marchands en gros & en détail, tant Habitans des Villes de leurs établissemens, qu'autres Jurisdictions Royales & hauts Justiciers, par cédules, obligations, promesses par écrit ou verbales; de l'exécution de leurs Sentences, des ventes de biens, meubles ou fruits qui seront saisis en vertu de leurs Jugemens, avec défenses à tous Marchands de se pourvoir ailleurs que pardevant lesdits Juge-Consuls, & à tous Officiers Royaux & hauts Justiciers d'empêcher directement ou indirectement l'exécution de leurs Jugemens, à peine de répondre en leur propre & privé nom des dettes & dommages-interêts des Parties : déclarant nulles toutes Ordonnances, Commissions ou Mandemens pour faire assigner, & les assignations données en consequence pardevant les Juges Royaux ordinaires & ceux des Seigneurs, en révocation de celles données pardevant les Juge-Consuls, avec défenses auxdits Juges ordinaires de casfer ou furceoir la procedure & les pourfuites faites en exécution de leurs Sentences : Sa Majefté veut que les Sentences defdits Confuls foient exécutées en vertu de fon Ordonnance de 1673 ; que les Parties qui auront prefenté leurs Requêtes afin de furceoir ou défendre l'exécution de leurs Jugemens, les Procureurs qui les auront fignées, les Huiffiers & Sergens qui les auront fignifiées, foient condamnés chacun à cinquante livres d'amende, & folidairement. Arrefts du Confeil en forme de Réglement, au profit de tous les Marchands de France, contre les Juges Royaux & Subalternes, au Rapport de Monfieur Amelot, du 9 Juin 1670, qui ordonne l'exécution defdits Edits & Déclarations, caffe & annulle des Sentences du Prefidial d'Angers, & Arrefts de la Cour de Parlement de Paris qui y avoient donné atteinte ; & en cas de contraventions aufdits Edits, Déclarations & Arrefts, le Roy s'en réferve & à fon Confeil la connoiffance, l'interdit à tous autres Juges. Ordonnance des Sieurs Juge-Confuls de la Jurifdiction Confulaire de Paris, du 17 Mars dernier. Vû auffi plufieurs Exploits donnés pardevant les Juges ordinaires, fignification de Requêtes portant défenfes de paffer outre à la vente des meubles exécutés & faifis en vertu de nos Sentences, & plufieurs Jugemens rendus par des Juges Royaux & Subalternes qui ont connu des diférends d'entre Marchands & pour fait de Marchandife, & condamné par corps au préjudice des renvois qu'on leur a demandé, & des Inftances pendantes pardevant Nous. NOUS faifant droit fur lefdites plaintes, en confequence des fufdits Edits, Déclarations du Roy, Arrefts du Confeil ci-deffus énoncés, de l'article 15 du Titre XII. de l'Ordonnance de 1673, & de l'Arreft de Reglement du Confeil de l'année 1670, dont les Extraits, tant dudit Arreft que de l'article 15 de l'Ordonnance de 1673, feront tranfcrits au bas des Préfentes. Faifons défenfes à tous Marchands négocians tant en gros qu'en détail, Banquiers & Artifans, & autres nos Jufticiables pour fait de Commerce, Lettres de Changes, Billets, Promeffes verbales ou par écrit, Obligations faites entre-eux, circonftances & dépendances, de fe pourvoir ailleurs que pardevant Nous, à peine de nullité, caffation de procedures, & à tous Huiffiers

& Sergens de donner affignations pour lefdits faits en révocation de celles données pardevant Nous, de fignifier aucunes oppofitions à l'exécution de nos Sentences, ni aucunes défenfes pour empêcher la vente des meubles exécutés ou faifis en vertu de nos Sentences, fi elles n'ont été obtenues de Nous ; & à toutes Parties & Procureurs de les obtenir d'autres Juges, fur les peines dudit article 15 du Titre XII. de l'Ordonnance de 1673. Et afin que notre prefent Jugement foit notoire, fera lû & publié notre Audience tenant, & affiché où befoin fera, fignifié aux Gardes & Syndics de tous les Marchands, Jurés des Commmunautés des Artifans de cette Ville, & aux Syndics des Communautés des Procureurs des Jurifdictions Royales & Subalternes, & autres qu'il appartiendra ; & feront ces Prefentes exécutées nonobftant oppofitions ou appellations quelconques, & fans préjudice d'icelles, attendu qu'il s'agit d'exécution d'Edits, Déclarations & Arrefts du Confeil. Donné & fait en la Chambre du Confeil de la Jurifdiction Confulaire des Marchands établis par le Roy à Poitiers, le 13 May 1698. *Signé*, FOURNIER, FLEURIAU, BIRONVET & PELLEVRAULT.

EXTRAIT tiré de *l'Ordonnance de Sa Majefté du mois de Mars* 1673, *concernant la Jurifdiction Confulaire.*

ARTICLE 15 DU TITRE XII.

DEclarons nulles toutes Ordonnances, Commiffions, Mandemens pour faire affigner, & les affignations données en confequence pardevant nos Juges & ceux des Seigneurs, en révocation de celles qui auront été données pardevant les Juges & Confuls : Défendons à peine de nullité, de caffer ou furceoir les procedures & les pourfuites en exécution de leurs Sentences, ni faire défenfes de proceder pardevant eux : Voulons qu'en vertu de notre préfente Ordonnance elles foient executées, & que les Parties qui auront préfenté leurs Requêtes pour faire caffer, révoquer, furceoir ou défendre l'exécution de leurs Jugemens, les Procureurs qui les auront signées, & les Huissiers ou Sergens qui les auront signifiées, soient condamnées chacun en cinquante livres d'amende, moitié au profit de la Partie, & moitié au profit des Pauvres, qui ne pourront être remises ni modérées; au payement desquelles la Partie, les Procureurs & les Sergens seront contraints solidairement.

ARREST DU CONSEIL PRIVE' DU ROY, portant Reglement général au profit des Juge & Consuls du Royaume, contre les Officiers des Siéges Royaux, hauts-Justiciers, Subalternes & autres.

Extrait des Regiftres du Confeil Privé du Roy.

ENtre les Juge & Confuls des Marchands de la Province d'Anjou, établis en la Ville d'Angers, Demandeurs en Requête inferée en l'Arreft du Confeil d'Etat intervenu fur icelle le 22 Juin 1669, d'une part: & Maiftre Gilles de Farcy Juge ordinaire, General, Civil & Criminel au Comté de Laval, & Maire perpetuel de ladite Ville, tant pour lui que pour les autres Officiers dudit Comté; les Echevins, Habitans & Communauté des Marchands de ladite Ville; Meffire Henry Duc de la Tremoille & de Thouars, Pair de France, Prince de Talmont & Comte dudit Laval; les Maire & Echevins d'Angers, Serené le Page Huiffier demeurant audit Angers; & Barbe Raguindeau veuve de François le Meffe, vivant Marchand demeurant audit Angers, Défendeurs d'autre. Et entre lefdits de Farcy efdits noms, Echevins & Habitans de ladite Ville de Laval, & fieur Duc de la Tremoille, Demandeurs en Requêtes verbales inferées au Procès verbal du fieur Bignon Maître des Requêtes, lors Commiffaire à ce député, du 20 Novenbre audit an 1669, d'une autre part: & lefdits Juge & Confuls d'Angers Défendeurs d'autre. Et encore lefdits de Farcy, Echevins, & Procureur Syndic des Habitans de ladite Ville de Laval, Demandeurs en autres

9 Juin 1670.

V

Requêtes verbales contenues au Procès verbal dudit sieur Bignon, du 11 Février 1670, d'une autre part; & lesdits le Page, Maire & Echevins d'Angers, Défendeurs d'autre. Et entre lesdits Raguindeau, Maire & Echevins d'Angers, & le Page, Demandeurs en Requêtes verbales contenues au Procès verbal du sieur Amelot de Chaillou Commissaire à ce député, du 21 Mars 1670, d'une autre part; & lesdits de Farcy & autres Officiers dudit Comté de Laval, Défendeurs ausdites Requêtes verbales. Et encore lesdits sieur Duc de la Tremoille, Echevins & Communauté des Marchands dudit Laval, Défendeurs à celle desdits Maire & Echevins d'Angers, d'autre. Et lesdits de Farcy èsdits noms, Echevins & Procureur Syndic des Habitans de Laval, Demandeurs en autre Requête verbale contenue audit Procès verbal du 22 Mars, d'une autre part : & lesdits Juge & Consuls, Maire & Echevins d'Angers, Raguindeau & le Page, Défendeurs d'autre. Et encore les Prieur & Juge-Consuls des Marchands de la Ville de Rouen, les Juge & Consuls de la Bourse de la Ville de Bourdeaux, les Juge & Consuls des Villes de Poitiers, Bourges, Chartres, Reims, Sens, Auxerre, Châtellerault, Nantes, Saint-Malo, Bayonne & Carcassonne, reçûs Parties intervenantes en l'Instance, suivant les Requêtes par eux présentées au Conseil les 6 Mars, 8, 17 Avril 1720, d'autre part, sans que les qualités puissent nuire ni préjudicier aux Parties. Vû au Conseil d'Etat du Roy, &c. & tout ce que par lesdites Parties a été mis & produit pardevers ledit sieur Amelot de Chaillou Commissaire à ce député; Ouy son Rapport, après en avoir communiqué au Sieur Pussort Conseiller d'Etat, aussi Commissaire à ce député; Et tout consideré. LE ROY EN SON CONSEIL, faisant droit sur le tout, ayant aucunement égard aux interventions desdits Juge-Consuls, & interprétant les Déclarations des 28 Avril 1665, & 6 Février 1566, a maintenu & gardé, maintient & garde lesdits Juge-Consuls dans la connoissance des Causes de Marchandise vendue ou achetée, ou promise livrer, ou payement pour icelle destiné à faire dans les Villes de leur établissement par les Marchands en gros & en détail, tant Habitans desdites Villes, qu'autres Jurisdictions Royales, & des hauts-Justiciers, & autres Jurisdictions Subalternes & Ressorts du Royaume, & ès Pays où le Trafic est permis, par Cédules, Obligations, Promesses par écrit ou verbales. Fait Sa Majesté très-expresses inhibitions & défenses à tous Officiers Royaux, hauts-Justiciers & Subalternes, d'empêcher directement ni indirectement l'exécution des Jugemens desdits Juge & Consuls, ni de prononcer aucune condamnation d'amende contre les Parties & Sergens qui les auront mis à exécution, à peine de répondre en leur propre & privé nom des dettes, dommages & interêts desdites Parties. Enjoint Sa Majesté à tous Huissiers & Sergens de mettre les Sentences & Jugemens desdits Juge-Consuls à exécution, sans demander Placet, Visa ni Paréatis, à peine d'interdiction de leurs Charges. Et en consequence seront les Sentences desdits Juge & Consuls d'Angers des 16 & 23 Septembre 1649 executées selon leur forme & teneur, & ce nonobstant & sans s'arrêter en ce aux Arrests du Parlement de Paris, des 24 Mars 1662, 16 Juillet 1668, & Sentence desdits Officiers de Laval du 16 Novembre 1658: ce faisant, sera l'amende de cinquante livres prononcée par ladite Sentence, rendue & restituée audit le Page par Boulleau Receveur du Comté de Laval, ou ses heritiers, à ce faire contraints par les mêmes voyes. Fait Sa Majesté pleine & entiere main-levée ausdits Juge & Consuls d'Angers des saisies réelles, & autres sur eux faites en vertu desdits Arrests & & exécutoires de dépens du Parlement, lesquels Arrests seront au surplus exécutés. Et en cas de contravention au present Arrest, Sa Majesté s'en est réservé à soy & à sondit Conseil la connoissance, & icelle interdite à toutes ses autres Cours & Juges. Et sera le present Arrest publié & enregistré partout où besoin sera. Fait au Conseil Privé du Roy tenu à Paris le neuviéme jour de Juin 1670.

*L*E present Reglement extrait de l'Ordonnance de Sa Majesté, *& Arrest de Reglement du Conseil, ont été par moy Greffier de Messieurs les Juge & Consuls, soussigné, de l'Ordonnance de mesdits Sieurs lûs & publiés leur Audience tenant, pour être exécutés selon leur forme & teneur, ce jourd'huy cinquiéme jour d'Aoust 1698.* Signé, *BRAULT, Greffier.*

Suit l'Ordonnance des Juge & Confuls des Marchands de Paris.

17 Mars 1698.

LEs Juge-Confuls des Marchands établis par le Roy notre Sire à Paris : A tous ceux qui ces prefentes Lettres verront, Salut. Sçavoir faifons que fur les plaintes à Nous faites par plufieurs notables Marchands, Banquiers & Artifans, & autres nos Jufticiables, de ce qu'au préjudice des affignations qu'ils font donner devant Nous à leurs debiteurs, pour la condamnation des fommes à eux dûes pour fait de Commerce, circonftances & dépendances, ils font traduits au Châtelet ou pardevant autres Juges, en revendication d'affignation, même en nullité & caffation de nos Sentences, où l'on furprend des Ordonnances & Sentences portant défenfes d'exécuter les Sentences par Nous rendues, avec condamnation d'amende contre ceux qui fe font pourvûs pardevant Nous : Comme auffi que pour l'exécution de nos Sentences, oppofitions à icelles, faifies faites de deniers, marchandifes, effets & meubles en exécution d'icelles, oppofitions à la délivrance des deniers qui pouvoient avoir été confignés en confequence, & pour proceder à la taxe de dépens, & autres chofes concernant l'exécution de nos Sentence, dont la connoiffance Nous appartient privativement à tous autres Juges, les Huiffiers à cheval, Sergens à verge au Chaftelet de Paris, & autres Huiffiers, par une affectation & pour les faire confommer en frais, donnoient les affignations au Châtelet, ou pardevant autres Juges, ce qui leur caufoit un préjudice notable : requeroient être fur ce par Nous pourvû. Vû par Nous les Edit de notre création & établiffement de l'année 1563, Déclaration du Roy de 1565 en interprétation dudit Edit, autre Déclaration de 1611, Ordonnance de Sa Majefté du mois de Mars 1673, fervant de Reglement pour le Commerce ; plufieurs Arrefts de Noffeigneurs de Parlement rendus en confequence : Vû auffi plufieurs affignations données au Châtelet & pardevant autres Juges, en révocation de celles données pardevant Nous, &

les Sentences rendues fur lefdites affignations en révocation. NOUS faisant droit fur lefdites plaintes, avons en confequence defdits Edit, Déclarations du Roy, Arrefts de Nofseigneurs de Parlement, & Ordonnance de Sa Majefté du mois de Mars 1673, Article 15 du Titre XXII. dont l'extrait dudit Article fera tranfcrit en fin des Préfentes, fait & faifons défenfes à tous Marchands négocians tant en gros qu'en détail, Banquiers, & à tous autres Artifans & autres nos Jufticiables pour fait de Commerce, Lettres de Change, Billets, Promeffes & Obligations faites entre-eux, circonftances & dépendances, de fe pourvoir en premiere inftance ailleurs que pardevant Nous: Et à tous Huiffiers & Sergens de donner les affignations tant pour ledit fait, qu'en exécution de nos Sentences, auffi ailleurs que pardevant Nous; de faire faire ni donner aucunes affignations en révocation de celles qui y feront données, foit au Châtelet, ou pardevant autres Juges, fous les peines portées par l'article 15 du Titre XXII. de l'Ordonnance de Sa Majefté du mois de Mars 1673. Et afin que le prefent foit notoire à tous, fera lû & publié notre Audience tenant, & affiché où befoin fera, & fignifié aux Maîtres & Gardes des fix Corps des Marchands, aux Jurés des Corps, Arts & Métiers de cette Ville, aux Maîtres des Communautés des Procureurs, tant de la Cour de Parlement, du Châtelet, Prevôté de l'Hôtel, & des autres Juftices, & aux Maîtres des Communautés des Huiffiers Prifeurs, des Huiffiers à cheval, & Sergens à verge au Châtelet, & autres à qui il appartiendra: Et feront ces Prefentes exécutées nonobftant oppofitions ou appellations quelconques, & fans préjudice d'icelles, pour lefquelles ne fera différé. Donné à Paris le dix-feptiéme jour de Mars 1698. *Signé*, GUILLEBON, BOULDUC, ALEXANDRE, BELLAVOINE, & MARCHANT.

ARREST DU CONSEIL PRIVE' DU ROY, *donné sur la Requête présentée par les Communautés des Marchands des Villes de Poitiers & Nyort: Par lequel le Roy en son Conseil, sans avoir égard aux Ordonnances des Présidiaux, leur a fait inhibitions & défenses, conformément aux Lettres Patentes de Sa Majesté du 22 Février 1599, de troubler ni empêcher lesdits Juge & Consuls en l'exercice de leurs Charges, & mettre au néant leurs Sentences, & autres défenses & injonctions portées par lesdites Lettres Patentes.*

13 Juin 1611.

SUr la Requête présentée par la Communauté des Marchands de Poitou ès Villes de Poitiers & Nyort, tendante à ce que sans avoir égard aux défenses faites par les Présidiaux de Poitiers du 30 Janvier dernier, il soit dit que les Juge-Consuls dudit Poitiers soient maintenus en leur Jurisdiction, suivant les Edits de Sa Majesté, & conformément aux Arrests du Parlement de Paris; & ce faisant, que les Parties adjournées pardevant lesdits Consuls, y comparoîtront pour décliner la Jurisdiction si la matiere y est sujette: & en cas d'appel d'incompétence ou autrement, les Parties se pourvoiront au Parlement suivant les Edits, & non pardevant le Présidial de Poitou ou autres Juges: & enjoint à tous Huissiers & Sergens de faire les adjournemens pardevant lesdits Juge-Consuls dudit Poitiers & Nyort, & mettre à exécution leurs Sentences, nonobstant toutes défenses qui leur pourroient être faites par lesd. Juges de Poitiers & autres. Vû par le Roy en son Conseil l'Edit de Sa Majesté sur l'érection d'un Juge & trois Consuls des Marchands en ladite Ville de Poitiers, du mois de May 1566: Arrests du Parlement de Paris des 7 Mars 1603 & 6 May 1608: Lettres de confirmation du Reglement de la Jurisdiction desdits Juge-Consuls du 21 Février 1599. autre Arrest dudit Parlement du 9 May 1610: Jugement desdits Présidiaux sur les plaintes de plusieurs Particuliers, par lesquels auroit été fait défenses d'assigner les Parties pardevant lesdits Consuls, & exécuter leurs Jugemens, des 5 Mars 1607, 9 & 10 Decembre 1608, 28 Decembre 1609, 28 Avril, 28 May & 17 Septembre 1610, 29 Janvier, 3, 14 & 18 Février, & 18 Mars 1611 : ladite Ordonnance du 29 Janvier dernier. LE ROY EN SON CONSEIL, sans avoir égard aux Ordonnances desdits Présidiaux, leur a fait inhibitions & défenses, conformément aux Lettres Patentes de Sa Majesté du 22 Février 1599, & Arrests de ladite Cour des 7 Mars 1603, 6 May 1608, & 10 Mars 1610, de troubler ni empêcher lesdits Juge & Consuls en l'exercice de leurs Charges, mettre au néant leurs Sentences, ni assigner les Parties pardevant eux, au préjudice des assignations & Procès pendant pardevant lesdits Juge-Consuls; sauf aux Parties assignées décliner leur Jurisdiction, si la nature y est sujette; & en cas d'appel d'incompétence ou autrement, se pourvoir par appel audit Parlement, non pardevant lesdits Présidiaux & autres Juges, conformément à l'Edit de leur création : auquel & ausdits Arrests défenses sont faites ausdits Presidiaux d'y contrevenir. Enjoint Sa Majesté à tous Huissiers & Sergens faire tous Exploits qui leur seront baillés à faire pour assigner pardevant lesdits Juge-Consuls, mettre leurs Sentences, Jugemens & Commissions, & tout ce qui aura par eux été jugé, à dûe & entiere exécution, nonobstant les défenses desdits Présidiaux, & sur les peines portées par l'Edit de la création desdits Juge-Consuls. Fait au Conseil Privé du Roy tenu à Fontainebleau le treiziéme Juin 1611. *Signé*, BOUER. *Et scellé de cire jaune.*

LOUIS par la grace de Dieu Roy de France & de Navarre : A nôtre Huissier ou Sergent sur ce premier requis. Nous te mandons & commandons que l'Arrest de notre Conseil cy-attaché sous notre contre-scel, ce jourd'huy donné sur la requête à Nous présentée par la Communauté des Marchands de notre Pays de Poitou ès Villes de Poitiers & Nyort, tu signifies au Présidiaux èsdits lieux, Sergens, & tous autres que besoin sera, à ce qu'ils n'en prétendent cause d'ignorance, & ayent à y obéir, leur faisant de par Nous très-expresses inhibitions & défenses d'y contrevenir, ni attenter aucune chose au préjudice d'icelles, à peine de tous dépens, dommages & interêts, & autres peines portées par nos Edits & Ordonnances. De ce faire & tous autres actes requis & nécessaires pour l'exécution de notredit Arrest, te donnons plein pouvoir, sans que tu sois obligé à demander aucun Congé ne Paréatis. Car tel est notre plaisir. Donné à Fontainebleau le treiziéme jour de Juin l'an de grace 1611, & de notre Regne le deuxiéme. *Signé*, Par le Roy en son Conseil, BOUER. *Et scellé de cire jaune sur simple queue.*

IL est ordonné, ce requerant le Procureur Syndic de la Communauté des Marchands de cette Ville de Poitiers, que l'Arrest & Commission donnée au Conseil Privé du Roy, contre les Présidiaux & autres Juges du Pays de Poitou, seront lûs & registrés au Greffe de la Cour de Céans, pour y avoir recours si & quand besoin sera ; & qu'à la diligence dudit Procureur Syndc, iceux seront signifiés tant ausdits Juges Présidiaux, que tous autres qu'il appartiendra : & outre seront lûs & publiés à son de trompe & cri public, & affichés par tous les cantons & lieux de cette Ville accoutumés à faire publications & affiches, à ce qu'aucun n'en prétende cause d'ignorance, Donné & fait en la Cour des Juge & Consuls des Marchands établis par le Roy notre Sire à Poitiers, tenue audit lieu le vingt-sixiéme jour de Iuillet 1611. Signé, HILLAGRRETTE, *Greffier.*

DECLARATION du Roy, obtenue par les Juge-Consuls des Marchands, portant la connoissance & pouvoir de leurs Jurisdictions, en interprétation d'une autre Déclaration du mois d'Octobre 1610.

14 Octobre 1611.

LOUIS par la grace de Dieu Roy de France & de Navarre : A tous ceux qui ces Présentes verront, Salut. Par nos Lettres de Déclaration du deuxiéme jour d'Octobre 1610, données sur la Jurisdiction & connoissance des Juge-Consuls de cettuy notre Royaume, Nous les avons restraints

pour

de connoître seulement des différends entre Marchands & pour fait de Marchandise, & fait défenses de prendre Jurisdiction des Procès & differends pour Promesses, Cédules & Obligations en deniers de pur prêt, qui ne seroient causées pour vente & délivrance de Marchandise, de loyers de Maisons, Fermes, locations, moisson de grains, vente de bleds & autres denrées faites par Bourgeois, Laboureurs & Vignerons étant de leur crû & retenu, salaires, ou Marchés par Massons, Charpentiers, & autres Ouvriers mercénaires; ains ordonner aux Parties de se pourvoir pardevant leurs Juges, hors qu'ils ne demandent leur renvoy, à peine de nullité des Jugemens qui interviendront, dépens, dommages & interêts, pour lesquels, en cas de contravention, ils pourroient être pris à partie. Surquoy lesdits Juge & Consuls, & les Corps & Communautés des Marchands, tant de notre bonne Ville de Paris, que des Villes de Poitiers, Nyort & Orleans, Nous ont fait remontrer que nosdites Lettres de Déclaration étoient contraires à l'Edit de création & établissement desdits Juge & Consuls, Déclarations & Arrests, tant de notre Conseil que Cour de Parlement, & que d'ailleurs si ladite Déclaration avoit lieu, elle anéantiroit les Jurisdictions desdits Juge & Consuls, lesquels maintiennent le Trafic & Commerce entre notre Peuple, qui reçoit les profits & utilités de cette briéve & gratuite Justice, joint que pour la crainte d'être pris à partie, aucun ne voudroit à l'avenir accepter lesdites Charges; Nous suppliant qu'en interprétant nosdites Lettres de Déclaration, il Nous plût ordonner que lesdites Jurisdictions Consulaires seront exercées en la forme portée par nos Edits, Déclarations & Arrests précedens. NOUS, à ces causes, après avoir fait voir en notre Conseil les Edits, Déclarations & Arrests representés par les Juge & Consuls, de l'avis d'icelui, avons en interprétant nosdites Lettres de Déclaration du deuxiéme jour d'Octobre 1610, dit, déclaré & ordonné, disons, délarons & ordonnons que lesdits Juge & Consuls connoîtront des causes & différends entre Marchands, suivant nos Edits & Déclarations, même pour argent prêté & baillé à recouvrer l'un à d'autre par Obligations, Cédules, Missives & Lettres de

X

Change pour cause de Marchandise seulement; & ne pourront être pris à partie sinon ès cas de nos Ordonnances, faisant inhibitions & défenses au Prevôt de Paris, Baillifs, Senéchaux & tous autres Juges d'entreprendre sur la Jurisdiction desdits Juge & Consuls, ni connoître des causes qui leur sont attribuées par nos Ordonnances, faire surceoir ou empêcher l'exécution de leurs Jugemens, ni d'élargir aucuns Prisonniers, à peine de nullité des Jugemens & procedures, & à tous Huissiers & Sergens faire aucuns Exploits, & assignations pardevant lesdits Juges ordinaires en exécution des Sentences desdits Juge-Consuls, sur peine de tous dépens, dommages & interêts, & d'amende arbitraire; ains leur enjoignons de faire tous Exploits & assignations, & mettre à exécution les Commissions, Mandemens & Sentences desdits Juge & Consuls, nonobstant les défenses desdits Juges ordinaires, sur les mêmes peines que dessus. Si donnons en mandement à nos amés & féaux Conseillers les Gens tenans notre Cour de Parlement à Paris, que ces présentes nos Lettres de Déclaration ils fassent lire, publier & enregistrer, & le contenu garder & observer, sans permettre qu'il y soit contrevenu. Et pource que de cesdites Presentes on pourra avoir affaire en plusieurs & divers lieux, Nous voulons qu'aux *Vidimus* ou copies d'icelles collationnées par l'un de nos amés & féaux Notaires & Secretaires, foy soit ajoûtée comme à l'Original. Car tel est notre plaisir. En témoin dequoy Nous avons fait mettre notre Scel à ces Présentes. Donné à Paris le quatorziéme jour d'Octobre l'an de grace 1611, & de notre Regne le deuxiéme. *Ainsi signé sur le reply*, Par le Roy en son Conseil, FLEGELLES. *Et scellées sur double queue de cire jaune.* Collationné. Signé, *LAMY*.

Registré, ouy le Procureur General du Roy, pour jouir par les Impétrans du contenu en icelles selon leur forme & teneur. Donné en Parlement le seizième jour de Janvier 1612. Signé, DU TILLET.

EXTRAIT DES REGISTRES
de Parlement.

LOUIS par la grace de Dieu Roy de France & de Navarre: Sçavoir faisons que vû par notre Cour de Parlement la Requête à elle présentée par les Juge-Consuls de la Ville de Poitiers, à ce que pour les causes y contenues, ils fussent reçûs Appellans tant comme de Juges incompétens qu'autrement, de la Sentence rendue par le Lieutenant Général de la Senéchaussée de Poitou le 28 Avril dernier, par laquelle sur les remontrances du Procureur du Roy audit Siége, auroit été ordonné que les Procureurs dudit Siége iroient alternativement en la Jurisdiction des Supplians, & là pour ledit Procureur du Roy demanderoient l'obéissance & renvoy des Causes qui ne sont de leur compétence; & en cas de refus dudit renvoy, il y seroit pourvû par ledit Procureur du Roy, sur le rapport qui lui seroit fait par les Procureurs dudit Siége qui se seroient trouvés en ladite Jurisdiction des Supplians, & demandé ledit renvoy: fait défenses à tous Huissiers, Sergens & Archers de donner aucunes assignations pardevant lesdits Supplians en matieres qui ne sont de leur compétence, ni de donner la qualité de Marchand à ceux & celles qui ne le sont, à peine de cinquante livres d'amende, au payement de laquelle somme ils seront contraints & par corps; & ordonné que ladite Sentence seroit lûe & publiée à son de trompe par les Cantons & Carrefours, & lieux accoutumés, & affichée partout où besoin seroit, & envoyée à la diligence du Greffier dans les Enclaves & anciens Ressorts d'icelle, pour y être pareillement lûe & publiée, ensemble aux Prônes des Messes Paroissiales de l'étendue de la Province, dont les Procureurs Fiscaux seroient tenus certifier notre Procureur au mois; ce qui seroit exécuté nonobstant oppositions ou appellations quelconques, & sans préjudice d'icelles: Les tenir pour bien relevés, leur permettre de faire intimer qui bon leur semblera sur ledit appel, & ce-

5 Juin 1676.

X ij

pendant faire défenses de mettre ladite Sentence à exécution, à peine de mille liv. d'amende, & de tous dépens, dommages & interêts. Vû aussi les pièces attachées à ladite Requête, signées *Besnard Procureur*, Conclusions de notre Procureur General : Ouy le Rapport de Maistre Pierre Gilbert Conseiller : Et tout consideré. NOTREDITE COUR a reçu les Supplians Appellans tant comme de Juges incompétens qu'autrement, tenus pour bien relevés ; permis de faire intimer qui bon leur semblera : Ordonne que sur l'appel les Parties auront Audience au premier jour ; & cependant fait défenses de mettre ladite Sentence à exécution jusqu'à ce qu'autrement par la Cour en ait été ordonné, à peine de mille livres d'amende, & de tous dépens, dommages & interêts. Mandons au premier notre Huissier ou Sergent mettre en exécution le present Arrest. Donné en Parlement le 5e Juin 1676, & de notre Regne le trente-quatre. Par la Chambre, Signé, JACQUES, *Et scellé de cire jaune.*

LE vingt-troisiéme Janvier 1677, à la requête des Juge & Consuls des Marchands de cette Ville de Poitiers, lesquels ont élû pour domicile la maison en laquelle ils exercent leur Jurisdiction en cette Ville, & d'abondant dans celle de Paris la demeure de Maistre François Besnard Procureur en Parlememt, qu'ils ont constitué pour leur Procureur en Parlement ; j'ay à Monsieur Maistre Iean Dérazes Seigneur de Verneuil, Conseiller du Roy, Lieutenant General en la Senéchaussée de Poitou, demeurant audit Poitiers, au domicile de Maistre Iean Bouzier son Greffier, Messieurs les Gens tenans la Cour ordinaire & Presidial dudit Poitiers au domicile de Maistre Berthonneau leur Greffier ; & à Maistre Ulpian Chevalier, ancien Syndic des Procureurs dudit Poitiers, y demeurans, à chacun séparément : signifié & dûement fait à sçavoir l'Arrest de Nosseigneurs de la Cour de Parlement du 5 Juin 1676, obtenu par lesdits Sieurs Juge & Consuls, ci-attaché, par la Chambre signé Jacques, *& scellé de cire jaune ; & d'icelui leur ai délaissé copie aux fins que de raison, & qu'ils n'en ignorent : & outre leur ay fait les défenses portées par ledit Arrest, sur les peines y contenues. Fait par moy Huissier soussigné & immatriculé audit Poitiers, en parlant aux Clercs desdits Sieurs Bouzier, Berthonneau & Chevalier, avec injonction de le faire sçavoir à mesdits Sieurs les Pre-*

fidiaux & Lieutenant Général, & au Corps & Communauté des Procureurs du Préfidial dudit Poitiers. Signé, OLIVIER, Huiffier.

Contrôlé à Poitiers le 23 Janvier 1677. R. 6. F. 9. Signé, CYTOIS.

EXTRAIT DES REGISTRES
de Parlement.

Entre les Juge-Confuls de la Ville de Poitiers, Demandeurs en Requête du 18 Aouft 1679, & Défendeurs, d'une part ; & Maiftre Marc Jarno Subftitut du Procureur General de Poitiers, Défendeur & Demandeur en Requête du 30 dudit mois d'Aouft, d'autre part.

24 Novembre 1679.

Vû par la Cour la Requête defdits Juge-Confuls de Poitiers du 18 Aouft 1676, à ce qu'ils fuffent reçûs Oppofans à l'exécution de l'Arreft du 30 Juin audit an, à l'égard des défenfes y contenues, faifant droit fur l'oppofition, leur faire main-levée defdites défenfes, ordonner que l'Arreft obtenu le 5 Juin 1676, feroit exécuté, & condamné ledit Jarno aux dépens. Arreft d'appointé à mettre ès mains de Maiftre Jean Scaron Confeiller, le 19 dudit mois d'Aouft. Défenfes fournies par ledit Jarno contre ladite Requête le 29 du même mois. Répliques defdits Juge Confuls du 31 dudit mois. Addition de défenfes & réponfes dudit Jarno, du premier Septembre audit an. Répliques defdits Juge-Confuls du 4 dudit mois de Septembre, & Requête par eux employée pour écritures & production, du 26 dudit mois d'Aouft. Production dudit Jarno, & fa Requête dudit jour 30 Aouft, à ce qu'il fût reçû oppofant à l'exécution dudit Arreft du 5 Juin 1676, faifant droit fur fon oppofition, lever les défenfes portées par icelui, & en déboutant lefdits Juge-Confuls de leur demande afin d'oppofition par requête du 18 dudit mois d'Aouft, ordonner que l'Arreft dudit jour 30 Juin 1676 feroit exécuté, & condamné lefdits Juge-Confuls en tous les dépens. Arreft d'appointé à mettre ès mains dudit fieur Scaron

X iij

Conseiller ; & joint, dudit mois d'Aoust. Requête dudit Jarno du 2 Septembre 1679, employée pour écriture & production. Requête desdits Juge-Consuls du 4 dudit mois de Septembre, employée pour défenses, écriture & production. Requête dudit Jarno du 6 du même mois, employée pour réponse ; & Requête desdits Juge-Consuls des 7 du mois de Septembre & 22 du présent mois de Novembre, aussi employée pour réponses & contredits contre les productions dudit Jarno: Conclusions du Procureur General du Roy ; Tout consideré. LA COUR a joint & joint lesdites Requêtes respectives des Parties à l'appel, & la demande en Reglement pendante en icelle entre-elles, pour en jugeant y faire droit ainsi que de raison ; & cependant sans préjudice de leurs droits au principal, permis aux Huissiers & Sergens de donner les assignations à la maniere accoutumée, sauf aux Parties à décliner, s'il y échet, dépens réservés. Fait en Parlement le 24 Novembre 1679.

» ¶ Il y a une infinité d'autres Déclarations de Sa Majesté,
» Arrests du Conseil & du Parlement rendus en divers tems
» sur ce même sujet, & tous au profit des Juge-Consuls,
» comme la Déclaration de Sa Majesté en interprétation de
» l'Edit de création, donnée à Bourdeaux le 28 Avril 1665 ;
» un Arrest du Parlement entre les Juge & Consuls d'Angers,
» & les Présidiaux de Château-Gontier, du 5 Aoust 1651 ; un
» autre au profit desdits Juge-Consuls d'Abbeville, contre le
» Lieutenant General de Ponthieu, par lequel il est expressé-
» ment défendu audit Lieutenant General de prendre con-
» noissance des Causes de la compétence desdits Juge-Con-
» suls, & à eux attribuées par les Edits & Déclarations de Sa
» Majesté & Arrests de son Conseil, ledit Arrest du Parlement
» en datte du 30 Janvier 1652 ; un autre rendu au profit des
» Juge-Consuls de Troyes, contre le Baillif de Ricey, du 4
» Décembre 1656 ; un autre au profit des Juge-Consuls de
» Soissons contre le Présidial de ladite Ville, du 16 Mars 1658 ;
» un autre au profit des Juge & Consuls de Troyes contre le
» Présidial de la même Ville, du dix Juin 1666 ; un autre au
» profit des Juge & Consuls contre le Présidial d'Orleans, du
» 29 Aoust 1696.

»Outre ceux-là, il y en a encore une infinité d'autres au
»profit desdits Juge & Consuls contre divers Particuliers : le
»tout extrait du Recueil contenant l'Edit de Création des
»Juge-Consuls de Paris, & les Déclarations donnés en con-
»sequence, imprimé à Paris chez Robert Ballard en 1668.

EXTRAIT DES REGISTRES
de Parlement.

LOUIS par la grace de Dieu Roy de France & de Navarre : Au premier notre Huissier ou Sergent sur ce requis. Vû par la Cour la Requête à elle presentée par les
Juge-Consuls des Marchands de la Ville de Poitiers, à ce
que pour les causes y contenues il plût à ladite Cour de les
recevoir Appellans en adhérant, tant comme de Juges incompétens qu'autrement, de deux Sentences rendues en la
Senéchaussée dudit Poitiers les 9 & 24 Juillet dernier : par la
premiere desquelles le Substitut audit Siége a fait évoquer
une assignation donnée devant lesdits Supplians, avec défenses aux Parties de proceder ailleurs que pardevant eux, sous
des peines ; & par la seconde que Jean Mariteau seroit assigné
devant eux pour avoir donné des assignations : Les tenir pour
bien relevés, audiancer au premier jour, cependant défenses
de les mettre à exécution ; que l'Arrest contradictoire du 24
Novembre 1679 sera executé, ce faisant que les Huissiers &
Sergens donneront les assignations en la maniere accoutumée, sauf aux Parties à décliner : ordonner Commission leur
être délivrée pour faire informer du contenu au Procès verbal
qu'ils ont fait le 29 dudit mois de Juillet, de ce ce qu'ils ont
été troublés & empêchés de rendre la justice. Vû aussi les
Piéces attachées à ladite Requête signée *Besnard Procureur*:
Conclusions du Procureur General du Roy : Ouy le Rapport
de Maistre François le Boult Conseiller : Tout consideré.
LADITE COUR reçoit les Supplians Appellans, tenus pour bien relevés, leur permet d'intimer sur ledit appel,
& assigner aux fins de leur Requête qui bon leur semblera,

7 Aoust
1698.

ordonne que ſur le tout les Parties auront Audience au premier jour ; cependant ſera ledit Arreſt contradictoire du 24 Novembre 1679 exécuté ſelon ſa forme & teneur, & conformément à icelui, ſans préjudice des droits des Parties au principal ; permet aux Huiſſiers & Sergens de donner les aſſignations en la maniere ordinaire, ſauf aux Parties à décliner s'il y échet, & en conſequence fait défenſes d'exécuter leſdites Sentences, paſſer outre, & faire pourſuite ailleurs qu'en la Cour, juſqu'à ce qu'autrement par Elle en ait été ordonné, à peine de nullité, mille livres d'amende, dépens, dommages & intereſts : Mandons mettre le préſent Arreſt à exécution. De ce faire te donnons pouvoir. Donné en Parlement le ſeptiéme jour d'Aouſt l'an de grace 1698, & de notre Regne le cinquante-ſixiéme. Collationné. *Signé*, Par la Chambre, BERTHELOT. *Et ſcellé le 9 Aouſt 1698. Signé*, CARPOT.

LE quatorziéme Aouſt 1698, à la réquête du Corps & Communauté des Marchands de cette Ville de Poitiers, qui ont élû pour domicile le Greffe de la Cour Conſulaire dudit lieu, ſitué Paroiſſe de S. Dizier de cettedite Ville de Poitiers ; j'ay à Meſſieurs tenans la Cour ordinaire, & Préſidiale de cettedite Ville de Poitiers, & à Monſieur le Procureur du du Roy dudit Siége Préſidial, au domicile de Maiſtre Pelletier Greffier de ladite Cour ordinaire & Préſidiale de la Sénéchauſſée de Poitiers, ſitué en la Paroiſſe de Ste Opportune de cettedite Ville, ſignifié l'Arreſt de Noſſeigneurs de Parlement de Paris, obtenu par leſdits Marchands de cette Ville, en datte du 7 du préſent mois, ſcellé & ſigné par la Chambre Berthelot, duquel leur ay baillé & délaiſſé copie aux fins que de raiſon, & qu'ils n'en ignorent, & leur ay fait les défenſes y portées ſur les peines y contenues ; ſans préjudice auſdits Sieurs Marchands de pourſuivre par toutes voyes l'inſulte qui leur a été faite, & les contraventions que font journellement leſdits Sieurs de la Sénéchauſſée & Préſidiaux de cette Ville, ſur les réquiſitions de Monſieur le Procureur du Roy, aux Edit de création de leur Juriſdiction, Déclarations du Roy, Arreſts du Conſeil & du Parlement, & à l'Ordonnance de 1673. Fait par moy Archer & premier Huiſſier Audiencier en la Cour Royale de la Mairie & Echevinage de Poitiers, y demeurant, ſouſſigné, & reçû en ladite Cour Exploitant par tout le Royaume : délaiſſé autant dudit Arreſt & de mon préſent Procès verbal

bal audit Pelletier Greffier, parlant à un de ſes Clercs en ſon Greffe, avec injonction de le faire ſçavoir à meſdits ſieurs de la Cour ordinaire & Préſidial de cette Ville, & à mondit ſieur Procureur du Roy dudit Siége, ce qu'il m'a promis faire. Signé, DE LA MAZIERE.

Contrôlé à Poitiers le 15 Aouſt 1698. Signé, DELAUNAY.

ARREST DE LA COUR DE PARLEMENT, portant Reglement entre les Officiers du Châtelet & les Juge & Conſuls.

Fait en Parlement le 7 Aouſt 1698.

CE jour les Gens du Roy ſont entrés, & Maiſtre Henry-François Dagueſſeau Avocat dudit Seigneur Roy, portant la parole, ont dit: Que les obligations de leur miniſtere ne leur permettoient pas de demeurer plus long-tems dans le ſilence, ſur les conteſtations trop publiques que l'intereſt de la Juriſdiction a fait naître depuis quelque tems entre les Officiers du Châtelet & les Juge & Conſuls.

Que quelque ſoin que l'Ordonnance de 1673 ait pris de marquer des bornes juſtes & certaines entre la Juriſdiction des Juges ordinaires & celle des Juge & Conſuls, il faut avouer néanmoins qme l'affectation des Plaideurs a excité depuis long-tems une infinité de conflits, dans leſquels on s'eſt efforcé de confondre ce que l'Ordonnance & les Arreſts de Reglement de la Cour avoient ſi ſagement & ſi exactement diſtingué.

Que juſqu'à preſent ces conflits ſe paſſoient entre les Parties, les Juges ne paroiſſoient point y prendre aucune part, & quelques inconvéniens particuliers ne ſembloient pas demander un remede général. Mais qu'aujourd'hui les choſes ne ſont plus en cet état : on a vû afficher dans Paris, d'un côté une Ordonnance des Juge & Conſuls, de l'autre une Ordonnance du Prevôt de Paris, pour ſoûtenir les intereſts oppoſés de leur Juriſdiction, les Parties menacées de condamnations d'amende, incertaines ſur le choix du Tribunal où elles doivent porter leurs conteſtations, attendent avec

7 Aouſt 1698.

impatience que la Cour Superieure en lumieres comme en autorité, leur donne des Juges certains, & rende l'accès des Tribunaux inferieurs auſſi facile & auſſi ſûr qu'il paroît à preſent & difficile & douteux.

Que s'il s'agiſſoit de prononcer définitivement ſur l'appel des prétendus Réglemens, il ne ſeroit peut-être que trop aiſé de faire voir que l'un & l'autre renferment des nullités eſſentielles, & des défauts preſque également importans.

Que d'un côté quelque favorable que ſoit la Juridiction Conſulaire, elle ne peut pourtant s'attribuer l'autorité de faire des Réglemens : on n'y trouve ni un Office & un miniſtere public qui puiſſe les requerir, ni des Juges revêtus d'un caractere aſſez élevé pour pouvoir les ordonner, ni un territoire dans lequel ils puiſſent les faire exécuter.

Que d'ailleurs l'Ordonnance que les Juge & Conſuls ont fait publier, n'eſt qu'une ſimple & inutile répétition de l'Ordonnance de 1673, qui n'en contient que les termes ſans en avoir l'autorité.

Que d'un autre côté le Reglement contraire qui a été affiché en vertu d'une Ordonnance du Prevôt de Paris, paroît d'abord plus favorable, non ſeulement par les prérogatives éminentes qui diſtinguent ſa Juriſdiction de celle des Juge & Conſuls, mais encore parce que les Officiers du Châtelet trouvent leur excuſe dans la conduite des Juges qu'ils regardent comme leurs Parties : ils n'ont point à ſe reprocher comme eux, d'avoir fait éclater les premiers une diviſion & un combat de ſentiment, ſouvent contraire à l'honneur des Juges & toujours au bien public ; ils n'ont fait que défendre leur compétence, & ſoutenir leur Juriſdiction attaquée par l'Ordonnance des Juge & Conſuls.

Mais ſi la forme exterieure de cette derniere Ordonnance paroît plus réguliere que celle de la premiere, on eſt forcé néanmoins de reconnoître dans la ſubſtance même & dans la diſpoſition de ce Reglement, des défauts importans qui ne permettent pas que l'on en tolere l'exécution.

Que l'on y trouve d'abord cet expoſé injurieux aux Juge & Conſuls : (que les Marchands banqueroutiers, pour être favoriſés, & éviter la peine de mort prononcée par les Ordonnances pour le crime de banqueroute, s'adressent à leurs Confreres qui homologuent très facilement les Contrats faits avec des Créanciers supposés ;) comme s'il étoit permis à des Juges dans une Ordonnance publique, d'accuser d'autres Juges de connivence & presque de collusion avec les Criminels, pour étouffer la connoissance d'un crime, & le dérober à la vangeance publique.

Qu'on suppose ensuite dans cette Ordonnance que les Juge & Consuls n'ont point de Sceau, & qu'ils doivent emprunter celui du Châtelet, quoiqu'ils soient dans une possession immémoriale d'avoir un Sceau particulier, & que même dans ces derniers tems le Roy ait érigé en titre d'Office un Garde-Scel de la Jurisdiction Consulaire.

Qu'on y insinue que le Sceau du Châtelet peut lui attribuer jurisdiction, même en matiere Consulaire ; que l'homologation des Contrats passés entre un Debiteur & ses Créanciers, appartient indistinctemennt & dans tous les cas au Prevôt de Paris ; qu'il a droit de connoître de toutes les Lettres de Change entre toutes sortes de personnes, si ce n'est entre Négocians : & l'on y avance plusieurs autres propositions dont les unes paroissent directement contraires à la disposition des Ordonnances, & les autres ne peuvent être admises qu'avec distinction.

Mais ce qui leur paroît encore plus important, c'est que l'on s'éloigne dans ce Réglement de l'esprit & de la sage disposition de l'Ordonnance de 1673. Cette Loy a supposé que les Sergens & les autres Ministres inferieurs de la Justice étant tous de la dépendance des Juges ordinaires, il étoit inutile de leur faire des défenses rigoureuses de porter pardevant les Consuls, les Causes dont la connoissance appartient à la Justice ordinaire. On a crû au contraire que toujours attentifs à soutenir la Jurisdiction de leurs Superieurs, ils feroient plus capables de priver les Consuls de ce qui leur appartient, que de leur déferer ce qui ne leur appartient pas. C'est pour cela que si l'Ordonnance prononce des condamnations d'amende, & contre les Parties, & contre les Officiers qui leur auront prêté leur ministere, c'est uniquement contre ceux qui auront voulu dépouiller les Consuls

Y ij

d'une partie de leur Jurisdiction : cependant contre l'intention & les termes de l'Ordonnance, le nouveau Réglement du Châtelet impose des peines severes à ceux qui portent dans le Tribunal des Juge & Consuls, des Causes qui sont de la Jurisdiction ordinaire. La crainte de ces peines réduit souvent les Parties dans l'impossibilité de trouver des Sergens qui veuillent se charger de leurs assignations, & le moindre inconvénient auquel cette nouveauté puisse donner lieu, est le retardement de l'expédition, qui dans ces sortes de matieres encore plus que dans les autres, fait une partie si considérable de la Justice.

Qu'au milieu de tant de moyens par lesquels on pourroit combattre ces deux Ordonnances contraires, ils voyent avec plaisir que les Officiers de l'une & de l'autre Jurisdiction n'en ont point interjetté d'apellations respectives; ils ont conservé le caractere de Juges, & n'on point voulu prendre celui de Parties ; & sans quitter les fonctions importantes qu'ils remplissent avec l'approbation du Public, pour venir dans ce Tribunal défendre les droits de leurs Siéges, ils se sont contentés de remettre leurs Mémoires entre leurs mains, pour attendre ensuite avec tout le Public, le Réglement qu'il plaira à la Cour de prononcer.

Qu'ils oseront prendre la liberté de lui dire, que le meilleur de tous les Reglemens sera le plus simple ; c'est-à-dire, celui qui en défendant également l'exécution des deux nouvelles Ordonnances que leur contrariété rend également inutiles & illusoires, remettra les choses dans le même état où elles étoient avant ces prétendus Réglemens, & ordonnera purement & simplement l'observation de la Loi commune de l'une & de l'autre Jurisdiction, c'est-à-dire de l'Ordonnance de 1673.

Mais que pour le faire d'une maniere plus précise, qui prévienne & qui termine dans le principe toutes les contestations générales ou particulieres qui pourroient naître à l'avenir, ils croyent devoir observer ici que les plaintes des Juge & Consuls contre les entreprises des Officiers du Châtelet se réduisent à deux Chefs principaux.

Le premier regarde les révocations des assignations données pardevant les Juge & Consuls.

Le second concerne l'élargissement des Prisonniers arrêtés en vertu des Jugemens rendus en la Jurisdiction Consulaire.

L'Ordonnance de 1673 sembloit avoir suffisament pourvû à l'un & à l'autre de ces Chefs, en défendant à tous Juges ordinaires de révoquer les assignations données pardevant les Consuls, & de suspendre ou d'empêcher l'exécution de leurs Ordonnances.

Qu'on a eludé la premiere partie de cette disposition par la facilité que l'on a trouvée au Châtelet de révoquer les assignations données pardevant les Juge & Consuls, non pas à la verité sous le nom des Parties (ce seroit une contravention grossiere à l'Ordonnance) mais sous le nom de la Partie publique, & à la réquisition des Gens du Roy: & commme ces sortes de réquisitions ne se refusent jamais, la sage disposition de l'Ordonnance est devenue inutile, & les conflits se sont multipliés par l'assurance de l'impunité.

Qu'à l'égard de l'autre partie de l'Ordonnance, il paroît qu'elle n'a pas toujours été régulierement observée au Châtelet, & que l'on y a quelquefois surpris des Sentences portant permission d'élargir les Prisonniers arrêtés par des condamnations prononcées par les Consuls.

Que pour opposer un remede aussi prompt qu'efficace à ces deux inconvéniens, ils ne proposeront à la Cour que ce qu'ils trouveront écrit dans quelques-uns de ses Arrests de Reglement, & entre-autres dans des Arrests rendus en 1611, 1615, 1648, 1650 pour les Consuls de Paris, & dans un Arrest de 1665 donné en faveur des Consuls d'Orleans.

Qu'il a été défendu par ces Arrests, tant aux Parties, qu'aux Substituts de Monsieur le Procureur Général, de faire révoquer, casser & annuller les assignations données pardevant les Juge-Consuls; & de requerir aucune condamnation d'amende contre ceux qui se seroient pourvûs en ce Tribunal; que les mêmes Réglemens défendent à tous Juges de surceoir, arrêter ou empêcher l'exécution des Sentences rendûes par les Juge & Consuls, sauf aux Parties à avoir recours à l'autorité de la Cour pour leur être pourvû.

Qu'ainsi la raison & l'autorité, le bien public & particulier, l'interêt des Juges & celui des Parties, tout concourt à les déterminer à demander à la Cour qu'il lui plaise de suivre ici ses propres exemples (ils ne peuvent lui en proposer de plus grands) de prévenir par des défenses respectives les inconvéniens dans lesquels deux Réglemens contraires peuvent jetter les Parties, d'ordonner ensuite l'exécution pure & simple de l'Ordonnance, de condamner les voyes indirectes par lesquelles l'artifice des Parties a trouvé depuis quelque tems les moyens de l'éluder, & de faire en sorte que l'attention des Juges qui sont soumis à l'autorité de la Cour, n'étant plus partagée par des conflits de Jurisdiction si peu dignes de les occuper, se réunisse desormais, & se consacre toute entiere au service du Public, dans la portion de Jurisdiction que la bonté du Roy veut bien leur confier.

C'est par toutes ces raisons qu'ils requierent qu'il plaise à la Cour recevoir Monsieur le Procureur Général Appellant desdites Sentences en forme de Réglement, rendues, l'une par les Juge & Consuls le 17 Mars 1698, l'autre par le Prevôt de Paris ou son Lieutenant le 23 Avril suivant : faire défenses de les exécuter jusqu'à ce que par la Cour en ait été autrement ordonné ; cependant que les Edits & Déclarations, & Arrest de Reglement concernant la Jurisdiction Consulaire, notamment l'article 15 du Titre XII. de l'Ordonnance de 1673, seront exécutés selon leur forme & teneur, ce faisant, faire défenses au Prevôt de Paris & à tous autres Juges de révoquer, même sur la réquisition du Substitut de Monsieur le Procureur Général, les assignations données pardevant les Juge & Consuls, de casser & annuller les Sentences par eux rendues, de prononcer aucunes condamnations d'amende pour la distraction de Jurisdiction, contre les Parties qui auront fait donner, ou contre les Sergens qui auront donné des assignations pardevant les Juge & Consuls, sauf aux Parties à se pourvoir en la Cour pour leur être fait droit, & au Substitut de Monsieur le Procureur Général à intervenir, si bon lui semble, même à interjetter appel en cas de collusion & de négligence des Parties, pour l'interêt de la Jurisdiction du Prevôt de Paris : Faire pareilles inhibitions & défenses au Prevôt de Paris & à tous autres Juges de surceoir, arrêter ou empêcher en quelque maniere que ce puisse être, l'exécution des Sentences émanées de la Jurisdiction Consulaire, & de faire élargir les Prisonniers arrêtés ou recommandés en vertu des Sentences des Consuls; comme aussi faire défenses aux Juge & Consuls d'entreprendre de connoître des matieres qui sont de la compétence des Juges ordinaires : Enjoint à eux de déférer au renvoy requis par les Parties dans les cas qui ne sont point de leur compétence, suivant l'Ordonnance, & que l'Arrest qui interviendra sur leurs Conclusions, sera lû & publié, tant à l'Audience du Châtelet, qu'à celle des Juge & Consuls, & affiché partout où besoin sera.

Les Gens du Roy rétirés; Vû lesdites Sentences en forme de Réglement, desdits jours 17 Mars & 25 Avril derniers : la matiere mise en délibération.

LA COUR a reçu le Procureur Général du Roy Appellant desdites Sentences en forme de Reglement, lui permet de faire intimer qui bon lui semblera pour proceder sur ledit appel, sur lequel il sera fait droit ainsi que de raison; cependant fait défenses respectives de les exécuter : Ordonne que les Edits & Déclarations du Roy, & les Arrests & Reglemens de la Cour concernant la Jurisdiction Consulaire, & nommément l'article 15 du Titre XII. de l'Ordonnance de 1673, seront exécutés selon leur forme & teneur, & en consequence fait défenses au Prevôt de Paris & à tous autres Juges de révoquer, même sur la réquisition des Substituts du Procureur Général, les assignations données pardevant les Juge & Consuls, de casser & annuller leurs Sentences, d'en surceoir, arrêter ou empêcher en quelque maniere que ce soit l'exécution; de faire élargir les Prisonniers arrêtés ou recommandés en vertu de leurs Jugemens, & de prononcer aucunes condamnations d'amende pour distraction de Jurisdiction, tant contre les Parties, que contre les Huissiers, Sergens, & tous autres qui auront donné ou fait donner des assignations pardevant lesdits Juge & Consuls, sans préjudice aux Parties de se pourvoir en la Cour par appel, pour leur être fait droit sur le renvoi par elles requis, & au Substitut du Procureur General du Roy d'y intervenir, ou même d'interjetter appel de son chef pour la conservation de la Jurisdiction, ainsi qu'il verra bon être.

Comme aussi fait inhibitions & défenses aux Juge & Consuls de connoître des matieres qui ne sont pas de leur compétence ; Leur enjoint dans ces cas de déferer aux renvois dont ils seront rèquis par les Parties : Ordonne que le present Arrest sera lû & publié à l'Audience du Parc Civil du Châtelet, & à celle des Juge & Consuls de cette Ville de Paris, & affiché partout où besoin sera. Fait en Parlement le 7 Aoust 1698. *Signé*, DONGOIS.

Ceux qui seront condamnés par les Juges Royaux ou Subalternes par corps pour fait de Marchandises, comme aussi les Sergens & Parties qui seront condamnés en l'amande pour avoir donné des assignations pardevant les Iuge-Consuls, ou mis leurs Sentences & Mandemens à execution, n'ont qu'à s'adresser à un Postulant aux Marchands de Poitiers ; il leur donnera des moyens indubitables pour les faire décharger desdites condamnations, & pour faire condamner les Iuges qui les auront rendus, & les Parties au profit de qui elles sont, solidairement en leurs dommages, interêts & depens, sans qu'il leur en coûte rien.

ARREST DE LA COUR DE PARLEMENT,

en forme de Reglement, rendu au profit des Juge-Consuls de Poitiers, contre les Officiers de la Senéchaussée & Siége Présidial de Poitiers.

27 Juin 1699.

LOUIS par la grace de Dieu Roy de France & de Navarre : Au premier Huissier de notre Cour de Parlement, autre notre Huissier ou Sergent. Sçavoir faisons qu'entre les Juge-Consuls des Marchands de Poitiers ; Appellans tant comme de Juges incompétens qu'autrement, de deux Sentences rendues en la Senéchaussée de Poitiers les 9 & 24 Juillet 1698, d'une part ; & Maistre Henry Filleau notre Avocat en ladite Senéchaussée de Poitiers, & Jacques Debelhoir Procureur audit Siége Présidial de Poitiers, Intimés d'autre. Et entre ledit Debelhoir Demandeur aux fins de la Requête

du 12

du 12 Février 1699, à ce qu'il soit déclaré follement assigné à la requête desdits Juge-Consuls par Exploit du 22 Octobre dernier, en vertu de l'Arrest du 7 Aoust précedent, & lesdits Juge-Consuls condamnés aux dépens de la folle intimation, d'une autre part : & lesdits Juge-Consuls Défendeurs d'autre. Après que Goudouin Avocat des Consuls, Mariocheau Avocat de Filleau, & de Merville Avocat de Debelhoir ont été ouis; ensemble Portail pour notre Procureur Général. NOTREDITE COUR a mis & met les appellations & ce dont a été appellé au néant, émandant, déclare la Procedure faite en la Senéchaussée de Poitiers nulle; Ordonne que les Arrests & Réglemens de la Cour seront exécutés, & en consequence fait défenses aux Officiers de ladite Senéchaussée de Poitiers de révoquer les assignations données pardevant les Juge-Consuls de ladite Ville, casser & annuller leurs Sentences, prononcer des condamnations d'amende pour distraction de Jurisdiction, tant contre les Parties, que contre les Huissiers, Sergens, & tous autres qui auront donné ou fait donner des assignations pardevant lesdits Juge-Consuls, & aux Parties de Mariocheau & de Merville de se transporter en l'Audience desdits Juge-Consuls, & de les troubler dans l'exercice de leurs Jurisdictions, sous telles peines qu'au cas appartiendra, sans préjudice aux Parties de se pourvoir en la Cour par appel, pour leur être fait droit sur le renvoi par elles requis, & au Substitut de notre Procureur Général de ladite Senéchaussée de Poitiers d'y intervenir, ou même d'interjetter appel de son chef pour la conservation de la Jurisdiction, ainsi qu'il verra bon être : Condamne lesdites Parties de Mariocheau & de Merville aux dépens. Si te mandons faire tous Exploits : De ce faire te donnons pouvoir. Donné en Parlement le ving-septiéme jour de Juin 1699, & de notre Regne le cinquante-septiéme. *Signé*, Par la Chambre, LE MERCIER. *Collationné. Et scellé.*

Le 6 Iuillet 1699, signifié à Mariocheau & de la Fuye en leurs domiciles, parlant à leurs Clercs. Signé, LECLERC.
Le 10 audit mois de Iuillet ledit Arrest a été lû en l'Audience de la Iurisdiction Consulaire de cette Ville de Poitiers, & icelle tenant, &

ordonné qu'il sera registré au Greffe de ladite Iurisdiction, pour y avoir recours quand besoin sera. Signé, BRAULT, Greffier.

Et le même jour l'Arrest ci-dessus a été signifié par Ollivier Huissier de la Iurisdiction Consulaire de cette Ville, à Messieurs de la Senéchaussée & Siége Présidial de Poitiers, au domicile de leur Greffier, à la Communauté des Procureurs de ladite Senéchaussée, au domicile de Maistre Abraham Corbin Syndic d'icelle ; à Maistre Henry Filleau Conseiller du Roy & son Avocat audit Siége, & à Maistre Iacques Debelhoir Procureur, en leurs noms & en leurs domiciles, ausquels par ledit Exploit il a été réiteré les défenses y contenues, & sur les peines y portées.

Contrôlé à Poitiers le même jour 10 Juillet 1699. Signé,
DELAUNAY.

DECLARATION du Roy, en forme de Réglement, pour les Lettres de Répy.

23 Decembre 1699.

LOUIS par la grace de Dieu Roy de France & de Navarre: A tous ceux qui ces présentes Lettres verront, Salut. Les Lettres de Répi ont toujours été regardées comme un secours que les Rois nos Prédecesseurs ont crû par un principe d'équité, devoir accorder aux Debiteurs, qui par des accidens fortuits & imprévûs, sans fraude & sans aucune mauvaise conduite, se trouvent hors d'état de payer leurs dettes dans le tems qu'ils sont poursuivis par leurs Créanciers ; & qui ayant plus d'effets que de dettes, n'ont besoin que de quelque délai, pour s'acquitter par la vente de leurs biens, & par le recouvrement de ce qui leur est dû. Tant que ces sortes de Lettres ont été renfermées dans ces circonstances, elles n'ont eu dans leur exécution aussi-bien que dans leur motif, rien que de juste & de favorable ; & qui ne fût également avantageux aux Debiteurs & aux Créanciers ; mais il s'y est glissé dans la suite divers abus, & ce remede de si innocent en soy-même & dans sa premiere destination, est devenu entre les mains de plusieurs Debiteurs, un instrument dont ils se sont servis pour couvrir leur mauvaise foi, pour divertir leurs effets, & pour fruſtrer leurs Créanciers légitimes. Nous avons tâché d'arrêter le cours de ce déſordre par nos Ordonnances des mois d'Aouſt 1669 & Mars 1673. Mais l'expérience Nous ayant fait voir que les précautions que Nous y avons priſes n'étoient pas encore ſuffiſantes pour faire ceſſer entierement ce mal ſi contraire au bien & à la fidelité du Commerce, Nous avons réſolu d'y mettre la derniere main & d'y ajoûter de nouveaux moyens pour rétablir les Lettres de Répi dans la pureté de leur ancien uſage, & prévenir les ſurpriſes & les artifices de ceux qui voudroient en abuſer contre la fin de leur originaire inſtitution. A ces Cauſes Nous avons dit & déclaré, diſons & déclarons par ces Préſentes ſignées de notre main, Voulons & Nous plaît.

I. Que les Négocians, Marchands, Banquiers & autres qui voudront obtenir des Lettres de Répi, ſoient tenus d'y joindre un Etat qu'ils certifieront veritable, de tous leurs effets tant meubles qu'immeubles, & de leurs dettes, qui demeurera attaché ſous le contre-ſcel.

II. Ils ſeront pareillement tenus, auſſi-tôt après le Sceau & expédition des Lettres de Répi, de remettre au Greffe, tant du Juge auquel l'adreſſe en aura été faite, que de la Juriſdiction Conſulaire la plus prochaine, un double d'eux certifié du même Etat de leurs effets & dettes, d'en retirer les Certificats des Gréffiers, & de faire donner copie, tant dudit Etat que deſdits Certificats à chacun de leurs Créanciers, dans le même tems qu'ils leur feront ſignifier les Lettres de Répi qu'ils auront obtenues, à peine d'être déchûs de l'effet de leurs Lettres, à l'égard de ceux auſquels ils n'auront point fait donner copie deſdits Etat & Certificats.

III. Et ſi les Impétrans ſont Négocians, Marchands ou Banquiers, ils ſeront tenus, outre les formalités contenues en l'Article précedent, & ſous les mêmes peines, de remettre au Greffe du Juge à qui l'adreſſe des Lettres aura été faite, leurs Livres & Regiſtres, d'en retirer un Certificat du Greffe, & d'en faire donner copie à chacun de leurs Créanciers, dans le même tems qu'ils leur feront ſignifier leurs Lettres.

IV. Et en interprétant l'Article 3 du Titre IX. de notre

Ordonnance du mois de Mars 1673, ordonnons que les Négocians, Marchands, Banquiers & autres qui auront obtenu des Lettres de Répi, seront tenus de les faire signifier dans huitaine, s'ils sont domiciliés dans la Ville de Paris, à leurs Créanciers & autres Interessés demeurans dans la même Ville ; & si les Impétrans ou leurs Créanciers ont leurs domiciles ailleurs, le délai de huitaine sera prorogé tant pour les uns que pour les autres, d'un jour pour cinq lieues de distance, sans distinction du Ressort des Parlemens.

V. Les Créanciers ausquels les Lettres de Répi auront été signifiées, pourront s'assembler & nommer entre-eux des Directeurs ou Syndics, pour assister aux ventes que l'Impétrant pourra faire à l'amiable de ses effets, & poursuivre conjointement avec lui le recouvrement des sommes qui lui sont dûes.

VI. Après que les actes de nomination de Directeurs ou Syndics, auront été signifiés aux Impétrans & à leurs Debiteurs, les Impétrans ne pourront disposer de leurs effets & en recevoir le prix, ni leurs Debiteurs, pour les sommes qu'ils doivent, autrement qu'en présence desdits Directeurs ou Syndics, ou eux dûement appellés, à peine contre les Impétrans d'être déchûs de l'effet des Lettres de Répi, & contre les Debiteurs de nullité des payemens.

VII. N'entendons néanmoins par les deux articles précedens, déroger à l'article 6 de notredite Ordonnance du mois d'Aoust 1669, ni ôter aux Créanciers des Impétrans la liberté d'user des voyes portées par ledit article.

VIII. Ceux qui auront obtenu des Lettres de Répi, seront tenus, s'ils en sont requis par leurs Créanciers, de remettre au lieu & ès mains de celui dont ils conviendront, ou qui sera nommé par le Juge auquel elles auront été adressées, les titres & piéces justificatives des effets mentionnés dans l'Etat qu'ils auront certifié veritable, pour y demeurer jusqu'à la vente ou recouvrement desdits effets.

IX. Voulons que les articles 2, 4 & 5 du Titre IX. de notre Ordonnance du mois de Mars 1673 ayent lieu & soient observés par tous ceux qui obtiendront des Lettres de Répi, soit qu'ils soient Négocians, Marchands, Banquiers ou autres, de quelque profession qu'ils puissent être.

X. Voulons qu'outre les dettes spécifiées dans l'article 11 de notredite Ordonnance du mois d'Aoust 1669, il ne soit accordé aucunes Lettres de Répi pour restitutions de dépôts volontaires, stellionat, réparations, dommages & intérêts adjugés en matiere criminelle, ni pour les poursuites des cautions extrajudiciaires & des coobligés, qui pourront nonobstant les Lettres de Répi, agir contre ceux qui les auront obtenues par les mêmes voyes qu'ils seront poursuivis ; & en cas qu'il en fût obtenu quelqu'une, elles n'auront aucun effet à l'égard des dettes de la qualité portée, tant par ledit article 11, que par le present article.

XI. Et si les Créanciers pour dettes contre lesquelles les Lettres de Répi ne doivent pas avoir lieu, font vendre les meubles ou immeubles de leur Debiteur, ses autres Créanciers pourront former leur opposition & contester sur la distribution du prix, même toucher les sommes qui leur seront adjugées, nonobstant l'entérinement qui pourroit avoir été ordonné avec eux des Lettres de Répi, sans néanmoins qu'ils puissent pendant le délai qui aura été donné au Debiteur, faire aucune exécution sur lui, ni poursuivre la vente de ses effets ; si ce n'est qu'ils eussent commencé leurs exécutions, ou qu'ils fussent poursuivans criées avant la signification des Lettres de Répi, & qu'ils fussent sommés par les Créanciers contre lesquels elles n'ont lieu, de continuer leurs poursuites, ou de les y laisser subroger par Justice.

XII. Voulons pareillement que les Impétrans ne puissent s'en servir, s'ils étoient accusés de banqueroute & constitués prisonniers, ou le scellé apposé sur leurs effets pour ce sujet ; & en cas qu'avant la signification des Lettres de Répi, ils eussent été arrêtés prisonniers pour dettes civiles seulement, ils ne pourront être élargis en vertu de nosdites Lettres, s'il n'est ainsi ordonné par le Juge auquel elles auront été adressées, après avoir entendu les Créanciers à la requête desquels ils auront été arrêtés ou recommandés.

XIII. Voulons que l'homologation des Contrats d'abandonnement des biens & effets, qui seront passés en consequence des Lettres de Répi par ceux qui les auront obtenues,

Z iij

soit portée devant les Juges auſquels l'adreſſe en aura été faite, & que les appellations des Jugemens qui interviendront ſur ce ſujet, ſoient relevées & reſſortiſſent nuement en nos Cours de Parlemens.

XIV. Voulons au ſurplus que les diſpoſitions de nos Ordonnances des mois d'Aouſt 1669 & Mars 1673, aux Titres des Répis, ſoient exécutées ſelon leur forme & teneur, en tout ce qui n'eſt point contraire à notre preſente Déclaration. Si donnons en Mandement à nos amés & féaux Conſeillers les Gens tenans notre Cour de Parlement & Cour des Aydes à Paris, que ces préſentes ils ayent à faire lire, publier & regiſtrer, & le contenu en icelles garder & obſerver ſelon leur forme & teneur. Car tel eſt notre plaiſir. En témoin de quoy Nous avons fait mettre notre Scel à ceſdites Préſentes. Donné à Verſailles le vingt-troiſiéme jour de Décembre l'an de grace 1699, & de notre Regne le cinquante-ſeptiéme. Signé, LOUIS. Et plus bas, Par le Roy, PHELYPEAUX. Et ſcellé du grand Sceau de cire jaune.

Regiſtrées, ouy & ce requerant le Procureur General du Roy, pour être exécutées ſelon leur forme & teneur, & coppies collationnées envoyées aux Bailliages & Senéchauſſées du Reſſort, pour y être lûes, publiées & enregiſtrées: Enjoint aux Subſtituts du Procureur General du Roy d'y tenir la main, & d'en certifier la Cour dans un mois, ſuivant l'Arreſt de ce jour. A Paris en Parlement le 18 Janvier 1700. Signé, *DONGOIS.*

DECLARATION du Roy, concernant les Billets de Change.

Donnée à Verſailles le ſeiziéme Mars 1700.

16 Mars 1700.

LOUIS par la grâce de Dieu Roy de France & de Navarre: A tous ceux qui ces préſentes Lettres verront, Salut. Nous avons été informés des difficultés qui arrivent journellement au ſujet du payement des Lettres & Billets de

Change, & des Billets payables au porteur, que les Particuliers qui les ont, affectent de ne point venir recevoir dans les termes de leur échéance, ensorte que les Debiteurs qui en ont le fonds comptant, sont obligés de supporter les diminutions qui ont été & seront ordonnées par les Arrests de notre Conseil, sur les especes qui restent inutiles entre leurs mains, sans pouvoir se liberer, n'ayant aucune connoissance de ceux qui sont porteurs desdites Lettres de Change & Billets; à quoy desirant pourvoir en expliquant sur ce nos intentions. A CES CAUSES & autres à ce Nous mouvans, & de notre certaine science, pleine puissance & autorité Royale, Nous avons par ces Présentes signées de notre main, dit & ordonné, disons & ordonnons, voulons & Nous plaît, que tous porteurs de Lettres & Billets de Change, ou de Billets payables au porteur, soient tenus après les dix jours de l'échéance de chacune desdites Lettres ou Billets, d'en faire demande aux Debiteurs par une sommation contenant les noms, qualités & demeures desdits porteurs, & d'offrir d'en recevoir le payement en especes lors courantes: Sinon & à faute de ce faire dans ledit tems, & icelui passé, voulons que les porteurs desdites Lettres & Billets de Change, ou Billets payables au porteur, soient tenus des diminutions qui pourront survenir sur les especes, en exécution des Arrests de notre Conseil qui ont été ou seront rendus sur le fait des Monnoyes. Si donnons en mandement à nos amés & féaux Conseillers les Gens tenans notre Cour de Parlement à Paris, que ces Presentes ils ayent à faire lire, publier & registrer, & le contenu en icelles garder & observer selon leur forme & teneur, nonobstant tous Edits, Déclarations & autres choses à ce contraires, ausquelles Nous avons dérogé & dérogeons par ces Presentes. Car tel est notre plaisir. En témoin de quoy Nous avons fait mettre notre scel à cesdites Présentes. Donné à Versailles le seiziéme jour de Mars l'an de grace 1700, & de notre Régne le cinquante-septiéme. Signé, LOUIS. Et sur le repli, Par le Roy, PHELYPEAUX. Et scellé.

Registrées, ouy & ce requerant le Procureur General du Roy, pour être exécutées selon leur forme & teneur. A Paris en Parlement le 20 jour de Mars 1700. Signé, *DU TILLET.*

ARREST DU CONSEIL D'ESTAT
du Roy, concernant les Billets de Change, les assignations du Tresor Royal, & les Promesses des Gabelles.

Extrait des Regiſtres du Conſeil d'Etat.

19 May 1705.

LE Roy s'étant fait repreſenter ſa Déclaration du 16 de Mars de l'année 1700, par laquelle il a été ordonné que tous Porteurs de Lettres & Billets de Change, ou de Billets payables au Porteur, ſeroient obligés aprè les dix jours de l'échéance deſdites Lettres ou Billets, d'en faire demande aux Debiteurs par une ſommation contenant les noms, qualités & demeures deſdits Porteurs, & d'offrir d'en recevoir le payement en eſpeces lors courantes; ſinon & à faute de ce faire dans ledit tems, & icelui paſſé, que les Porteurs deſdites Lettres & Billets de Change ſeroient tenus des diminutions qui pourroient ſurvenir ſur les Eſpeces, en vertu des Arreſts du Conſeil ſur le fait des Monnoyes: Et Sa Majeſté étant informée que nonobſtant cette diſpoſition ſi préciſe, pluſieurs Particuliers porteurs de ſemblables Billets, & particulierement des Billets ou des Promeſſes des Gabelles, differoient d'en demander le payement à l'échéance, lorſqu'elle tomboit peu de tems avant une diminution d'Eſpeces, ce qui cauſoit beaucoup de dérangement dans les Caiſſes publiques & dans le Commerce. A quoy voulant pourvoir; Ouy ſur ce le Rapport du Sieur Chamillart, Conſeiller ordinaire au Conſeil Royal, Contrôleur Général des Finances, SA MAJESTE' EN SON CONSEIL a ordonné & ordonne que conformément à ſa Déclaration du 16 Mars 1700, qu'elle veut être exécutée ſelon ſa forme & teneur, tous Porteurs de Lettres ou Billets de Change qui n'auront point fait les diligences preſcrites par ladite Déclaration, pour en être payé dans les dix jours de l'échéance, demeureront chargés des diminutions qui pourront ſurvenir ſur les Eſpeces en exécution des Arreſts du Conſeil qui ont été rendus ſur le fait des Monnoyes; & qu'à l'égard des Porteurs des

Aſſignations

Assignations du Tresor Royal, & des Billets ou Promesses des Gabelles, qui négligeront d'en recevoir la valeur, ou de les renouveller dans le jour préfix de leur échéance, ils seront pareillement tenus desdites diminutions d'Especes. Fait au Conseil d'Etat tenu à Marly le dix-neuviéme jour de May 1705. Collationné. *Signé*, DUJARDIN.

Collationné aux Originaux par Nous Conseiller-Secretaire du Roy, Maison, Couronne de France & de ses Finances.

ARRESTS DU CONSEIL D'ETAT DU ROY, pour la préséance des Marchands qui exercent les Charges de Juge & de Consuls, & de ceux qui ont passé par lesdites Charges dans la Jurisdiction Consulaire de la Ville de Poitiers, sur les Procureurs Postulans au Bailliage & Siége Présidial de la même Ville; avec les Moyens des Parties

ARREST du Conseil d'Etat du Roy, portant Renvoy à Monseigneur de Maupeou d'Ableiges, Intendant dans la Generalité de Poitiers.

VEU au Conseil d'Etat du Roy la Requête presentée en icelui par les Marchands de la Ville de Poitiers, qui ont passé par les Charge d'Echevins, de Juge-Consuls & de Consuls de la même Ville, contenant que quoique la préséance dans les Assemblées publiques entre les Marchands & les Procureurs, ne pût régulierement former de question, ayant été réglée par plusieurs Arrests contradictoires du Conseil, qui ont toujours & invariablement jugé en faveur des Marchands, néanmoins les Procureurs des Parlemens & même ceux des Siéges inferieurs ont voulu diverses fois renouveller cette contestation, & l'ont portée devant les Parlemens où ils étoient sûrs de trouver plus de faveur, comme membres &

2 Avril 1701.

A a

Officiers inferieurs de ces Cours, & où ils ont souvent fatigué les Marchands par les artifices & longueurs de leurs chicanes: Mais tous leurs efforts ont toujours été inutiles, le Roy les a toujours réprimés, & cassé tous les Arrests des Parlemens que les Procureurs avoient surpris à cet égard, & déchargé les Marchands des assignations que les Procureurs leur avoient fait donner pour y proceder, en sorte que tout ce que les Procureurs ont pû obtenir après tous les efforts imaginables, a été qu'au lieu que par tous les anciens Arrests rendus au Conseil, les Marchands avoient toujours été indistinctement maintenus dans le droit de prescéance sur les Procureurs, le Roy par son Arrest du 15 Octobre 1663, a bien voulu, pour entretenir la paix & l'union entre ses Sujets, établir une égalité entre les Marchands & les Procureurs, en sorte que le rang & le pas entr'eux ne fût reglé que suivant leur âge, pourvû toutefois que les Marchands n'eussent point passé par les Charges d'Echevins ou de Consuls, auquel cas par le même Arrest le Roy les a maintenus dans leurs anciennes prescéances sur tous les Procureurs, avec défenses aux Procureurs de les y troubler, à peine d'interdiction de l'entrée du Bureau des Hôpitaux, & de deux mille livres d'amende. Les Marchands étoient les seuls qui eussent pû se plaindre de cet Arrest, puisqu'il les privoit d'une prescéance indistincte, dans laquelle ils avoient été maintenus par plusieurs Arrests contradictoires du Conseil, mais ils s'y sont soumis avec respect, & ils en demandent aujourd'hui l'exécution. Ledit Arrest du Conseil de 1663 a depuis été confirmé par plusieurs Arrests contradictoires du Conseil, entr'autres par un Arrest celebre du 17 Septembre 1668, rendu en faveur des Marchands de la Ville d'Auxerre contre les Procureurs de la même Ville, ausquels le dernier Arrest enjoint d'exécuter celui du 15 Octobre 1663. La même chose avoit déja été jugée plus de quarante ans auparavant pour les Marchands de Bourdeaux qui avoient rempli les places de Jurats & de Consuls de la Bourse, contre les Procureurs du Parlement de Guyenne, par Arrest du Conseil du 8 Avril 1603, confirmé par autre Arrest du Conseil du mois de Juillet 1604, contradictoirement rendu entre les Marchands & les

Procureurs de ce Parlement, lesquels avoient eu la temerité d'interjetter appel de la procedure du sieur Pichon Conseiller au Grand Conseil, que le Roy avoit commis pour l'exécution de l'Arrest du 8 Avril 1603. Par ce dernier Arrest les Procureurs sont déboutés de leur Requête, & il est ordonné que l'Arrest de 1603 sera exécuté selon sa forme & teneur, avec des défenses précises de proceder pour le fait de la préséance ailleurs qu'au Conseil, & même au Parlement d'en prendre connoissance, à peine de nullité & de cassation. Depuis tous ces Arrests, & surtout depuis celui de 1663 & celui de 1668, tous les Procureurs & même ceux des Cours Souveraines n'ont osé renouveller une contestation décidée d'une maniere aussi autentique, & par un si grand nombre d'Arrests contradictoires rendus par Sa Majesté en grande connoissance de cause, & par lesquels le droit se trouve si constamment établi, & la volonté de Sa Majesté déclarée si déterminement. Il n'y a eu que les seuls Procureurs du Siége Présidial de Poitiers, qui par un esprit de rebellion aux ordres du Roy & aux Jugemens du Conseil, & dans la seule vûe d'insulter les Marchands de leur Ville, se sont avisés de contester la préséance aux Marchands de Poitiers qui ont eu l'honneur de passer par les Charges d'Echevins ou de Juge-Consuls: les Marchands ont dissimulé autant qu'ils ont pû les diverses entreprises des Procureurs, ne voulant point s'exposer aux chicanes d'un Corps si redoutable. Mais enfin le 15 d'Août dernier, Fête de la Sainte-Vierge, les Procureurs poussèrent leur insulte jusqu'au comble de la témérité & de l'irrévérence envers Dieu; ils troublerent, au grand scandale du Public, l'ordre de la Procession, à laquelle les Juge-Consuls avoient été mandés suivant l'usage. Les Marchands anciens Echevins, les anciens Juge & Consuls & les Juge & Consuls en Charge assistant à la Procession, revêtus de leurs robes & accompagnés de leurs Huissiers, furent extrêmement surpris de voir qu'en sortant processionnellement de l'Eglise Cathédrale à la suite du Corps de Ville, les Procureurs au nombre de près de cent cinquante se jetterent sur eux, leur déchirerent leurs robes, & à coups de poings & de pieds leur firent quitter leurs places. Cette insulte ayant été commife à la face des Autels, n'a pas pû fe diffimuler, le Corps de Ville de fon côté, & les Juge-Confuls auffi de leur côté, s'affemblerent auffi-tôt chacun dans le lieu de leur Jurifdiction, & en dreſſerent leur Procès verbal. L'affaire fut d'abord portée pardevant M. l'Intendant, premier Juge naturel de ces conteſtations qui regardent l'ordre public, & l'exécution des Arreſts du Confeil, mais les Procureurs voyant bien que leur conduite ne feroit pas excufée au Confeil, ont trouvé moyen de tirer l'affaire de devant M. l'Intendant, & ont voulu l'engager adroitement au Parlement de Paris, où ils efperent la rendre immortelle par leurs chicanes, & abîmer en frais le Corps des Marchands & la Juſtice Confulaire. La conteſtation, en quelque Tribunal qu'elle foit portée, ne peut fouffrir de difficulté, tant à caufe qu'elle eſt décidée par la volonté expreſſe du Roy, que parce qu'au fond il n'y a nulle nulle apparence que l'on puiſſe juger que les Procureurs, dont le miniſtere eſt fi vil & fi bas, puiſſent l'emporter fur les Marchands qui font une partie de l'Etat, & honorable & très utile, & furtout dans le cas dont il s'agit, les Procureurs voulant contefter le pas & la prefcéance à des Marchands qui ont eu l'honneur de paſſer en les Charges de Jurats & de Maire, d'Echévins ou de Confuls, & qui en cette qualité ont exercé une Jurifdiction fur les Sujets du Roy, & adminiſtré une partie & un écoulement de fon autorité fuprême. Il eſt de l'interêt de l'Etat que le Commerce qui doit être confideré en France auſſi-bien que dans tous les autres Etats, comme le canal par lequel les richeſſes & l'abondance viennent dans le Royaume, ne foit pas avilli par l'entreprife & la témérité de gens tels que les Procureurs, qui foutiennent publiquement qu'ils doivent avoir le pas & la prefcéance fur les Marchands. Les Marchands de Poitiers font obligés d'avoir recours à Sa Majeſté pour leur être fur ce pourvû, & ofent efperer que le Confeil reprimera par fa juſtice ordinaire la vanité de ces Procureurs refractaires aux Arreſts du Confeil & à la volonté du Roy; & qu'en fe retenant la connoiſſance d'une affaire qui concerne l'exécution des Arreſts du Confeil, il voudra bien par fon autorité fouveraine terminer tout d'un coup & fans frais un Procès intenté par les Procureurs de

Poitiers sans aucun fondement. A ces Causes requerroient qu'il plût à Sa Majesté déclarer communs avec les Marchands & les Procureurs du Présidial de Poitiers, les Arrests des 6 Avril 1603, 12 Juillet 1604, 15 Octobre 1663 & 17 Septembre 1668; ce faisant, ordonner que lesdits Arrests seront executés selon leur forme & teneur à Poitiers, comme dans les autres Villes pour lesquelles ils ont été rendus, & que les Procureurs de Poitiers seront tenus d'y obéir, à peine de deux mille livres d'amende, & en consequence faire défenses aux Parties de proceder sur le fait de la preseéance ailleurs qu'au Conseil, à peine de nullité, & de pareille amende de deux mille livres. Vû aussi lesdits Arrests du Conseil du 8 Avril 1603, rendu entre les Marchands de la Ville de Bourdeaux, & les Procureurs du Parlement de Guyenne; 12 Juillet 1604 rendu entre les mêmes Parties, portant confirmation du précedent Arrest; 15 Octobre 1663, rendu entre les Marchands de la Ville de Troyes, & les Procureurs du Presidial de la même Ville; & 17 Septembre 1668, rendu entre les Marchands de la Ville d'Auxerre, & les Procureurs du Présidial de la même Ville: Le tout vû & consideré; Ouy le Rapport du sieur Chamillard Conseiller ordinaire au Conseil Royal, Contrôleur General des Finances. LE ROY EN SON CONSEIL a renvoyé & renvoye ladite Requête au Sieur de Maupeou d'Ableiges, Conseiller de Sa Majesté en ses Conseils, Maître des Requêtes ordinaire de son Hôtel, Commissaire départi en la Generalité de Poitiers, pour entendre lesdits Marchands, Juge & Consuls, & lesdits Procureurs du Présidial de Poitiers, sur le contenu en ladite Requête, dresser Procès verbal des dires & contestations desdites Parties, & donner son Avis sur le tout, pour icelui vû & rapporté à Sadite Majesté, être ordonné ce qu'il appartiendra. Fait Sa Majesté défenses ausdites Parties de proceder ailleurs que pardevant ledit Sieur de Maupeou d'Ableiges pour raison du contenu en ladite Requête, à peine de nullité des procedures, & de tous dépens, dommages & interêts. Fait au Conseil d'Etat du Roy tenu à Versailles le deuxiéme jour du mois d'Avril 1701. Collationné. *Signé*,

DUJARDIN.

190

LOUIS par la grace de Dieu Roy de France & de Navarre: A notre amé & féal Conseiller en nos Conseils, Maître des Requêtes ordinaire de notre Hôtel, le sieur de Maupeou d'Ableiges, Intendant & Commissaire départi pour l'exécution de nos ordres dans la Generalité de Poitiers, Salut. Suivant l'Arrest dont l'Extrait est ci-attaché sous le contre-Scel de notre Chancellerie, ce jourd'hui donné en notre Conseil d'Etat sur la Requête à Nous présentée en icelui par les Marchands de notre Ville de Poitiers qui ont passé par les Charges d'Echevins, de Juge-Consuls & de Consuls de la même Ville, Nous vous renvoyons ladite Requête, pour entendre lesdits Marchands, les Juge-Consuls, & les Procureurs du Présidial de Poitiers, sur le contenu en ladite Requête, dresser Procès verbal des dires & contestations desdites Parties, & donner votre Avis sur le tout, pour icelui vû & à Nous rapporté, être ordonné ce qu'il appartiendra. Commandons au premier notre Huissier ou Sergent sur ce requis de signifier ledit Arrest aux y dénommés, & à tous autres qu'il appartiendra, à ce qu'ils n'en ignorent, & de faire en outre pour l'exécution dudit Arrest, à la requête desdits Marchands de ladite Ville de Poitiers, tous commandemens, sommations, défenses y contenues sur les peines y portées, & autres actes & exploits nécessaires, sans autre permission. Car tel est notre plaisir. Donné à Versailles le deuxiéme jour d'Août l'an de grace 1701, & de notre Regne le cinquante-huit. *Signé*, Par le Roy en son Conseil, DU JARDIN. *Scellé du grand Sceau de cire jaune.*

LE douzième jour d'Avril 1701, à la requête des Machands de la Ville de Poitiers qui ont passé les Charges d'Echevins & de Juge-Consuls & de Consuls de la même Ville, qui ont elû leur domicile tant que besoin seroit, en la maison de Me. Charles Icard Avocat ès Conseils du Roy, demeurant rue & Paroisse de St André des Arcs, le present Arrest a été signifié, & d'icelui laissé copie aux fins y contenues du Renvoy, & défenses y portées, à Me. Gillet Procureur en Parlement, parlant à son principal Clerc, en son domicile à Paris rue des Noyers, à ce que du contenu audit Arrest il n'en ignore, par nous Huissier ordinaire du Roy en ses Conseils. Signé, DE LA RUELLE.

REQUESTE présentée à Monseigneur l'Intendant par les Marchands Juge-Consuls, avec la signification d'icelle & du susdit Arrest, & assignation pardevant Monseigneur l'Intendant.

A MONSEIGNEUR DE MAUPEOU, Chevalier, Comte d'Ableiges, Conseiller du Roy en ses Conseils, Maître des Requêtes ordinaire de son Hôtel, Commissaire départi par Sa Majesté pour l'exécution de ses Ordres en la Generalité de Poitiers.

SUpplient humblement les Marchands de la Ville de Poitiers qui ont passé par les Charges de Juge-Consuls de la même Ville, Disant que sur le diférend qu'ils ont avec la Communauté des Procureurs du Présidial de cette Ville au sujet de la préséance, ils ont obtenu un Arrest au Conseil d'Etat le 2 du présent mois d'Avril sur leur Requête, par lequel Sa Majesté vous renvoye ladite Requête, pour entendre les Supplians & lesdits Procureurs sur le contenu en icelle, dresser Procès verbal de leurs dires & contestations, & donner votre Avis sur le tout à Sa Majesté.

Ce consideré, Monseigneur, il vous plaise recevoir ladite Commission, ce faisant, ordonner que les Syndycs & Communauté desdits Procureurs seront assignés pardevant vous, pour en consequence dudit Arrest, dont leur sera donné copie avec la présente Requête, fournir leurs dires & moyens sur le contenu en la Requête inserée audit Arrest, & adjuger aux Supplians les fins & conclusions qu'ils y ont prises, avec dépens, dommages & interêts. Et vous ferez justice. *Signé*, PERRET, HOYSSI, GABRIEL DENIVENNE, P. PELISSON.

VEU la presente Requête, & l'Arrest du Conseil d'Etat du 2 du présent mois, NOUS Intendant & Commissaire susdit ordonnons que lesd. Requête & Arrest seront communiqués aux Syndics & Communauté des Procureurs du Préfidial de cette Ville, pour y fournir de réponfe dans trois jours, finon fera fait droit. Fait ce 20 Avril 1701. Signé, DE MAUPEOU.

LE vingtiéme jour d'Avril 1701, à la requête du Corps des Marchands de cette Ville de Poitiers, qui ont paſſé en Charge de Juge & Confuls, & ont élû domicile le Greffe de la Cour Confulaire de la Ville, fitué Paroiſſe de S. Didier, j'ay aux Syndics & Communauté des Procureurs du Préfidial de Poitiers, au domicile de Me. Abraham Corbin Syndic de la Communauté defdits Procureurs, fignifié, baillé & délaiſſé copie de l'Arreſt du Confeil d'Etat du Roy, en datte du 2 des préſens mois & an, & Commiſſion fur icelui du même jour, enfemble de l'Ordonnance de Monfeigneur de Maupeou d'Ableiges, Confeiller du Roy en fes Confeils, Maître des Requêtes ordinaire de fon Hôtel, Commiſſaire départi par Sa Majeſté pour l'exécution de fes Ordres en la Generalité de Poitiers, à ce qu'ils ayent à y obéir, avec défenfe d'y contrevenir; & outre je leur ay donné jour & affignation à être & comparoir dans trois jours prochains venans pardevant Monfeigneur l'Intendant, pour répondre & fatisfaire au contenu dudit Arreſt & Ordonnance de Monfeigneur l'Intendant, fous les peines & défenfes y portées, comme de raifon, ô intimation. Fait par moy Huiſſier Audiancier en la Cour Confulaire, réfidant à Poitiers & immatriculé audit lieu, délaiſſé au domicile dudit fieur Corbin, pour le faire fçavoir à ladite Communauté defdits Procureurs, en parlant à un Clerc, avec injonction requife. Signé, OLLIVIER.

Contrôlé à Poitiers ce 20 Avril 1701. Signé, BABAUD. Reçû 6 f.

OPPOSITION des Procureurs à l'Arreſt du 2 Avril 1701.

Extrait des Regiſtres du Corps & Communauté des Procureurs du Siege Préfidial de Poitiers, du 20 Avril 1701.

SUR les difcours tenus par les Marchands de la Ville de Poitiers, que fur une Requête ils ont obtenu un Arreſt de Noſſeigneurs du Privé Confeil, contre le Corps & Communauté

munauté des Procureurs du Présidial de Poitiers le 2 Avril 1701, en faisant l'instance en complainte pardevant Nosseigneurs du Parlement de Paris, où lesdits Marchands ont procedé volontairement, & fourni de moyens: Il a été arrêté que ledit Corps & Communauté des Procureurs s'opposera, comme s'oppose par le présent Acte audit Arrest surpris sur l'exposition de faits supposés, laquelle opposition sera signifiée ausdits Marchands, avec protestation de nullité de tout ce qui sera fait au préjudice, même de la réiterer où besoin sera. *Signé*, MARQUET le j. Greffier de la Communauté.

LE vingtième jour d'Avril 1701, à la requête du Corps & Communauté des Procureurs du Siége Présidial de Poitiers, qui ont élû leur domicile en la maison de Me. Abraham Corbin Procureur, premier Syndic de lad. Communauté, sise audit Poitiers Paroisse de S. Didier: j'ay aux Marchands de la Ville de Poitiers signifié l'Acte d'Opposition cy-dessus, que je leur ay délaissé à telle fin que de raison, & qu'ils n'en ignorent. Fait par moy Huissier ordinaire au Présidial de Poitiers soussigné, y résidant & immatriculé, délaissé ausdits Marchands au domicile de René Perret Marchand de Cloux, l'un d'iceux, avec injonction de le faire sçavoir aux autres, en parlant à une femme, avec injonction requise de luy faire sçavoir. Signé, DUCOURT.

RÉPONSE des Marchands à l'Acte d'Opposition des Procureurs.

A La requête des Marchands de la Ville de Poitiers qui ont passé dans les Charges de Juge-Consuls & Consuls, soit signifié & déclaré aux Syndics & Communauté des Procureurs du Présidial de cette Ville, que nonobstant l'Opposition qu'ils ont formée le jour d'hier, à l'exécution de l'Arrest du Conseil d'Etat du Roy obtenu par lesdits Marchands le 2 du présent mois d'Avril, signifié le 20 dudit mois, avec une Ordonnance de Monseigneur l'Intendant, lesdits Marchands leur déclarent qu'ils poursuivront l'exécution dudit Arrest pardevant Monseigneur l'Intendant, à ce quils n'en ignorent, dont Acte.

Bb

*S*Ignifié l'*Acte* ci-deſſus par moy *Huiſſier Audiancier en la Cour Conſulaire des ſuſdits Marchands, auſdits Syndic & Communauté des Procureurs, au domicile de Me. Abraham Corbin Syndic deſdits Procureurs, parlant à ſa perſonne, avec injonction de le faire ſçavoir à ladite Communauté deſdits Procureurs, le 21 Avril 1701. ſur les ſix heures du matin. Fait par moy Huiſſier ſuſdit & ſouſſigné réſidant à Poitiers, & immatriculé audit lieu.* Signé, O L L I V I E R.

Contrôlé à Poitiers le 21 Avril 1701. Signé, BABAUD. Reçû 6 ſ.

PROCE'S Verbal des Marchands par défaut, par-devant Monſeigneur l'Intendant, en execution de l'Arreſt du 2. Avril 1710.

L'AN 1701, & le vingt-troiſiéme jour d'Avril, parde-vant Nous GILLES DE MAUPEOU, Chevalier Comte d'Ableiges, Conſeiller du Roy en ſes Conſeils, Maître des Requêtes ordinaire de ſon Hôtel, Commiſſaire départi par Sa Majeſté pour l'exécution de ſes Ordres en la Généralité de Poitiers; En notre Hôtel ſont comparus les Marchands de la Ville de Poitiers, qui ont paſſé par les Charges d'Echevins, Juges-Conſuls & de Conſuls de la même Ville, leſquels Nous ont repreſenté qu'ils ont été troublés par les Procureurs Poſtulans du Préſidial de cette Ville dans le rang & preſcéance qui leur appartient de droit ès Cérémonies & Aſſemblées publiques & particulieres, & en dernier lieu à la Proceſſion generale qui ſe fit en l'Egliſe Cathédrale de cette Ville le 15 Août de l'année derniere 1700. où ils avoient été mandés par Billet, ſuivant l'uſage de tout temps obſervé; ce qui cauſa un très-grand ſcandale, & troubla l'ordre de la Proceſſion par l'irrévérence & la violence deſdits Procureurs, qui étoient au nombre de plus de cent cinquante, qui fraperent même pluſieurs deſdits Marchands, leſquels ſe retirerent, & dreſſerent ſur le champ leur Procès verbal de ce trouble. Ils nous demanderent juſtice ſur cela, mais leſdits Procureurs après pluſieurs remiſes, déclarerent ne pouvoir proceder parde-vant nous, & ſe pourvûrent au Parlement, où ils ont fait aſsigner lesdits Marchands, lesquels ayant reconnu par differens Arrests, tant du Conseil d'Etat que du Conseil Privé, que pareilles contestations entre mêmes Parties avoient été jugées, & que par iceux Sa Majesté avoit même cassé differens Arrests rendus par des Parlemens qui avoient entrepris de juger la même question en faveur des Procureurs Postulans. C'est ce qui a d'autant plus fait connoître aux Marchands Juge-Consuls de cette Ville, que Sa Majesté étoit Elle seule compétente de connoître du fait dont il s'agit, que cela les a absolument déterminés à donner leur Requête au Conseil d'Etat, par laquelle ils ont exposé le fait ci-dessus, & representé à Sa Majesté que la prétention des Procureurs Postulans de cette Ville est absolument sans raison & sans fondement, & n'est appuyée d'aucuns Titres, au lieu que la leur est non seulement appuyée de plusieurs Arrests du Conseil & de Lettres Patentes du Roy, mais encore d'un droit certain & superieur, ainsi qu'ils vont nous l'observer. En premier lieu les Marchands sont beaucoup plus anciens & plus utiles à l'Etat par rapport à leur Commerce, que les Procureurs Postulans. 2°. En qualité de Marchands Juge-Consuls, ils font Corps de Jurisdiction Royale, & en cette qualité ils doivent avoir le pas devant eux, & après les autres Compagnies d'Officiers Royaux de cette Ville. 3°. Il seroit extraordinaire qu'une simple Communauté de Procureurs Postulans, qui plaident même souvent devant eux, & qui n'ont en aucune Ville du Royaume ni rang, ni préséance, voulussent aujourd'huy l'avoir en cette Ville sur eux. 4°. Le Corps des Marchands Juge-Consuls est convoqué par Billets à toutes les Cérémonies & Assemblées generales, ainsi que les Officiers du Présidial, du Bureau des Finances, de l'Hôtel de Ville. 5°. Ils ont l'avantage d'être appellés & introduits à haranguer les Rois & les Princes quand ils passent en cette Ville, comme il est arrivé en dernier lieu lors du passage du Roy d'Espagne & des Princes. Toutes ces raisons sont soutenues & appuyées des Arrests du Conseil des 8 Avril 1603, 12 Juillet 1604, 15 Octobre 1663, & 17 Septembre 1668, qui ont maintenu les Juge-Consuls, Bourgeois & Marchands de Bourdeaux, Troyes & d'Auxerre, au rang & préséance ès

Assemblées & Cérémonies publiques & particulieres, sur les Procureurs Postulans desdites Villes. C'est aussi ce qui a obligé lesdits Marchands à conclure par leurdite Requête, à ce que lesdits Arrests fussent déclarés communs avec eux & lesdits Procureurs, & qu'il plût à Sa Majesté ordonner qu'ils seront exécutés selon leur forme & teneur en cette Ville de Poitiers, comme en toutes les autres Villes pour lesquelles ils ont été rendus, & que lesdits Procureurs seront tenus d'y obéir, à peine de deux mille livres d'amende. Sur cette Requête il est intervenu Arrest audit Conseil d'Etat le 2 du present mois d'Avril, par lequel Sa Majesté nous a renvoyé la Requête desdits Marchands, pour les entendre & lesdits Procureurs sur le contenu en icelle, dresser notre Procès verbal de leurs dires & contestations, pour ensuite donner notre Avis sur le tout, pour icelui vû & rapporté à Sa Majesté, être ordonné ce que de raison ; Sa Majesté y fait défenses aux Parties de proceder ailleurs que pardevant Nous pour raison du contenu en ladite Requête ; à peine de nullité des procedures. En exécution de cet Arrest, lesdits Marchands Nous ont presenté leur Requête aux fins d'icelui le 20 dudit mois d'Avril, & après avoir fait signifier tant ledit Arrest que ladite Requête, & notre Ordonnance étant au bas d'icelle, ils nous ont rapporté toutes lesdites piéces ci-dessus énoncées, & y ont ajoûté un autre Arrest contradictoire du Conseil du 29 Aoust 1656, rendu entre les Prieur, Consuls & Corps des Marchands Bourgeois de la Bourse commune de la Ville de Toulouse, & les Procureurs du Parlement de ladite Ville, par lequel Sa Majesté sans avoir égard aux Arrests du Parlement dudit lieu des 18 & 25 May 1652, a ordonné que les Marchands qui auroient exercé les Charges de Prieurs, Consuls & Juges de la Bourse, précederoient en tous lieux & Assemblées publiques & particulieres lesdits Procureurs. Ils Nous ont pareillement presenté des Lettres Patentes de Louis XIII. du mois de Juillet 1610, obtenues par les Juge-Consuls, Bourgeois & Marchands de Bourdeaux, portant confirmation & ratification des Arrests du Conseil desdits jours 8 Avril 1603, 12 Juillet 1604 ; D'autres Lettres Patentes de Charles IX. du 22 Juillet 1566, portant qu'en cas de maladie, abſence ou récuſation des Juge-Conſuls, les anciens Marchands qui ont paſſé par les Charges ſeront appellés pour rendre la Juſtice en leur lieu & place : Un Acte qui leur a été ſignifié de la part deſdits Procureurs de cette Ville le 20 du preſent mois d'Avril, par lequel ils déclarent qu'ils ſont oppoſans à l'exécution de l'Arreſt du Conſeil d'Etat, en vertu duquel Nous procedons à la confection du preſent Procès verbal : Acte ſignifié de leur part auſdits Procureurs le 21 dudit mois d'Avril, par lequel ils déclarent que nonobſtant ladite oppoſition, ils pourſuivront pardevant Nous l'exécution dudit Arreſt. Et enfin ils nous ont fait obſerver que quoique les Marchands de la Ville de Troyes euſſent abandonné leur droit de preſcéance aux Procureurs, cependant le Roy n'y a eu aucun égard, lorſque par ſon Arreſt dudit jour 15 Octobre 1663, contradictoirement rendu entre leſdits Procureurs & les Marchands de ladite Ville, il a ordonné préciſément que dès le moment que les Marchands auroient été Juges ou Conſuls, ils auroient la preſcéance ſur les Procureurs ; ce qui fait voir que ſi leſdits Procureurs ont uſurpé quelquefois la preſcéance ſur eux, ce n'a été que contre le droit qui leur eſt dû, & contre l'intention de Sa Majeſté ſi préciſément déclarée par les Arreſts ci-deſſus rapportés ; De la repreſentation deſquels, & des autres piéces ci-deſſus mentionnées, enſemble de leurs dires & comparutions, les Marchands Nous ont demandé acte, & ont ainſi ſigné. PERRET Juge en Chef, HOYSSI premier Conſul, G. DENIVENNE Conſul, P. PELISSON Conſul, J. DE LA HAYE ancien Juge, THEVENET ancien Echevin Marchand & ancien Juge-Conſul, H. ELEE ancien Juge, BOURGEOIS ancien Juge, SACHER ancien Juge, M. DELAUNAY ancien Juge, CHOLLOIS ancien Juge, BABAUD ancien Conſul, J. FLEURIAU ancien Conſul, J. JOYEUX ancien Conſul, F DENIVENNE l'aîné ancien Conſul, F. QUINTARD ancien Conſul, R. MIGNEN ancien Conſul, P. GUIGNARD Conſul, J. PELLISSEAU ancien Conſul, PALLU ancien Conſul, JULLIOT ancien Conſul, DUTOUR DUREAU ancien Conſul, F. MONDON ancien Conſul, RICHE le j. ancien Conſul.

MEMOIRE pour la Communauté des Procureurs du Prefidial de Poitiers, Demandeurs en Requête d'Oppofition à l'Arreft du Confeil d'Etat du 2 Avril 1701.

CONTRE le Corps des Marchands de la même Ville, Défendeurs & Demandeurs aux fins de la Requête inferée audit Arreft.

LEs Procureurs ont formé oppofition à l'Arreft du Confeil d'Etat que les Marchands ont obtenu fur un faux expofé, puifqu'ils ont pris des qualités d'Echevins qu'ils n'ont pas & qui leur font incompatibles, & ont tû l'état veritable de la procedure: la Requête que la Communauté des Procureurs a prefentée à Monfeigneur le Contrôleur General, en contient les moyens.

Les Procureurs du Préfidial font en poffeffion immemoriale de marcher devant les Marchands de la même Ville dans les Proceffions & cérémonies publiques: ayant été troublés, ils en ont porté leurs plaintes au Parlement Juge naturel des Parties, fur la complainte les Marchands ont procedé volontairement, ils y ont défendu; mais à la veille de la plaidoirie de la Caufe, voyans que l'évenement ne leur feroit pas avantageux, ils fe font pourvûs pardevant Noffeigneurs du Confeil, & taifans l'Inftance qui étoit toute inftruite au Parlement, & fe difans fauffement, fauf refpect, Echevins de Poitiers, ont obtenu l'Arreft fur l'oppofition duquel il s'agit de ftatuer.

Les Procureurs ont fait voir par leur Requête d'oppofition qu'il n'y a rien dans la conteftation des Parties qui ait pû porter cette affaire au Confeil du Commerce: il ne s'agit que d'un droit de prefcéance, il n'eft nullement queftion de matiere de Commerce, & encore moins de l'interêt du Roy. Sa Majefté & Noffeigneurs du Confeil font très-humblement fuppliés de faire réfléxion fur ces obfervations, & de renvoyer les Parties au Parlement, où la Cause est toute instruite par demandes & défenses; & où Sa Majesté voudroit entrer dans l'examen du fond de la contestation, Elle est très-humblement suppliée d'observer qu'il est question de sçavoir si les Marchands de Poitiers ont eu raison de vouloir préceder les Procureurs à la Procession le jour de la Fête de l'Assomption de Notre-Dame derniere, & de les troubler dans la possession en laquelle ils sont de suivre immédiatement après les les Avocats, les Juges du Présidial dans les cérémonies publiques les plus solemnelles qui se font à Poitiers.

La verité des faits & des circonstances va faire voir la décision; on verra clairement que dans l'entreprise des Marchands la fumée de l'orgueil a porté l'aveuglement dans leur esprit, puisqu'ils n'ont aucun droit de préséance par l'Edit de création de leur Jurisdiction, qui n'est que de 1566, & qui ne leur donne aucun rang dans les Processions ni aux Assemblées publiques; ils n'ont pas non plus de possession, puisque non seulement le Présidial de Poitiers a été établi long-tems avant eux, mais encore qu'ils seront assez de bonne foy pour ne pas disconvenir qu'ils ont toujours marché après les Procureurs dans les Processions jusqu'à la Fête de l'Assomption derniere. C'est ce long usage & cette coutume perpétuelle qui doit faire la regle & la décision de la contestation : car s'il est vrai que les Procureurs ont cette possession, comment les peut-on dire auteurs du trouble qui arriva à la Procession de l'Assomption derniere? Ils y prirent le rang qu'ils avoient accoutumé de prendre, & qui ne leur avoit jamais été contesté; les Marchands qui avoient toujours marché après eux dans ces sortes de cérémonies, même à la Fête-Dieu de la même année, se jetterent sur les Procureurs, leur déchirerent leurs robes avec plusieurs coups, dont les Procureurs ont dressé leur Procès verbal. Il est donc vray de dire que les Marchands sont les aggresseurs, & la cause du scandale qui arriva. Peut-on dire en cette rencontre que les Procureurs ont fait une nouveauté? Ils ont exécuté la volonté du Roy à la Procession de la Fête de l'Assomption, ils ont obéi à l'ordre de M. l'Evêque de Poitiers, & suivi l'ordre des sieurs Présifidiaux leurs Juges, qui ont voulu dans cette cérémonie, comme à l'ordinaire, tout le Corps du Présidial qui ne s'est jamais coupé ; aussi ce seroit une chose bien difforme de séparer les membres d'un Corps : & quand les Procureurs qui sont des Officiers Royaux, & qui par les Provisions que Sa Majesté leur a accordées, doivent jouir des honneurs accoutumés dûs à leurs Charges, n'auront pas eux-mêmes des prérogatives au-dessus des Marchands ; & quand ils ne seroient pas dans la possession de marcher devant eux, pourroit-on raisonnablement leur disputer le pas ? lorsqu'ils accompagnent leurs Juges, ne doivent-ils pas jouir de l'avantage de leurs Chefs, qui leur communiquent partie de leur lustre, comme un membre qui en doit être d'autant moins séparé, que c'est un usage aussi ancien que le Présidial de Poitiers, établi avant la création des Consuls, qu'eux-mêmes ont inviolablement observé depuis leur création, y ayant très peu de Villes en France où tous les Juge & Consuls marchent tous en cérémonie ; & quand ils y marchent, ils suivent leur coutume, qui est différente selon les raisons qu'ils ont dans les Villes de certaines Provinces pour l'introduire. A Paris, à Orleans, Nyort, Châtelleraut, les Juge-Consuls ne sont point en Corps aux cérémonies publiques. Il est vrai qu'en la Ville d'Angers les Marchands vont à la Procession du Sacre : personne n'ignore que cette Procession est très considerable ; il est néanmoins certain que tout ce qui compose le Présidial, Juges, Avocats, Postulans, ne sont point divisés, & y tiennent le rang le plus honorable, préférablement aux Marchands, quoique ce soit de gros Marchands, d'un Négoce infiniment plus grand que celui de Poitiers, dont le Négoce n'est que très-petit & en détail. Mais pour donner une idée parfaite de ce qui fait la contestation, il est nécessaire d'expliquer ce qui s'est toujours pratiqué dans la Ville de Poitiers touchant la marche de tous les Corps dans les cérémonies publiques. Il se fait pendant l'année plusieurs Processions : la plus considerable est celle de la Fête-Dieu ; elle est la plus auguste, parcequ'on y porte le Saint-Sacrement ; elle est la plus solemnelle & la plus generale ; tous les Corps tant Séculiers que Réguliers y sont convoqués, tous les Religieux,

tous

tous les Jurés des Arts & Métiers y marchent, & quantité d'autres Personnes. Elle est la plus pompeuse ; Messieurs les Intendans, tous les Officiers du Présidial sont en robes rouges, précedés de leurs Huissiers ; & les Avocats & Procureurs après eux en robes suivent immédiatement les Juges, ayant tous des cierges, & six des Procureurs aussi en robes portent des torches proche le Saint-Sacrement ; & en cette occasion les Marchands suivent les derniers Procureurs qui finissent le Corps du Présidial. Voici le veritable état de la marche de cette Procession qui s'est toujours faite de cette maniere, dont le Député des Marchands qui est à Paris, n'oseroit disconvenir ; il demeurera aussi d'accord que cette marche se fait sans discontinuation.

Outre cette Procession generale, il s'en fait encore de particulieres dans chaque Paroisse à l'Octave de la Fête-Dieu, où on y observe le même rang & le même ordre ; c'est-à-dire, immédiatement après le Saint-Sacrement, les Conseillers, Avocats & Procureurs, & ensuite les Marchands ; tous y sont en robes & cierges à la main.

Il se fait aussi deux autres Processions autour des murs de la Ville : une le Lundy de Pâques, & l'autre le septiéme Septembre, en reconnoissance de la levée de deux Sieges devant la Ville de Poitiers. Ces deux Processions sont beaucoup moins solemnelles que celles du Saint-Sacrement, où tous les Corps vont en général ; au lieu que dans ces deux Processions particulieres les Corps & Jurés des Métiers n'y vont point, non plus que plusieurs Paroisses : tout le Corps du Présidial n'y va pas, il n'y a que les premiers Officiers, qui ne sont point en robes rouges. Les Marchands qui se sont ingerés d'aller à ces deux Processions, ne suivent pas le Présidial ; mais voici quelle en est la marche. On y porte l'Image de la Vierge ; le sieur Maire, les Echevins, & ceux qui ont le droit de Bourgeoisie, qui font avec les Echevins le Corps de la Maison de Ville, suivent l'Image : après les derniers Bourgeois qui ne sont point non plus que les Echevins en robes, mais en épée, le Corps des Marchands a coutume de marcher ayant leurs robes. Cette marche fait une espece de Procession séparée ; après un long espace de chemin, les Religieux Mandians, quelques Paroisses & les Chapitres marchent, dont le dernier est celui de S. Pierre, comme étant le plus considerable, étant l'Eglise Cathédrale; après le Chapitre de S. Pierre, les premiers Officiers du Présidial suivent: les Avocats & Procureurs n'ont point coutume d'y aller. Il y a cette observation à faire, qu'entre la marche de l'Image & de ceux qui la suivent, il y a plus d'une heure d'intervale de chemin avec les Chapitre, Religieux & Présidial.

Il y a quantité d'autres Processions où les Officiers ne vont point, non plus que les Marchands, comme sont celles des Rogations. Il y a d'autres cérémonies où les sieurs du Présidial mandent tous leurs Officiers, pour faire paroître tout le Corps en général, comme à l'entrée de Messieurs les Evêques, Gouverneurs, Lieutenans de Roy, Intendans; & en d'autres occasions où on fait des Harangues, les premiers Officiers parlent, les Avocats, ensuite les Procureurs, & après eux les Marchands; mais le Corps du Présidial ne s'est jamais divisé.

Les Marchands dont le député reconnoîtra la sincerité des faits ci-dessus, ont eu ainsi tort d'avoir voulu interrompre cet ordre à la Fête de l'Assomption derniere, dont la marche devoit se faire comme celle de la Fête-Dieu, par l'ordre de M. l'Evêque, suivant l'intention de Sa Majesté.

Si leur procedé est blâmable, la procedure qu'ils ont tenue pardevant Nosseigneurs du Conseil est aussi vicieuse: ils avoient procedé volontairement au Parlement sur la complainte des Procureurs; ils y avoient défendu, ils avoient même appuyé leur droit sur differens Arrests. Cependant sur le prétexte des mêmes Arrests, & sur les mêmes moyens que ceux inserés dans leurs défenses fournies au Parlement, & à la faveur d'une fausse qualité qu'ils se sont donnée d'Echevins, ils ont obtenu l'Arrest auquel les Procureurs demandent d'être reçûs opposans, & en consequence être renvoyés au Parlement où l'Instance est en état d'être jugée; ce que les Marchands se sont bien donné garde d'établir à Nosseigneurs du Conseil, qui sans doute n'auroient pas rendu cet Arrest, si sa religion avoit été informée de la veritable qualité des Marchands & de l'état de la procedure; aussi l'Arrest ne prononce pas l'évocation de l'Instance de complainte portée au Parlement, mais fait seulement défenses d'y proceder, dans la présupposition qu'il n'y avoit qu'une simple assignation sans aucune suite.

Il reste à montrer que ce qu'ont fait les Marchands en exécution de l'Arrest en question, n'est pas plus régulier. La Requête sur laquelle l'Arrest a été rendu, tend à ce que les Arrests du Conseil y énoncés soient déclarés communs avec les Procureurs au profit des Marchands, & en consequence qu'ils ayent la preséance, demeurant tacitement d'accord que les Procureurs étoient en possession de prendre le pas. Ils sont aussi convenus que ces Arrests qui étoient les seuls Titres qui flatoient leur entreprise, n'avoient pas été rendus à leur profit ni contre les Auteurs des Procureurs; cependant sans les communiquer ni en instruire leurs adverses Parties, qui ne sçavent encore pas ni la teneur, ni en quelle espece ils ont été rendus, ils n'ont pas laissé de poursuivre l'exécution de l'Arrest du 2 Avril dernier, ce qui fait voir que tout ce qu'ils ont fait est vicieux, puisqu'il est des regles dans toutes les Cours de communiquer les Titres qu'on demande être déclarés exécutoires, surtout en cette rencontre, où les Procureurs n'ont aucune connoissance de ces prétendus Arrests, qu'ils ne sçavent pas même les veritables dattes, étant dattés différemment dans les défenses fournies au Parlement, & dans l'Arrest que les Marchands ont obtenu; & cette résistance à les communiquer fait assez connoître qu'ils ne peuvent faire la regle de la contestation, puisque même les Marchands pour se les appliquer, ont été obligés d'avoir recours à une supposition, en insinuant qu'ils étoient Echevins, quoiqu'ils ne puissent rapporter aucune preuve de cette qualité, & qu'au contraire les Procureurs ont justifié par le Certificat des Echevins de Poitiers, que les Marchands n'étoient pas du nombre, & que même cette qualité ne pouvoit résider dans leurs personnes; aussi les Procureurs s'opposent formellement à cette qualité.

En cet état, soit que Sa Majesté & Nosseigneurs du Conseil considerent que l'Instance & la contestation des Parties est pendante au Parlement, qu'elle y est toute instruite, ou qu'Elle examine le fond, les Procureurs esperent de sa justice ordinaire, ou le Renvoy au Parlement, ou le débouté de la demande des Marchands, avec dépens. *Signé*, MOUSNIER Député, SACHER Député. R. DE LA HAYE Marchand Orfévre, ancien Juge, Député des Juge-Consuls, pour avoir reçû les Présentes.

RÉPONSE des Marchands au Mémoire des Procureurs Postulans de la Ville de Poitiers, contenant leurs prétendus moyens d'opposition à l'Arrest du Conseil du 2. Avril dernier.

L'Arrest du Conseil auquel les Procureurs de Poitiers ont formé opposition, renvoye les Parties pardevant le Sieur de Maupeou d'Ableiges Intendant de Poitou, pour être entendues, & par lui dressé Procès verbal de leurs dires & contestations, & ensuite donner son avis sur le tout, pour icelui rapporté, être par Sa Majesté ordonné ce que de raison. Ce même Arrest fait des défenses respectives aux Parties de proceder ailleurs qu'au Conseil.

Les Procureurs de Poitiers ne peuvent avoir aucun interêt de s'opposer à cet Arrest, qui n'est qu'un Arrest préparatoire, par lequel le Roy veut que les Parties soient entendues, & a la bonté de se retenir la connoissance de leurs diférends, pour leur rendre lui-même justice. Si les Procureurs de Poitiers croyoient que leurs prétentions fussent raisonnables, ils n'auroient garde de s'opposer à un tel Arrest ; ils sçavent trop qu'il n'est point de Jurisdiction où on leur puisse rendre une plus prompte & une plus exacte justice : mais reconnoissans que leur cause est déplorable, ils font tous leurs efforts pour la faire renvoyer au Parlement, où ils esperent au moins pouvoir éloigner leur condamnation par les détours de leurs chicanes intarissables, & par les longueurs de la forme & de la procedure.

Les Procureurs de Poitiers employent dans leur Mémoire

deux sortes de moyens, des moyens dans la forme pour établir leur opposition, & des moyens au fond pour établir leur prétendu droit & possession. Leurs moyens d'opposition se peuvent réduire à deux ; le premier, que les Marchands & anciens Consuls de Poitiers ont exposé au Roy ce qui n'étoit pas ; le second, qu'ils ont tû & caché ce qui étoit, d'où ils induisent qu'il y a obreption & subreption dans l'Arrest, & que la religion du Conseil a été surprise.

Ils prétendent en premier lieu que les Marchands & anciens Juge-Consuls se sont présentés au Conseil pour les surprendre, sous une fausse qualité d'Echevins qu'ils soutiennent incompatibles avec leur état de Marchand.

Ils prétendent en second lieu qu'ils ont caché au Conseil le veritable état de la contestation & de la procedure, en dissimulant qu'ils étoient assignés en complainte au Parlement, qu'ils y avoient procedé volontairement, & que l'affaire y étoit instruite, & toute prête à juger.

C'est sur ces deux seuls moyens que les Procureurs de Poitiers fondent leur opposition, il est aisé d'en faire connoître la foiblesse & l'illusion.

Leur premier moyen d'opposition reçoit deux réponses : la premiere, qu'il est absolument indifferent d'examiner si les Marchands ont pris la qualité d'Echevins, & s'ils peuvent être Echevins de la Ville de Poitiers, puisque tous les Arrests & les Lettres Patentes qui maintiennent les Marchands qui ont passé par les Charges dans le droit de prescéance sur les Procureurs, contiennent l'alternative, & donnent la prescéance à tous Marchands qui ont passé par les Charges d'Echevins, de Jurats ou de Juge-Consuls ; ainsi l'une des qualités suffit sans l'autre.

La seconde réponse est que c'est mal-à-propos que les Procureurs de Poitiers soutiennent que les Marchands ne peuvent être Echevins dans cette Ville ; cela est contraire à l'usage ; il y a eu plusieurs Marchands qui y ont été Echevins, & Sa Majesté peut voir par le Procès verbal du sieur Intendant de Poitiers, que le sieur Thevenet ancien Echevin y signe au bas en qualité de Marchand & d'ancien Consul. De plus, un tel usage de ne point admettre les Marchands à l'E-

chevinage, feroit un abus & une contravention aux Edits &
Déclarations du Roy, qui ordonnent qu'une partie des Echevins des Villes sera toujours élûe du Corps des Marchands,
ce qui se pratique même dans la Ville de Paris, où l'Echevinage, quoique plus considerable que partout ailleurs, est déferé aux Marchands, & auquel les Procureurs du Parlement
de Paris, quoique les plus considerables de tous les Procureurs
du Royaume, ne peuvent aspirer. Un tel abus seroit aussi directement contraire au Réglement géneral du mois d'Aoust
1669, pour la Jurisdiction des Procès concernant les Manufactures, attribuée au Maire & Echevins des Villes, dans lequel le Roy s'exprime en ces termes: *L'un desdits Echevins sera actuellement Marchand, ou aura fait pendant six années au moins la Marchandise, à peine de nullité de son élection.* Mais il est inutile
d'entrer dans cette question, puisqu'il suffit pour avoir la
preséance, d'avoir été l'un ou l'autre, ou Echevin, ou Juge-Consul.

Le second moyen d'opposition des Procureurs de Poitiers,
par lequel ils prétendent que la Religion du Conseil a été surprise, en ce que les Marchands ne lui ont pas exposé le veritable état de la procedure faite au Parlement, ne merite pas
de réponse. Les Marchands anciens Juge-Consuls de Poitiers
veulent bien convenir qu'ils ont d'abord mal procedé au Parlement sur l'assignation que les Procureurs leur y avoient
fait donner; ils suivoient en cela comme des aveugles le chemin que les Procureurs leur avoient tracé pour les conduire
dans la fosse & dans l'abîme de leurs chicanes; mais mieux
instruits dans la suite, & reconnoissans qu'il ne s'agissoit entr'eux ni de complainte, (laquelle n'a point de lieu pour
les preséances qui sont de droit public) ni de possession
qui est toujours inutile sans Titre en ces sortes de matieres, quelque longue, quelqu'immemoriale qu'elle soit; &
qu'il ne s'agissoit uniquement que de l'exécution des Arrests
du Conseil, & de l'interprétation de la volonté du Roy, que
lui seul peut expliquer; apprenans d'ailleurs que le Roy avoit
toujours non seulement retenu à son Conseil ces contestations entre les Marchands & les Procureurs, mais même
cassé tous les Arrests des Parlemens qui s'étoient ingerés d'en

connoître ; ils ont été obligés pour ne point proceder inutilement, d'avoir recours au Roy, qui dès qu'il a connu la qualité de la contestation, a voulu s'en retenir la connoissance, & a fait de sa propre volonté des défenses respectives aux Parties de proceder ailleurs.

Les Procureurs de Poitiers alleguent que l'affaire est toute instruite & toute prête à juger au Parlement; mais ils sçavent bien le contraire, puisqu'il n'y a eu qu'un simple exploit de demande & des défenses fournies, ce qui ne forme pas même une contestation en cause. Ils sçavent de plus que ce Procès qui n'est pas encore né au Parlement, ne manqueroit pas dans peu de profiter & de croître jusqu'à une grosseur demesurée par l'aliment de leurs chicanes, & qu'il pourroit peut-être y subsister pendant plus de cinquante années, & coûter des sommes immenses ; au lieu qu'au Conseil si le droit des Procureurs est bon, ils y seront maintenus sans délay, sans procedures & sans frais.

Les Marchands supplient en cet endroit le Conseil de vouloir bien observer, qu'au Parlement ils ne peuvent charger un Procureur qui ne soit en même tems leur partie.

Les Procureurs de Poitiers opposent encore dans la forme que les Marchands anciens Juge-Consuls ne leur ont pas donné communication des Arrests du Conseil qui ont maintenu les Marchands dans le droit de prescéance sur les Procureurs. La réponse est aisée ; car outre que ces Arrests sont publics, que ce sont des Reglemens généraux qui sont entre les mains de tout le monde, c'est que les Marchands n'empêchent pas que les Procureurs n'en prennent telle communication qu'ils jugeront à propos.

Il ne reste plus présentement qu'à répondre aux moyens du fond, par lesquels les Procureurs de Poitiers prétendent établir leur prétendu droit & leur prétendue possession.

A l'égard du droit, les Procureurs ne rapportent aucun titre qui puisse l'établir en leur faveur : les Marchands au contraire rapportent des Lettres Patentes & plusieurs Arrests contradictoires du Conseil d'Etat & du Conseil Privé, par lesquels les Marchands qui ont passé par les Charges, ont été perpetuellement maintenus dans le droit de préceder les

Procureurs, & même les Procureurs des Cours Souveraines: Ces Arrests sont produits ; ils sont énoncés dans l'Arrest du Conseil du 2 Avril dernier, auquel les Procureurs demandent d'être reçûs opposans ; ils y sont expliqués au long : inutile d'en rien répeter.

Reste donc uniquement la possession, sur laquelle les Procureurs de Poitiers insistent beaucoup, & semblent triompher.

Il est cependant bien aisé de leur répondre à cet égard. 1°. Quand la possession des Procureurs seroit aussi-bien établie qu'ils le prétendent, cela ne changeroit rien au fond de la contestation, puisque la possession sans titre en cas de droits honorifiques de pas & preséance, n'est d'aucune consideration, fût-elle de mille ans, aussi voit-on que le Conseil n'y a jamais eu aucun égard, puisque dans le temps que les Procureurs du Parlement de Bourdeaux voulurent contester le pas aux Marchands de la Ville qui avoient passé par les Charges, ces Procureurs rapporterent plusieurs actes autentiques de leur possession, & que cependant l'Arrest du Conseil du 12 Juillet 1604, sans avoir égard à ces Actes, debouta les Procureurs de leur demande, & maintint les Marchands dans le droit de préceder les Procureurs. De même lors de l'Arrest du Conseil du 15 Octobre 1663, rendu en faveur des Marchands contre les Procureurs de la Ville de Troyes, ces Procureurs rapportoient non-seulement des actes de possession, mais même ils rapportoient jusqu'à onze actes de désistement, par lesquels les Marchands Drapiers, Epiciers, Teinturiers & autres déclaroient qu'ils n'entendoient point contester le pas ni la preséance aux Procureurs ; nonobstant tous ces actes de possession, nonobstant les désistemens mêmes des Marchands, le Roy pour l'honneur du Commerce, voulut maintenir les Marchands de Troyes, pour ainsi dire malgré eux, dans le droit de préceder les Procureurs. Cet Arrest est rendu en forme de Réglement, & il a toujours depuis servi de régle lorsque de pareilles contestations se sont présentées.

Après une décision si positive, & qui marque la volonté du Roy d'une maniere si expresse, il seroit inutile de répondre à la prétendue possession alleguée par les Procureurs de Poitiers,

tiers, puisque quand ils l'auroient, elle leur seroit inutile, & que d'ailleurs ils n'en rapportent aucune preuve, ni aucun acte autentique.

Mais si l'on examine au fond cette prétendue possession, le Conseil verra qu'elle se réduit à rien.

De toutes les Processions qui se font dans la Ville de Poitiers, les Procureurs n'assistent ordinairement qu'à celle du jour de la Fête-Dieu, à laquelle ils accompagnent & suivent le Présidial comme bas Officiers de ce Corps, ainsi que les Huissiers & autres, & en cette qualité d'Officiers servant le Présidial: six d'entr'eux sont obligés de porter six torches pour le Présidial autour du Dais sous lequel le Saint-Sacrement est porté. Ils n'assistent point à toutes les Processions qui se font pour les nécessités publiques ou en actions de graces, ni à celles qui se font pour l'ouverture des Jubilés.

Ils n'assistent jamais aux *Te Deum*, quoique le Présidial y soit mandé; ils n'assistent point aux Entrées des Rois & des Princes: au lieu qu'à toutes ces Cérémonies le Corps des Marchands & Juge-Consuls est mandé par Billet, ainsi que le Présidial & le Corps de Ville. Jamais les Procureurs ne sont mandés par Billet à aucunes Cérémonies; & s'ils assistent à quelques-unes, ce n'est que lorsque les sieurs du Présidial leur donnent ordre de les y accompagner & de les y suivre.

Toute la difficulté se réduit donc au prétendu inconvénient proposé par les Procureurs, qui est qu'il n'y a pas d'apparence de couper le Corps du Présidial, & d'en séparer les membres; que dès lors que le Présidial a le pas sur les autres Corps, tous les membres du Présidial devant s'entretenir & demeurer unis, doivent par une suite nécessaire préceder les Corps qui suivent le Présidial. Il y a trois réponses à cette objection. La premiere est que l'argument prouve trop, & par consequent ne prouve rien; car si ce raisonnement étoit bon, il s'ensuivroit que dans les Marches publiques le dernier ou le plus malheureux des Huissiers ou Greffiers auroit le pas sur le Maire de la Ville.

La seconde, c'est que les Procureurs ne sont en aucune façon membres des Cours & des Jurisdictions dans lesquelles ils occupent: les Procureurs de la Cour à Paris n'oseroient

Dd

affurément fe dire membres du Parlement ; ils font feulement Officiers inferieurs & fervans des Cours où ils poftulent, ainfi que les Huiffiers & autres : d'où vient que Dumoulin les appelle Serviteurs de la Cour.

La troifiéme, c'eft qu'il n'eft point extraordinaire que ces prétendus membres foient coupés & féparés du refte du Corps. Les Procureurs de Poitiers conviennent que cela arrive en plufieurs rencontres ; & à la derniere Proceffion qui a donné lieu à la conteftation, ils font obligés d'avouer qu'ils laifferent paffer le Corps de l'Hôtel de Ville immédiatement après le Corps du Préfidial, & qu'ils voulurent enfuite fe fourrer violemment entre le Corps de la Ville & le Corps des Marchands & Juge-Confuls, lequel fuivant l'ufage marchoit immédiatement après le Corps de Ville : ce qui donna lieu au defordre & au fcandale qui auroit été beaucoup plus confiderable, fi les Marchands anciens Juges-Confuls n'avoient eu la difcrétion de ceder à la violence & au nombre, & ne s'étoient retirés. Par où le Confeil peut connoître que les Procureurs furent les aggreffeurs & les feuls auteurs du tumulte, les Marchands ayant mieux aimé quitter le rang qu'ils occupoient fuivant leur droit & un ufage certain, que de faire aucune réfiftance, & de caufer aucun trouble au Service divin. Cela fe trouve ainfi juftifié par le Procès verbal des Maire & Echevins de la Ville, qui furent indignés d'un procedé fi extraordinaire ; c'eft le feul Procès verbal qui puiffe faire foy dans cette affaire, celui des Procureurs ainfi que celui des Marchands & Juge-Confuls ayant été dreffés par les Parties intéreffées. Les Procureurs de Poitiers, au lieu de caufer un tel fcandale & de commettre une telle violence, devoient fuivre l'exemple des Avocats, lefquels voyant que le Corps de Ville vouloit fuivre immédiatement celui des Officiers du Préfidial, & reconnoiffans quant à eux qu'ils ne faifoient aucun Corps, fe retirerent auffi-tôt fans former aucune conteftation.

En voilà plus qu'il n'en faut pour détruire les prétendus moyens d'oppofition des Procureurs de Poitiers : les Marchands anciens Juges & Confuls fupplieront feulement le Confeil en finiffant, de vouloir bien faire cinq obfervations.

La premiere, que les Juge-Confuls ayant l'honneur d'exercer une Jurifdiction Royale, il feroit bien indécent de les voir précedés dans les Marches publiques par des Procureurs Poftulans qui occupent fouvent devant eux, & dont ils font les Juges en plufieurs rencontres.

La feconde, que les Juge-Confuls & les anciens Marchans qui ont paffé par les Charges, compofent un Corps diftingué dans la Ville de Poitiers, lequel a l'honneur d'être mandé par Billet à toutes les Cérémonies publiques, ainfi que les Corps du Préfidial & de l'Hôtel de Ville.

La troifiéme, qu'ils ont l'honneur aux Entrées des Rois & des Princes, d'être admis féparément à leur faire harangue, & que tout récemment au paffage du Roy d'Efpagne, ils eurent l'honneur de lui être préfentés comme un Corps féparé, par le fieur Defgranges Maître des Cérémonies, & de haranguer Sa Majefté Catholique.

La quatriéme, que quelques méprifables qu'ils paroiffent aux Procureurs de Poitiers, ils font cependant les feuls de tous les Corps de cette Ville qui ayent immortalifé leur zele pour la gloire du Roy, en lui érigeant une Statue en la principale Place de la Ville, fuivant la permiffion que Sa Majefté a bien voulu leur faire l'honneur de leur en accorder en l'année 1687.

La cinquiéme & derniere eft que c'eft mal-à-propos que les Procureurs fe vantent d'être plus anciens que les Juge-Confuls, puifque l'Edit de création des Juge-Confuls eft de l'année 1566, & que l'Edit de création des Offices de Procureurs Poftulans dans toutes les Jurifdictions du Royaume, n'eft que du 21 Novembre 1572. *Signé*, DE LA HAYE Marchand Orfévre, ancien Juge, Député des Juge-Confuls. Reçû autant ce 9 Juin 1701. *Signé*, MOUSNYER Député des Procureurs. SACHER Député.

ARREST DU CONSEIL D'ESTAT

du Roy, contradictoire & définitif, pour la préscéance des Marchands Juge Consuls de la Ville de Poitiers, sur les Procureurs au Présidial de la même Ville.

28 Juin 1701.

VEU au Conseil d'Estat du Roy l'Arrest rendu en iceluy le 2 jour d'Avril dernier sur la Requeste presentée par les Marchands de la Ville de Poitiers, tendante à ce qu'il plût à Sa Majesté declarer communs avec les Procureurs du Presidial de Poitiers les Arrests du Conseil des 8 Avril 1603. 12 Juillet 1604. 15 Octobre 1663 & 17 Septembre 1668. Ce faisant ordonner que lesd. Arrests seront exécutés selon leur forme & teneur à Poitiers comme dans les autres Villes pour lesquelles ils ont été rendus, & que les Procureurs de Poitiers seront tenus d'y obeir à peine de desobeissance & de deux mille livres d'amende, & en consequence faire défences aux Parties de proceder sur le fait de la préscéance entr'eux ailleurs qu'au Conseil, à peine de nullité & de pareille amende de deux mille livres, par lequel Arrest Sa Majesté auroit renvoyé ladite Requête au sieur de Maupeou d'Ableiges Conseiller de Sa Majesté en ses Conseils, Maître des Requêtes ordinaire de son Hôtel, Commissaire départi en la Généralité de Poitiers, pour entendre les Marchands les Juges & Consuls & lesdits Procureurs du Presidial de Poitiers sur le contenu en lad. Requête, dresser Procès verbal des dires & contestations desd. Parties & donner son avis sur le tout, pour icelui vû & raporté à Sa Majesté être ordonné ce qu'il appartiendra, & Sa Majesté auroit fait défenses ausdites Parties de proceder ailleurs, que pardevant le sieur de Maupeou d'Ableiges pour raison du contenu en ladite Requête, à peine de nullité des Procedures & de tous dépens, domages & interets; l'Acte de la signification faite dudit Arrest du Conseil le 12 dudit mois d'Avril ausdits Procureurs de Poitiers au domicile de leur Procureur au Parlement de Paris; Requête presentée par les Sindics & Communauté des Procureurs du Bailliage, Siege Presidial &

autres Jurisdictions Royales de la Ville de Poitiers, tendante à ce qu'il plût à Sa Majesté renvoyer les Parties au Parlement de Paris, pour y proceder sur l'instance de complainte y pendante suivant les derniers erremens, & comme elles auroient pû faire auparavant l'Arrest du Conseil rendu sur la Requête le 2 Avril de la presente année 1701. à l'exécution duquel & à tout ce qui pouroit s'en être suivi les supplians seroient autant que de besoin reçûs opposans, faire defenses ausdits Marchands de faire aucunes poursuites pour raison de ce ailleurs qu'au Parlement, & les condamner solidairement en tous les dépens, dommages & interêts ; Procès-verbal dressé par ledit sieur de Maupeou d'Ableiges le 23 dudit mois d'Avril, en exécution dudit Arrest du Conseil du 2 Avril dernier, par lequel il paroît que les Procureurs dudit Présidial de Poitiers, contenant une énonciation des moyens fournis par lesdits Marchands, & les piéces produites pardevant ledit sieur de Maupeou d'Ableiges pour soutenir leurs demandes & prétentions contre lesdits Procureurs, tendante à ce qu'il soit ordonné, ainsi qu'il a déja été fait en faveur des Marchands de plusieurs Villes du Royaume par differens Arrests du Conseil, que les Marchands Juge & Consuls en Charge, & les autres Marchands ayant passé par lesdites Charges & celles d'Echevins de ladite Ville, auront le pas & la preseance sur les Procureurs dans toutes les Assemblées & Cérémonies publiques & particulieres : sçavoir un Edit du mois de May 1566, pour l'établissement à Poitiers de la Jurisdiction Consulaire ; autre Edit du 21 Novembre 1572, portant création en titres d'Office des Charges de Procureurs Postulans en toutes les Cours & Jurisdiction du Royaume ; Arrest du Conseil du 8 Avril 1603, contradictoire, rendu entre les Juge & Consuls, Bourgeois & Marchands de la Ville de Bourdeaux, & le Syndic & Communauté des Procureurs du Parlement de la même Ville, portant que les Marchands & Bourgeois de la Ville de Bourdeaux qui auroient eu les Charges de Jurats, Juges de la Bourse, Consuls, Tresoriers de l'Hôpital, Avitailleurs des Châteaux, ou l'une d'icelles, précederont en tous lieux & Assemblées publiques & particulieres, les Procureurs de la Cour qui n'auront eu lesdites

Dd iij

Charges ni aucunes d'icelles, & ceux qui les auront eues, auront rang & scéance avec lesdits Marchands, selon l'antiquité de leurs élections auxdites Charges; autre Arrest du Conseil rendu entre les mêmes Parties, sur une Requête présentée par lesdits Procureurs du Parlement de Bourdeaux, tendante à ce que sans avoir égard au précedent Arrest, il plût à Sa Majesté les maintenir & garder au rang qu'ils ont toujours eu en toutes les assemblées publiques & particulieres, & ordonner qu'ils précederont les Juge-Consuls, Bourgeois & Marchands de ladite Ville, de quelque qualité qu'ils soient, & donneront leurs suffrages en l'Hôtel de Ville immédiatement après les Avocats, ledit Arrest portant que sans avoir égard à ladite Requête, ledit Arrest du Conseil du 8 Avril 1603 sortira son plein & entier effet, avec défenses aux Parties, pour raison des preséances, de faire poursuites ailleurs qu'audit Conseil, & audit Parlement de Bourdeaux d'en prendre connoissance; Lettres Patentes du Roy données au mois de Juillet 1610, en faveur des Juge-Consuls & Bourgeois de ladite Ville de Bourdeaux, portant confirmation desdits Arrests rendus en faveur des Bourgeois & Marchands de ladite Ville; autre Arrest du Conseil du 3 Septembre 1649, rendu entre les Marchands de la Ville de Troyes & les Procureurs du Présidial de la même Ville, portant que les Marchands précederont lesdits Procureurs en toutes Assemblées publiques & particulieres, même au Bureau de Direction des Pauvres de la Ville, avec défenses aux Procureurs de ladite Ville de se pourvoir au Parlement pour raison de ce, ni se servir des Arrests d'icelui, & à tous Juges de les mettre à exécution, à peine de nullité; autre Arrest du Conseil du 29 Aoust 1656, rendu entre les Marchands de la Ville de Toulouse, & les Procureurs du Parlement de la même Ville, portant que les Marchands qui exerceront & auront exercé les Charges de Capitouls, Prieurs, Consuls & Juges de la Bourse, ou l'une d'icelles, précederont en tous lieux & Assemblées publiques & particulieres lesdits Procureurs qui n'auront été Capitouls, & ceux qui l'auront été auroient scéance avec lesdits Marchands selon l'antiquité de leur reception à la Charge de Capitoul; autre Arrest rendu le 25 May 1660, entre les Marchands de la Ville de Troyes & les Procureurs du Préſidial de la même Ville, portant que la Communauté des Procureurs de ladite Ville de Troyes ſera aſſignée au Conſeil, pour les Parties ouyes & reglées ſur les fins de ladite Requête préſentée par les Marchands, & cependant que l'Arreſt contradictoirement rendu au Conſeil entre leſdites Parties le 3 Septembre 1649, & autres intervenus en conſequence, ſeront exécutés ſelon leur forme & teneur, ce faiſant que les Marchands précederont les Procureurs en toutes Aſſemblées publiques & particulieres, ſoit en l'Hôtel de Ville, Bureau des Hôpitaux & autres lieux, avec défenſes auſdits Procureurs de mettre à exécution un Arreſt du Parlement du 9 Avril lors dernier, & de ſe ſervir des aſſignations y données, & de tout ce qui s'en pourroit être enſuivi, & d'y faire pourſuite pour raiſon de ce juſqu'à ce qu'autrement en ait été ordonné ; autre Arreſt du Conſeil du 3 Decembre 1660, rendu entre leſdits Marchands & leſdits Procureurs de la Ville de Troyes, portant que ſans s'arrêter à l'Arreſt du Parlement de Paris du 24 Juillet lors dernier, ni à tout ce qui pourroit s'en être enſuivi, l'Arreſt du Conſeil du 11 Septembre 1648 ; & ceux rendus en conſequence les 3 Septembre 1649, 14 Janvier, & 9 Avril 1650 & 1652, 25 May & 9 Juillet 1660, ſeront exécutés ſelon leur forme & teneur, & pour la contravention commiſe par leſdits Procureurs à l'exécution deſdits Arreſts, Sa Majeſté les a interdits de l'entrée du Bureau de la Direction des Hôpitaux, & exclus de la Direction & Adminiſtration d'iceux, juſqu'à ce qu'ils ayent exécuté leſdits Arreſts : que les Procureurs ne pourront à l'avenir être élûs Directeurs & Adminiſtrateurs deſdits Hôpitaux ou Echevins de ladite Ville, ni exercer leſdites Charges, ſinon & à condition que conformément auſdits Arreſts ils ſeront précedés par leſdits Marchands en toutes Aſſemblées, & que ledit Arreſt ſeroit regiſtré au Greffe de l'Hôtel de Ville, Bureau de la Direction des Hôpitaux, & affiché partout où il appartiendra ; autre Arreſt du Conſeil rendu le 28 May 1661, entre les mêmes Parties, contenant les mêmes diſpoſitions ; autre Arreſt du Conſeil du 15 Octobre 1663, rendu entre leſdits Marchands & leſdits Procureurs de la Ville de

Troyes, par lequel Arrest Sa Majesté faisant droit sur le tout, & interprétant ledit Arrest du Conseil du 11 Septembre 1648, a ordonné qu'en procedant chacune année à l'Election des Echevins de ladite Ville, un Marchand & un Procureur se trouvant nommés pour faire ladite Charge la même année, leur preseéance sera reglée selon l'ancienneté de leurs âges, si ce n'est que le Marchand ait été Juge-Consul : & pour ce qui regarde le Bureau des Pauvres, places & fonctions de Marguilliers dans les Paroisses de la Ville, lesdits Marchands & Procureurs auront aussi leur rang & séance selon l'ancienneté de leurs âges, si ce n'est que lesdits Marchands, auparavant d'être nommés Administrateurs du Bureau des Pauvres, ou Marguilliers desdites Paroisses, ayent été Echevins ou Juge-Consuls de ladite Ville, auquel cas ils précederont lesdits Procureurs qui n'auront point été Echevins devant eux, tant audit Bureau des Pauvres, qu'en ladite place & fonction de Marguilliers, & sans qu'en consequence desdits Arrests, des quatre Echevins qui seront en exercice, puisse y avoir plus d'un Officier de Justice, Avocat ou Procureur, conformément audit Arrest du 11 Septembre 1648, lequel pour ce regard sortira son plein & entier effet ; autre Arrest dudit Conseil du 10 Septembre 1668, rendu en interprétation d'un autre Arrest du Conseil du 27 Aoust 1666, portant Règlement entre les Officiers, Avocats, Procureurs & Marchands de la Ville d'Auxerre, sur l'Echevinage de la même Ville, ledit Arrest portant que le Gouverneur du Fait commun de ladite Ville d'Auxerre sera toujours élû du nombre des Marchands, & que des quatre Echevins il y en aura deux Officiers, Avocats ou Procureurs, & toujours deux Marchands, & conformément à l'Arrest du Conseil du 15 Octobre 1663, donné pour la Ville de Troyes, la preseéance du Marchand & du Procureur est réglée selon l'ancienneté de leurs âges, si ce n'est que le Marchand ait été Juge ou Consul, auquel cas il précedera le Procureur ; autre Arrest du 21 Octobre 1673, confirmatif du précedent ; Procès verbal dressé le 15 Aoust 1700, par les Juge & Consuls lors en Charges, les anciens Juges & Consuls, en la Maison Consulaire de Poitiers, du trouble & de la violence à eux faite par les Procureurs

cureurs du Préfidial, dans la marche de la Proceſſion ſolemnelle qui fut faite ledit jour, & à laquelle leſdits Juge & Conſuls & anciens auroient été mandés; autre Procès verbal dreſſé le même jour par les Maire & Echevins dans l'Hôtel de Ville, du trouble & de la violence à eux faite par leſdits Procureur dans la marche de ladite Proceſſion, & de la violence exercée par leſdits Procureurs contre leſdits Juge & Conſuls; L'avis dudit ſieur de Maupeou d'Ableiges étant en fin dudit Procès verbal; Les Mémoires fournis au Conſeil depuis ledit Procès verbal & avis dudit ſieur de Maupeou d'Ableigès, envoyés tant pour défendre au fond ſur les demandes & prétentions deſdits Marchands, que pour ſoutenir l'oppoſition par eux formée audit Arreſt du Conſeil du 2 Avril dernier, & les piéces y jointes. Sceau & Commiſſion priſe en Chancellerie le 15 Janvier dernier par leſdits Procureurs du Préfidial de Poitiers, pour faire aſſigner au Parlement les Marchands de ladite Ville de Poitiers, ſur la demande en complainte formée contre leſdits Marchands par leſdits Procureurs; Exploit d'aſſignation donnée en conſequence auſdits Marchands le 21 dudit mois de Janvier; acte de conſtitution de Procureur pour leſdits Marchands ſur ladite aſſignation, ſignifié au Procureur des Procureurs le 4 Février; copie de défenſes fournies au Parlement par leſdits Marchands le 16 dudit mois de Février; Dire fourni par leſdits Procureurs audit Parlement le 12 Avril; acte décerné le 22 Avril dernier par les Officiers du Préfidial de Poitiers judiciairement & à l'Audiance de la Cour ordinaire & Préſidiale de la Senéchauſſée de Poitou, par lequel leſdits Officiers donnent acte de notorieté de ce que la Proceſſion la plus ſolemnelle qui ſe fait dans la Ville de Poitiers, eſt le jour de la Fête-Dieu, à laquelle Proceſſion générale, & de l'Octave patticuliere en chaque Paroiſſe, & autres Cérémonies publiques de ladite Ville, les Procureurs de ce Siége ſont en poſſeſſion immémoriale d'avoir le pas, ſcéance & parole devant les Marchands, tant en leurs fonctions de Juges de la Bourſe, de Conſuls, qu'autres Marchands de ladite Ville, enſemble de ce que leſdits Juges de Bourſe, Conſuls & Marchands ne ſont Maires ni Echevins de la Maiſon commune de Poitiers; autre acte de Certificat donné le 21 May par le Scribe du Chapitre de Notre-Dame la Grande de Poitiers, portant que la principale Procession qui se fait en la Vill. de Poitiers, est celle de la Fête-Dieu, où tout le Clergé & Religieux tant Séculiers que Réguliers, & où tous les Corps assistent, & que la marche est de cette sorte: que le Corps du Présidial précedé par les Huissiers, suit immédiatement le Clergé & le Saint-Sacrement qu'on y porte, que les Procureurs & Avocats marchent ensuite, & après le Corps des Marchands; autre acte donné le sixiéme jour du mois de Juin dernier par le Chapitre de l'Eglise Cathédrale, portant que pour la Procession de la Fête-Dieu tous les Corps Ecclésiastiques Séculiers & Réguliers, & tous les Corps de la Ville se rendent, que la place dans l'Eglise pour les Officiers du Présidial, les Avocats & Procureurs ont la droite, & celle des Juges des Marchands est à la gauche, & que la marche dans le cours de la Procession est de cette sorte: que les Officiers du Présidial marchent les premiers immédiatement après le Saint-Sacrement, & qu'ensuite les Avocats marchent, & qu'après les Avocats les Procureurs marchent, & après les Procureurs les Marchands: que c'est ce qui s'est pratiqué de tems immémorial. Un petit Livre imprimé contenant la Déclaration du 10 Février 1638, pour l'établissement de la Procession solemnelle & générale dans toutes les Eglises du Royaume le quinziéme jour d'Aoust chaque année, auquel jour on célébre la Fête de l'Assomption de Notre-Dame; & le Mandement du Sieur Evêque de Poitiers du trentiéme Juillet 1700, pour l'établissement de ladite Procession solemnelle & générale dans la Ville & Diocèse de Poitiers, portant entr'autres choses que dans ladite Ville tous les Corps Ecclésiastiques, tant Séculiers que Réguliers, ont coutume de se trouver à la Procession générale du Saint-Sacrement; un Certificat donné par les Maire & Echevins de Poitiers le 23 Avril dernier, portant que les Marchands de la Ville de Poitiers ne sont Maires ni Echevins, qu'ils ne le pourroient être & faire leur commerce. Procès verbal dressé ledit jour 15 Aoust 1700 par la Communauté des Procureurs, de la violence contr'eux exercée par lesdits Juge-Consuls dans la marche de ladite Procession; Mémoire des Marchands servant de réponse au Mémoire & à la production desdits Procureurs; Réglement pour l'établissement de la Maison des Pauvres renfermés à Poitiers, par le second article duquel les Administrateurs du Corps des Marchands sont nommés avant ceux de tous les autres Corps de la Ville; Et tout vû & consideré: Ouy le Rapport du sieur Chamillard, Conseiller ordinaire au Conseil Royal, Contrôleur Géneral des Finances. LE ROY EN SON CONSEIL faisant droit sur le tout, sans s'arrêter à la Requête d'opposition des Procureurs de Poitiers audit Arrest du Conseil du 2 Avril dernier, a déclaré & déclare lesdits Arrests du Conseil des 8 Avril 1603, 12 Juillet 1604, 3 Septembre 1649, 29 Aoust 1656, 25 May & 3 Septembre 1660, 28 May 1661, 15 Octobre 1663, 17 Septembre 1668, & 21 Octobre 1673, communs avec les Marchands & Procureurs de la Ville de Poitiers, & en consequence ordonne Sa Majesté que le Corps de la Jurisdiction Consulaire composé du Juge & des Consuls en Charges, & des anciens Juges & Consuls, précedera la Communauté desdits Procureurs dans toutes les Cérémonies publiques, Processions & Assemblées générales; Et à l'égard des Elections d'Echevins, d'Administrateurs des Hôpitaux & de Marguilliers des Paroisses ou autres semblables, s'il se trouve un Marchand & un Procureur élûs en même tems, celui qui aura exercé l'une des Charges d'Echevin ou de Juge-Consul, précedera l'autre qui n'aura exercé aucune desdites Charges; ou si l'un & l'autre les avoit exercées, celui qui aura exercé le premier l'une d'icelles, précedera l'autre; & si dans les élections un Marchand & un Procureur qui n'auroient exercé aucune desdites Charges étoient nommés ensemble, le rang sera réglé entr'eux par l'ancienneté de l'exercice de leur Profession de Marchand ou de Procureur: ce qui sera observé pareillement dans les Cérémonies, Processions & Assemblées particulieres. Fait au Conseil d'Etat du Roy tenu à Marly le vingt-huitiéme Juin 1701. Collationné. *Signé,*

DUJARDIN.

LOUIS par la grace de Dieu Roy de France & de Navarre: Au premier notre Huissier ou Sergent sur ce requis, Nous te mandons & commandons, que l'Arrest dont l'Extrait est ci-attaché sous le contre-Scel de notre Chancellerie, ce jourd'hui donné en notre Conseil d'Etat, entre les Marchands de notre Ville de Poitiers & la Communauté des Procureurs du Présidial de la même Ville, pour les causes y mentionnées, tu signifies à la Communauté desdits Procureurs, & à tous autres qu'il appartiendra, à ce qu'ils n'en ignorent, & faire en outre pour l'exécution d'icelui, à la requête desdits Marchands de Poitiers, tous commandemens, sommations & autres actes & exploits requis & nécessaires, sans demander autre permission: Car tel est notre plaisir. Donné à Marly le vingt-huitième jour de Juin l'an de grace 1701, & de notre Regne le cinquante-neuviéme. *Signé*, Par le Roy en son Conseil, DUJARDIN. *Et scellé du grand Sceau de cire jaune.*

LE vingt-sixiéme jour de Juillet 1701, à la requête du Corps des Marchands de la Ville de Poitiers qui sont & qui ont passé en Charges de Juges & Consuls en la Jurisdiction Royale Consulaire de cettedite Ville, y demeurant, lesquels ont élû pour domicile entant que besoin seroit, l'Hôtel & Greffe de leur Jurisdiction, situé Paroisse de S. Didier; j'ay à la Communauté des Procureurs Postulans au Bailliage & Siége Présidial dudit Poitiers, signifié & baillé copie de l'Arrest du Conseil d'Etat du Roy, & de la Commission dudit Conseil pour l'exécution dudit Arrest, le tout en datte du vingt-huit Juin dernier, signé Dujardin, cy attaché, que je leur ay délaissé aux fins que de raison, & qu'ils n'en prétendent cause d'ignorance; & outre & par vertu d'iceluidit Arrest & Commission, & à la susdite requête, je leur ay fait commandement de par le Roy notre Sire & de Justice, d'y obéir sur les peines que de droit, & de tous dépens, dommages & interêts. Fait par moy Huissier Audiancier en ladite Cour Consulaire, soussigné résidant à Poitiers, immatriculé au Siége Présidial dudit lieu, délaissé au domicile de Me. Abraham Corbin, l'un des Syndics de ladite Communauté des Procureurs, demeurant audit Poitiers, Paroisse de S. Didier, avec injonction requise de le faire sçavoir à ladite Communauté, en parlant à un Clerc. Signé, OLLIVIER.

Contrôlé à Poitiers ce 27 Juillet 1701. *Signé*, BABAUD. R. 6 s.

ARREST DE LA COUR DE PARLEMENT,

par lequel en confirmant les Sentences des Juge & Consuls de Paris, on juge que des Mineurs qui ont tiré, accepté & endoßé des Lettres de Change, ne sont point restituables, & qu'ils sont Consulaires & contraignables par corps.

EXTRAIT DES REGISTRES DE PARLEMENT.

LOUIS par la grace de Dieu Roy de France & de Navarre: Au premier notre Huissier ou Sergent sur ce requis, Sçavoir faisons qu'entre Isaac Lardeau Interessé és Affaires du Roy, Appelant tant comme de Juge incompétent qu'autrement, des Sentences rendues par les Juge & Consuls de Paris les 9 & 11 Janvier 1702, emprisonnement & écroue fait de sa personne, & de tout ce qui s'en est ensuivi, & Demandeur en entherinement de Lettres de Rescision par lui obtenues en Chancellerie le 11 Février 1702, suivant l'Exploit du 13 dudit mois, d'une part; & Jean Coulombier Caissier General du grand Bureau des Postes de France, Intimé & Défendeur. Et entre ledit Lardeau fils mineur, procedant sous l'autorité de Maistre Samuel Lardeau ci-devant Procureur en la Cour, son pere, Appelant des Sentences des Juge & Consuls de Paris des 5 & 7 Decembre 1701, Demandeur aux fins desdites Lettres de Rescision du onze Février 1702, suivant l'Exploit du 15 Avril audit an; & Jean Guerin Intimé & Défendeur. Et entre ledit Lardeau audit nom, Appellant d'une Sentence desdits Juge & Consuls du 16 Decembre 1701, & Demandeur aux fins desdites Lettres de Rescision, suivant l'Exploit dudit jour 15 Avril; & Jacques de la Tour Intimé & Défendeur. Et entre ledit Lardeau, Appellant des Sentences desdits Juge & Consuls des 27 Février & premier Mars 1702, & recommandation faite de sa personne és Prisons du Fort-Levêque, Demandeur aux fins desdites Lettres de Rescision, suivant l'Exploit du 4 Mars 1702; &

Jean Charpentier Intimé & Défendeur. Et encore entre ledit Lardeau Demandeur aux fins desdites Lettres de Rescision dudit jour onze Février 1702, & Exploit du 15 Avril ensuivant; & Daniel & Louis Ragueneau Défendeurs. Et entre ledit Lardeau Demandeur aux fins desdites Lettres de Rescision du onze Février 1702, suivant les Exploits des 2 Mars & 15 Avril ensuivant; & Guillaume Ledebotté sieur des Jugeries, & Pierre-Bernard Pasquier Défendeurs. Et entre Elie Guitton Ecuyer sieur du Tranchard, fils mineur de Jean-Louis Guitton Ecuyer sieur dudit lieu & de Fleurue, procedant sous son autorité, Appellant des Sentences rendues par les Juge & Consuls de cette Ville de Paris les premier & 3 Mars 1702, & autres s'il y en avoit, Intervenant & Demandeur en Requêtes des 21 Juillet & 5 Aoust derniers; & lesdits Lardeau & Charpentier, & Ragueneau, Intimés & Défendeurs. Et entre ledit Lardeau Appellant tant comme de Juges incompétens qu'autrement des Sentences desdits Juge & Consuls des 17 & 20 Mars 1702, & recommandation faite de sa personne ès Prisons du Fort-Levêque, & ledit Ledebotté Intimé. Et entre ledit Maistre Samuel Lardeau ci-devant Procureur en la Cour, Intervenant & Demandeur en Requête du 12 du present mois; & lesdits Coulombier, Charpentier, Ledebotté, Delajoue, Guerin & Ragueneau & Pasquier Défendeurs. Et entre ledit Isaac Lardeau Appellant tant comme de Juges incompétens qu'autrement, des Sentences des Juge & Consuls des 16 & 19 Décembre 1701, & ledit Pasquier Intimé d'autre. VEU par la Cour la Sentence donnée par les Juge & Consuls de cette Ville de Paris le 9 Janvier 1702, entre ledit Coulombier Demandeur, &

Salomon de Saint-Martin Négociant à Paris, ledit Lardeau fils aussi Négociant, & Lebrun Agent de Change Défendeur, par laquelle lesdits Lardeau, Lanon & Lebrun auroient été condamnés solidairement payer audit Coulombier la somme de 2812 liv. avec le profit & interêts à raison de l'Ordonnance, & par provision, en baillant par ledit Coulombier caution; autrement & à faute de ce faire, seroient lesdits Lanon, Lardeau & Lebrun condamnés aux dépens taxés à 10 liv. 15 sols, compris le Protest & ladite

Sentence. Autre Sentence desdits Juge & Consuls du onze Février 1702, entre ledit Coulombier Demandeur, & lesdits Lanon, Lardeau & Lebrun Défendeurs, par laquelle le nommé Claude Guenebault Bourgeois de Paris, demeurant rue saint Martin, auroit été reçû caution envers lesdits Lanon, Lardeau & Lebrun, pour sûreté de ladite somme de 2812 livres contenue en ladite Sentence du 9 Janvier 1702, & en conséquence ordonné qu'elle seroit exécutée selon sa forme & teneur, lesdits Lanon, Lardeau & Lebrun condamnés aux dépens taxés & liquidés à 5 livres 10 sols, compris ladite Sentence & Scel, & non le droit de Contrôle desdits dépens, & au payement de laquelle ils seroient contraints par toutes voyes dûes & raisonnables. Ecroue d'emprisonnement fait de la personne dudit Lardeau ès Prisons du Fort-Levêque le 6 Février 1702, en vertu desdites deux Sentences, à la requête dudit Coulombier, faute de payement de ladite somme de 2812 liv. Les Lettres de Rescision obtenues en Chancellerie par ledit Lardeau le onze Février 1702, contre plusieurs Billets & Lettres de Change par lui acceptées ou endossées, énoncées esdites Lettres de Rescision. L'Exploit d'assignation donnée audit Colombier à la requête dudit Lardeau le 12 dudit mois de Février, pour procéder sur lesdites Lettres. Arrêt du 22 May 1702, par lequel sur l'appel les Parties auroient été appointées au Conseil, & sur la demande en Lettres en droit & joint. Causes & moyens d'appel dudit Lardeau du premier Juin 1702, servant d'avertissement. Réponse dudit Coulombier le 12 Juillet ensuivant, Productions desdits Lardeau & Coulombier, & leurs contredits respectifs des 2 & 14 Aoust derniers; ceux dudit Coulombier servant de salvations. La Sentence rendue par les Juges & Consuls de cette Ville de Paris le 5 Decembre 1701 entre ledit Guerin Bourgeois de Paris, Demandeur, &   Poisson fils, Négociant à Paris, ledit Lardeau fils aussi Négociant, Défendeur, par laquelle lesdits Lardeau & Poisson auroient été condamnés solidairement payer audit Guerin la somme de 1500 liv. avec le profit & interêts à raison de l'Ordonnance & par provision, en baillant par ledit Guerin caution: autrement & à faute de ce faire, seroient lesdits Poisson &

Lardeau contraints par toutes voyes dûes & raisonnables, même par corps, suivant l'Ordonnance, lesdits Lardeau & Poisson condamnées aux dépens liquidés & taxés à 7 livres 10 s. compris ladite Sentence & le Scel, & non le droit de Contrôle desdits dépens. Autre Sentence donnée par lesdits Juge & Consuls le 7 Decembre 1701, entre ledit Guerin Demandeur, & lesdits Lardeau & Poisson Défendeurs, par laquelle ledit Claude Guenebault auroit été reçû caution dudit Guerin envers lesdits Poisson & Lardeau, pour sûreté de ladite somme de 1500 liv. contenue en ladite Sentence du 5 Decembre, laquelle en consequence seroit exécutée selon sa forme & teneur, lesdits Poisson & Lardeau condamnés aux dépens liquidés à 4 liv. 10 sols, y compris ladite Sentence & Scel, & non le droit de Contrôle, au payement desquels dépens seroient lesdits Poisson & Lardeau contraints. L'Exploit d'assignation donnée audit Guerin à la requête dudit Lardeau le 15 Avril 1702, pour proceder sur les Lettres de Rescision du onze Février précedent. Défenses dudit Guerin du 15 Juillet audit an 1702. La Sentence donnée par lesdits Juge & Consuls le 16 Decembre 1701, entre ledit Delajoue Demandeur, & Chabron Intéressé, Lebrun Banquier, & ledit Lardeau Défendeurs, par laquelle lesdits Chabron, Lebrun & Lardeau auroient été condamnés solidairement payer audit Delajoue la somme de 800 liv. avec le profit & interêts de ladite somme à raison de l'Ordonnance, & ce par provision, en donnant par ledit Delajoue caution ; autrement & à faute de ce faire, seroient lesdits Chabron, Lebrun & Lardeau contraints par toutes voyes dûes & raisonnables, même par corps suivant l'Ordonnance, lesdits Chabron, Lebrun & Lardeau condamnés aux dépens taxés à onze livres, le Protêt compris, & ladite Sentence & Scel, & non le droit de Contrôle, & par ledit Delajoue auroit été présenté pour sa caution la personne d'Etienne le Febvre Bourgeois de Paris, demeurant rue Beaubourg, lequel présent en personne auroit été reçû pour caution dudit Delajoue, après qu'il auroit fait les soumissions en tel cas requises & accoutumées, dont il auroit promis l'acquitter, garantir & indemniser, ensemble de tous dépens,
dommages

dommages & intérêts, lesquels il pourroit pour raison de ce succomber, L'Exploit d'assignation donnée audit Delajoue à la requête dudit Lardeau le 15 Avril 1702, pour proceder sur lesdites Lettres du onze Février précedent. Défenses dudit Delajoue du 19 Juin 1702. La Sentence donnée par lesdits Juge & Consuls du 27 Février 1702, entre ledit Charpentier Demandeur, &   Guitton du Tranchard & ledit Lardeau Défendeur, par laquelle auroit été ordonné qu'itératif Commandement seroit fait ausdits Guitton & Lardeau de comparoir au premier jour, autrement seroit contr'eux procedé ainsi que de raison, & cependant permis audit Charpentier pour sûreté de son dû à ses périls & fortunes, de faire recommander ledit Lardeau où il étoit detenu. Autre Sentence desdits Juge & Consuls du premier Mars 1702, donnée entre ledit Charpentier Demandeur, & lesdits Guitton du Tranchard & Lardeau fils Défendeurs, par laquelle lesdits Guitton & Lardeau auroient été condamnés solidairement payer audit Charpentier la somme de 2500 liv. avec le profit & intérêts à raison de l'Ordonnance, Change & Rechange par provision, en baillant par ledit Charpentier caution, autrement & à faute de ce faire, seroient lesdits Guitton & Lardeau contraints par toutes voyes dûes & raisonnables, même par corps suivant l'Ordonnance, lesdits Guitton & Lardeau condamnés aux dépens taxés à dix livres, compris les frais de Protest & Dénonciation, ladite Sentence & Scel, & non le droit de Contrôle desdits dépens. Recommandation faite de la personne dudit Lardeau és Prisons du petit Châtelet le premier Mars 1702, à la requête dudit Charpentier, pour sûreté des sommes dûes audit Charpentier. L'Exploit donné audit Charpentier le 4 Mars dernier à la requête dudit Lardeau, pour proceder aux fins desdites Lettres de Rescision. Défenses dudit Charpentier du 14 Juin audit an. L'Exploit d'Assignation donnée audit Ragueneau à la requête dudit Lardeau le quinze Avril 1702, pour proceder aux fins desdites Lettres du onze Février précedent. Défenses desdits Ragueneau du 15 May audit an 1700. Arrest du dix-huit Juillet 1702, par lequel sur les appellations les Parties auroient été appointées au Conseil, &

F f

sur les Lettres en droit & joint. Productions desdits Charpentier & Delajoue, & Requête dudit Lardeau du 22 dudit mois de Juillet, employée pour causes d'appel, écritures & production. Réponses à causes d'appel dudit Charpentier du dix-huit Aoust ensuivant. Requête dudit Guerin du 4 dudit mois d'Aoust, employée pour Réponses à causes d'appel. Addition & défenses, écritures & production. Requête dudit Guerin du 28 Aoust dernier, employée pour contredits. Sommation de fournir de réponses à causes d'appel, produire & contredire par les autres Parties. Les Exploits d'assignations données à la requête dudit Lardeau les deux Mars & quinze Avril 1702 ausdits le Debotté & Pasquier, pour proceder aux fins desdites Lettres de Rescision du onze Février précedent. Défenses desdits Pasquier & le Debotté des douze & 14 Juillet 1702. Arrest d'appointé en droit & joint du premier Aoust 1702. Production dudit le Debotté & Requête dudit Lardeau du 5 Aoust 1702, employée pour écritures & production. Requête dudit Pasquier employée pour avertissement, écritures & production. Requête dudit Isaac Lardeau du 26 dudit mois d'Aoust, employée pour contredits contre la production dud. le Debotté. Requête dud. Pasquier du 28 dudit mois d'Aoust, employée pour contredits. Sommation de contredits par les autres Parties. La Sentence donnée par lesdits Juges & Consuls le 3 Mars 1702, entre ledit Charpentier Demandeur, & lesdits Guitton & Lardeau fils Défendeurs, par laquelle ledit Claude de Guenebault auroit été reçû caution dudit Charpentier envers lesdits Guitton & Lardeau pour sûreté de ladite somme de 2500 liv. contenue en ladite Sentence du premier dudit mois de Mars, laquelle en consequence seroit exécutée selon sa forme & teneur, lesdits Guitton & Lardeau condamnés aux dépens taxés à 4 liv. 10 s. y compris ladite Sentence & Scel, & non le droit de Contrôle, au payement desquels dépens lesdits Guitton & Lardeau seroient contraints par toutes voyes dûes & raisonnables. La Requête d'intervention & demande dudit Guitton du vingt-un Juillet 1701, contenant son appel desdites Sentences des premier & 3 Mars 1702, & à ce qu'en émandant, faisant droit au principal, les Lettres de Change dont étoit question fussent déclarées nulles, ledit Guitton déchargé du contenu en icelles avec dépens. Les Lettres de Rescision obtenues en Chancellerie par ledit Guitton le deux Aoust 1702, contre les Lettres de Change par lui acceptées & endossées, des 20 Janvier, 5 10 & 16 Février 1701. La Requête & demande dudit Guitton du 5 dudit mois d'Aoust, à ce que lesdites Lettres fussent enterinées, & fussent les Parties mises en l'état qu'elles étoient avant lesdites Lettres de Change, endossemens & Billets, & en consequence qu'il fût déchargé du contenu en icelles avec dépens. Arrest du 7 Aoust 1702, par lequel ledit Guitton auroit été reçû Partie intervenante & Appellant, sur l'Appel les Parties appointées au Conseil, & sur les Lettres de Rescision en droit & joint, & Acte dudit Guitton de son employ pour causes & moyens d'appel & intervention, écritures & production. Requête desdits Ragueneau du dix-sept dudit mois d'Aoust, employée pour réponses & défenses, écritures & production, en exécution desdits Arrests des dix-huit Juillet & dix-sept Aoust 1702. Requête dudit Isaac Lardeau du douze dudit mois d'Aoust, employée pour réponses, écritures & production. Requête dudit Charpentier du 28 dudit mois d'Aoust, employée pour contredits. Sommations de produire & contredire par les autres Parties. Le défaut obtenu aux Présentations par ledit Isaac Lardeau audit nom, Appellant des Sentences des Juge & Consuls des dix-neuf & vingt-deux Aoust 1701, & Demandeur aux fins desdites Lettres de Rescision du onze Février 1702, suivant l'Exploit du quinze Avril 1702, contre   de la Planche Intimé & Défendeur; & encore ledit Lardeau Demandeur aux fins desdites Lettres de Rescision dudit jour onze Février, suivant l'Exploit du quinze dudit mois d'Avril, contre   Marneuf Défendeur. La demande sur le profit dudit défaut, & ce qui a été mis & produit, le tout joint à l'Instance par Arrest du dix-neuf Juillet 1702, signifié le dix-neuf dudit mois. Requête dudit Guerin du vingt Juin 1702, à ce qu'il lui fût permis de faire assigner   de la Cour Beauval, pour voir dire qu'il auroit acte de la dénonciation qu'il faisoit audit de la Cour Beauval du Protêt de la Lettre

Ee ij

de Change dont étoit queſtion, des Sentences obtenues, tant contre ledit Lardeau que contre ledit Poiſſon les 5 & 6 Decembre 1701, du Commandement fait en conſequence le 8 Avril 1702, de la recommandation qu'il auroit fait faire de la perſonne dudit Lardeau ès Priſons du Fort-Levêque, des Lettres de Reſciſion obtenues par ledit Lardeau, & de l'aſſignation donnée aux fins de l'enterinement d'icelles, & en conſequence ledit de la Cour Beauval tenu faire ceſſer l'effet deſdites Lettres, & d'en faire debouter ledit Lardeau, ſinon & où il parviendroit à les faire enteriner, il fût condamné & par corps à rendre & reſtituer audit Guerin la ſomme de 1500 qu'il lui auroit payée, avec l'interêt depuis qu'ils étoient adjugés par leſdites Sentences, & outre l'acquitter des condamnations de dépens qui pourroient être prononcées contre lui, même de payer ceux qu'il avoit été obligé de faire contre leſdits Lardeau & Poiſſon pour le recouvrement de ladite ſomme, & en tous les dépens, tant en demandant, défendant, que de la ſommation; l'Exploit d'aſſignation donnée aux fins de ladite Requête le vingt Juin 1702; le défaut obtenu ſur ladite aſſignation; la demande ſur le profit dudit défaut, & ce qui a été mis & produit, le tout joint à l'Inſtance par Arreſt du douze Aouſt dernier; la Sentence donnée par les Juge & Conſuls le dix-ſept Mars 1702, entre ledit le Debotté Demandeur, &   ledit Lardeau Défendeur, par laquelle ledit Lardeau auroit été condamné payer audit le Debotté la ſomme de 3000 liv. avec le profit & interêts par proviſion, en donnant caution, & aux dépens taxés à 7 liv & ſeroit contraint au payement deſdites 3000 liv. par toutes voyes, même par corps. Autre Sentence donnée par les Juge & Conſuls le 20 dudit mois de Mars, entre ledit ledit le Debotté Demandeur & ledit Lardeau Défendeur, par laquelle Claude Guenebault auroit été reçû caution dudit le Debotté, pour ſûreté de ladite ſomme de 3000 liv. contenue en ladite Sentence, qui ſeroit exécutée ſelon ſa forme & teneur, ledit Lardeau condamné aux dépens taxés à 3 livres dix ſols. Recommandation de la perſonne dud. Lardeau ès Priſons du Fort-Levêque le trente-un Mars 1702, à la requête dudit le Debotté, faute de payement defdites 3000 liv. Requête dudit Isaac Lardeau du dix-huit Aouft 1701, contenant son appel, tant comme de Juge incompétent qu'autrement, desdites Sentences, à ce qu'en entérinant lesdites Lettres, en émandant il fût déchargé des condamnations portées par lesdites Sentences, ordonné qu'il seroit élargi & mis hors des Prisons du Fort-Levêque, à ce faire les Geolliers & Greffier contraints, quoi faisant déchargés, ledit le Debotté condamné aux dommages & interêts & aux dépens, sur laquelle Requête auroit été mis sur l'appel au Conseil Acte de l'employ & joint. Deux Requêtes dudit le Debotté du 30 du présent mois employées pour réponses, écritures & production & contredits ; la Requête d'intervention & demande dudit Samuel Lardeau du douze Aouft 1701, à ce qu'en faisant droit sur ladite intervention, il lui fût donné acte de ce qu'il se joignoit & adheroit aux conclusions prises en l'Instance par ledit Lardeau fils, & en consequence émandant, ayant égard aux Lettres de Rescicision obtenues par ledit Lardeau fils, & icelles entérinant, les Parties fussent remises en l'état qu'elles étoient avant lesdites Lettres de Change, acceptations & ordres, lesquelles seroient déclarées nulles & de nulle valeur, ledit Lardeau déchargé du contenu en icelles, l'emprisonnement & toutes les recommandations faites de la personne dudit Lardeau fils à la requête desd. Coulombier, Charpentier, le Debotté, Guerin, Ragueneau, Delajoue, Pasquier, Morant, de la Planche & autres, pour raison desdites Lettres, déclarées injurieuses & déraisonnables, ordonne que lesdites écroues & recommandations faites & à faire à l'avenir seroient rayés & biffés, & ledit Lardeau élargi & mis hors des Prisons, à ce faire les Geolliers & Greffier contraints par corps, quoi faisant valablement déchargés, ledit Coulombier & autres condamnés aux dommages & interêts, & en tous les dépens, sur laquelle Requête auroit été reçû Partie intervenante, fourniroient les Défendeurs de défenses, écriroient dans le temps de l'Ordonnance. Acte de l'emploi & joint. Requête desdits Charpentier, Guérin & Pasquier des vingt-un & vingt-huit Aouft derniers, employée pour défenses, écritures & production. Requête dudit Ragueneau du douze dudit mois d'Aouft, em-

F f iij

ployée pour réponses, écritures & production. Requête dudit Delajoue du 22 dudit mois d'Aoust, employée pour réponses. Requête desdits Lardeau pere & fils, employée pour salvations & contredits, du 26 dudit présent mois d'Aoust. Requête dudit Lardeau du même jour, pareillement employée pour contredits. Autre Requête desdits Lardeau du même jour, employée pour contredits. Requête desdits Guerin & Pasquier dudit jour 28 Aoust, pareillement employée pour contredits. Requête dudit Charpentier du même jour 28 Aoust, employée pour salvations. Sommation de défendre & produire par les autres Parties. Production nouvelle dudit Coulombier par requête du dix-neuf dudit mois d'Aoust, contenant défenses, écritures & production sur l'intervention dudit Lardeau pere. Requête desdits Lardeau pere & fils du 26 dudit mois d'Aoust, employée pour contredit. Requête dudit le Debotté du 30 dudit mois d'Aoust, employée pour défenses, écritures & production, & contredits. La Sentence donnée par les Juge & Consuls de cette Ville de Paris le seize Decembre 1701, entre ledit Pasquier ayant l'ordre de Moyseran qui l'avoit dudit de la Cour Beauval Demandeur, & Poisson & ledit Lardeau Défendeurs, par laquelle lesdits Lardeau & Poisson auroient été condamnés solidairement payer audit Pasquier la somme de 1400 liv. avec le profit & intérêts de ladite somme à raison de l'Ordonnance, & par provision en baillant par ledit Pasquier caution : autrement & à faute de ce faire, seroient lesdits Poisson & Lardeau contraints par toutes voyes dûes & raisonnables, même par corps suivant l'Ordonnance, lesdits Poisson & Lardeau condamnés aux dépens taxés à 9 liv. compris, le Protêt, ladite Sentence, Scel, & non le droit de Contrôle. Autre Sentence donnée audit Siége des Juge & Consuls le dix-neuf Decembre 1701, entre ledit Pasquier Demandeur & lesdits Poisson & Lardeau Défendeurs, par laquelle ledit Guenebault auroit été reçû caution dudit Pasquier envers lesdits Lardeau & Poisson, pour sûreté de ladite somme de 1400 liv. contenue en ladite Sentence du 16 Decembre, laquelle seroit exécutée selon sa forme & teneur, lesdits Poisson & Lardeau condamnés aux dépens taxés à 4 liv. 10 sols, compris lad. Sentence & Scel, & non le Contrôle. Requête dudit Isaac Lardeau du 23 Aoust dernier, contenant son appel des Sentences, & à ce qu'en enterinant lesdites Lettres, émandant ledit Lardeau fût déchargé des condamnations portées par ladite Sentence, ledit Pasquier condamné aux dépens, & qu'acte lui fut donné de l'emploi pour écritures & production, pour contredits contre la production dudit Pasquier, sur laquelle Requête auroit été mis acte d'appointé au Conseil & joint, & acte de l'emploi. Sommation de fournir de réponses, & produire par ledit Pasquier. Sommation à toutes les Parties de satisfaire à tous les Réglemens de l'Instance, & suivant iceux produire & contredire, même les uns à l'encontre des autres: Tout joint & consideré. LA COUR faisant droit sur le tout, sans s'arrêter à l'intervention dudit Samuel Lardeau, & Lettres de Rescision obtenues par lesdits Isaac Lardeau fils & Guitton, dont elle les a déboutés, a mis & met les Appellations au néant, ordonne que ce dont a été appellé sortira effet; Condamne lesdits Isaac Lardeau & Guitton ès amandes de 12 liv. & lesdits Isaac, Samuel Lardeau & Guitton chacun à leur égard envers lesdits Coulombier, Delajoue, Charpentier, Daniel & Louis Ragueneau, le Debotté & Pasquier; & sur le profit des Défauts, les Parties se pourvoiront. Si Mandons mettre le présent Arrest à dûe & entiere exécution de point en point & selon sa forme & teneur, & outre faire pour raison de l'exécution d'icelui tous Exploits & Actes de Justice requis & nécessaires; De ce faire Donnons pouvoir. Donné en Parlement le trente Aoust mil sept cens deux, & de notre Regne le soixantiéme. Collationné par la Chambre. *Signé*, DONGOIS.

ARREST DU CONSEIL PRIVE' DU ROY,
qui déboute un Mineur de sa demande en cassation de l'Arrest du Parlement de Paris du 30 Aoust 1702, par lequel en confirmant les Sentences des Juge & Consuls de Paris, on juge que des Mineurs qui ont tiré, accepté & endossé des Lettres de Change, ne sont point restituables, & qu'ils sont Consulaires & contraignables par corps.

30 Aoust
704.

ENtre Isaac Lardeau Demandeur aux fins de la Requête inserée en l'Arrest du Conseil du 27 Mars 1703, & Exploit d'assignation donné en consequence le 5 Avril suivant, d'une part, Jacques Delajoue Expert Juré Bourgeois, de Jean Coulombier Caissier Général du grand Bureau des Postes, Jean Charpentier, Daniel & Louis Ragneneau, Bernard Pasquier & le sieur de la Planche, le sieur le Debotté des Jugeries, Défendeurs d'autre part. Et entre ledit Lardeau Demandeur en Lettres en assistance de cause par lui obtenues au grand Sceau le treize Mars 1703, d'une part; Claude Linieres Marchand à Paris, François Michel, Jean Guerin, & Jacques Richer Curé de la Paroisse de Breux sur St Yon, Défendeurs d'autre part. Et entre ledit Coulombier Demandeur en Lettres en assistance de cause du 9 Février 1704, & le sieur Lebrun Défendeur, sans que les qualités puissent nuire ni préjudicier aux Parties, &c.

LE ROY EN SON CONSEIL faisant droit sur l'instance, a débouté & déboute ledit Isaac Lardeau de ses demandes, & l'a condamné aux dépens envers toutes les Parties, & néanmoins sans amende; a déclaré le défaut contre ledit Samuel Lardeau bien & dûement obtenu pour le profit, a déclaré le present Arrest commun avec lui, & l'a condamné aux dépens dudit défaut. Fait au Conseil d'Etat Privé du Roy tenu à Versailles le deuxiéme Aoust mil sept cens quatre. Collationné. *Signé*, DESVIEUX.

DÉCLARATION

DECLARATION du Roy, portant que toutes les cessions & transports sur les biens des Marchands qui font faillite, seront nuls s'ils ne sont faits dix jours au moins avant la faillite publiquement connue ; comme aussi que les actes & obligations qu'ils passeront pardevant Notaires, ensemble les Sentences qui seront rendues contr'eux, n'acquereront aucune hipoteque ni privilege sur les Créanciers chirographaires, si lesdits actes & obligations ne sont passés, & lesdites Sentences ne sont rendues pareillement dix jours au moins avant la faillite publiquement connue.

LOUIS par la grace de Dieu Roy de France & de Navarre: A tous ceux qui ces presentes Lettres verront, Salut. L'application que Nous avons continuellement à tout ce qui peut être avantageux au Commerce de notre Royaume, auroit donné lieu aux Négocians de Nous representer que rien ne peut contribuer plus efficacement à rendre le Commerce florissant que la fidelité & la bonne foy, & que quoique Nous ayons fait plusieurs Réglemens sur ce sujet, & principalement par notre Edit du mois de Mars 1673, portant Réglement pour le Commerce des Marchands & Négocians, tant en gros qu'en détail ; il ne laisse pas de se commettre souvent de très-grands abus dans les faillites des Marchands, par des cessions, transports, obligations & autres actes frauduleux, soit d'intelligence avec quelques-uns de leurs Créanciers, ou pour supposer de nouvelles dettes, & par des Sentences qu'ils laissent rendre contr'eux à la veille de leur faillite, à l'effet de donner hipoteque & préférence aux uns au préjudice des autres, ce qui cause des procès entre les veritables & anciens Créanciers, & les nouveaux ou prétendus Créanciers hipotecaires, sur la validité de leurs titres, & faire perdre en tout ou partie aux Créanciers légitimes ce qui leur est dû, ou les oblige à faire des accommodemens ruineux. Que les Négocians de la Ville de Lyon, pour obvier à ces

Novembre 1702.

Gg

inconvéniens, ont proposé plusieurs Articles en forme de Réglement, qui ont été autorisés & homologués par Arrest du Conseil du 7 Juillet 1667, par lesquels il est porté entr'autres choses, que toutes cessions & transports sur les effets des faillis seront nuls, s'ils ne sont faits dix jours au moins avant la faillite publiquement connue ; Que la disposition de cet Article qui est le XIII. dudit Réglement, explique l'Article IV. de notre Edit du mois de Mars 1673, appellé le Code Marchand, au Titre des Faillites, & prévient toutes les difficultés & contestations ausquelles l'Article du Code donne lieu quelquefois sur la validité des cessions, transports & autres Actes qui se font à la veille des faillites ; Que ces difficultés cesseroient, & qu'il y auroit moins de lieu à la fraude, s'il y avoit une regle uniforme pour tout le Royaume, & un tems prescrit dans lequel les cessions, transports & tous autres actes qui se feroient par les Marchands debiteurs, seroient déclarés nuls ; même les Sentences qui seroient rendues contr'eux. A CES CAUSES & autres à ce Nous mouvans, de l'Avis de notre Conseil, & de notre certaine science, pleine puissance & autorité Royale, Nous avons dit, déclaré & ordonné, & par ces Présentes signées de notre main, disons, déclarons, ordonnons, voulons & Nous plaît, que toutes cessions & transports sur les biens des Marchands qui feront faillite, seront nuls & de nulle valeur, s'ils ne sont faits dix jours au moins avant la faillite publiquement connue ; comme aussi que les actes & obligations qu'ils passeront par-devant Notaires au profit de quelques-uns de leurs Créanciers, ou pour contracter de nouvelles dettes, ensemble les Sentences qui seroient rendues contr'eux n'acquereroient aucune hipoteque ni préférence sur les Créanciers chirographaires, si lesdits actes & obligations ne sont passés, & si lesdites Sentences ne sont rendues pareillement dix jours au moins avant la faillite publiquement connue. Voulons & entendons en outre que notre Edit du mois de Mars 1673 demeure dans sa force & vertu, & soit exécuté selon sa forme & teneur. Si donnons en mandement à nos amés & féaux Conseillers les Gens tenans notre Cour de Parlement, & autres nos Officiers, que ces Présentes ils ayent à faire lire, publier

& enregistrer, & le contenu en icelles garder & exécuter selon leur forme & teneur, nonobstant tous Edits, Déclarations & autres choses à ce contraires, ausquels Nous avons dérogé & dérogeons par ces Présentes, aux copies desquelles collationnées par l'un de nos amés & féaux Conseillers-Secretaires, Voulons que foy soit ajoûtée comme à l'Original: Car tel est notre plaisir. En témoin de quoy Nous avons fait mettre notre Sceau à cesdites Présentes. Donné à Versailles le dix-huitiéme jour de Novembre l'an de grace mil sept cens deux, & de notre Regne le soixantiéme. Signé, LOUIS, Et plus bas, Par le Roy, PHELYPEAUX. Vû au Conseil, CHAMILLART. Et scellé du grand Sceau de cire verte.

Registrées, ouy & ce requerant le Procureur General du Roy, pour être exécutées selon leur forme & teneur, & copies collationnées envoyées aux Bailliages & Sénéchaussées du Ressort, pour y être lûes, publiées & enregistrées; Enjoint aux Substituts du Procureur General du Roy d'y tenir la main, & d'en certifier la Cour dans un mois, suivant l'Arrest de ce jour. A Paris en Parlement le vingt-neuviéme Novembre 1702. Signé, DONGOIS.

DECLARATION du Roy, servant de nouveau Reglement pour les Lettres d'Etat.

Decembre 1702.

LOUIS par la grace de Dieu Roy de France & de Navarre: A tous ceux qui ces présentes Lettres verront, Salut. Comme il est du bien public que les personnes employées aux affaires importantes de l'Etat, & particulierement les Officiers de nos Troupes tant de Terre que de Mer, qui exposent généreusement leur vie pour sa défense, soient détournés le moins qu'il est possible de l'assiduité qu'ils doivent à leurs Emplois, & que d'ailleurs il ne seroit pas juste que ceux avec qui ils sont en Procès, surtout lorsque ces Procès ne roulent point sur des cas privilégiés, pûssent en poursuivre contr'eux le jugement pendant qu'ils sont éloignés, & que leur service actuel ne leur permet pas d'y vacquer; Nous

Gg ij

avons pris soin de les mettre à couvert de semblables poursuites par les Lettres d'Etat que Nous leur avons de tems en tems octroyées : & Nous nous trouvons encore indispensablement obligés dans la conjoncture de la présente guerre de leur continuer la même protection. Mais l'expérience Nous ayant fait connoître que parmi un grand nombre d'Officiers qui font un usage légitime des Lettres d'Etat, il y en a plusieurs qui en abusent, soit en prêtant leur nom, & se rendant par ce moyen Parties dans des Affaires où ils n'ont nul veritable intérêt, & dont ils ne laissent pas par leurs Lettres d'Etat d'arrêter les poursuites, soit en se servant de Lettres d'Etat dans des cas privilégiés, & qui par la nature du fond dont il s'agit, ne sont pas susceptibles de pareilles surséances. Car encore que ces cas soient assez connus par les divers Arrests de notre Conseil d'Etat intervenus sur ce sujet, Nous sommes informés néanmoins qu'à cause qu'il n'est point fait mention expresse de la plûpart dans nos Ordonnances, & que lesdits Arrests qui n'ont été rendus que sur des faits particuliers, semblent ne pouvoir établir une loy générale, les Juges n'osent passer outre dans ces occasions au jugement des Procès, Nous avons résolu, pour remédier à ces abus, d'apporter toutes les précautions nécessaires pour que les Lettres d'Etat ne puissent servir qu'à ceux qui par leur service actuel auront eu droit de les obtenir, comme aussi de déclarer les cas que Nous voulons être exceptés de la surséance des Lettres d'Etat, & enfin de rendre sur le fait desdites Lettat un Réglement qui serve de Loy générale. A CES CAUSES, de l'avis de notre Conseil, & de notre certaine science, pleine puissance & autorité Royale, Nous avons dit, délaré & ordonné, disons, déclarons & ordonnons par ces Présentes signées de notre main, Voulons & Nous plaît ce qui suit.

Article Premier.

Aucunes Lettres d'Etat ne seront accordées qu'aux Officiers de nos Troupes tant de Terre que de Mer, qui serviront actuellement à leurs Charges, ou aux Personnes qui seront employées hors de leur résidence ordinaire, pour affaires importantes à notre service.

II. Les Lettres d'Etat ne pourront être expédiées qu'après qu'elles auront été signées de notre exprès commandement, par celui de nos Secretaires d'Etat, dans le Département duquel les Impétrans seront employés.

III. Ne seront accordées que pour le tems de six mois, qui sera compté du jour de leur datte, & ne pourront être renouvellées plûtôt que quinze jours avant l'expiration de celles que l'Impétrant aura précedemment obtenues, & en cas seulement de la continuation de son service actuel.

IV. Entendons que les Lettres d'Etat n'ayent aucun effet dans les Affaires où Nous avons interêt.

V. Non plus qu'en matiere criminelle, y compris l'inscription de faux tant incidente que principale.

VI. Nul ne pourra se servir de Lettres d'Etat que dans les Affaires où il aura personnellement interêt, sans que ses pere & mere ou autre parens, non plus que ses coobligés, cautions & certificateurs puissent jouir du bénéfice desdites Lettres d'Etat.

VII. Entendons néanmoins que les femmes puissent dans les Procès qu'elles auront de leur chef contre autres personnes que leurs maris, se servir des Lettres d'Etat accordées à leurs maris, quoique séparées de biens avec eux.

VIII. Les Tuteurs honoraires & oneraires & les Curateurs ne pourront se servir de Lettres d'Etat qu'ils auront obtenues en leur nom pour les affaires de ceux qui sont sous leurs charges.

IX. Celui qui dans un acte aura pour son exécution renoncé au bénéfice des Lettres d'Etat, ne pourra revenir contre cette renonciation, laquelle néanmoins ne pourra être que personnelle & sans consequence pour ceux qui par la suite se trouveroient en ses droits.

X. Celui qui se sera désisté de nos Lettres d'Etat dans une affaire pour laquelle il en aura précedemment fait signifier, ne pourra par la suite se servir d'autres Lettres d'Etat dans le cours de la même affaire.

XI. Les Lettres d'Etat ne pourront empêcher qu'il ne soit passé outre au jugement du Procès ou Instance, lorsque les Juges auront commencé d'opiner, avant qu'elles ayent été signifiées.

XII. Nonobstant la signification des Lettres d'Etat, les Créanciers pourront faire saisir réellement les immeubles de leurs debiteurs, & faire regiſtrer la ſaiſie, ſans néanmoins qu'il puiſſe être procedé au Bail judiciaire. Que ſi elles ont été ſignifiées depuis le Bail, les criées pourront être continuées juſqu'au congé d'adjuger excluſivement : & au cas que pendant ces pourſuites le Bail expire, on pourra proceder à un nouveau Bail.

XIII. Ceux qui pourront être pourvûs des Charges de notre Maiſon ou de Charges militaires, à condition de payer une ſomme par forme de récompenſe à celui qui en étoit précedemment pourvû, ou à ſa veuve, heritiers ou ayans cauſe, ne pourront ſe ſervir de Lettres d'Etat pour ſe diſpenſer de payer leſdites récompenſes ; & pareillement ceux qui auront obtenu des Lettres d'Etat à l'occaſion du ſervice d'une Charge dont ils feront pourvûs, ne pourront s'en ſervir contre ceux qui leur auront vendu cette Charge, pour ſe diſpenſer d'en payer le prix.

XIV. Les Adjudicataires des biens décretés en Juſtice, ne pourront ſe ſervir de Lettres d'Etat pour ſe diſpenſer de conſigner & payer le prix de leur adjudication, non plus que les Acquereurs des biens immeubles, par Contrats volontaires pour ſe diſpenſer de payer le prix de leurs acquiſitions.

XV. Ni pareillement ceux qui auront intenté action en retrait lignager ou féodal, pour ſe diſpenſer de conſigner ou de rembourſer l'Acquereur du prix de l'acquiſition dont ils prétendent l'évincer.

XVI. Les oppoſans aux Saiſies réelles ne pourront ſe ſervir de Lettres d'Etat pour ſuſpendre les pourſuites du Decret, ni des Baux judiciaires, & l'adjudication des biens ſaiſis.

XVII. Non plus que les oppoſans à une ſaiſie mobiliaire, pour retarder la vente des meubles ſaiſis.

XVIII. Ceux qui interviendront dans une Inſtance ou Procès ne pourront faire ſignifier des Lettres d'Etat pour en ſuſpendre le Jugement & les pourſuites, que préalablement leur intervention n'ait été reçûe, & qu'ils n'ayent juſtifié du titre ſur lequel l'intervention eſt fondée, & ſeront tenus de joindre copie dudit titré avec la signification des Lettres d'Etat.

XIX. Au cas qu'ils interviennent comme Créanciers, & que leur créance soit fondée sur une donation, cession ou transport qui ne seront faits par Contrat de mariage, ou par des partages de famille, ils ne pourront faire signifier de Lettres d'Etat que six mois après, à compter du jour que la donation aura été insinuée, ou que l'acte de la cession ou transport aura été passé & signifié ; & si le titre de leur créance est sous seing privé, ils ne pourront se servir de Lettres d'Etat qu'un an après que ledit titre aura été produit & reconnu en Justice.

XX. Déclarons toutes Lettres d'Etat qui pourront être cy-après obtenues par ceux qui sont obligés ou condamnés de rendre compte subreptices, Voulons que nonobstant la signification desdites Lettres d'Etat, l'Instance du compte puisse être poursuivie & jugée ; Voulons aussi que ceux qui seront tenus de rendre compte, puissent réciproquement faire les poursuites nécessaires pour y parvenir & se libérer, nonobstant toutes Lettres d'Etat qui leur auroient été signifiées.

XXI. Ceux qui auront obtenu des Lettres d'Etat ne pourront s'en servir contre leurs cohéritiers d'une même succession, à l'égard des procès & instances concernant le partage de ladite succession.

XXII. Voulons que les Lettres d'Etat ne puissent avoir lieu en matiere de restitution de dot, payement de douaire & conventions matrimoniales, & que les veuves ou leurs heritiers ou ayant cause puissent faire toutes poursuites à cet effet, nonobstant toute signification de Lettres d'Etat.

XXIII. Voulons aussi que les Lettres d'Etat ne puissent empêcher les poursuites pour le payement des légitimes des enfans puînés, pensions viageres, alimens, médicamens, loyers de maisons, gages de Domestiques, journées d'Artisans, reliquats de compte de Tutelle, dépôt nécessaire & maniement de deniers publics, Lettres & Billets de Change, exécution des Sociétés de commerce, cautions judiciaires, frais funeraires, arrerages de rentes Seigneuriales & foncieres & redevances de Baux emphitéotiques.

XXIV. Confirmons l'Hôtel-Dieu, l'Hôpital General & celui des Enfans-Trouvés de notre bonne Ville de Paris dans le Privilege que Nous leur avons accordé par notre Déclaration du 23 Mars 1680, d'être exceptés de l'effet des Lettres d'Etat, nonobstant lesquelles les debiteurs desdits Hôpitaux pourront être contraints au payement de ce qu'ils doivent par les voyes qu'ils y sont obligés.

XXV. Nous avons déclaré & déclarons par ces Présentes toutes Lettres d'Etat nulles & de nul effet dans tous les cas ci-dessus spécifiés; Défendons à tous Juges d'y avoir égard, leur enjoignons de passer outre esdits cas à l'instruction & au jugement des instances & procès.

XXVI. Lorsque les Lettres d'Etat pour quelque cas non spécifiés ci-dessus, seront débatues d'obreption ou subreption, les Parties se retireront pardevers Nous pour y être pourvû; faisons défenses à tous Juges d'en connoître ni passer outre à l'instruction & jugement des procès, au préjudice de la signification des Lettres d'Etat, & aux Parties de continuer leur poursuites, ni s'aider des Jugemens qui pourroient être intervenus, à peine de nullité, cassation de procedures, dépens, dommages & interêts.

XXVII. Entendons en outre que lorsque pour un fait particulier, Nous aurons par Arrest de notre Conseil d'Etat, Nous y étant, & par Arrest de notre Conseil d'Etat Privé, rendu en consequence d'un Arrest de notredit Conseil d'Etat, levé la surséance des Lettres d'Etat, tant obtenues qu'à obtenir par l'un de nos Officiers, ou Gens étant à notre Service, les Lettres qu'il obtiendra dans la suite, ne puissent sous prétexte qu'elles sont posterieures à l'Arrest, être censées y déroger; déclarons que notre intention est qu'il ne s'en puisse servir que dans les procès qu'il pourra avoir d'ailleurs, & nullement dans le même fait pour lequel Nous en aurions levé la surséance; défendons en ce cas à tous Juges d'y avoir égard.

XXVIII. Défendons au surplus très-expressément aux Officiers de nos Troupes & autres, qui par leur service actuel seront en droit d'obtenir des Lettres d'Etat, de prêter leur nom ni leurs Lettres d'Etat dans des affaires où ils n'auront
point

point veritablement ni perſonnellement interêt, à peine au cas que cela vienne à notre connoiſſance, d'encourir notre indignation, & d'être caſſés de leurs Charges & privés de leurs Emplois. Si donnons en mandement à nos amés & féaux Conſeillers les Gens tenans nos Cour de Parlement & Cour des Aydes à Paris, que ces Préſentes ils ayent à faire lire, publier & enregiſtrer, & le contenu en icelles garder & obſerver ſelon leur forme & teneur, nonobſtant toutes Ordonnances, Déclarations, Arreſts, Lettres & autres choſes qui pourroient être à ce contraires, auſquelles Nous avons dérogé & dérogeons pour ce regard par ceſdites Préſentes: Car tel eſt notre plaiſir. En témoin de quoy Nous avons fait mettre notre Scel à ceſdites Préſentes. Donné à Verſailles le troiſiéme jour de Decembre l'an de grace mil ſept cens deux, & de notre Regne le ſoixantiéme. *Signé*, LOUIS. *Et plus bas*, Par le Roy, PHELYPEAUX. *Et ſcellé du grand Sceau de cire jaune.*

Regiſtrées, ouy, ce requerant le Procureur General du Roy, pour être exécutées ſelon leur forme & teneur, & copies collationnées envoyées aux Bailliages, Siéges & Senéchauſſées du Reſſort, pour y être lûes, publiées & regiſtrées; Enjoint aux Subſtituts du Procureur General du Roy d'y tenir la main, & d'en certiffier la Cour dans un mois, ſuivant l'Arreſt de ce jour. A Paris en Parlement le cinquiéme Janvier 1703. Signé, DONGOIS.

DECLARATION du Roy, par laquelle Sa Majesté déclare n'avoir entendu comprendre dans l'exécution de l'Edit du mois de Decembre 1684 les Jurisdictions Consulaires du Royaume, dans lesquelles les Porteurs de Promesses, Billets ou autres Actes passés sous signature privée, pourront obtenir des condamnations contre leurs debiteurs sur de simples assignations en la maniere ordinaire, sans qu'au préalable il soit besoin de proceder à la reconnoissance desdites Promesses, Billets ou autres Actes en la forme portée par ledit Edit, sinon aux cas expliqués par ladite Déclaration.

15 May 703.

LOUIS par la grace de Dieu Roy de France & de Navarre: A tous ceux qui ces Présentes Lettres verront, Salut. Par notre Edit du mois de Decembre 1684, Nous avons réglé la maniere dont il doit être procedé dans toutes nos Cours & Siéges, à la reconnoissance des Promesses, Billets & autres écritures sous seing privé: Depuis lequel tems Nous avons été informés qu'encore que notre intention n'eût pas été de comprendre dans l'exécution de ce Réglement, les Justices Consulaires dans lesquelles les Porteurs de Promesses ou Billets sous signature privée, n'ont jamais été assujettis aux procedures & formalités ordinaires dans nos autres Justices Royales, cependant les Juges établis dans aucunes des Justices Consulaires de notre Royaume ont crû être obligés de suivre exactement les dispositions de notredit Edit pour la reconnoissance desdites Promesses ou Billets, ce qui multiplie les frais, & éloigne les Jugemens des condamnations que les Porteurs desdites Promesses ou Billets poursuivent contre leurs debiteurs, au grand préjudice du Commerce & des Négocians, & contre nos veritables intentions que Nous avons jugé à propos d'expliquer sur cela plus diseremment. A CES CAUSES & autres à ce Nous mouvans, de notre certaine science, pleine puissance & autorité Royale, Nous avons par ces Présentes signées de notre main, dit & déclaré, disons & déclarons n'avoir entendu comprendre dans l'exécution de notredit Edit du mois de Decembre 1684, les Justices Consulaires de notre Royaume, dans lesquelles Nous voulons que les Porteurs de Promesses, Billets ou autres Actes passés sous signature privée, puissent obtenir des condamnations contre leurs debiteurs sur de simples assignations en la maniere ordinaire, sans qu'au préalable il soit besoin de proceder à la reconnnoissance desdites Promesses, Billets ou autres Actes en la forme portée par ledit Edit, sinon au cas que le Défendeur dénie la verité desdites Promesses, Billets ou autres Actes, ou soutienne qu'ils ont été signés d'une autre main que la sienne, auquel cas les Juge-Consuls seront tenus de renvoyer les Parties pardevant les Juges ordinaires, pour y proceder à la vérification desdites Piéces & reconnoissance desdites écritures, en la maniere portée par notredit Edit. N'entendons néanmoins rien innover à l'usage observé jusqu'à présent en cette matiere, tant au Siége de la Conservation de Lyon, que dans la Jurisdiction des Prieurs & Consuls de notre Province de Normandie. Si donnons en mandement à nos amés & féaux Conseillers les Gens tenans notre Cour de Parlement à Paris, que ces Présentes ils ayent à faire lire publier & registrer, & le contenu en icelles exécuter selon leur forme & teneur, cessant & faisant cesser tous troubles & empêchemens qui pourroient être mis ou donnés, nonobstant tous Edits, Déclarations & autres choses à ce contraires, ausquels Nous avons dérogé & dérogeons en ce qui se trouvera contraire à ces Présentes, aux copies desquelles collationnées par l'un de nos amés & féaux Conseillers & Secretaires, Voulons que foi soit ajoûtée comme à l'Original. Car tel est notre plaisir. En témoin de quoi Nous avons fait mettre notre Scel à cesdites Présentes. Donnée à Versailles le quinziéme jour de May l'an de grace 1703, & de notre Regne le soixante-un. Signé, LOUIS. *Et plus bas*, Par le Roy, PHELYPEAUX. Vû au Conseil, CHAMILLART. *Et scellée du grand sceau de cire jaune.*

Regiſtrées, ouy & ce requerant le Procureur Général du Roy, pour être exécutées ſelon leur forme & téneur, & copies collationnées envoyées aux Bailliages & Senéchauſſées du Reſſort, pour y être lûes, publiés & regiſtrées ; Enjoint aux Subſtituts du Procureur Général du Roy d'y tenir la main, & d'en certifier la Cour dans un mois, ſuivant l'Arreſt de ce jour. A Paris en Parlement le ſixiéme Juin 1703. Signé, DONGOIS.

ARREST DU CONSEIL D'ESTAT du Roy, qui excepte de l'exécution de l'Edit du mois d'Octobre 1705, rendu pour le Contrôle des Actes, les Juriſdictions Conſulaires.

30 Mars 1706.

LE Roy s'étant fait repréſenter en ſon Conſeil l'Edit du mois d'Octobre 1705, par lequel Sa Majeſté avoit ordonné qu'à commencer du premier Janvier 1706, tous les Actes qui ſeront paſſés ſous ſignatures privées, ſeroient contrôlés avant que d'en faire aucune demande en Juſtice, à peine de nullité, à l'exception des Lettres de Change & Billets à ordre ou au Porteur des Marchands Négocians & Gens d'Affaires : Et Sa Majeſté étant informée qu'il y a d'autres écritures privées entre Marchands & Artiſans, qui ne peuvent être ſujettes au Contrôle ſans donner lieu à des frais de procedures & à des longueurs qui peuvent intereſſer le Commerce, tels que ſont les Livres des Marchands, qui ſont leurs titres pour ſe pourvoir en Juſtice contre d'autres Marchands, les arrêtés de Comptes de Marchand à Marchand faits ſur les Livres ou ſéparés des Livres, les Marchés faits entre Marchands & Artiſans pour ouvrages ou Marchandiſes, les Billets entre Marchands pour Marchandiſes non payables à ordre ni au Porteur ; toutes leſquelles Ecritures privées Sa Majeſté a préciſement exceptées de l'exécution de l'Edit du Contrôle par ſa Déclaration du quinze May 1703, & cela pour éviter la multiplicité des frais, accelerer les Jugemens de condamnation, dont le retardement cauſe un grand préjudice au Commerce & aux Négocians. A quoy

Sa Majesté désirant pourvoir & traiter favorablement les Jurisdictions Consulaires : Ouy le Rapport du sieur Chamillart, Conseiller ordinaire au Conseil Royal, Contrôleur Général des Finances. SA MAJESTE' EN SON CONSEIL a déclaré & déclare n'avoir entendu que ledit Edit du mois d'Octobre dernier eût aucune exécution dans les Justices Consulaires : Veut Sa Majesté que les Juge-Consuls puissent prononcer comme avant ledit Edit, toutes condamnations pour Billets de Change à ordre ou au Porteur, & généralement pour toutes matieres de leur compétence qui seront portées devant eux, sans que les Actes en vertu desquels les demandes seront faites, soient contrôlés. Fait Sa Majesté défenses à Etienne Chaplet, chargé de l'exécution dudit Edit du mois d'Octobre 1703, de faire pour raison de ce aucunes poursuites, à peine de nullité, cassation, dépens, dommages & interêts. Fait au Conseil d'Etat du Roy tenu à Versailles le trentiéme jour de Mars 1706. Collationné. *Signé*, GOUJON.

CLaude le Blanc, Chevalier, Seigneur de Passy, Estigny, Saint Nicolas & autres lieux, Conseiller du Roy en ses Conseils, Maître des Requêtes ordinaire de son Hôtel, Intendant de Justice, Police & Finances d'Auvergne : Vû l'Arrest du Conseil d'Etat du trentiéme Mars 1706. NOUS ordonnons que ledit Arrest du Conseil sera exécuté selon sa forme & téneur dans l'étendue de notre Département. Fait à Clermont le quinziéme May 1706. *Signé*, LE BLANC. *Et plus bas*, Par Monseigneur, LE SUEUR.

ARREST DE LA COUR DE PARLEMENT,
qui juge que le Porteur d'un Billet ou Lettre de Change, qui a pour obligés le Tireur, l'Accepteur & les Endosseurs, n'est pas obligé, en cas de faillite de tous les Coobligés, d'en opter un, & qu'il peut exercer ses droits contre tous.

18 May 1706.

LOUIS par la grace de Dieu Roy de France & de Navarre: Au premier des Huissiers de notre Cour de Parlement, ou autre notre Huissier ou Sergent sur ce requis. Sçavoir faisons qu'entre Jean-Jacques Jacquier, Ecuyer, Sieur Baron de Cornillon, Demandeur aux fins de l'Exploit donné en la Conservation de Lyon le 20 Janvier 1703, sur lequel par Arrest du 4 Juillet 1704, il a été ordonné que les Parties procederont en la Cour, d'une part: Et Joseph Perret Marchand à Lyon, Défendeur. Et entre ledit Jacquier Demandeur aux fins de la Commission & Exploit des 11 Janvier & 11 Février 1705; & Pierre Bernard Marchand à Paris, Défendeur. Et entre ledit Perret Demandeur en Requête du 9 Decembre audit an 1705; & ledit Jacquier Défendeur d'autre. VEU par notredite Cour l'Exploit d'assignation donné à la requête dudit Jacquier audit Perret pardevant les Juges de la Conservation de Lyon, du 20 Janvier 1703, aux fins d'avouer & desavouer les souscriptions & ordres écrits & souscrits par ledit Perret; la premiere du 30 Juin 1701, au dos de la Promesse du sieur Jean-François Dunan du 29 dudit mois de Juin, de la somme de 1693 liv. payable à l'ordre dudit Perret, qui en avoit passé l'ordre en faveur dudit Jacquier, qui l'auroit fait protester par Acte du 4 Avril 1702; & le second en datte du 30 Septembre 1701, au dos d'autre Promesse aussi faite par ledit Dunan le 25 dudit mois de Juin de ladite année 1701, de la somme de 2800 liv. pareillement protestée par acte du 4 Juillet 1702; & la troisiéme en datte du 22 Janvier 1702, au dos d'autre promesse faite par ledit Dunan le 21 dudit mois de Janvier, qui avoit été de même protestée par acte du 4 Octobre de ladite année, pour en consequence se voir ledit Perret condamné par corps au payement de la somme de 7943 liv. à laquelle revenoient les susdites trois sommes, & ce avec intérêt de chacune depuis les jours des Protêts, frais d'iceux, Change & Rechange, & autres avec dépens, sauf à déduire tous payemens & quittances valables s'il y écheoit, & sans préjudice audit Jacquier de son action solidaire contre ledit Dunan & tous autres, ainsi qu'il appartiendroit, & de toutes autre actions & prétentions. Arrest du 4 Juillet 1704, par lequel auroit été ordonné Commission être délivrée audit Perret pour faire assigner en la Cour qui bon luy sembleroit aux fins de sa Requête ; cependant défenses aux Parties de faire poursuite ailleurs qu'en la Cour. Arrest d'appointé en droit du 31 Janvier 1705. Avertissement dudit Perret du 27 Avril audit an. Requête dudit Jacquier du 18 Février audit an, employée pour avertissement. Productions des Parties & leurs contredits respectifs des 15 May & 21 Juillet 1706, ceux dudit Perret servant de Salvations. Addition de contredits dudit Perret du 27 Avril 1706. La Commission & demande dudit Jacquier du 31 Janvier audit an 1705, aux fins de faire assigner en la Cour ledit Dunan & Bernard, pour voir dire qu'il seroit tenu de reconnoître ses signatures mises au bas des Promesses dont est question, sinon qu'elles seroient tenues pour reconnues : ce faisant voir déclarer commun avec lui l'Arrest qui interviendroit, & en consequence il fût condamné solidairement avec ledit Perret & par corps à payer audit Jacquier la somme de 7943 liv. contenues ausdites trois Promesses, les intérêts de ladite somme à compter depuis le jour des Protêts, frais d'iceux, Change & Rechange, aux offres de déduire ce qui se trouveroit avoir été payé, & ledit Bernard pour voir dire qu'il seroit tenu de reconnoître l'acceptation par lui mise & écrite au bas de la Lettre de Change du 3 Janvier, sinon qu'elle seroit tenue pour reconnue, en consequence se voir condamner de payer solidairement audit Jacquier le contenu en icelle, intérêt du jour du Protêt, frais de Change & Rechange, & sans préjudice par ledit Jacquier au payemens qui lui avoit été offert par Perret, aux termes de son Contrat d'accord, sans approbation dudit Contrat. Exploit d'assignation donné en consequence le 11 Février 1705. Arrest d'appointé en droit & joint du 30 Mars audit an. Avertissement dudit Jacquier du 9 May audit an. Production desdits Jacquier & Bernard. Contredit dudit Bernard du huit Mars 1706. Requête dudit Jacquier du 15 employée pour salvation. Sommations de contredire par ledit Jacquier. Production nouvelle dudit Jacquier par Requête du 29 May 1705. Contredit dudit Perret du 3 Aoust audit an. La Requête & demande dudit Perret du 9 Decembre 1705, à ce que ledit Jacquier fût déclaré non recevable dans ses demandes, faute par lui d'avoir fait les diligences portées par l'Ordonnance, pour se conserver son recours de garantie contre ledit Perret; & où la Cour feroit difficulté sur les fins de non-recevoir, ordonner qu'en payant par ledit Perret, aux termes de son Contrat d'accord, la somme de 2814 liv. 8 s. qui étoit dûe de reste audit Jacquier du contenu aux Lettres de Change & Billets dont il étoit porteur, ledit Jacquier feroit condamné lui rendre & restituer lesdits Billets & Lettres de Change comme solutes & acquitées : ensemble toutes les diligences & procédures faites par lui contre les Accepteurs & Endosseurs ou Tireurs, pour s'en prévaloir ainsi qu'il aviseroit bon être, ledit Jacquier condamné en outre en tous les dépens, & qu'acte lui fût donné de l'emploi pour écritures & productions sur ladite demande; sur laquelle Requête auroit été mis sur la demande en droit & joint, & acte de l'employ. Requête dudit Jacquier du 15 Janvier 1706, employée pour défenses, écritures & productions. Requête dudit Perret du 12 Février audit an, employée pour contredits. Production nouvelle dudit Perret par Requête du 11 Decembre 1705. Production nouvelle dudit Jacquier par Requête du 19 Janvier 1706, servant de salvations & contredits. Contredits dudit Perret du 8 Février audit an, servant de salvations. Production nouvelle dudit Bernard par Requête du 15 Mars audit an. Sommation de la contredire par ledit Jacquier. Le défaut obtenu par ledit Jacquier Demandeur, aux fins des Commission & Exploit des 31 Janvier & 11 Février 1705, contre

tre Jean-François Dunan Marchand de la Ville de Geneve, Défendeur & défaillant. La demande sur le profit dudit défaut, & tout ce qui a été mis & produit, le tout joint à l'Instance par Arrest du 15 Janvier 1706. Production nouvelle dudit Perret par Requête du 19 Avril audit an. Requête dudit Jacquier du 30, employée pour contredits. Production nouvelle dudit Jacquier par Requête du 15 May audit an. Contredits dudit Perret du 18 dudit mois, tout joint & consideré. NOTREDITE COUR faisant droit sur le tout, & adjugeant le profit du Défaut, sans s'arrêter à la Requête dudit Perret du 9 Decembre dernier, dont elle l'a débouté, condamne lesdits Perret & Dunan solidairement & par corps, payer audit Jacquier la somme de 7943 liv. contenue ès trois Promesses dudit Dunan au profit dudit Perret qui en a passé les ordres au profit dudit Jacquier, & les interêts desdites sommes à compter des jours des Protêts, & lesdits Perret & Bernard solidairement & par corps, payer audit Jacquier la somme de 2000 liv. contenue en ladite Lettre de Change tirée de Lyon le 3 Janvier 1702 sur ledit Bernard, & de luy acceptée, & aux interêts de ladite somme à compter du jour du Protêt, Change & Rechange, à la déduction de ce qui se trouvera avoir été reçû par ledit Jacquier sur toutes lesdites sommes: Ne pourront néanmoins lesdits Perret & Bernard être contraints chacun en particulier pour la totalité desdites sommes, qu'aux termes des Contrats que chacun d'eux ont fait avec leurs Créanciers, sans que le Contrat dudit Perret puisse empêcher ledit Jacquier de se pourvoir pour la solidité contre lesdits Dunan & Bernard, ni que celui dudit Bernard puisse empêcher ledit Jacquier de se pourvoir pour la solidité contre ledit Perret : Condamne ledit Perret, Bernard & Dunan en tous les dépens, chacun à leur égard envers ledit Jacquier. Si te Mandons à la requête dudit Jacquier mettre le présent Arrest à exécution. De ce faire te donnons pouvoir. Donné à Paris en notre Parlement le 18 May l'an de grace 1706, & de notre Regne le soixante-quatre. Collationné. *Signé*, CHARLIER. Par la Chambre, *Signé*, DUTILLET.

Fait sur lequel l'Arrest a été rendu.

Jean-François Dunan a fait trois Promesses payables en divers payemens à l'ordre de Joseph Perret Marchand à Lyon, pour valeur reçûe en marchandises. Perret a passé son ordre sur lesdites Promesses au profit du sieur Jacquier de Cornillion, pour valeur reçûe de lui comptant. Le même Perret tira Lettre de Change de la somme de 2000 liv. sur Pierre Bernard Marchand à Paris, payable à l'ordre dudit Jacquier de Cornillion, pour valeur reçûe comptant de lui

Ces trois Promesses & la Lettre de Change n'ont pas été payées. Perret, Bernard & Dunan ont tous trois fait faillite.

Le sieur de Cornillion s'est pourvû à la Conservation de Lyon contre Perret, en vertu de ses ordres sur les Promesses & Lettre de Change. Perret a prétendu qu'il étoit en contestation au Parlement avec Bernard ; sur ce fondement il a porté la demande que le sieur de Cornillion lui avoit faite en la Conservation de Lyon à fin de payement desdites Promesses & Lettre de Change.

Au Parlement Perret a offert de payer (au terme du Contrat qu'il avoit fait avec ses Créanciers) le tiers du contenu aux Promesses & Lettre de Change, en les lui rendant comme solues & acquitées, sans que le sieur de Cornillion se pût réserver aucun recours contre Bernard & Dunan.

Le sieur de Cornillion a soutenu au contraire qu'en recevant de Perret, aux termes de son Contrat, le tiers de sa créance, il n'étoit point obligé de lui rendre les Promesses & Lettre de Change, & qu'il devoit avoir son recours pour le surplus contre Dunan & Bernard.

Ainsi la question a été de sçavoir si le Porteur de Lettres de Change ou Promesses est obligé, lorsque le Tireur, l'Accepteur & les Endosseurs sont tous en banqueroute, d'en opter l'un ou l'autre seulement, & perdre par cette option le droit de la solidité qu'il a contre tous les autres coobligées.

L'Arrest ci-devant a jugé qu'il n'est pas obligé d'opter, & qu'il a son recours contre les Tireurs, Accepteurs & Endosseurs, quoiqu'ils soient tous en faillite.

*ARREST DU CONSEIL D'ETAT
du Roy*, qui regle la forme de la procedure que les Huiſſier & Sergens doivent obſerver pour le payement des Billets ſolidaires, & que les aſſignations pour parvenir à
l'obtention des Sentences faute de payement deſdits Billets,
ne pourront être données qu'à la perſonne ou domicile d'un
de ceux qui auront ſigné leſdits Billets ſolidaires, tant
pour lui que pour ceux qui auront ſigné avec lui ou endoſſé
leſdits Billets : Fait Sa Majeſté défenſes à tous Huiſſiers
ou Sergens de prendre ni exiger leurs frais & ſalaires que
ſur le pied d'une ſeule aſſignation, quelque nombre d'Exploits qu'ils donnent, à peine de concuſſion & de 500 liv.
d'amende; Et à tous Juges de leur allouer en taxe leurs
frais & ſalaires que ſur ce pied, à peine de nullité.

LE Roy ayant par ſon Edit du mois de May dernier, ordonné que les Eſpeces d'or & d'argent ſeroient portées
dans les Hôtels des Monnoyes, pour y être converties en Eſpeces nouvelles, dont la Fabrication eſt ordonnée par ledit
Edit; & Sa Majeſté étant informée que comme un travail
auſſi grand que celuy de ladite converſion n'a pû encore
operer aſſez de nouvelles Eſpeces pour rembourſer tous les
Particuliers qui ſe ſont empreſſés à porter les anciennes aux
Hôtels des Monnoyes, ce qui a apporté quelque retardement dans le Commerce courant ſur la Place, par le défaut
d'Eſpeces nouvelles, lequel a donné lieu à pluſieurs pourſuites faites de la part de ceux qui ont prêté leurs deniers à l'encontre de leurs debiteurs, & particulierement à l'occaſion
des Billets ſolidaires des Gens d'Affaires chargés des Recouvremens des deniers de Sa Majeſté, leſquels par la raiſon cy-
deſſus ne pouvant s'acquitter avec la même exactitude que
par le paſſé, les Porteurs les auroient remis entre les mains

13 Juillet
1709.

des Huissiers & Sergens pour en poursuivre le payement, lesquels abusant de leurs fonctions, & dans la vûe de faire des profits illicites, se sont avisés d'introduire la maniere de donner autant d'assignations qu'il y a de Particuliers qui ont signé lesdits Billets solidaires, & ce contre l'usage établi de tout tems, suivant lequel l'on assignoit tous ceux qui avoient signé ou endossé des Billets solidaires, au domicile de l'un d'entr'eux, pour être tous condamnés solidairement au payement d'icelui ; en sorte que s'il n'étoit remedié à cet abus, le défaut de payement d'un Billet solidaire signé de vingt personnes, pourroit operer vingt assignations différentes, autant de défauts, suivis d'autant de significations de Sentences de receptions de cautions, de significations d'icelles, premiers Commandemens, itératifs, saisies de Meubles & de Rentes, dénonciations, saisies réelles & d'immeubles, & de même de toutes autres sortes de procedures, lesquelles ainsi accumulées les unes sur les autres, se trouveroient souvent porter les frais aussi haute que le principal, augmentant à la charge du débiteur sans utilité pour le Créancier : Et comme il est de l'interêt de Sa Majesté & du Public d'empêcher les suites d'une pareille procedure, ce qui se peut d'autant plus facilement, qu'il y a tout lieu de croire que ceux qui sont Porteurs des Billets solidaires n'ont jamais entendu donner lieu à des frais si exorbitans, & qui pourroient en rendant les Debiteurs insolvables, mettre le Créancier en risque de perdre le tout ou partie de la somme qui luy est dûe, à quoy sa Majesté jugeant à propos de pourvoir : Ouy le Rapport du sieur Desmaretz Conseiller ordinaire au Conseil Royal, Contrôleur General des Finances. SA MAJESTE' EN SON CONSEIL a ordonné & ordonne que les assignations pour parvenir à l'obtention des Sentences faute de payement des Billets solidaires, ne pourront être données qu'à la personne ou domicile d'un de ceux qui auront signé lesdits Billets solidaires, tant pour lui, que pour tous ceux qui auront signé avec lui ou endossé lesdits Billets, & toutes les autres procedures de même, sans que sous quelque prétexte que ce soit, il en puisse être usé autrement par les Huissiers & Sergens qui se trouveront chargés de faire lesdices poursuites: Leur fait Sa Majesté défenses de prendre ni exiger leurs frais & salaires que sur le pied d'une seule assignation, quelque nombre d'Exploits que lesdits Huissiers & Sergens donnent cy-après, à peine de concussion & de cinq cens livres d'amende, & à tous Juges & autres qu'il appartiendra, de leur allouer en taxe leurs frais & salaires que sur ce pied, à peine de nullité; Ordonne Sa Majesté que les Sentences qui seront ainsi prononcées, seront exécutoires contre tous les Particuliers qui auront signé ou endossé lesdits Billets, après que le commandement leur aura été fait chacun en particulier en consequence desdites Sentences, & au pied de copie d'icelles, & sera le présent Arrest exécuté selon sa forme & teneur, nonobstant oppositions, appellations & autres empêchemens quelconques, pour lesquels ne sera différé. Fait au Conseil d'Etat du Roy tenu à Versailles le treiziéme jour de Juillet 1709. Collationné. *Signé*, RANCHIN.

Collationné aux Originaux par Nous Conseiller-Secretaire du Roy, Maison, Couronne de France & de ses Finances.

EDIT du Roy, portant établissement de vingt nouvelles Jurisdictions Consulaires.

LOUIS par la grace de Dieu Roy de France & de Navarre: A tous présens & à venir, Salut. Ayant été informés que les differens droits qui se perçoivent dans les Jurisdictions Consulaires de notre Royaume, tant pour les Présentations, Affirmations, Sentences, Jugemens & autres Actes qui y sont rendus, que pour ceux qui se payent aux Gardes-Scels, Clercs, Commis & Contrôleurs des Greffes desdites Jurisdictions, ont donné lieu à plusieurs abus par la multiplicité des Officiers & Commis qui sont établis pour en faire la recette, ce qui en retarde considérablement les expéditions, & donne lieu à exiger des Parties au-delà de ce qui est dû; Nous avons crû ne pouvoir y remedier plus efficacement, qu'en supprimant tant les Greffiers anciens, alterna-

Mars 1710.

tifs & triennaux établis dans lesdites Jurisdictions Consulaires par les Rois nos prédecesseurs & par Nous depuis notre avenement à la Couronne, que les Clercs, Commis & Contrôleurs desdits Greffes, les Garde-Scels, les Greffiers des Présentations & Affirmations qui y ont pareillement été établis, & en réunissant ensemble tous ces differens Offices & droits, pour être perçûs à l'avenir par un seul Greffier en Chef que Nous avons résolu de créer à cet effet dans chacune desdites Jurisdictions. Et comme le nombre de ces Jurisdictions n'est que de quarante-un, ce qui n'est pas à beaucoup près suffisant pour le soulagement, expédition & commodité de nos Sujets qui sont obligés d'y porter leurs causes & diférends, & souvent de se transporter à vingt-cinq ou trente lieues de leur demeure, ce qui dérange leur commerce & les constitue dans des frais considerables: Nous avons crû en même tems devoir établir vingt nouvelles Jurisdictions dans les principales Villes de notre Royaume où il n'y en a point. A CES CAUSES & autres à ce Nous mouvans, de notre certaine science, pleine puissance & autorité Royale, Nous avons par le présent Edit perpetuel & irrévocable, éteint & supprimé, éteignons & supprimons tous les Offices de Greffiers anciens, alternatifs & triennaux créés & établis tant dans la Jurisdiction Consulaire de notre bonne Ville de Paris, que dans las autres Jurisdictions Consulaires des autres Villes de notre Royaume, par les Edits des Rois nos prédecesseurs Charles IX. des années 1563 & 1571 ; Henry IV. du mois de May 1593 ; Louis XIII. notre très-honoré Seigneur & Pere du mois de Decembre 1639, que par ceux par Nous depuis rendus, ensemble tous leurs Commis, Clers & Contrôleurs, si aucuns ont été établis, soit qu'ils soient en titre ou autrement, & les Offices de Gardes-Scels & Greffiers des Présentations & Affirmations aussi créés & établis dans lesdites Jurisdictions, soit qu'ils l'ayent été en consequence des Edits du mois de Juin 1568 & 1571, May & Decembre 1639, Juin 1640, Avril 1695, & autres depuis rendus, & que lesdits Offices ou les Titres & fonctions d'iceux ayant été joints & unis à d'autres Offices, rétablis, réunis à notre Domaine, ou qu'ils appartiennent aux Corps des Jurisdictions Consulaires, ou à d'autres Particuliers ; Comme aussi éteignons & supprimons tous les gages, droits, vacations & émolumens dont ont jouy jusqu'à présent lesdits Greffiers, leurs Commis, Clers & Contrôleurs, Garde-Scels & Greffiers des Présentations & Affirmations. Ordonnons que dans trois mois du jour de la publication de notre présent Edit, ceux qui ont joui tant desd. Offices de Greffiers & de leurs Commis, Clercs & Contrôleurs, que de ceux des Gardes-Scels & Greffiers des Présentations & Affirmations, soit à titre de vente, d'engagement, réunion ou autrement, seront tenus de remettre les quittances de Finance, Provisions, Contrats & autres Titres de leur propriété, entre les mains du Contrôleur General de nos Finances, pour être par lui procedé à la liquidation de leur finance, & ensuite être par Nous pourvû à leur remboursement. Et de la même autorité que dessus, Nous avons par le présent Edit créé & érigé, créons & érigeons dans chacune desdites Jurisdictions Consulaires ci-devant établies, un notre Conseiller-Greffier en Chef, Garde-Scel, Commis, Clerc & Contrôleur dudit Greffe, & Greffier des Présentations & Affirmations, pour ne faire & composer ensemble qu'un seul & même corps d'Office, sous le titre d'ancien, alternatif & triennal, expédier, signer & sceller les Sentences, Jugemens, Procés verbaux & autres Actes qui interviendront & seront rendus dans lesdites Jurisdictions, & qui en seront émanés, en quelque sorte & maniere que ce soit, recevoir les Présentations, & délivrer les Actes d'Affirmations de Voyages aux Parties qui en prendront, ausquels Greffiers en Chef, Nous avons attribué & attribuons les mêmes & semblables droits & émolumens pour l'expédition des Sentences, Jugemens, Procès verbaux, Présentations, Affirmations & autres Actes, que perçoivent & dont jouissent actuellement les Greffiers desdites Jurisdictions, leurs Commis, Clercs & Contrôleurs, les Officiers Gardes-Scels & Greffiers des Présentations & Affirmations d'icelles, sous quelque titre que ce soit ou puisse être, & à eux attribués tant par leurs Edits de création, que par les Déclarations, Arrêts & Reglemens rendus depuis, pour en jouir par lesd. Greffiers en Chef présentement créés, à commencer du jour de l'Enregistrement du préfent Edit, & de tous les honneurs, franchifes, rang, fcéance, privileges & exemptions dont ont joui ou dû jouir lefdits Greffiers, Gardes-Scels, Commis, Clercs, Contrôleurs & Greffiers des Préfentations & Affirmations fupprimés par le préfent Edit. Avons pareillement créé & érigé, créons & érigeons vingt nouvelles Jurifdictions Confulaires dans les Villes du Mans, Rennes, Vannes, Narbonne, Montauban, Nifmes, Xaintes, Angoulefme, Grenoble, Vienne, Chaumont, Nevers, Caen, Alençon, Bayeux, Vire, Arles, Alby, Agde & Saint-Quentin, & compofée chacune Jurifdiction d'un premier Juge des Marchands & de quatre Confuls defdits Marchands, dont les nominations & élections fe feront par chacun an dans les temps, ainfi & de la même maniere qu'il eft accoutumé dans les autres Jurifdictions Confulaires cy-devant établies pour connoître & juger des mêmes matieres, caufes, procès, diférends & conteftations attribuées aufdites anciennes Jurifdictions, à l'inftar defquelles Nous les créons, tant par leurs Edits de création, Déclarations, Arrefts & Réglemens rendus depuis, que Nous déclarons communs avec lefdites nouvelles Jurifdictions, ainfi & de même que fi elles y étoient dénommées & comprifes ; aufquels Juge & Confuls Nous avons attribué & attribuons les même pouvoir, autorité, fonctions, honneurs, rang, fcéance, privileges & exemptions dont jouiffent ou doivent jouir les Juges & Confuls des anciennes Jurifdictions; & feront tenus lefdits Juges & Confuls defdites nouvelles Jurifdictions de juger conformément aufdits Edits, Déclarations, Arrefts & Réglemens, & à notre Ordonnance du mois de Mars 1673. En chacune defquelles vingt nouvelles Jurifdictions Nous avons auffi créé & érigé, créons & érigeons un notre Confeiller-Greffier en Chef, Garde Scel, Commis, Clerc & Contrôleur du Greffe, & Greffier des Préfentations & Affimations, pour ne faire auffi qu'un feul & même corps d'Office, fous les mêmes titres d'ancien, alternatif & triennal, expédier, figner & fceller les Sentences, Jugemens, Procès verbaux & autres Actes qui interviendront & feront rendus dans lefdites Jurifdictions, recevoir les Préfentations, & délivrer les Actes d'Affirmations de voyages aux Parties qui en

prendront

prendront; auquel Greffier en Chef, Nous avons attribué & attribuons les mêmes fonctions, droits, vacations, revenus, profits & émolumens, honneurs, franchises, rang, scéance, privileges & exemptions dont jouissent actuellement les Pourvûs des pareils Offices supprimés par le présent Edit, & dont jouiront ceux présentement créés dans les anciennes Jurisdictions: de tous lesquels droits & émolumens il sera incessamment arrêté un Tarif en notre Conseil, qui sera mis & transcrit sur un Tableau dans chacun desdits Greffes, afin que les justiciables desdites Jurisdictions puissent avoir con-connoissance desdits droits, & qu'il n'en soit à l'avenir exigé aucuns au-delà de ceux qui seront légitimement dûs. Avons encore créé & créons par le présent Edit en chacune desdites vingt nouvelles Jurisdictions, un premier Huissier & deux Huissiers Audianciers, pour y être établis aux mêmes fonctions d'appel de cause & autres droits, émolumens, privileges & exemptions dont jouissent ou doivent jouir les pareils Officiers dans les Jurisdictions ci-devant établies, sans aucune difference ni exception; & pour donner moyen ausdits Greffiers en Chef qui seront établis, tant dans les anciennes Jurisdictions que dans les vingt nouvelles créées par le présent Edit, Nous leur avons attribué & attribuons cinquante mille livres de gages effectifs, qui seront réparties entr'eux sur le pied du denier seize, suivant les états & rôles qui en seront arrêtés en notre Conseil, dont les deux tiers leur tiendront lieu de gages de la finance desdits Offices, & l'autre tiers sera réputé augmentations de gages, sans qu'il puisse à l'avenir leur en être attribué de nouveaux, sous quelque prétexte que ce soit ou puisse être, dont Nous les déchargeons expressément pour toujours; & seront lesdits gages & augmentations de gages employés par chacun an, à commencer du premier du présent mois, dans les états de nos Finances des Généralités du Ressort de chacune desdites Jurisdictions Consulaires, au même chapitre des gages & augmentations de gages des Officiers de nos Jurisdictions ordinaires, pour être payés ausdits Greffiers en Chef dans les tems que les autres Officiers ont accoutumé de les recevoir, sur leurs simples quittances, en fournissant pour la première fois seule-

ment copie du préfent Edit, de leurs quittances de finance &
Provifions, fans être obligés d'en faire faire aucun enreſiſtrement en nos Chambres des Comptes, Bureaux des Finances,
ni en aucun autre lieu & Jurifdiction, ni d'obtenir aucunes
Lettres Patentes ni de validation, dont Nous les avons déchargés & déchargeons par le préfent Edit. Voulons que
ceux des Offices de Greffiers en Chef, Commis, Clercs, Contrôleurs, Gardes-Scels & Greffiers des Préfentations & Affirmations des anciennes Jurifdictions Confulaires qui fe trouveront Nous appartenir, foit par réunion à notre Domaine
ou autrement, ou qui appartiendront au Corps defdites Jurifdictions ou à d'autres Particuliers, en quelque maniere
que ce foit, foient vendus par celui qui fera chargé du recouvrement de la finance qui doit provenir de l'exécution du
préfent Edit, & qu'en payant par les acquereurs, tant des
anciennes que des nouvelles Jurifdictions, les fommes pour
lefquelles ils feront employés dans les Rôles qui en feront arrêtés en notre Confeil; fçavoir, la finance principale fur les
quittances du Tréforier de nos Revenus Cafuels, & les deux
fols pour livre d'icelles fur les quittances dudit Prépofé, ils
jouiffent pleinement & paifiblement, tant des gages, augmentations de gages, que des droits & émolumens à eux
attribués par le préfent Edit, fauf à pourvoir à l'indemnité
de nos Fermiers des Domaines, & au rembourfement defdites
Jurifdictions Confulaires ou autres Particuliers, fi le cas y
échet, fur la liquidation qui en fera faite, ainfi qu'il eſt dit
ci-deffus. Voulons que pour éviter à l'avenir toutes les conteftations & difficultés qui pourroient naître pour le détroit,
tant defdites anciennes Jurifdictions que des vingt nouvelles
créées par le préfent Edit, le Reffort en feroit réglé & fixé
par les Sieurs Intendans & Commiffaires départis dans les
Provinces & Généralités de notre Royaume, qui feront tenus d'en envoyer inceffamment l'état en notre Confeil pour
y être par Nous pourvû. Ne feront lefdits Greffiers en Chef,
tant des anciennes que des nouvelles Jurifdictions, ni lefdits
premiers Huiffiers & Huiffiers Audianciers préfentement
créés, fujets à l'avenir à aucune taxe, foit pour confirmation
de leurs taxes & émolumens, gages, augmentations de gages,

supplément de finance & autrement, en quelque sorte & maniere que ce soit, dont Nous les avons déchargé & déchargeons pour toujours. Les déchargeons pareillement de la compatibilité portée par notre Edit du mois de Mars 1709, à cause de la réunion que Nous faisons par le présent Edit desdits Offices de Greffiers en Chef avec ceux de Commis, Clercs, Contrôleurs, Gardes-Scels & Greffiers des Présentations & Affirmations, comme ne faisant qu'un seul & même corps d'Offices, quand bien même ceux qui les acquereront & lesdits Offices d'Huissiers, possederoient d'autres Offices de judicature ou autres, que Nous déclarons compatibles avec lesdits Offices de Greffiers en Chef & d'Huissiers. Il ne pourra à l'avenir être établi dans lesdites Jurisdictions Consulaires, tant anciennes que nouvelles, d'autres Greffiers & Huissiers que ceux créés par le présent Edit, ni leur être créé aucun Syndic ni aucun autres Officiers tels qu'ils puissent être, dont Nous les déchargeons pour toujours; comme aussi des taxes qui sont actuellement demandées aux Greffiers & Huissiers des anciennes Jurisdictions Consulaires, soit pour la bourse commune, paraphes de leurs Registres ou autrement, en quelque sorte & maniere que ce soit, dont Nous les avons aussi déchargé pour toujours. Pourront toutes sortes de personnes posseder & acquerir lesdits Offices de Greffiers en Chef & Huissiers, pourvû qu'elles ayent atteint l'âge de vingt-deux ans, pour en jouir sur les quittances de finance qui leur en seront délivrées par le Tresorier de nos Revenus Casuels, & les Provisions qui en seront expédiées en notre grande Chancellerie. Voulons encore qu'il soit fourni par les Villes ci-dessus dénommées, dans lesquelles lesdites vingt nouvelles Jurisdictions doivent être établies, & aux dépens desdites Villes, une maison convenable & commode pour y établir lesdites Jurisdictions Consulaires & Greffes, & y loger lesdits Greffiers en Chef, ce que lesdites Villes seront tenues de faire huitaine après l'enregistrement du présent Edit, sinon il y sera pourvû par nos Intendans & Commissaires départis dans les Provinces & Généralités du Ressort desdites Villes, & les Ordonnances qui seront par eux rendues à cet effet, seront exécutées nonobstant toutes oppositions, appel-

K k ij

lations ou autres empêchemens quelconques. Permettons à ceux qui se feront pourvoir desdits Offices de Greffiers en Chef & d'Huissiers, d'emprunter les deniers nécessaires pour en faire l'acquisition; voulons que ceux qui leur en feront le prêt, ayent une hipoteque & privilege spécial sur les gages augmentations de gages, droits & émolumens y attribués par préférence à tous autres Créanciers, en vertu des obligations qui en seront passées, sans qu'il soit besoin d'en faire mention dans les quitances de finance; & ne pourront lesdits gages, augmentations de gages, droits & émolumens être saisis par d'autres Créanciers que par ceux qui auront prêté leurs deniers pour l'acquisition desdits Offices, & si aucunes étoient faites, Nous en avons fait & faisons main-levée par le présent Edit. Voulons qu'en attendant la vente desdits Offices de Greffiers en Chef, de premiers Huissiers & d'Huissiers Audianciers, le Préposé pour l'exécution du présent Edit puisse y commettre sur ses simples procurations & nominations, sur lesquelles sera expédié des Commissions en la grande Chancellerie, dont Nous avons fixé le coût à six liv. pour celles des Greffiers, & à trois livres pour celles des Huissiers, à la charge d'en demeurer civilement responsable, & qu'il jouisse des gages & augmentations de gages, & des droits & émolumens attribués auxdits Offices, lesquels gages, augmentations de gages, droits & émolumens il pourra pareillement recevoir sur ses simples quittances en vertu du présent Edit, sans être obligé à aucun enregistrement, ni à obtenir aucunes Lettres Patentes ni de la validation, dont Nous l'avons expressément déchargé. Seront les Juge & Consuls qui seront nommés & élûs pour les vingt nouvelles Jurisdictions créées par le présent Edit, ensemble ceux qui acquerreront lesdits Offices de Greffiers en Chef, de premiers Huissiers & d'Huissiers Audianciers, ou qui les exerceront en attendant la vente, reçûs & installés en la même maniere que les Juge & Consuls, Greffiers & Huissiers des autres Jurisdictions Consulaires ci-devant établies, ont été reçûs, en prétant le serment pardevant les Juges & Officiers qui ont accoutumé de recevoir les pareils Officiers; sçavoir, lesdits Juge & Consuls sans frais, lesdits Greffiers en payant chacun dix livres, lesdits premiers Huissiers six livres, & lesdits Huissiers Audianciers trois livres, & ceux qui exerceront par commission lesdits Offices de Greffiers, aussi trois livres, & ceux d'Huissiers trente sols pour tous droits, y compris ceux du Greffe. Les Offices présentement créés seront possedés à titre de survivance, comme il est ordonné par notre Edit du mois de Decembre dernier, & tenus de Nous payer aux mutations le huitiéme du quart de leur finance. Dispensons ceux qui seront pourvûs desdits Offices, de Nous payer pour la premiere fois seulement aucun droit de survivance, dont Nous les avons déchargés & déchargeons. Ne pourront lesdits Greffiers & Huissiers créés par le présent Edit, être augmentés à la Capitation, sous prétexte de l'acquisition qu'ils feront desdits Offices, & demeureront fixés à celle à laquelle ils se trouveront imposés au jour de leur acquisition. Si Donnons en Mandement à nos amés & féaux Conseillers les Gens tenans notre Cour de Parlement, Chambre des Comptes & Cour des Aydes à Paris, que notre présent Edit ils ayent à faire lire, publier & registrer, & le contenu en icelui faire garder & observer selon sa forme & teneur, nonobstant tous Edits, Déclarations, Reglémens & autres choses à ce contraires, ausquels Nous avons dérogé & dérogeons par le présent Edit, aux copies duquel collationnées par l'un de nos amés & féaux Conseillers-Secretaires, Voulons que foi soit ajoûtée comme à l'Original: Car tel est notre plaisir. Et afin que ce soit chose ferme & stable à toujours, Nous y avons fait mettre notre Scel. Donné à Versailles au mois de Mars l'an de grace 1710, & de notre Regne le soixante septiéme. *Signé*, LOUIS. *Es plus bas*, Par le Roy, PHELYPEAUX. *Visa*, PHELYPEAUX. Vû au Conseil, DESMARETZ. *Et scellé du grand Sceau de cire verte en lacs de soye rouge & verte.*

Registrées, ouy & ce requerant le Procureur General du Roy, pour être exécutées selon leur forme & teneur, & copies collationnées envoyées aux Senéchaussées du Mans & Angoulesme, & aux Bailliages de Chaumont en Bassigny, Saint-Pierre le Moutier & Saint-Quentin, pour y être lûes, publiées & registrées; Enjoint aux Substituts du Procu-

reur General d'y tenir la main , & d'en certifier la Cour dans un mois, suivant l'Arrest de ce jour. A Paris en Parlement le neuf May 1710. Signé , *DONGOIS.*

Regiſtrées en la Chambre des Comptes , ouy & ce requerant le Procureur General du Roy, pour être exécutées ſelon leur forme & teneur, les Bureaux aſſemblés, le 24 May 1710. Signé, *RICHER.*

Regiſtrées en la Cour des Aydes, ouy & ce requerant le Procureur General du Roy, pour être exécutées ſelon leur forme & teneur. A Paris, les Chambres aſſemblées, le 2 Aouſt 1710. Signé, *ROBERT.*

EDIT du Roy, portant création d'une Juriſdiction Conſulaire dans la Ville de Tulles.

Regiſtré en Parlement le 10 Février 1711.

Septembre 1710.

LOUIS par la grace de Dieu Roy de France & de Navarre : A tous préſens & à venir, Salut. Par notre Edit du mois de Mars 1710 Nous avons créé des nouvelles Juriſdictions Conſulaires dans differentes Villes de notre Royaume ; Mais comme la Ville de Tulles n'eſt pas compriſe dans le nombre de celles qui y ſont exprimées, & que les Marchands de cette Ville Nous ont très-humblement fait ſupplier d'y en vouloir établir une pour leur commodité, ſoulagement & expédition des Affaires, étant obligés de porter les diférends concernant leur commerce devant les Juge & Conſuls de Limoges, & de ſe tranſporter à cet effet à plus de quinze lieues de leurs domiciles : & ceux qui demeurent dans les autres Villes ou à la Campagne, ſont obligés d'aller plaider juſqu'à vingt, vingt-cinq & trente lieues, ce qui dérange leur commerce, & les conſtitue dans de grands frais : que d'ailleurs la Ville de Tulles eſt l'entrepôt de pluſieurs Villes d'alentour, & Capitale du bas Limoſin, dont le génie des Habitans eſt très propre au Commerce, & que par toutes ces raiſons ils tireroient un grand avantage de cet établiſſement. A CES CAUSES & autres à ce Nous mouvans, de notre certaine science, pleine puissance & autorité Royale, Nous avons par le présent Edit perpetuel & irrévocable créé & érigé, créons & érigeons dans ladite Ville de Tulles une Jurisdiction Consulaire qui sera composée d'un premier Juge des Marchands & de quatre Consuls desdits Marchands, dont les nominations & élections se feront pardevant le Sieur Intendant ou Commissaire départi dans la Généralité de Limoges, & seront par lui confirmés dans lesdites nominations & élections; desquels Juges il recevra le serment pour la premiere fois seulement, & à l'avenir les élections & nominations se feront de la maniere & ainsi qu'elles se font dans les Jurisdictions Consulaires des Villes les plus prochaines, pour par lesdits Juge & Consuls de ladite Ville de Tulles connoître & juger les mêmes matieres, causes, procès, diférends & contestations attribuées ausdites anciennes Jurisdictions Consulaires, tant par les Edits de création, que par les Déclarations, Arrests & Réglemens rendus depuis, & par notre Edit du mois de Mars 1710, que Nous déclarons communs pour cette nouvelle Jurisdiction, & à l'instar desquelles Nous la créons, ainsi & de même que si elle y étoit expressément dénommée & comprise; auxquels Juge & Consuls de ladite Ville de Tulles Nous avons attribué & attribuons les mêmes fonctions, pouvoir, autorités, prérogatives, prééminences, honneurs, rang, scéance, privileges & exemptions dont jouissent & doivent jouir les Juge & Consuls des anciennes & nouvelles Jurisdictions. Et seront tenus les Juge & Consuls de ladite nouvelle Jurisdiction, de juger conformément ausdits Edits, Déclarations, Arrests & Réglemens, & à notre Ordonnance du mois de Mars 1673. Et de la même autorité que dessus Nous avons créé & érigé, créons & érigeons par le présent Edit un notre Conseiller Greffier en Chef, Garde-Scel, Commis, Clerc & Contrôleur du Greffe, Greffier & Contrôleur des Présentations & Affirmations, & Contrôleur des dépens, pour ne faire qu'un seul & même corps d'Office sous le titre d'ancien, alternatif & triennal, pour expédier, signer & sceller les Sentences, Jugemens, Procès verbaux & autres Actes qui interviendront dans ladite Jurisdiction, recevoir les présentations & délivrer les Ac-

tés d'affirmations de voyages, auquel Greffier en Chef, Nous avons attribué & attribuons les mêmes fonctions droits, gages au denier seize, vacations revenus, profits & émolumens, honneurs, franchises, rang séances, privileges & exemptions attribuées aux Greffiers des nouvelles Jurisdictions créées par ledit Edit du mois de Mars 1710. Avons encore créé & érigé, créons & érigeons par le present Edit dans ladite Jurisdiction Consulaire de Tulles un premier Huissier & deux Huissiers Audianciers, pour y être établis aux mêmes fonctions d'appel de causes & autres droits, émolumens, privileges & exemptions dont jouissent ou doivent jouir ceux des Jurisdictions ci-devant établies, sans aucune différence ni exception. Voulons que ceux qui seront commis aux fonctions desdits Offices de Greffier & Huissiers, en attendant la vente, ensemble ceux qui les acquerront pour la premiere fois seulement, soient reçûs & prêtent le serment pardevant le sieur Intendant de la Généralité de Limoges, & qu'à l'avenir les Pourvûs desdits Offices soient reçûs & prêtent le serment pardevant le sieur Intendant de la Généralité de Limoges, & qu'à l'avenir les Pourvûs desdits Offices soient reçûs de la même maniere que le sont ceux des autres Jurisdictions Consulaires. Voulons qu'il soit fourni par ladite Ville de Tulles & à ses dépens, une maison convenable & commode pour y établir ladite Jurisdiction & Greffe, & y loger ledit Greffier en Chef; ce que ladite Ville sera tenue de faire huitaine après l'Enregistrement du présent Edit, sinon il y sera pourvû par le sieur Intendant. Si donnons en mandement ànos amés & féaux Conseillers les Gens tenans notre Cour de Parlement, Chambre des Comptes & Cour des Aydes à Bordeaux, que notre présent Edit ils ayent à faire lire, publier & registrer, même en tems de vacations, & le contenu en icelui garder & observer selon sa forme & teneur, nonobstant tous Edits, Déclarations, Réglemens & autres choses à ce contraires, ausquels Nous avons dérogé & dérogeons par le présent Edit, aux copies duquel collationnées par l'un de nos amés & féaux Conseillers-Secretaires, Voulons que foy soit ajoûtée comme à l'Original : Car tel est notre plaisir. En témpin de quoy Nous y avons fait mettre notre

tre Scel à cesdites Présentes. Donné à Versailles au mois de Septembre l'an de grace mil sept cens dix, & de notre Regne le soixantiéme. *Signé*, LOUIS. *Et plus bas*, Par le Roy, COLBERT. *Visa*, PHELYPEAUX. Vû au Conseil, DESMARETZ.

Extrait des Registres de Parlement.

APrès que lecture & publication a été judiciairement faite par le Greffier de la Cour de l'Edit du Roy, portant création d'une Jurisdiction Consulaire dans la Ville de Tulles, donné à Versailles au mois de Septembre dernier, signé LOUIS, & plus bas par le Roy, Colbert, *Visa*, Phelypeaux. Vû au Conseil, Desmaretz, & scellé du grand Sceau de cire verte.

LA COUR ordonne que sur le reply de l'Edit du Roy, dont lecture vient d'être faite par le Greffier de la Cour, seront mis ces mots : *Lû, publié & enregistré, ouy & ce requerant le Procureur General du Roy, pour estre exécuté selon sa forme & teneur, conformément à la volonté de Sa Majesté, & que copie d'icelui, ensemble du présent Arrest dûement collationnées par le Greffier de la Cour, seront envoyées dans toutes les Senéchaussées du Ressort, à la diligence dudit Procureur General pour y estre fait pareille lecture, publication & enregistrement à la diligence de ses Substituts, ausquels enjoint de certifier la Cour dans le mois des diligences par eux faites.* Fait à Bordeaux en Parlement le 10 Février 1711. M. DALON, Premier Président. Collationné. *Signé*, ROGER, Greffier.

SENTENCE *de la Conservation de Lyon, en faveur des sieurs Chalus & Lamure, contre les sieur Sablon du Corail, Ecuyer, Capitaine de Cavalerie au Régiment du Roy, & Charles Granchier Conseiller du Roy, Receveur des Consignations, résidans en la Ville de Riom, pour raison d'un Billet au Porteur.*

ENtre les sieurs Chalus & Lamure Banquiers à Lyon, Demandeurs, comparans par Chevalier leur Procureur, d'une part : & entre les sieurs Sablon du Corail & Granchier

17 Aoust 1711.

réſidans à Riom en Auvergne, Défendeurs, comparans par Amelin leur Procureur, d'autre part. La Cauſe appellée par Huiſſier de ſervice de cette Cour, Parradon Procureur céans, au lieu dudit Chevalier, a dit que le 19 Mars 1712 leſdits ſieurs Chalus & Lamure ont fait aſſigner pardevant Nous leſd. ſieurs Sablon du Corail & Granchier en reconnoiſſance de leur Billet du 27 Mars 1709 payable au Porteur, & pour les rendre condamnés ſolidairement & par corps de payer aux Demandeurs qui en ſont Porteurs, la ſomme de deux mille livres y contenue, aux interêts & dépens ; ce Billet a été reconnu contradictoirement avec un deſdits Défendeurs le dix-huitiéme Juin dernier : & pour éloigner leur condamnation, ils ſe ſont aviſés de propoſer leur déclinatoire pour être renvoyées pardevant les Juges de leurs domiciles. Mais leſdits ſieurs Chalus & Lamure ayant fait voir que tous Négocians de Lyon & Porteurs d'un Billet dont ils auroient fourni la valeur aux Défendeurs, qui en étoient préſentement par leurs dégagemens, le témoin par eux requis étoit injuſte, ils en ont été déboutés par Sentence contradictoire du vingt-deuxiéme dudit mois de Juin, en ſorte qu'il n'y a pas de difficulté de les condamner à préſent au payement de ladite ſomme aſſeſſoire, & par voir prononcer la condamnation : l'on a fait faire ſommation audit Me Amelin de venir en cette Audience pour voir prononcer ainſi que ledit Parradon le requerra, à ce que leſdits ſieurs Sablon du Corail & Granchier ſeront ſolidairement condamnés & contraints par les voyes de droit & par corps de payer auſdits ſieurs Chalus & Lamure ladite ſomme de deux mille livres, avec les interêts & dépens depuis le dix-neuf Mars 1712 jour de la demande, juſqu'à l'actuel payement, & qu'ils ſeront en outre condamnés aux dépens de l'Inſtance, & qu'il ſoit paſſé outre nonobſtant oppoſitions ou appellations quelconques, & ſans préjudice d'icelles. S Y EST DIT que défaut eſt octroyé auſdits Demandeurs contre leſdits Défendeurs faute de plaider, & pour le profit qu'ils ſoient condamnés ſolidairement à leur payer ladite ſomme de deux mille livres demandée, avec les interêts depuis le dix-neuviéme May dernier, jour de la demande, juſqu'à l'actuel payement ; & à ce faire y feront contraints par faifie & vente de leurs biens & par corps, fuivans les Réglemens de notre Cour; lefdits Défendeurs en outre condamnés aux dépens de l'Inftance: Et fera notre Jugement exécuté par provifion à caution en cas d'appel, nonobftant & fans préjudice d'icelui, fuivant les Priviléges de notre Cour. Mandons au premier Huiffier ou Sergent Royal fur ce requis, mettre ladite Sentence à dûe & entiere exécution felon fa forme & teneur, ce faifant à la requête defdits fieurs Chalus & Lamure faire tous Exploits requis & néceffaires contre lefdits fieurs Sablon du Corail & Granchier y énoncez. De ce faire vous donnons pouvoir, fans pour ce demander aucun Placet, Vifa, ni Paréatis, fuivant celui à nous donné par Sa Majefté. Fait à Lyon en Jugement; Nous Jacques Bourgfieur de la Faverge, Avocat en Parlement & en Cour dudit Lyon; Antoine Fufes; Jacques Aniffon, Ecuyer; Cefar Ferrard, Receveur des Decimes de la Généralité dudit Lyon, Echevins: Pierre Gacon; Jean-Baptifte Guidy, & Pierre Bartholin, Bourgeois, Préfidens-Juges, Gordiens Confervateurs des Privileges Royaux des Foires de ladite Ville de Lyon, féans le Mercredy dix-feptiéme Aouft 1712. Collationné. *Et figné*, BODIN, *Scellée le 18 Aouft 1712.* Et contrôlée ledit jour. *Et figné*, S I N O T.

L l ij

ARREST DE LA COUR DE PARLAMENT,

de Paris, confirmatif de ladite Sentence, rendu en faveur des sieurs Chalus & Lamure, Marchands de Lyon, contre Jean-Antoine Sablon, Ecuyer Sieur du Corail, Capitaine de Cavalerie au Régiment du Roy, & Charles Granchier Conseiller du Roy, Receveur des Consignations de la Sénéchaussée d'Auvergne à Riom; pour raison d'un Billet au Porteur, par lequel la Cour a mis l'appellation au néant, & ordonne que ce dont a été appellé sortira effet, avec amande & dépens.

8 Mars
1712.

LOUIS par la grace de Dieu Roy de France & de Navarre: Au premier des Huissiers de notre Cour de Parlement, ou autre notre Huissier ou Sergent sur ce requis. Sçavoir faisons qu'entre Me. Charles Granchier notre Conseiller, Receveur des Consignations en la Sénéchaussée d'Auvergne, & Jean-Antoine Sablon Ecuyer Sieur du Corail, Capitaine de Cavalerie au Régiment du Roy, demeurant à Riom, Appellans tant comme de Juges incompétens qu'autrement, des Sentences rendues en la Conservation de Lyon les 22 Juin & 17 Août 1712, ensemble de tout ce qui s'en étoit ensuivi, d'une part; & François Chalus & Felix Lamure Marchands Banquiers de la Ville de Lyon, Intimés. Et entre ledit Granchier & Sablon Demandeurs en requête du 20 Février 1713; & lesdits Chalus & Lamure Défendeurs. Et entre lesdits Granchier & Sablon Appellans indéfiniment de ladite Sentence de la Conservation de Lyon du 17 Août 1712; & lesdits Chalus & Lamure Intimés. Et entre lesdits Sablon & Granchier Demandeurs en enterinement des Lettres de Rescision par eux obtenues en la Chancellerie le huitiéme Mars 1713, suivant leur Requête du même jour; & lesdits Chalus & Lamure Défendeurs. Et entre lesdits Sablon & Granchier Demandeurs en requête du 14 Mars 1713; & lesdits Chalus & Lamure Défendeurs d'autre part. Vû par notredite Cour les Sentences dont est appel rendues en la Conservation de Lyon entre les Parties, la premiere du 12 Juin 1712, par laquelle sans s'arrêter au déclinatoire proposé par lesdits Sablon & Granchier, duquel ils auroient été déboutés avec dépens, auroit été ordonné que les Parties contesteroient en ladite Conservation de Lyon : la deuxiéme du 17 Aoust 1712, par laquelle lesdits Sablon & Granchier auroient été solidairement condamnés à payer ausdits Chalus & Lamure la somme de deux mille livres demandée avec les interêts depuis le 10 May 1712 jour de la demande, jusqu'à l'actuel payement, à ce faire contraints par saisie & vente de leurs biens & par corps, suivant les Reglemens de ladite Conservation, & condamnés aux dépens. Arrest d'appointé au Conseil du 30 Decembre 1712. Causes & moyens d'appel desdits Granchier & Sablon du trente-un Février 1713. Production des Parties & leurs contredits respectifs des 9 & 13 Février 1713. Salvations desdits Chalus & Lamure du troisiéme Mars 1713. La requête & demande desdits Granchier & Sablon du 11 Février 1713, à ce que où notredite Cour feroit difficulté d'infirmer lesdites Sentences, attendu que lesdits Chalus & Lamure réduisoient les contestations d'entre les Parties au point de dire que le Billet de la somme de deux mille livres en datte du 17 Mars 1712, étoit absolument destiné & séparé, & n'étoit pas le même que celui dont Rivet avoit demandé le payement pardevant les Consuls de Montferrand, acte leur fût donné de ce qu'ils mettoient & articuloient le fait contraire, que le Billet du 27 Mars de la somme de deux mille livres, fait par lesdits Granchier & Sablon, & dont lesdits Chalus & Lamure se disoient Porteurs, n'étoit point destiné & séparé de celui dont Rivet se disoit aussi porteur, & que ce Billet étoit le même qui fût déposé entre les mains du sieur Macholles Tresorier de France, qui avoit été nommé Arbitre pour régler les diférends d'entre lesdits Granchier & Sablon d'une part, & les sieurs de Bressollere & de la Rochefoucault, d'autre ; & attendu la contrarieté desdits faits, il leur fût permis de faire preuve de ceux par eux articulés, tant par titres que par témoins, sauf la preuve contraire ; ordonné que le nommé

Rivet feroit mis en cause, à l'effet, ou de repréfenter le Billet dont il fe difoit porteur, ou de faire fa déclaration précife en faveur de qui il avoit difpofé dudit Billet, pour le tout fait, être ordonné ce que de raifon, & fes conclufions adjugées avec dépens: & qu'acte lui fût donné de l'employ pour écriture & production fur ladite demande; fur laquelle Requête auroit été mis fur la demande en droit, & joint, & acte de l'employ. Requête defdits Chalus & Lamure du 14 Février 1713, employée pour avertiffement, défenfes, écritures & production. Requête defdits Chalus & Lamure du 15 dudit mois de Février. Contredits dudit Granchier & Sablon du 22 dudit mois de Février. Production nouvelle defdits Chalus & Lamure par requête du 13 Février 1713. Contredits defdits Granchier & Sablon du 17 dudit mois de Février. Production nouvelle defdits Chalus & Lamure par requête du 13 Février 1713. Contredits defdits Granchier & Sablon du 17 dudit mois de Février. Salvations defdits Chalus & Lamure du onze Mars 1713. Requête defdits Granchier & Sablon du troifiéme Mars 1713, contenant leur appel de ladite Sentence du 17 Août 1712, à ce qu'en émandant ils fuffent déchargés purement & fimplement de la condamnation contr'eux prononcée en confequence, ordonné que lefdits Chalus & Lamure feroient tenus de rendre & reftituer aufdits Granchier & Sablon la fomme de deux mille livres qu'ils leur avoient payée comme contraints, avec les interêts de ladite fomme, à la reftitution de laquelle ils feront contraints par corps, & condamnés aux dommages & interêts defdits Granchier & Sablon, & qu'acte leur fût donné de l'employ pour caufes & moyens d'appel, écriture & production, fur laquelle requête auroit été mis fur l'appel au Confeil & joint, & acte de l'emploi, les Intimés fourniroient de réponfes, écriroient de leur part dans huy. Requête defdits Chalus & Lamure du quatriéme Mars 1713, employée pour réponfes à caufes d'appel, écritures & production. Requête defdits Chalus & Lamure du 7 Mars 1713, employée pour contredits. Additions de caufes d'appel defdits Granchier & Sablon du onze Mars 1713, fervant de contredits. Production nouvelle defdits Sablon & Granchier par requête du 8 Mars 1713,

Contredits desdits Chalus & Lamure du dixiéme Mars 1713. Salvation desdits Sablon & Granchier du 14 dudit mois de Mars, Les Lettres de Rescision obtenues en Chancellerie le 8 Mars 1713 par lesdits Sablon & Granchier, contre le Billet du 27 Mars 1709. La Requête de demande desdits Sablon & Granchier, à ce qu'en entérinant lesdites Lettres de Rescision, les Parties fussent remises en tel & semblable état qu'elles étoient avant le Billet du 27 Mars 1709, lesdits Chalus & Lamure condamnés aux dépens, & qu'acte leur fût donné de l'emploi pour écritures & production sur lad. demande, sur laquelle Requête auroit été mis sur la demande en droit & joint ; & acte de l'emploi. Requête desdits Chalus & Lamure du onze Mars 1713, employée pour défenses, écritures & production. Requête desdits Sablon & Granchier, Chalus & Lamure des treize & seize Mars 1713, employée pour contredits. Production nouvelle desdits Sablon & Granchier par requête du quatorze Mars 1713, contenant demande à ce qu'acte leur fût donné de la Déclaration faite par lesdits Chalus & Lamure par leur requête du 9 Octobre 1712, que lesdits Sablon & Granchier ayant eu besoin d'argent, ils les étoient venu trouver à Lyon pour emprunter d'eux une somme de deux mille livres qu'ils leurs avoient effectivement prêtée, qui étoit celle contenue dans le Billet en question ; comme aussi de la déclaration faite par lesdits Chalus & Lamure, suivant leur acte du 14 dudit mois de Mars, que le Billet leur avoit été remis par le sieur Pradal, & en consequence de ces deux déclarations si contraires en elles-mêmes & à la verité, sans avoir égard aux offres par eux faites, lesdites Lettres de Rescision fussent entérinées, ledit Billet déclaré nul : & attendu le refus desdits Chalus & Lamure de répondre sur les faits pertinens à eux signifiés à la requête desdits Sablon & Granchier en vertu de l'Arrest du 17 Février 1713, lesdits faits tenus pour confessés & avérés, lesdits Chalus & Lamure condamnés à la restitution de la somme de deux mille livres qu'ils auroient judiciairement reçûe, aux interêts d'icelle à compter du jour qu'ils l'auront reçûe, aux dommages & interêts, & aux dépens, & qu'acte leur fût donné de l'emploi pour écritures & production sur ladite demande, sur laquelle Requête auroit été mis sur la demande en droit & joint, & acte de l'emploi, fourniroient de défenses, écriroient & produiroient dans huy. Contredits desdits Chalus & Lamure du quinze Mars 1713, servant de défenses. Requête desdits Chalus & Lamure du 17. dudit mois de Mars, employée pour écritures, productions, & contredits. Tout joint & considéré. NOTREDITE COUR faisant droit sur le tout, sans s'arrêter aux Lettres de Rescision obtenues par lesdits Sablon & Granchier de l'enterinement desquelles elle les a déboutés, a mis & met les appellations au néant, ordonne que ce dont a été appellé sortira effet, en affirmant par lesdits Chalus & Lamure pardevant le Lieutenant de Lyon, suivant leurs offres portées tant par l'acte signifié à leur requête le 4 du présent mois de Mars, que par leurs contredits du 15 du présent mois, qu'ils tiennent ledit Billet en question de   Pradal Marchand de Lyon, & qu'ils lui ont fourni la valeur. Déboute lesdits Granchier & Sablon de leur demande, les condamne ès amendes de 12 liv. & en tous les dépens. Te mandons mettre le présent Arrest à exécution selon sa forme & teneur, & faire en conséquence tous Exploits sur ce requis. De ce faire te donnons pouvoir. Fait & donné à Paris en notredite Cour de Parlement le dix-huit Mars l'an de grace mil sept cens treize, & de notre Regne lesoixante-dix. Collationné par le Conseil. Et signé, DELOMEL. Scellé le 12 Aoust 1722. ROBRUENT.

ARREST DE LA COUR DE PARLEMENT,
qui juge qu'un Associé ne peut engager les autres Associés par des pactions & autres Actes faits peu de temps avant la banqueroute ouverte.

SOMMAIRE DU FAIT,
sur lequel l'Arrest est intervenu.

LE vingt Mars 1710, il y a eu un Acte de Société entre les sieurs le Masson, Olive & autres, & le nommé la Joue, pour l'Armement & Cargaison d'un Vaisseau nommé l'Affriquain.

Cet

Cet Associé la Joue étoit conducteur & dépositaire de cinquante mille livres d'effets de la Compagnie : il avoit trouvé le moyen de passer des marchandises pour son compte ; s'il n'avoit point trahi sa Compagnie, on ne se seroit pas plaint du gain particulier qu'il vouloit faire.

Cet Associé infidel vendit les Marchandises de la Compagnie à Quebec ; il prit des Lettres de Change payables à son ordre : il chargea le Vaisseau de Marchandises de Pelleterie & autres pour differens Particuliers ; il tira pareillement des Lettres de Change pour le fret de ces Marchandises, & il revint en France au mois de Janvier 1711. Les Associés lui demanderent un compte ; il temporisa jusqu'au mois de Mars. Il essaya de négocier les Lettres de Change ; il s'aboucha avec Antoine Pascault Marchand à la Rochelle, qui lui facilita le commerce des Lettres de Change. Dès qu'il eut pris ses mesures, & qu'il vit que ses Associés le pressoient, il les menaça de s'enfuir : il y a des Lettres reconnues qui prouvent ce fait.

On envoya le sieur Olive l'un des Associés, avec une Procuration pour lui faire rendre compte : la Procuration lui a été signifiée le 28 Février 1711 ; il s'est absenté au mois de Mars. Il y a eu des plaintes, des Procès verbaux de perquisition, & un Procès instruit dans les formes à l'Amirauté, de la part des sieurs le Masson, Olive & autres Associés.

Le lieu de la retraite de la Joue n'étoit inconnu qu'à ses Associés ; il avoit des confidens qui négocioient les Lettres qu'il avoit rapportées de Quebec : & avant sa banqueroute ouverte, il avoit pris soin de s'accommoder avec les Marchands qui avoient chargé des Marchandises sur le Vaisseau l'Africain dont il étoit le conducteur.

Antoine Pascault d'un côté négocioit les Lettres de Change, il lui faisoit tenir de l'argent dans le lieu de sa retraite : il y en a une preuve complete dans une Instance qui est actuellement pendante au Rapport de M. l'Abbé Pucelle.

D'un autre côté les autres Marchands qui vouloient avoir bon marché du fret, lui donnoient quelques pistolles ; & à la vûe d'un profit certain qui lui étoit personnel, il signoit tels Actes qu'on lui demandoit.

M m

Guillaume Gaillard avoit des Marchandises de Pelleterie à recevoir; il prétendit qu'il y en avoit quelques-unes endommagées. Il y avoit un Procès verbal du 12 Novembre 1710, par lequel il étoit prouvé que le Vaisseau avoit souffert une tourmente de trente-six heures aux accords d'un grand ban du côté de Quebec, & que malgré toute la manœuvre & les précautions les plus sages, le Vaisseau avoit été rompu, & que l'eau avoit pénétré les ponts & inondé jusqu'à la Sainte-Barbe & fonds de cale, en sorte que les Armateurs ne pouvoient être tenus du dommage arrivé au Marchandises; l'Ordonnance de la Marine exceptant les Avaries simples.

Si la Joue n'avoit pas eu dessein de tromper ses Associés & de s'enrichir à leurs dépens, il auroit fait voir le Procès verbal de tourmente du douze Novembre 1710; mais il vouloit ruiner totalement ses Associés; sa banqueroute étoit prête à éclôre: c'étoit au mois de Mars 1711. On lui donna de l'argent, il consentit à une visite des Marchandises le 4 Mars: il fit plus; il consentit que la somme à laquelle les Experts avoient estimé les Avaries, fussent payées au sieur Gaillard: ce consentement est du 5 Mars. Il faisoit tout ce manege à l'insçû de ses Associés qu'il trompoit & qu'il vouloit frauder.

Les sieurs le Masson, Olive & autres Armateurs n'ont eu connoissance de toutes ces supercheries, que depuis la banqueroute ouverte de la Joue leur infidel Associé. On a rendu une Sentence par défaut contr'eux en l'Amirauté de la Rochelle le onze Juillet 1711, par laquelle on les faisoit condamner conjointement avec la Joue, de payer au sieur Gaillard différentes sommes pour Avaries simples, dont les Armateurs ne sont point tenues. Cette Sentence fondée sur le consentement de la Joue, & sur les reconnoissances par lui données, sous prétexte qu'étant Associé & autorisé par sa Compagnie, tous les actes qu'il a signés & tous les consentemens qu'il a donnés engageoient & obligeoient les autres Associés.

Il y a eu appel en l'Amirauté du Palais, où la Sentence par défaut de l'Amirauté de la Rochelle a été infirmée, sur le fondement de ce que tous les Actes consentis par la Joue ont été passés dans le tems voisin de sa Banqueroute.

Le sieur Gaillard a interjetté appel de cette Sentence; il y a eu appointement au Conseil le onze Avril 1713. L'Affaire a été distribuée à M. de Creil. Me Jean-François Borderel Avocat a écrit pour les Armateurs du Vaisseau l'Africain; il a fait voir que tous les consentemens donnés par la Joue, étoient des Actes frauduleux, faits à la veille de la banqueroute les 4 & 5 Mars 1711; Actes condamnés par l'Ordonnance & par la Déclaration du Roy du mois de Novembre 1702, qui déclare nuls tous Actes faits avec les Banqueroutiers, si ces Actes ne sont autentiques, & qu'il n'y ait au moins dix jours d'intervale entre les Actes & la banqueroute ouverte.

Il a fait voir que les Marchandises avoient été déchargées à la Rochelle avant le vingt-quatre Janvier 1711, que la délivrance en avoit été faite dans le même mois au sieur Gaillard qui n'avoit fait aucunes protestations, & que par consequent tous les consentemens donnés par la Joue cinq semaines après la délivrance des Marchandises, & peu de jours avant sa banqueroute ouverte, ne pouvoient engager les Associés; c'est sur ces moyens que la Cour a confirmé la Sentence de l'Amirauté du Palais.

EXTRAIT DES REGISTRES
de Parlement.

LOUIS par la grace de Dieu Roy de France & de Navarre, &c. Faisons sçavoir qu'entre Guillaume Gaillard Conseiller au Conseil Souverain de Quebec, Appellant d'une Sentence rendue au Siége General de l'Amirauté du Palais du 20 Février 1713, d'une part; & Gilles le Masson, François Raymond, Edme Fourier & Jean Olive Armateurs du Vaisseau l'Africain, Intimés d'autre part. Et entre lesdits le Masson, Raymon Fourier & Olive, Demandeurs en Requête des quatorze & quinze Juillet présent mois & an, d'une part; ledit Gaillard Défendeur d'autre part. Vû par la Cour la Sentence dont est appel dudit jour vingt Février dernier, rendue entre lesdites Parties, par laquelle lesdits le Masson & Consorts auroient été reçus opposans à la Sentence par défaut du deux Decembre précedent, & au principal a été dit

18 Ju
1713.

qu'il a été mal jugé, bien appellé, émandant lesdits le Maſſon & Conſorts auroient été déchargés des condamnations portées par ladite Sentence dont étoit appel, & ledit Gaillard condamné aux dépens tant des cauſes principale que d'appel. Arreſt du onze Avril 1713 d'appointé au Conſeil. Cauſes d'appel dudit Gaillard du 25 dudit mois. Productions des Parties. Contredits dudit le Maſſon & Conſorts du treize Juin, ſervant de réponſes à cauſes d'appel. Salvations dudit Gaillard du vingt-un Juillet, ſervant de contredits contre la production dudit le Maſſon & Conſorts. Production nouvelle dudit le Maſſon & Conſorts par Requête du quatorze Juillet préſent mois, contenant demande à ce qu'acte leur fût donné de ce qu'ils articuloient & mettoient en fait que le Vaiſſeau l'Africain a été déchargé avant le 24 Janvier 1711, & qu'il étoit parti & ſorti des Rades de la Rochelle pour aller au Port de Rochefort, comme appartenant au Roy le 25 dudit mois de Janvier : & en cas de déni par ledit Gaillard, il leur fût permis d'en faire preuve tant par titres que témoins dans le tems de l'Ordonnance, pardevant tels Juges qu'il plairoit à la Cour de nommer, autres que les Juges de l'Amirauté de la Rochelle ; ſauf audit Gaillard de faire preuve au contraire dans le même temps, pour l'Enquête faite & rapportée, être ordonné ce que de raiſon, & au ſurplus leurs concluſions leur fuſſent adjugées avec dépens : au bas de laquelle Requête eſt l'Ordonnance de ladite Cour qui reçoit ladite Production nouvelle, & ſur la demande appointe les Parties en droit & joint, & donne acte de l'employ porté par ladite Requête pour écritures & production. Sommation dudit jour de contredire, défendre & produire. Contredits dudit Gaillard du quinze dudit mois de Juillet, ſignifiés le 17, contenant auſſi demande à ce qu'acte leur fût donné de ce qu'ils articuloient & mettoient en fait. 1º. Que la délivrance des marchandiſes dudit Gaillard avoit été faite dans le mois de Janvier. 2º. Que le Procès-verbal de tempête fait en mer, avoit été dépoſé par les Officiers du Vaiſſeau l'Africain au Greffe de la Rochelle ſitôt l'arrivée dudit Vaiſſeau, & avant qu'il ait été commencé à décharger ; & en cas de déni deſdits faits par ledit Gaillard, il leur fût permis d'en faire preuve tant par titres que par témoins dans le tems de l'Ordonnance, pardevant le plus prochain Juge Royal des lieux, autre que les Juges de l'Amirauté de la Rochelle, sauf audit Gaillard à faire preuve au contraire si bon lui sembloit dans le même temps, pour le tout fait & rapporté, être ordonné ce que de raison, & ledit Gaillard condamné aux dépens; au bas de laquelle Requête employée pour écritures & production sur la demande y contenue, est l'Ordonnance de ladite Cour qui la regle & joint, & donne acte dudit emploi. Sommation de défendre, produire & contredire par ledit Gaillard, du même jour. Autre production nouvelle desdits le Masson & Consorts par Requête du dix-sept dudit mois de Juillet. Requête dudit Gaillard dudit jour, employée pour défenses, écritures, productions & contredits; celles desdits le Masson & Consorts de réponses, du dix-huit : Tout joint & considéré. LA COUR a mis & met l'appellation au néant, ordonne que la Sentence dont est appel sortira son plein & entier effet, condamne ledit Gaillard en l'amende ordinaire de douze livres, & en tous les dépens des causes d'appel & demande en consequence; sur les Requêtes dudit le Masson des 14 & 15 Juillet présent mois, a mis & met les Parties hors de Cour. Si Mandons au premier Huissier de notre Cour de Parlement, ou autre notre Huissier ou Sergent sur ce requis, mettre le présent Arrêt à exécution selon sa forme & teneur, & faire tous Actes & Exploits sur ce requis & nécessaires : De ce faire te donnons pouvoir. Donné en Parlement le dix-huitiéme Juillet l'an de grace mil sept cens treize, & de notre Regne le soixante-onziéme. Par la Chambre, Collationné. *Signé,* GUYHOU, avec paraphe.

Collationné aux Originaux par Nous Conseiller-Secretaire du Roy, Maison, Couronne de France & de ses Finances.

DECLARATION *du Roy, en faveur des Huissiers des Jurisdictions Consulaires.*

20 Décembre 1712.

LOUIS par la grace de Dieu Roy de France & de Navarre: A tous ceux qui ces présentes Lettres verrront, Salut. Par deux Edits du mois de Juin 1708, Nous avons créé des Offices d'Huissiers ordinaires dans la Jurisdiction des Consuls de Paris, & autres Jurisdictions Consulaires de notre Royaume, pour en être établi quinze à Paris, & le nombre que Nous jugerions à propos dans les autres Jurisdictions de de notre Royaume, & Nous les aurions chargés de faire dans l'étendue du Ressort de chaque Jurisdiction, à l'exclusion de tous autres Huissiers & Sergens, toutes les significations des Sentences qui y seroient rendues, & les premiers commandemens en exécution d'icelles, avant qu'il puisse être procedé à de plus amples contraintes; pourquoy Nous leur avons attribué vingt sols pour chacune signification desdites Sentences, & pareils vingt sols pour chacun premier commandement fait en consequence, en ce non compris le contrôle & le papier timbré, dont ils seroient remboursés par les Parties. Depuis Nous avons par notre Edit du mois d'Avril 1709, supprimé les quinze Offices d'Huissiers créés dans la Jurisdiction des Consuls de Paris, & ordonné que les vingt sols qui devoient être payés pour la signification des Sentences, & pareils vingt sols pour les premiers commandemens, seroient payés à l'avenir par les Greffiers, avant que lesdites Sentences puissent être signifiées, & premiers commandemens faits. Nous avons depuis été informés que lesdits Edits ne pouvoient être exécutés dans leur entier pour ce qui concerne les autres Jurisdictions Consulaires de notre Royaume, tant parce que les matieres qui y sont traitées ne sont pas assez considérables pour pouvoir également souffrir un si gros droit, que parce qu'il n'est pas possible d'empêcher les contraventions qui sont journellement faites dans toutes les Provinces de notre Royaume, de la part des Huissiers qui prérendent avoir donné avant notre Edit toutes assignations & fait tous exploits dans lesdites Jurisdictions, ce qui ne se doit entendre que pour les premieres assignations, & pour les significations des Sentences revêtues de notre Sceau, mais non pas pour les autres significations des défauts & autres actes qui n'ont pas besoin de cette formalité, d'autant que les Huissiers qui sont créés pour le service desdites Jurisdictions, ont seuls le privilege de faire ces sortes de significations, ainsi qu'il se pratique en notre Jurisdiction Consulaire de Paris. Néanmoins comme ces contestations donnent lieu à ce que nos Edits n'ont point leur exécution, Nous avons estimé qu'il étoit nécessaire d'y pourvoir. A CES CAUSES & autres à ce Nous mouvans, de notre certaine science, pleine puissance & autorité Royale, Nous avons par ces Présentes signées de notre main, dit, déclaré & ordonné, disons, déclarons & ordonnons, voulons & Nous plaît, que lesd. Huissiers des Consuls, créés par notre Edit du mois de Juin 1708, signifieront seuls, & à l'exclusion de tous autres Huissiers & Sergens dans les Jurisdictions de leur établissement, les défauts, Sentences de réceptions de cautions, & autres actes, Sentences ou Jugemens qui n'auront pas besoin d'être revêtus du Sceau, & qu'ils jouiront au lieu des quarante sols réglés par notredit Edit du mois de Juin 1708, pour la signification desdits défauts & premiers commandemens des Sentences qui seront rendues dans les Jurisdictions Consulaires de notre Royaume, des droits ci-après: Sçavoir dix sols pour la signification de chaque défaut ou Sentence de réception de caution, & autres Actes qui ne seront point scellés; comme aussi dix sols pour les significations & premiers commandemens des Sentences, dont les condamnations seront de dix livres & au-dessous; depuis dix jusqu'à trente inclusivement, vingt sols; de trente livres à cinquante aussi inclusivement, trente sols; & au-dessus de cinquante livres, à quelle somme qu'elle puisse monter, quarante sols: Défendons de percevoir lesdits droits sur un pied plus fort, à peine de concussion. Voulons que les droits pour les significations des Sentences & premiers commandemens soient payés ausdits Huissiers des Consuls par les Parties, avant que les Greffiers puissent signer ni délivrer lesdites Sentences, à peine d'en répondre en leur propre & privé nom, & de cinq cens livres d'amende; à l'effet de quoy lesdits Huissiers tiendront registre, comme il se pratique aux Consuls de Paris, conformément à notre Edit du mois de Juin 1709, que Nous voulons être exécuté dans toutes lesdites Jurisdictions, comme il l'est dans celle de notre Ville de Paris. Seront lesdits Huissiers des Jurisdictions Consulaires tenus de se rendre réciproquement compte du produit desdits droits, dont ils feront bourse commune; à l'effet de quoi celui qui recevra, mettra son reçû au bas des expéditions de chacune desdites Sentences & premiers commandemens : Leur permettons d'établir dans ledit lieu où se tiendra la Jurisdiction, un Bureau pour y recevoir lesdits droits. Voulons que le nombre desdits Huissiers demeure fixé à celui de deux dans chacune desdites Jurisdictions, & ils feront toutes sortes d'Exploits, pourront proceder en toutes matieres concurremment avec les autres Huissiers, sans aucune exception ni réserve. Permettons à tous Huissiers & Sergens Royaux d'exploiter dans les Jurisdictions Consulaires, conformément à ce que Nous avons réglé par ces Présentes, sans qu'ils y puissent être troublés, sous quelque cause & pour quelque prétexte que ce soit, dérogeant à cet effet à notredit Edit; & en attendant la vente desdits Offices d'Huissiers dans les Jurisdictions Consulaires, permettons au Préposé pour l'exécution dudit Edit du mois de Juin 1708, d'y commettre sur ses simples Procurations, telles personnes que bon lui semblera, pour faire les fonctions desdits Offices, & percevoir lesdits droits y attribués; sera au surplus notredit Edit du mois de Juin 1708, exécuté selon sa forme & teneur, en ce qui ne sera pas contraire aux Présentes. Si donnons en mandement à nos amés & féaux Conseillers les Gens tenans notre Cour de Parlement, Chambre des Comptes & Cour des Ayes à Paris, que ces Présentes ils ayent à faire regiftrer, & le contenu en icelles garder & exécuter selon leur forme & teneur, nonobstant tous Edits, Déclarations, Arrests & autres choses à ce contraires, ausquels Nous avons dérogé & dérogeons par ces Présentes; aux copies desquelles collationnées par l'un de nos amés & féaux Conseillers feillers-Secretaires, Voulons que foi soit ajoûtée comme à l'Original. Car tel est notre plaisir. En témoin de quoi Nous avons fait mettre notre Scel à cesdites Présentes. Donné à Versailles le vingtiéme jour de Decembre l'an de grace 1712, & de notre Regne le soixante-deuxiéme. Signé, LOUIS. Et plus bas, Par le Roy, PHELYPEAUX. Vû au Conseil, DESMARETZ. Et scellée du grand sceau de cire jaune.

Regiſtrées, ouy & ce requerant le Procureur Général du Roy, pour être exécutées selon leur forme & teneur, & copies collationnées envoyées aux Bailliages & Senéchauſſées du Reſſort, pour y être lûes, publiées & regiſtrées ; Enjoint aux Subſtituts du Procureur Général du Roy d'y tenir la main, & d'en certifier la Cour dans un mois, ſuivant l'Arreſt de ce jour. A Paris en Parlement le onziéme Janvier 1713. Signé, DONGOIS.

DÉCLARATION du Roy, qui régle la maniere de payer les Lettres de Change & Billets payables au Porteur, par rapport aux diminutions des Eſpeces.

18 Novembre 1712.

LOUIS par la grace de Dieu Roy de France & de Navarre: A tous ceux qui ces Présentes Lettres verront, Salut. Nous avons par notre Déclaration du 16 Mars 1700, rendues à l'occasion des diminutions d'Eſpeces portées par les Arreſts de notre Conseil, ordonné que tous Porteurs de Lettres & Billets de Change, ou de Billets payables au Porteur, ſoient tenus après les dix jours de l'échéance de chacune deſdites Lettres ou Billets, d'en faire demande aux debiteurs par une ſommation contenant les noms, qualités & demeures deſdits Porteurs, & d'offrir d'en recevoir le payement en Eſpeces lors courantes, ſinon & à faute de ce faire dans ledit tems & icelui paſſé, que les Porteurs deſdites Lettres & Billets de Change ou Billets payables au Porteur, ſeroient tenus des diminutions qui pourroient ſurvenir ſur les Eſpeces, en exécution des Arreſts de notre Conseil, qui auroient été ou ſeroient rendus ſur le fait des Monnoyes. Et comme la nouvelle diminution des Espèces ordonnée par l'Arrêt de notre Conseil du 3 Septembre dernier, a donné lieu à plusieurs contestations sur les payemens des Lettres & Billets de Change & autres de pareille nature, auxquelles il n'a pas été suffisamment pourvû par notredite Declaration, Nous avons jugé à propos d'y ajoûter par ces Présentes, les dispositions nécessaires pour les faire entierement cesser. A CES CAUSES & autres à ce Nous mouvans, de l'avis de notre Conseil, & de notre certaine science, pleine puissance & autorité Royale, Nous avons dit, statué & ordonné, disons, statuons & ordonnons, voulons & Nous plaît: Que tous Porteurs de Lettres & Billets de Change, & Billets payables au Porteur ou à ordre, soient tenus d'en faire la demande aux debiteurs le dixiéme jour préfix après l'échéance, par une sommation; sinon & à faute de ce, les Porteurs desdites Lettres & Billets seront obligés d'en recevoir le payement suivant le cours & la valeur que les Espèces avoient ce même dixiéme jour: & réciproquement les debiteurs desdites Lettres & Billets ne pourront obliger les Porteurs d'en recevoir le payement avant ce même dixiéme jour. Et à l'égard des Billets & Promesses, valeur en marchandises, qui suivant l'usage ordinaire ne se payent qu'un mois après l'échéance, les Porteurs seront tenus d'en faire la demande par une sommation le dernier jour dudit mois après l'échéance; sinon & à faute de ce, seront obligés d'en recevoir le payement suivant le cours & la valeur que les Espèces avoient le même jour dernier dudit mois, après l'échéance: Et réciproquement les debiteurs desdits Billets & Promesses ne pourront obliger les Porteurs d'en recevoir le payement avant le même jour dernier dudit mois. Voulons néanmoins que ceux qui auront fait des Promesses pour marchandises, dont l'escompte aura été stipulé, puissent se liberer & acquitter les sommes contenues en leurs Promesses, pourvû qu'ils en fassent les payemens trente jours francs avant le jour marqué pour la diminution des Espèces, faute dequoi ils ne pourront faire lesdits payemens que dans les termes portés par lesdites Promesses. Voulons au surplus que notre Déclaration du 16 Mars 1700 soit exécutée en ce qui n'est contraire à la teneur des Présentes. Si donnons en mandement, à nos amés & féaux Conseillers les Gens tenans notre Cour de Parlement à Paris, que ces Présentes ils ayent à faire lire, publier & enregistrer, & le contenu en icelles garder & exécuter selon leur forme & teneur, nonobstant tous Edits, Déclarations & autres choses à ce contraires, auxquelles Nous avons dérogé & dérogeons par cesdites Présentes; aux copies desquelles collationnées par l'un de nos amés & féaux Conseillers & Secretaires, voulons que foi soit ajoûtée comme à l'original: Car tel est notre plaisir. En témoin de quoy Nous avons fait mettre notre Scel à cesdites Présentes. Donné à Versailles le vingt-huitiéme jour de Novembre l'an de grace mil sept cens treize, & de notre Regne le soixante-onziéme. *Signé*, LOUIS. *Et plus bas*, Par le Roy, PHELYPEAUX. Vû au Conseil, DESMARETZ. *Et scellé du grand Sceau de cire jaune.*

Registrée, ouy & ce requerant le Procureur General du Roy, pour être exécutée selon leur forme & teneur, suivant l'Arrest de ce jour. A Paris en Parlement le neuviéme jour de Decembre 1713. Signé, DONGOIS.

Ouy & ce requerant le Procureur Conservateur, la Déclaration du Roy ci-dessus a été lûe & publiée à l'Audience de la Jurisdiction Consulaire des Marchands de la Ville de Clermont: Siégeans Messieurs Cortigier l'aîné Juge, Cheix Consul, Vazeilles antique Consul & second Echevin, Terringaud & Deydier anciens Juges & Conservateurs, Messance & Gaillard Conseillers; de laquelle publication a esté donné acte, & ordonné qu'elle sera enregistrée dans notre Régistre de consequence, pour y avoir recours quand besoin sera, & estre affichée & publiée partout où il appartiendra. Fait & donné en l'Audience de ladite Jurisdiction Consulaire le Mardy sixiéme Mars 1714. Signé, CHAUMOND, *Greffier.*

CE jourd'hui 17 Février 1714, les Plaids tenans, Me Antoine le Masson Notaire Royal, & notre Procureur Conservateur nommé le 6 du présent, Nous a remontré à Nous

17 Février 1714.

Jean Cortigier Juge, Brun premier Consul, Vazeilles antique Consul, Terringaud & Deydier Conservateurs, que Messieurs les Conseillers de notre Jurisdiction en exercice l'année présente, & qui sont Leger Mallet, Michel Thierry, Jean Messance, &   Gaillard, au préjudice de leurs soumissions faites le jour de leur nomination, & du serment par eux prêté d'exactement assister à toutes nos Audiances, ils n'y venoient presque point, & s'en éloignoient; Qu'il étoit nécessaire d'y pourvoir, d'y tenir la main, & de leur imposer des peines. Surquoi Nous faisant droit aux conclusions de notre Procureur Conservateur, ENJOIGNONS auxdits sieurs Conseillers nommés cette année, de se trouver exactement à toutes nos Audiances aux heures accoutumées, pour y donner leurs opinions, pour rendre avec Nous, & Messieurs qui assisteront au Siége, la justice avec équité aux Plaideurs qui se présenteront, à peine de trois livres d'amende qui demeurera encourue faute de comparoissance, à moins qu'ils ne se trouvent absens, malades, ou qu'il y ait causes & moyens legitimes pour se dispenser notre présente Ordonnance, qui sera executée nonobstant oppositions & appellations. Fait lesdits jour & an. *Signé*, CORTIGIER l'aîné, Juge.

L'An 1714 le vingt-trois Février, je Antoine Ceaume premier Huissier Audiancier en la Jurisdiction Consulaire de Clermont, y résidant, me suis transporté aux domiciles de Messieurs Leger Mallet, Michel Thiery, Jean Messance & le sieur Gaillard, tous quatre Habitans de cette Ville de Clermont, & Conseillers nommés de ladite Jurisdiction, parlant à leurs personnes, ausquels & à chacun d'eux j'ai signifié & donné copie de l'Ordonnance rendue les plaids tenans, par Messieurs les Juge-Consuls & Conservateurs de la Jurisdiction Consulaire de Clermont, contre lesdits sieurs Conseillers le 17 du present, & sommé l'un & l'autre d'y satisfaire & acquitter, aux peines y portées, & de double amende. Fait & donné copie à chacun desdits Mallet, Thierry, Messance & Gaillard lesdits jour & an 23 Février 1714.*
                                        CEAUME.
    Contrôlé à Clermont le 26 Février 1714. LEGART.

DECLARATION du Roy en interprétation de celle du 28 Novembre 1713, concernant le payement des Billets & Lettres de Change.

LOUIS par la grace de Dieu Roy de France & de Navarre: A tous ceux qui ces Présentes verront, Salut. Nous aurions pour le bien du Commerce, & pour prévenir les Procès d'entre les Négocians, reglé par notre Déclaration du 28 Novembre 1713, la maniere des payemens des Lettres & Billets de Change pendant le temps des diminutions des Monnoyes, & ordonné que les Porteurs des Lettres ou Billets de Change, ou Billets payables au Porteur ou à ordre, fussent tenus d'en faire demande aux Debiteurs le dixiéme jour préfix après l'échéance, par une sommation; sinon & à faute de ce, que les Porteurs desdites Lettres & Billets seroient obligés d'en recevoir le payement suivant le cours & la valeur que les Especes avoient le même dixiéme jour, & réciproquement les Debiteurs desdites Lettres & Billets ne pourroient obliger les Porteurs d'en recevoir le payement avant le dixiéme jour: Et qu'à l'égard des Billets & Promesses valeur en Marchandises, qui suivant l'usage ordinaire ne se payent qu'un mois après l'échéance, les Porteurs seront tenus d'en faire la demande par une sommation le dernier jour dudit mois, sinon & à faute de ce, seroient obligés d'en recevoir le payement suivant le cours & la valeur que les Especes avoient le même jour dernier dudit mois après l'échéance, & réciproquement que les Debiteurs desdits Billets & Promesses ne pourroient obliger les Porteurs d'en recevoir le payement avant le même jour dernier dudit mois. Mais Nous aurions été depuis informés qu'il y a plusieurs Provinces & Villes de notre Royaume où les Lettres & Billets de Change, les Billets payables au Porteur ou à ordre, & les Billets ou Promesses valeur en marchandise sont, suivant les usages qui y ont lieu, exigibles aux termes de leurs échéances, sans que les Debiteurs ayent la faculté de jouir desdits dé-

20 Février 1714.

lais de dix jours & d'un mois: Et comme on pourroit prétendre que par les termes de notredite Déclaration du 18 Novembre 1713, Nous avons entendu déroger à ces usages, ce qui feroit naître une infinité de contestations capables d'interrompre le cours du Commerce, Nous avons crû devoir expliquer sur ce nos intentions. A CES CAUSES & autres à ce Nous mouvans, Nous avons dit & déclaré, disons & déclarons par ces Présentes signées de notre main, n'avoir entendu par notredite Déclaration du 18 Novembre 1713, rien innover aux usages ordinaires des Provinces & Villes de notre Royaume, sur le payement des Billets, Lettres ou Promesses: Et en consequence de l'avis de notre Conseil, & de notre certaine science, pleine puissance & autorité Royale, Nous avons ordonné & ordonnons, voulons & Nous plaît qu'elle soit executée seulement dans celles où le délay des dix jours pour le payement des Lettres ou Billets de Change, & des Billets payables au Porteur ou à ordre, & d'un mois pour les Billets & Promesses valeur en marchandises, sont en usage; Et à l'égard des Provinces & Villes où lesdits Billets & Lettres de Change & Promesses sont exigibles à leur échéance, ordonnons que les Porteurs de ces Billets, Lettres ou Promesses seront tenus de les présenter aux Débiteurs dans les termes de leur échéance, & au refus de payement, de leur en faire la demande par une sommation, sinon & à faute de ce, ils seront obligés d'en recevoir le payement suivant le cours & la valeur que les Especes avoient au jour desdites échéances; & réciproquement à faute par les Débiteurs desdites Lettres, Billets & Promesses de satisfaire ausdites sommations, ils seront tenus des diminutions d'Especes: Si donnons en Mandement à nos amés & féaux Conseillers les Gens tenans nos Cour de Parlement & Cour des Aydes à Paris, que ces Présentes ils ayent à faire lire, publier & enregistrer, & le contenu en icelles faire garder & exécuter suivant sa forme & teneur, cessant & faisant cesser tous troubles & empêchemens qui pourroient être mis ou donnés, nonobstant tous Edits, Déclarations, Arrests, Reglemens & autres choses à ce contraires; ausquels Nous avons dérogé & dérogeons par ces Présentes, aux copies desquelles collationnées par l'un de nos amés & féaux Conseillers-Secretaires, Voulons que foi soit ajoûtée comme à l'Original : Car tel est notre plaisir. En témoin dequoi Nous avons fait mettre notre Scel à cesdites Présentes. Donnée à Versailles le vingtième jour de Février l'an de grace 1714, & de notre Regne le soixante-onziéme. *Signé*, LOUIS. *Et plus bas*, Par le Roy, PHELYPEAUX. Vû au Conseil, DESMARETZ. *Et scellée du grand Sceau de cire jaune.*

Registrées, ouy, ce requerant le Procureur General du Roy, pour être exécutées selon leur forme & teneur, & copies collationnées envoyées aux Bailliages, Siéges & Senéchaussées du Ressort, pour y être lûes, publiées & registrées; Enjoint aux Substituts du Procureur General du Roy d'y tenir la main, & d'en certiffier la Cour dans un mois, suivant l'Arrest de ce jour. A Paris en Parlement le septiéme Mars 1714. Signé, DONGOIS.

Ouy & ce requerant le Procureur Conservateur, la Déclaration du Roy cy-devant du 20 Février 1714 a été lue & publiée à l'Audiance par notre Greffier, siégeans Messieurs Cortigier l'aîné Juge; Terringaud, Deydier & Delanesse Conservateurs; Rolland, Tamen, Coussaive, Besson, Maloet & Guyot anciens Juges; Folignat ancien Consul; Thierry & Messance Consuls: De laquelle publication a esté donné acte, & ordonné qu'elle sera registrée dans notre Registre de consequence, pour y avoir recours quand besoin sera, estre publiée & affichée partout où il appartiendra. Et faisant droit aux conclusions dudit Procureur Conservateur, ordonnons que les usages ordinaires de cette Province, & notamment ceux observés en cette Ville de Clermont pour les payemens des Billets, Lettres de Change, Billets payables au Porteur ou à ordre, & Promesses pour cause de marchandise, seront continués & suivis à l'instar de la Ville de Paris, auquel Nous nous sommes toujours conformés; qui est un delay de dix jours pour les Lettres de Change, Billets à ordre & au Porteur, & d'un mois pour les Billets & Promesses valeur en marchandise. Fait & donné les Plaids tenans le 26 May 1714.

ARREST DU CONSEIL D'ESTAT
du Roy, concernant les Interêts des Billets solidaires des Interessés dans les Affaires du Roy.

Extrait des Regiftres du Conseil d'Etat.

19 Novembre 1709.

LE Roy ayant ordonné par Arrest de son Conseil du 8 Octobre dernier l'exécution de ceux des 9 & 13 Juillet précedent, Sa Majesté auroit à cet effet prorogé jusqu'au dix Janvier prochain le terme porté par l'Arrest dudit jour 9 Juillet, & fait défenses à tous Huissiers, Sergens & autres Officiers d'attenter aux personnes des Traitans, Soutraitans & autres Interessés dans ses Affaires, pour raison du payement des Assignations du Tresor Royal & de leurs Billets solidaires, sous les peines portées par ledit Arrest; à condition par lesdits Interessés de faire incessament les fonds nécessaires pour acquitter comptant & en Especes, non seulement les interêts desdits Billets, mais encore le dixiéme des sommes principales contenues en iceux, pour être lesdits fonds remis aux Porteurs desdits Billets qui voudront les renouveller, à peine d'être déchûs de la surséance portée par ledit Arrest. L'opinion dans laquelle étoit Sa Majesté que l'Arrest du 13 Juillet avoit eu une pleine & entiere exécution de la part desdits Interessés, & le desir qu'Elle a de favoriser les Porteurs desdits Billets, ne lui avoient laissé aucun doute sur la facilité avec laquelle ce projet devoit être exécuté: Mais comme Elle a depuis été informée qu'il reste encore quelques Billets échûs au 8 Octobre, qui n'ont point été renouvellés, soit par la faute de quelques Interessés qui n'ont fait les fonds pour en payer les interêts, soit par celle des Porteurs, qui non contents de ces interêts, se sont flatés de faire leur condition meilleure en accablant de saisies, de poursuites & de frais ceux qui en sont debiteurs; Que d'ailleurs la necessité dans laquelle Sa Majesté s'est trouvée de faire surcenoir plusieurs recouvremens, pour procurer à ses Sujets dans la conjoncture présente tout le soulagement que

l'état

l'état de ses Affaires peut luy permettre, jointe à la difficulté de trouver de l'argent, réduit les Gens d'Affaires dans une éspece d'impuissance de payer dans des termes aussi courts que ceux fixés par l'Arrest du 13 Juillet, dont celui du 8 Octobre ordonne à cet égard l'execution, outre l'interêt de leurs Billets, le dixiéme du principal d'iceux; ce qui fait que la plûpart n'ont tenu compte jusqu'à présent de faire aucuns des fonds nécessaires, même pour le payement des interêts, nonobstant que plusieurs Porteurs de leurs Billets en ayent volontairement consenti le renouvellement sur ce pied. A quoi désirant pourvoir, & cependant faire jouir de la surséance portée par ledit Arrest du 8 Octobre dernier lesdits Interessés, ensemble ceux qui ont endossé leurs Billets, ou qui en ont fourni leurs avals, & empêcher en même tems que lesdits Interessés ne soient traduits en differentes Jurisdictions pour raison de leursdits Billets: Ouy le Rapport du Sieur Desmaretz Conseiller ordinaire au Conseil Royal, Contrôleur General des Finances: SA MAJESTE' EN SON CONSEIL a ordonné & ordonne que ceux des Traitans, Soutraitans & autres Interessés dans ses Affaires, qui n'ont pas fait leurs fonds pour le payement des interêts de leurs Billets solidaires, en exécution de l'Arrest du Conseil du 13 Juillet dernier, seront tenus d'y satisfaire dans huitaine pour tout délay, après la publication du présent Arrest : sinon & à faute de ce faire, qu'ils y seront contraints par corps: à l'effet de quoy permet Sa Majesté à tous Huissiers, Sergens & autres Officiers de les saisir, & prendre même dans leurs maisons. Ordonne en outre que lesdits Interessés remettront incessamment aux sieurs Intendans des Finances, Commissaires des Traités dans lesquels ils ont interêt, des Etats signés & certifiés des Billets solidaires qui ont été renouvellés depuis le 9 Juillet jusqu'au 8 Octobre dernier, de ceux qui restent à renouveller pendant ledit tems, ensemble des Billets échús & à écheoir depuis led. jour 8 Octobre jusqu'au 10 Janvier prochain; lesquels Etats seront vérifiés par lesd. sieurs Intendans sur les Registres des Caisses & de Déliberations des Compagnies, qui leur seront pour cet effet représentés, pour être ensuite statué ce qu'il apartiendra. Et cependant qu'il sera sursis jusqu'au dix de Janvier prochain, au payement du dixiéme des sommes principales contenues ès Billets solidaires desdits Interessés, à la charge par eux de payer comptant & en Especes les interêts de ceux échûs & à écheoir depuis le 8 Octobre dernier jusqu'audit jour 10 Janvier 1710, quinzaine après la premiere sommation qui leur en aura été faite à la requête des Porteurs desdits Billets, à peine d'y être contraints solidairement, même par corps : Et en cas qu'aucuns des Porteurs desdits Billets refusent d'en consentir le renouvellement sur ce pied, leur fait Sa Majesté défenses, après l'offre qui leur aura été faite de la part desdits Intéressés, de payer lesdits interêts comptant & en deniers à découvert, de faire aucunes poursuites contre eux, à peine de nullité & de tous dépens dommages & interêts; & à tous Juges de taxer aux Huissiers, Sergens & autres, aucuns frais de ceux qui pourroient avoir été faits depuis lesdites offres : le tout sans préjudice des saisies faites par les Porteurs desdits Billets, lesquelles subsisteront en leur entier, à la réserve néanmoins de celles faites ou qui pourront l'être à l'avenir des interets d'avances & droits de présence, dont Sa Majesté fait pleine & entiere main-levée en faveur des Compagnies par lesquelles les fonds ci-dessus auront été faits, aux termes du présent Arrest. Veut Sa Majesté qu'en satisfaisant par les Traitans, Soutraitans & autres Interessés, aux clauses & conditions ci-dessus, ils jouissent, ensemble ceux qui ont endossé leurs Billets ou qui en ont donné leurs avals, de la surséance accordée par ledit Arrest du Conseil du 8 Octobre dernier. Au surplus fait défenses à toutes personnes de faire assigner lesdits Interessés pour le payement de leurs Billets, ailleurs que pardevant les Juge-Consuls, à peine de nullité, cassation de procedures, cinq cens livres d'amende, & de tous dépens, dommages & interêts. Et sera le présent Arrest lû, publié & affiché partout où besoin sera, à ce que personne n'en ignore, & exécuté nonobstant oppositions ou autres empêchemens généralement quelconques, pour lesquels ne sera differé. Fait au Conseil d'Etat du Roy tenu à Versailles le dix-neuviéme jour du mois de Novembre 1709. Collationné. *Signé*, RANCHIN. *Collationné à l'Original par Nous Ecuyer, &c.*

EXTRAIT DES REGISTRES

de la Cour de Parlement de Bordeaux, entre François Teyssier Bourgeois & Marchand de la Ville de Tulles, Demandeur en deboutement d'une opposition formée envers un Arrest de la Cour par le sieur Jean Maugen, d'une part : Et ledit sieur Jean Maugen, aussi Bourgeois & Marchand de ladite Ville, Défendeur & Opposant d'autre.

Ouy Dalbessard & Cazenave vieux, Avocat & Procureur dudit Maugen ; Dumas & Helis, Avocat & Procureur dudit Teyssier ; Dalbessard pour le Procureur Général du Roy. LA COUR a reçû & reçoit entant que de besoin la partie de Dalbessard opposante envers l'Arrest du 8 Juin dernier, & néanmoins a mis & met comme autre fois l'appel interjetté des appointemens des Juge & Consuls de la Ville de Tulles, & de tout ce qui s'en est ensuivi, au néant : Ordonne que ce dont est appel sortira son effet, condamne ladite Partie de Dalbessard en douze livres d'amende envers le Roy, & aux dépens envers la Partie de Dumas. Fait à Bordeaux en Parlement le 12 Juillet 1714. Collationné. Signé,
ROGER.

12 Juillet 1714.

Monsieur de Gillet de la Caze, Premier Président.

ARREST de Réglement, portant que celui qui aura perdu une Lettre de Change, s'adressera au dernier Endosseur, & non au Tireur, pour en avoir une seconde.

Voici ce qui a donné lieu à l'Instance jugée par cet Arrest.

Le sieur Marechal de Charleville avoit tiré une Lettre de Change sur le sieur Petitfils demeurant à Paris, & l'avoit donnée avec son endoſſement au ſieur Prud'homme, qui l'avoit donnée au ſieur Seurat Marchand à Orleans.

Seurat l'avoit donnée avec ſon endoſſement à Rouſſelet de la même Ville d'Orleans, qui l'avoit donnée avec ſon endoſſement aux ſieurs Meſnard & Jourdan Marchands en Compagnie de la Ville de Lyon, qui l'avoient donnée avec leur endoſſement aux ſieurs Chalus & Lamure de la même Ville de Lyon, leſquels l'avoient envoyée avec leur endoſſement au ſieur Dufour Banquier à Paris, pour en recevoir la valeur du ſieur Petitfils.

Le ſieur Dufour l'avoit préſentée au ſieur Petitfils, qui refuſa de la payer. Ce refus obligea le ſieur Dufour de faire proteſter la Lettre, & il la renvoya avec le Protêt aux ſieurs Chalus & Lamure par la Poſte.

La Lettre & le Protêt ſe perdirent à la Poſte.

Les ſieurs Chalus & Lamure s'adreſſerent aux ſieurs Meſnard & Jourdan, & après pluſieurs prieres & réquiſitions verbales, ils leur firent faire une ſommation par écrit de leur remettre inceſſament une ſeconde Lettre, ou de leur rembourſer la valeur.

A laquelle ſommation les ſieurs Meſnard & Jourdan répondirent qu'il falloit s'adreſſer au ſieur Marechal tireur de la premiere Lettre, & non point à eux, pour en avoir une ſeconde.

Cette réponſe obligea les ſieurs Chalus & Lamure de faire aſſigner les ſieurs Meſnard & Jourdan en la Conſervation de Lyon, pour les faire condamner à faire venir ladite ſeconde Lettre.

Les ſieurs Meſnard & Jourdan dirent pour défenſes ce qu'ils avoient dit lors de la ſommation, que ce n'étoit point à eux qu'il falloit s'adreſſer, mais bien au Tireur; & cependant ils dénoncerent cette demande au ſieur Rouſſelet leur Endoſſeur, qui la contre-ſomma au ſieur Seurat ſon Endoſſeur, & après ſix mois de procedures en la Conſervation de Lyon entre toutes ces Parties, on offrit à la veille du Jugement de remettre aux ſieurs Chalus & Lamure une ſeconde Lettre conforme à la premiere Et par la Sentence rendue ſur le tout, leſdits Seurat, Rouſſelet, Meſnard & Jourdan ont été en consequence desdites offres, renvoyés des demandes, & les sieurs Chalus & Lamure condamnés envers eux aux dépens.

Appel par lesdits Chalus & Lamure en la Cour, où ils ont soutenu qu'ils avoient eu raison de s'adresser aux sieurs Mesnard & Jourdan leurs Endosseurs, pour avoir une seconde Lettre, & que par consequent ils avoient été mal condamnés aux dépens.

Les sieurs Mesnard & Jourdan ont soutenu au contraire que la condamnation de dépens étoit bien prononcée, & que les sieurs Chalus & Lamure n'avoient pû s'adresser qu'au Tireur de la Lettre, pour en avoir une seconde, & que tel étoit l'usage.

Sur cet appel il a été rendu un Arrest interlocutoire, portant qu'avant faire droit, les Parties se retireroient pardevant trois Marchands nommés par l'Arrest, pour avoir leur avis sur l'usage qui se pratique en pareil cas tant à Paris qu'à Lyon, & qu'à cet effet l'Instance leur seroit communiquée, pour leur avis rapporté & communiqué à M. le Procureur Général, être ordonné ce que de raison.

C'est sur l'avis de ces trois Marchands, & sur les Conclusions de M. le Procureur General, que l'Arrest ci-après a été rendu au Rapport de M. Robert Conseiller en la Grand'-Chambre, lequel se trouve conforme à l'avis & aux Conclusions.

EXTRAIT DES REGISTRES
de Parlement.

LOUIS par la grace de Dieu Roy de France & de Navarre: Au premier notre Huissier ou Sergent sur ce requis, Salut. Sçavoir faisons qu'entre Jean Chalus & Lamure Marchands en Compagnie à Lyon, Appellans d'une Sentence de la Conservation de Lyon du 22 Février 1709, & de ce qui a suivi, d'une part; & Mesnard & Jourdan Marchands à Lyon, Robert Seurat & Nicolas Rousselet Marchands à Orleans, Intimés d'autre. Et entre lesdits Chalus & Lamure Demandeurs en Requêtes des premier & 2 Août 1709, d'une part; & entre lesdits Mesnard, Jourdan,

30 Août 1714.

Seurat & Rousselet, Défendeurs d'autre. Et entre lesdits Mesnard & Jourdan, Demandeurs aux fins des Commission & Exploit des premier & treize juin audit an 1709, d'une part ; & lesdits Seurat & Rousselet Défendeurs d'autre part. Et entre lesdits Mesnard & Jourdan Demandeurs en Requête du quinze Février 1710, d'une part ; & lesdits Chalus & Lamure, Seurat & Rousselet Défendeurs d'autre part. Et entre lesdits Seurat & Rousselet Demandeurs en Requête du dix-sept Decembre 1709, d'une part ; & lesdits Chalus & Lamure Défendeurs d'autre part. Et entre lesdits Rousselet & Seurat Demandeurs en Requêtes des 27 Mars & 4 May 1711, d'une part ; & lesdits Mesnard, Jourdan, Chalus & Lamure Défendeurs d'autre part. Et entre lesdits Mesnard & Jourdan Demandeurs aux fins des Requête & Exploit du 29 Mars 1713 d'une part, & Elie Dufour Marchand Banquier à Paris, Défendeur d'autre part. Et encore entre lesdits Mesnard & Jourdan Demandeurs en Requête du 5 Avril 1713, d'une part ; & lesdits Seurat & Rousselet Défendeurs d'autre part. VEU par notre Cour de Parlement ladite Sentence du 22 Février 1709, dont est appel, les offres dudit Seurat de remettre ausdits Chalus & Lamure une seconde Lettre de Change conforme à la premiere de 660 liv. tant ledit Seurat que Mesnard, Jourdan & Rousselet auroient été renvoyés de l'Instance avec dépens, ausquels lesdits Chalus & Lamure auroient été condamnés, & passé outre à l'action en cas d'appel & sans préjudice d'icelui. Ladite Requête desdits Chalus & Lamure du premier Août 1709, contenant leur appel. Incident des Sentences de nonobstant l'appel & de reception de l'action des 24 & 25 Avril 1709, & des exécutoires de dépens contr'eux décernés en ladite Conservation de Lyon des 29 dudit mois d'Avril, 9 & 10 Juin audit an 1709, & des saisies & exécutions faites de leurs meubles par Exploits des 30 Avril, 11 & 20 Juin 1709, & de ce qui a suivi, & leurs conclusions à ce qu'entant que touchoit l'appel de ladite Sentence du 22 Février 1709, en ce que par icelle ils auroient été condamnés aux dépens envers lesd. Mesnard & Jourdan, Seurat & Rousselet, & en ce que lesd. Mesnard & Jourdan n'auroient pas été condamnés en ceux desd. Chalus & Lamure ; &

en ce qui touchoit l'apel defdites Sentences des 24 & 25 Avril 1709 exécutoires de dépens, exécution de meubles, & de ce qui avoit fuivi, lefdites appellations & ce dont avoit été appellé fuffent mis au néant, émandant faifant droit fur la demande defdits Chalus & Lamure formée par Exploit du premier Aouft 1708, lefdits Mefnard & Jourdan fuffent condamnés en tous les dépens contr'eux faits par lefdits Chalus & Lamure fur ladite demande, fauf le recours defdits Mefnard & Jourdan contre lefdits Rouffelet & Seurat, & lefdits Chalus & Lamure déchargés des condamnations de dépens contr'eux prononcées par ladite Sentence, icelle au bas du fortiffant effet, faifant droit fur les Requêtes defdits Chalus & Lamure des premier & 2 Août 1709, fans avoir égard à celles defdits Mefnard, Jourdan, Seurat & Rouffelet des 17 Decembre audit an 1709 & 15 Février 1710, dont ils feroient déboutés à l'égard defdits Chalus & Lamure, les faifies faites à la requête defdits Mefnard & Jourdan, Rouffelet & Seurat des meubles dfdits Chalus & Lamure par Exploits des trente Avril, onze Juin & vingt Juillet 1709, fuffent déclarées nulles, injurieufes, tortionnaires & déraifonnables, en confequence lefdits Mefnard & autres condamnés chacun à leur égard aux dommages-interêts defdits Chalus & Lamure, réfultans defdites faifies & du payement exigé d'eux en vertu defdits exécutoires de dépens, pour lefquels dommages & interêts ils fe reftraignoient à 1000 l. & outre lefd. Mefnard & Jourdan, Rouffelet & Seurat fuffent condamnés à la reftitution des 306 liv. 14 f. 11 den. portés èfdits exécutoires, chacun pour ce qu'ils en avoient touché, & aux dépens; lefdites Sentences de nonobftant l'appel & de réception de caution des 24 & 25 Avril 1709, exécutoires décernés contre lefdits Chalus & Lamure, faifies & exécutions faites en confequence des 29 & 10 Avril, 19 & 20 Juin audit an, ladite Requête defdits Chalus & Lamure du 2 Août 1709, afin de faire déclarer nulles & injurieufes lefdites faifies, & leurs autres conclufions leur fuffent adjugées avec dépens; lefd. Commiffion & Exploit de demande defdits Mefnard & Jourdan des premier & 13 Juin audit an 1709, à ce qu'acte leur fût donné de ce qu'ils fommoient & dénonçoient aufdits Seurat

& Rousselet lesdites appellations desdits Chalus & Lamure, afin que lesdits Seurat & Rousselet y intervinssent, prissent le fait & cause desdits Mesnard & Jourdan, & fissent confirmer la Sentence dont étoit appel avec amande & dépens, sinon que lesdits Seurat & Rousselet seroient condamnés par les voyes qu'ils y étoient obligés, à acquiter, garantir & indemniser lesdits Mesnard & Jourdan, tant en principal qu'interêts soufferts & à souffrir, & en tous les dépens en demandant, défendant & de la sommation. Défenses, réplique, Requête desdits Mesnard & Jourdan du 15 Février 1710, pour fins de non recevoir, & défenses à ce que les appellations fussent mises au néant avec amande & dépens des causes principales d'appel & demandes, même en ceux que lesdits Seurat & Rousselet pourroient obtenir contre lesdits Mesnard & Jourdan; & où notredite Cour y feroit difficulté, & infirmeroit lesdites Sentences & exécutoires, que lesdits Seurat & Rousselet seroient condamnés à acquitter, garantir & indemniser lesdits Mesnard & Jourdan de l'événement desdites appellations en principal, interêts, dommages & interêts, frais, dépens, & aux dépens des causes principales & d'appel, en demandant, défendant & de la sommation actifs & passifs. Arrest du 17 May 1710 d'appointé au Conseil sur lesdites appellations, & en droit & joint sur lesdites demandes. Avertissement desdits Mesnard & Jourdan du 27 Juin 1710. Causes d'appel & avertissement desdits Chalus & Lamure du 3 Novembre audit an. Production des Parties ; celle desdits Seurat & Rousselet par Requête du 28 Novembre 1710. Réponses & causes d'appel desdits Mesnard, Jourdan & Rousselet, servant de contredits, des 25 Février & 7 Mars 1711. Contredits desdits Chalus & Lamure du 26 dudit mois de Mars. Salvations du 18. Requête desdits Seurat & Rousselet du 17 Decembre 1709, à ce qu'où notredite Cour feroit difficulté de condamner lesdits Mesnard & Jourdan aux dépens de leur demande en garantie, en ce cas lesdits Chalus & Lamure fussent condamnés aux dépens desdits Seurat & Rousselet, même en ceux par eux faits sur la demande en garantie contr'eux formée par lesdits Mesnard & Jourdan, & en ceux desdites demandes. Arrest d'appointé en droit & joint du 7 Mars 1711

1711. Requête desdits Chalus & Lamure employée pour défenses & production. Production nouvelle desdits Chalus & Lamure par Requête du 26 dudit mois de Mars. Requête de contredits desdits Seurat & Rousselet; leur Requête & demande du 27, à ce que où notredite Cour jugeroit qu'il y auroit de la faute ausdits Mesnard & Jourdan, ils fussent condamnés en tous les dépens des causes principal & d'appel en demandant, défendant & des sommations, & à acquitter lesdits Rousselet & Seurat de ceux ausquels ils pourroient être condamnés envers lesdits Chalus & Lamure, au bas de laquelle Requête est l'Ordonnance de notredite Cour, qui regle ladite demande en droit & joint, & donne acte de l'emploi d'icelle. Requête desdits Rousselet & Seurat du 5 May 1711, à ce que lesdits Chalus & Lamure fussent déclarés non recevables en leur appel, avec amende & dépens, ladite Requête contenant aussi production nouvelle. Requêtes desdits Mesnard & Jourdan des huit & onze May 1711, employée pour défenses, production & contredits. Autres contredits & salvations. Production desdits Mesnard & Jourdan par requête du onze dudit mois de May. Contredits servant de salvations du 8 Juin. Requête de contredits desdits Seurat & Rousselet. Arrest du quatorze Juillet ensuivant sur ladite Instance, par lequel avant faire droit, auroit été ordonné que les Parties se retireroient pardevers Claude Tribard Marguerin, François Brion & Jacques Gillebon, pour avoir leur avis sur l'usage qui se pratiquoit tant à Paris qu'à Lyon, quand une Lettre de Change étoit perdue, si c'est au Tireur ou au dernier Endosseur, & d'Endosseur en Endosseur jusqu'au Tireur de ladite Lettre, à qui l'on devoit s'adresser pour une seconde fois, pour avoir une seconde Lettre de Change, & qui devoit être tenu des frais & dépens pour raison de ce; qu'à cet effet l'Instance seroit communiquée ausdits Marchands, & leur avis rapporté & communiqué aux Gens du Roy, être ordonné ce que de raison, dépens réservés. Autre Arrest du du vingt-deuxième Juin 1712, par lequel attendu que ledit Gillebon s'étoit récusé par acte du deux Avril audit an 1712, notredite Cour auroit nommé en sa place Regnault Marchand à Paris, pour être par lui conjointement avec les-

P p

dits Tribard & Brion donné leur avis, conformément audit Arreſt du 14 Juillet 1711, lequel au ſurplus ſeroit exécuté. Avis deſdits Tribard, Brion & Henri Regnault du quinze Juillet 1712, en exécution dudit Arreſt. Requête d'addition de contredits, & plus amples moyens deſdits Rouſſelet & Seurat du 8 Août audit an 1712. Production nouvelle deſdits Meſnard & Jourdan par Requête du 31 Decembre ſuivant. Requête de contredits deſdits Seurat & Rouſſelet. Salvations deſdits Meſnard & Jourdan. Production nouvelle deſdits Seurat & Rouſſelet par requête du dix Janvier 1713, auſſi employée pour réponſes auſdites ſalvations. Contredits deſdits Meſnard & Jourdan. Requête de ſalvations deſdits Rouſſelet & Seurat. Production nouvelle deſdits Meſnard & Jourdan par requête dudit jour dix Janvier 1713, auſſi employée pour plus amples moyens & ſalvations. Requête de contredits deſdits Rouſſelet & Seurat. Production nouvelle deſdits Chalus & Lamure par requête du treize Février enſuivant, auſſi employée pour contredit. Contredits deſdits Meſnard & Jourdan ; autre production nouvelle deſdits Chalus & Lamure par requête du dix Mars audit an, auſſi employée pour ſalvations. Contredits ſervant de ſalvations deſdits Meſnard & Jourdan, leur requête d'emploi & demande du 5 Avril, reglée au bas par Ordonnance de notredite Cour, à ce qu'acte leur fût donné, & qu'aux périls & fortunes deſdits Chalus & Lamure ils ſommoient & dénonçoient auſdits Seurat & Rouſſelet les prétentions & moyens portés par ladite Requête du 13 Février 1713, afin qu'ils euſſent à y entendre, les faire ceſſer & fournir la ſeconde Lettre de Change en queſtion, ſuivant leurs offres, en conſequence deſquelles ils auroient été renvoyés de la demande deſdits Chalus & Lamure par ladite Sentence du vingt-un Février 1709, dont leur appel n'étoit qu'au chef de la condamnation de dépens ; ſinon & à faute de ce faire, qu'ils ſeroient condamnés comme garands deſdits Meſnard & Jourdan, & les acquitter de l'événement des prétentions deſdits Chalus & Lamure, faute de délivrance de ladite ſeconde Lettre de Change en exécution de ladite Sentence, en principal & interêts, frais & dépens, & ceux deſdits Chalus, Lamure, Seurat & Rouſſelet qui ſuccomberoient, condamnés en tous les dépens en demandant, défendant & des sommations, actifs & passifs. Requêtes desdits Chalus, Lamure, Mesnard, Jourdan, Rousselet & Seurat des onze & vingt-quatre Avril 1713, employées avec les piéces jointes à icelles pour défenses, écritures, production & contredits ; & autre Requête de contredits du 28 dudit mois d'Avril. Requête & Exploit de demande desdits Mesnard & Jourdan du 29 Mars ensuivant, à ce que l'Arrest qui interviendroit fût déclaré commun avec Elie Dufour Banquier à Paris, pour être par lui exécuté selon sa forme & teneur ; ce faisant, que ledit Dufour fût condamné aux dépens qui avoient été causés par son fait à toutes les autres Parties en demandant, défendant, & des causes principales & d'appel, & sommations, actifs & passifs, faute d'avoir par ledit Dufour été fait les diligences necessaires, requises par l'Ordonnance, sur la Lettre de Change en question. Fins de non recevoir & défenses dudit Dufour. Arrest d'appointé en droit & joint du 20 May 1713. Requête dudit Dufour, employée avec les piéces jointes à icelles, pour écritures & production. Contredits desdits Mesnard & Jourdan ; production nouvelle d'iceux Mesnard & Jourdan par requête du 20 Juillet audit an. Requête desdits Rousselet & Seurat, employée pour contredits. Requête desdits Mesnard & Jourdan du dix-huit Juillet 1714, employée pour avertissement, écritures, production, contredits & action. Contredits servant de salvations dudit Dufour du 26 Février ensuivant. Salvations desdits Mesnard & Jourdan du 15 Mars dernier. Addition de contredits du 21, servant de réponses à salvations. Acte de rédistribution de l'Instance, & sommation de satisfaire à tous les Reglemens d'icelle. Conclusions du Procureur General du Roy : Tout joint & consideré. NOTREDITE COUR faisant droit sur le tout, entant que touche l'appel interjetté par lesdits Chalus & Lamure de la Sentence de la Conservation de Lyon du 22 Février 1709, a mis & met l'appellation & ce dont a été appellé au néant, en ce que par ladite Sentence lesdits Chalus & Lamure ont été condamnés aux dépens envers lesdits Mesnard & Jourdan, Seurat & Rousselet ; & sur l'appel des Sentences des 24 & 25 Avril 1709, & des exécutoires de dépens décernés en conséquence les 29 Avril, 9 & 19 Juin audit an 1709, & des saisies & exécutions faites en conséquence, a pareillement mis l'appellation & ce dont a été appellé au néant, émandant, ordonne que les dépens faits en la Conservation de Lyon demeureront compensés entre les Parties, la Sentence du 22 Février 1709 au résidu sortissant effet : En conséquence fait main levée ausdits Chalus & Lamure des saisies sur eux faites ; condamne lesdits Mesnard, Jourdan, Seurat & Rousselet à rendre & restituer ausdits Chalus & Lamure la somme de 306 liv. 12 s. 11 d. payée par lesdits Chalus & Lamure en vertu desdits exécutoires de dépens de la Conservation de Lyon, & sur le surplus des demandes, fins & conclusions desdites Parties, les a mis hors de Cour & de procès ; Condamne lesdits Mesnard & Jourdan en la moitié de tous les dépens des causes d'appel & demandes envers toutes les Parties, même de ceux faits les uns contre les autres, l'autre moitié compensée. ET FAISANT droit sur les conclusions du Procureur General du Roy, ordonne que les Articles 18, 19 & 33 de l'Ordonnance du mois de Mars de l'année 1673, seront exécutés selon leur forme & teneur ; ce faisant que dans le cas de la perte d'une Lettre de Change tirée de place en place, payable à ordre, & sur laquelle il y a eu plusieurs Endosseurs, celui qui étoit porteur de ladite Lettre de Change sera tenu de s'adresser au dernier Endosseur de ladite Lettre, pour avoir une seconde Lettre de Change de la même valeur & qualité que la premiere, lequel dernier Endosseur sera pareillement tenu sur la réquisition qui lui en sera faite par écrit, de prêter les Offices audit porteur de la Lettre de Change auprès du précedent Endosseur, & ainsi en remontant d'Endosseur à Endosseur jusqu'au Tireur de ladite Lettre, même de prêter son nom audit porteur en cas qu'il faille donner des assignations & faire des poursuites judiciaires contre les Endosseurs précedens, tous les frais qui seront faits pour raison de ce, même les ports de lettres & autres frais, seront payés & acquittés par ledit porteur de la premiere Lettre de Change qui aura été perdue ; Et faute par le dernier Endosseur de ladite Lettre, & en remontant par les Endosseurs précedens, d'avoir prêté leurs offices & leur nom audit porteur, après en avoir été requis par écrit, celui desdits Endosseurs qui aura refusé de le faire, sera tenu de tous les frais & dépens, même des faux-frais qui pourront être faits par toutes les Parties depuis son refus; & sera le présent Arrest lû & publié à l'Audiance de tous les Bailliages & Sénéchaussées, & régistré aux Greffes desdits Siéges & aux Greffes de toutes les Jurisdictions Consulaires du Ressort de ladite Cour; Si Mandons à notre premier Huissier, Sergent Royal, ou autre Sergent sur ce requis, de mettre le présent Arrest à dûe & entiere exécution: De ce faire luy donnons pouvoir. Fait en Parlement le trentieme Aoust l'an de grace 1714, & de notre Regne le soixante-douziéme. Collationné. *Signé*, CHAPOTIN, avec paraphe. Par la Chambre, *signé*, LORNE.

MANTEL, Procureur des sieurs *Chalus* & *Lamure*.

DECLARATION *du Roy, portant que les Procés & Diférends civils pour raison des Faillites & Banqueroutes, seront portés pardevant les Juge & Consuls jusqu'au premier Janvier* 1716.

Regiſtrée en Parlement.

LOUIS par la grace de Dieu Roy de France & de Navarre: A tous ceux qui ces préſentes Lettres verront, Salut. Nous avons été informés qu'un grand nombre de Marchands & Négocians s'étant inconſidérément chargés d'une quantité ſurabondante de Marchandiſes Etrangeres, & n'en pouvant trouver aſſez promptement le débit, étoient hors d'état de s'acquitter actuellement des emprunts qu'ils auroient faits; ce qui auroit obligé quelques-uns d'entr'eux de faire faillite, & pourroit en réduire pluſieurs à cette fâcheuſe extrêmité : Et comme Nous avons appris qu'il y a plus d'imprudence que de mauvaiſe foy dans leur conduite; que le deſordre arrivé dans les affaires de quelques-uns, eſt capable d'en cauſer un pareil dans la fortune d'un grand nombre

10 Ju 1715.

d'autres; que s'ils reſtoient expoſés aux pourſuites rigoureuſes de leurs Créanciers, & que la connoiſſance de ces faillites fût portée en differentes Juriſdictions, les conflits, la longueur l'embarras & les frais des procedures acheveroient de ruiner les Marchands & Négocians contre qui elles ſeroient faites, & cauſeroit une perte certaine tant aux Débiteurs qu'aux Créanciers, Nous avons eſtimé que le bien public & celui des Particuliers exigeoient que Nous fiſſions chercher les moyens d'arrêter & de prévenir les ſuites dangereuſes du trouble qui eſt actuellement dans le Commerce, & que Nous ne pouvions y apporter un remede plus efficace pour ménager également les interêts des Créanciers & des Debiteurs, que d'attribuer pendant un tems limité la connoiſſance des Procès & diférends nés & à naître à l'occaſion des faillites qui ſont ſurvenues ou qui ſurviendront dans la ſuite, à des Juges qui par leur profeſſion ſont particulierement inſtruits des affaires du Négoce, & qui adminiſtrant la Juſtice gratuitement & avec des tempéramens convenables; facilitent aux Debiteurs les moyens de ſe liberer ſans faire aucun préjudice à la ſûreté des Créanciers. A CES CAUSES & autres à ce nous mouvans, de l'avis de notre Conſeil & de notre certaine ſcience, pleine puiſſance & autorité Royale, Nous avons dit, ſtatué & ordonné, diſons, ſtatuons & ordonnons, voulons & Nous plaît que tous les Procès & Diférens Civils mûs & à mouvoir pour raiſon des faillites & banqueroutes qui ſont ouvertes depuis le premier jour d'Avril de la préſente année, ou qui s'ouvriront dans la ſuite, ſoient juſqu'au premier Janvier 1716, portés pardevant les Juge & Conſuls de la Ville où celui qui aura fait faillite ſera demeurant; Et pour cet effet Nous avons évoqué & évoquons tous ceux deſdits Procès & diférends qui ſont actuellement pendans & indécis pardevant nos Juges ordinaires ou autres Juges inferieurs, auſquels Nous faiſons très-expreſſes inhibitions & défenſes d'en connoître, à peine de nullité. Et iceux Procès & diférends avec leurs circonſtances & dépendances, Nous avons renvoyé & renvoyons pardevant leſdits Juge & Conſuls, à qui Nous en attribuons toute Cour, Juriſdiction & connoiſſance, ſauf l'appel au Parlement dans le Reſſort duquel lesdits Juge & Consuls sont établis ; Voulons que non-obstant ledit appel & sans préjudice d'icelui, lesdits Juge & Consuls continuent leurs procedures, & que leurs Jugemens soient exécutés par provision. Voulons pareillement que jusqu'audit jour premier Janvier 1716, il soit par lesdits Juge & Consuls, à l'exclusions de tous autres Juges & Officiers de Justice, procedé à l'apposition des scellés & confection des inventaires de ceux qui ont fait ou feroient faillite ; Et au cas qu'ils eussent des effets dans d'autres lieux que celui de leur demeure, Nous donnons pouvoir ausdits Juge & Consuls de commettre telle personne que bon leur semblera pour lesdits scellés & inventaires, qui seront apportés au Greffe de la Jurisdiction Consulaire, & joints à ceux faits par lesdits Juge & Consuls. Voulons aussi que les demandes à fin d'homologation des délibérations de Créanciers, Contrats d'atermoyement & autres Actes passés à l'occasion desdites faillites, soient portés pardevant lesdits Juge & Consuls pour être homologués, si faire se doit ; & que lesdits Juge & Consuls puissent ordonner la vente des meubles & le recouvrement des effets mobiliers, & connoissent des saisies mobiliaires, revendications, contributions, & généralement de toutes autres contestations qui seront formées en consequence desdites faillites & banqueroutes. N'entendons néanmoins empêcher qu'il ne puisse être procedé à la saisie réelle & aux criées des immeubles pardevant les Juges ordinaires ou autres qui en doivent connoître, jusqu'au Bail judiciaire exclusivement, sans préjudice de l'exécution & du renouvellement des Baux judiciaires précedemment adjugés, & sans qu'il puisse être fait aucune poursuite ni procedure, si ce n'est en consequence de délibérations prises par les Créanciers à la pluralité des voix, dont le nombre excede la moitié du total des dettes. Voulons en outre que jusqu'audit jour premier Janvier 1716, aucune plainte ne puisse être rendue, ni Requête donnée à fin criminelle contre ceux qui auront fait faillite ; Et défendons très-expressément à nos Juges ordinaires & autres Officiers de Justice de les recevoir, si elles ne sont aussi accompagnées de délibérations & du consentement de Créanciers dont les créances excedent la moitié de la totalité des dettes.

Et quant aux procedures criminelles commencées avant la datte des Préſentes, & depuis ledit jour premier Avril 1715, voulons qu'elles ſoient continuées, & que néanmoins nos Juges ordinaires & autres Officiers de Juſtice ſoient tenus d'en ſurſeoir la pourſuite & le Jugement ſur la ſimple réquiſition des Créanciers dont les créances excederont pareillement la moitié du total de ce qui eſt dû par ceux qui ont fait faillite, & en conſéquence de délibérations par eux priſes & annexées à leur Requête.

Si donnons en Mandement à nos amés & féaux Conſeillers les Gens tenant notre Cour de Parlement à Paris, que ces Préſentes ils ayent à faire lire, publier & regiſtrer, & le contenu en icelles garder & exécuter ſelon leur forme & teneur, nonobſtant toutes Ordonnances, Edits, Déclarations & autres choſes à ce contraires, auſquelles Nous avons dérogé & dérogeons par ceſdites Préſentes, aux copies deſquelles collationnées par l'un de nos amés & féaux Conſeillers & Secretaires voulons que foi ſoit ajoûtée comme à l'Original : Car tel eſt notre plaiſir. En témoin de quoi Nous avons fait mettre notre Scel à ceſdites Préſentes. Donné à Verſailles le dixiéme jour de Juin l'an de grace mil ſept cens quinze, & de notre Regne le ſoixante-quinziéme. *Signé*, LOUIS. *Et plus bas*, Par le Roy, PHELYPEAUX. Vû au Conſeil, DESMARETZ. *Et ſcellée.*

Ouy & ce requerant le Procureur Conſervateur, la ſuſdite Déclaration ci-deſſus a été lûe & publiée à l'Audience de la Juriſdiction Conſulaire des Marchands de Clermont, ſiégeans Meſſieurs Jean Maloet Juge, Martial Queriau Conſul, Cortigier l'aîné antique Juge, Terringaud, Deidier & de Laveſſe Conſervateurs, Couſty l'aîné ancien Juge, Solignat & Girard anciens Conſuls, Savignat, Blatin l'aîné & Queriau jeune Conſeillers; de laquelle publication a été donné acte, & ordonné qu'elle ſera regiſtrée dans notre Regiſtre de conſequence pour y avoir recours quand beſoin ſera, lûe, publiée & affichée partout où il appartiendra. Fait & donné les Plaids tenans le Jeudy onziéme Juillet 1715. Signé, *MALOET*, Juge, & CHAUMONT, *Greffier.*

DECLARATION

DECLARATION du Roy, qui ordonne que par provision les droits qui doivent être perçûs dans les Jurisdictions Consulaires créées par Edit du mois de Mars 1710, pour les Expeditions du Greffe, seront payés sur le même pied qu'ils se payent au Greffe des Juge & Consuls des Marchands de la Ville de Paris.

Avec l'Etat desdits Droits.

28 Juin 1715.

LOUIS par la grace de Dieu Roy de France & de Navarre: A tous ceux qui ces Présentes Lettres verront, Salut. Par notre Edit du mois de Mars 1710, portant création de plusieurs nouvelles Jurisdictions Consulaires, Nous avons ordonné entr'autres choses qu'il seroit fait un tarif des droits qui se prendroient dans lesdites Jurisdictions pour les Expéditions du Greffe; mais comme il est survenu plusieurs difficultés qui ont suspendu la confection de ce tarif, & que Nous apprenons que plusieurs des nouveaux Greffiers établis dans lesdites Jurisdictions Consulaires abusent de ce retardement pour exiger arbitrairement des droits excessifs, qui sont à charge au Commerce dans des Jurisdictions où la Justice ne sçauroit être rendue trop gratuitement, & où les droits des Greffiers ne peuvent être autorisés qu'autant qu'ils sont legers, & absolument nécessaires pour les dédommager de la finance que le malheur des temps Nous a obligé d'en recevoir, Nous avons résolu de régler ces droits par provision, sur le pied de ceux qui se perçoivent au Greffe des Juge & Consuls des Marchands de notre bonne Ville de Paris, à l'instar desquels les autres Jurisdictions Consulaires ont été établies. A CES CAUSES & autres à ce Nous mouvans, de l'avis de notre Conseil, & de notre certaine science, pleine puissance & autorité Royale, Nous avons par ces Présentes signées de notre main, dit, déclaré & ordonné, disons, déclarons & ordonnons, voulons & Nous plaît, qu'en attendant que Nous ayions fait proceder, en exécution de notre Edit

Q q

du mois de Mars 1710, au tarif des droits qui doivent être perçûs dans les Jurisdictions Consulaires nouvellement établies par ledit Edit, pour les Expéditions du Greffe, lesdits droits soient payés sur le même pied qu'ils se payent au Greffe des Juge & Consuls des Marchands de notre bonne Ville de Paris, & ce conformément à l'Etat desdits droits attaché sous le contre-Scel de notre présente Déclaration, qui sera exécuté par provision selon sa forme & teneur. Défendons aux Greffiers desdites nouvelles Jurisdictions Consulaires, d'exiger de plus grands droits, même d'en recevoir quand ils leur seroient volontairement offerts, à peine de concussion & de cent livres d'amende pour chaque contravention, même d'interdiction & autre plus grande punition, s'il y échet. Et à l'égard des Jurisdictions établies avant notredit Edit, voulons que les droits que l'on a accoutumé d'y recevoir pour les Expéditions du Greffe, continuent d'y être payés sur le même pied, conformément aux Réglemens qui ont été faits sur ce sujet, & suivant qu'il en a été bien & légitimement usé à cet égard par le passé, sans y rien innover. Si donnons en mandement à nos amés & féaux Conseillers les Gens tenans notre Cour de Parlement à Paris, que ces Présentes ils ayent à faire lire, publier & enregistrer, & le contenu en icelles garder & observer, nonobstant tous Edits, Déclarations, Arrests & Réglemens, & autres choses à ce contraires, auxquelles Nous avons dérogé & dérogeons par cesdites Présentes; aux copies desquelles collationnées par l'un de nos amés & féaux Conseillers-Secretaires, voulons que foi soit ajoûtée comme à l'original. Car tel est notre plaisir. En témoin de quoy Nous avons fait mettre notre Scel à ces Présentes. Donné à Marly le vingt-huitième jour de Juin, l'an de grace mil sept cens quinze, & de notre Regne le soixante-treizième. *Signé*, LOUIS. *Et plus bas*, Par le Roy, PHELYPEAUX Vû au Conseil, DESMARETZ. *Et scellée du grand Sceau de cire jaune.*

Registrées, ouy, ce requerant le Procureur Général du Roy, pour être exécutées selon leur forme & téneur, & copies collationnées envoyées aux Bailliages & Senéchaussées du Ressort, pour y être lûes, publiées & regiſtrées ; Enjoint aux Subſtituts du Procureur Général du Roy d'y tenir la main, & d'en certifier la Cour dans un mois, ſuivant l'Arreſt de ce jour. A Paris en Parlement le dixiéme jour de Juillet 1715. Signé, DONGOIS.

MEMOIRE DES DROITS QUI SE LEVENT
dans la Juriſdiction Conſulaire de Paris.

POur la préſentation du Demandeur, cinq ſols.

Pour la préſentation du Défendeur, cinq ſols.

Pour le droit d'appel de cauſe attribué à l'Office de premier Huiſſier, deux ſols ſix deniers.

Pour les Sentences & autres expeditions du Greffe, deux ſols du Rôle de quinze à ſeize lignes à la page, & trois mots à la ligne.

Pour le droit de Contrôle des dépens taxés par les Sentences ou par exécutoire, ſix deniers pour livre.

Pour le droit de Garde des Archives, réuni à l'Office de Contrôleur des dépens, ſix deniers pour livre des dépens taxés.

Pour le droit de Syndic des Procureurs, pareillement réuni à l'Office de Contrôleur des dépens, un ſol pour livre des dépens taxés.

Pour le Scel de chacune Sentence portant condamnation de cent livres & au-deſſus, vingt ſols.

Pour le Scel des Sentences au-deſſous de cent livres juſqu'à cinquante livres, dix ſols.

Pour celles au-deſſous de cinquante livres, ſix ſols.

Pour le Contrôleur des Greffes, ſix deniers pour livre de tous les droits du Greffe.

Je souſſigné Greffier du Conſulat de Paris, certifie le préſent Memoire veritable. Fait ce quinze Avril 1715. VERRIER.

DE PAR LE ROY,

Et de l'Ordonnance de Monsieur le Lieutenant Général de Police de la Ville de Clermont, Principale & Capitale de la Province d'Auvergne; sur les Conclusions de M. le Procureur du Roy.

4 Août 15.

VEU la Requête à Nous présentée par Me Jean Maloet Juge des Marchands, faisant tant pour lui que pour le Corps desdits Marchands de cette Ville de Clermont, Demandeur en Requête du 27 dudit mois de Février; & Pierre Cabanis Marchand de la Ville d'Alez, Défendeur & Demandeur en Requête dudit jour 27 dudit mois de Février. Et encore Pierre Groslier Marchand Apoticaire, & autres Marchands Demandeurs en Requête d'intervention dudit jour 27 Février dernier; & ledit sieur Maloet Défendeur.

Nous, sans nous arrêter à l'intervention desdits Groslier & autres, dont Nous les avons déboutés, Ordonnons que le Réglement Général de cette Ville de l'année 1672, & les Ordonnances des onze Novembre 1647, vingt-huit Janvier 1648, quatre & dix-huit Novembre 1700, seront exécutés suivant leur forme & teneur, & en conformité faisons itératives défenses à tous Marchands Forains & audit Cabanis, de vendre & débiter des Marchandises par eux ou par personnes interposées, ni de tenir Boutique ou Magazin ouvert dans cette Ville & Fauxbourgs, à l'exception des Foires, au nombre de cinq jours, y compris le jour de l'arrivée & du départ, pour plier & déplier; comme aussi de peser leurs Marchandises au-dessus de vingt-cinq livres, à d'autre poids qu'à celui de la Ville, à peine de confiscation des Marchandises, & de quinze cens livres d'amende. Faisons pareillement défenses au Fermier du poids de cette Ville, de donner aucune permission d'avoir des Flaux ou Romaines, & de peser ailleurs qu'audit Poids de la Ville. Et pour la contravention commise par ledit Cabanis, avons confisqué au profit du

Corps des Marchands de cette Ville la bale de savon sur lui saisie, à la délivrance le dépositaire contraint, ce faisant déchargé; Avons fait main levée audit Cabanis de la saisie faite sur lui ès mains de Durin Marchand, & avons condamné ledit Cabanis, ledit Groslier & autres Intervenans aux dépens. Et sera le présent Jugement exécuté nonobstant oppositions ou appellations quelconques, sans y préjudicier, lû, publié & affiché en tous les lieux, carfours accoutumés de cette Ville & Faubourgs, afin qu'aucun n'en prétende cause d'ignorance. Fait ce quatorze Aoust 1715. *Signé,* DUFOUR, Lieutenant Général; & DUFOUR, Procureur du Roy.
Par mesdits Sieurs, ARDAILLON.

DECLARATION du Roy concernant les Faillites & Banqueroutes, dont la connoissance est attribuée aux Juges & Consuls.

LOUIS par la grace de Dieu Roy de France & de Navarre: A tous ceux qui ces présentes Lettres verront, Salut. Nous avons par notre Déclaration du 7 Decembre 1715 continué jusqu'au premier Juillet prochain l'attribution de tous Procès & diférends civils mûs & à mouvoir pour raison des Faillites & Banqueroutes, que le feu Roy de glorieuse mémoire, notre très honoré Seigneur & Bisayeul, avoit précedemment accordée aux Juges & Consuls par sa Déclaration du 10 Juin 1715. Nous avons depuis été informés que quelques Particuliers abusoient du benefice de ces Déclarations, en supposant des créances feintes ou simulées, ou faisant revivre des dettes par eux acquittées, au moyen desquelles ils forçoient leurs Créanciers de passer des Contrats sous des conditions très-injustes & onereuses, & se mettoient à l'abri des procedures criminelles qui pouvoient être faites contre eux comme Banqueroutiers frauduleux. Et attendu que Nous n'avons eu d'autre vûe que celle de prévenir la ruine des Marchands & Négocians, que Nous avons crû être par leur seule imprudence ou par des pertes imprévûes, hors

11 Janvier 1716.

d'état de payer régulierement leurs dettes, & que Nous n'avons jamais eu intention de procurer l'impunité de ceux qui par des voyes frauduleuses cherchent à frustrer leurs Créanciers, & se garantir des poursuites extraordinaires qui doivent être faites contr'eux. A CES CAUSES, de l'avis de notre très cher & très amé Oncle le Duc d'Orleans Regent, de notre très cher & très amé Cousin le Duc de Bourbon, de notre très cher & très amé Oncle le Duc du Maine, de notre très cher & très amé Oncle le Comte de Toulouse, & autres Pairs de France, grands & notables Personnages de notre Royaume, & de notre certaine science, pleine puissance & autorité Royale, Nous avons dit & déclaré, & par ces Présentes signées de notre main, disons & déclarons, voulons & Nous plaît: Que tous ceux qui ont fait faillite ou la feront ci-après, ne puissent tirer aucun avantage de l'attribution accordée aux Juges & Consuls, & des autres dispositions contenues aux Declarations des 10 Juin, 30 Juillet & 7 Decembre 1715, ni d'aucune déliberation ou d'aucun Contrat signé par la plus grande partie de leurs Créanciers, que Nous avons déclaré nuls & de nul effet, même à l'égard des Créanciers qui les auront signés, s'ils sont accusés d'avoir dans l'état de leurs dettes ou autrement, employé ou fait paroître des créances feintes & simulées, ou d'en avoir fait revivre d'acquittées, ou d'avoir supposé des transports, ventes & donations de leurs effets en fraude de leurs Créanciers, Voulons qu'ils puissent être poursuivis extraordinairement comme Banqueroutiers frauduleux pardevant nos Juges ordinaires, ou autres Juges qui en doivent connoître, à la requête de leurs Créanciers qui auront affirmé leur créances en la forme qui sera ci-après expliquée, pourvû que leurs Créanciers composent le quart du total des dettes, & que lesdits Banqueroutiers soient punis de mort, suivant la disposition de l'Article 12 du Titre XI. de l'Ordonnance de 1673. Défendons à toutes personnes de prêter leurs noms pour aider ou favoriser les Banqueroutes frauduleuses, en divertissant les effets, acceptant des transports, ventes ou donations simulées, & qu'ils sçauront être en fraude des Créanciers, en se déclarant Créanciers ne l'étant pas, ou pour plus grande somme que celle qui leur est dûe, ou en quelque sorte & manière que ce puisse être; Voulons qu'aucun Particulier ne se puisse dire & prétendre Créancier, & en cette qualité assister aux assemblées, former opposition aux scellés & inventaires, signer aucune délibération ni Contrat d'atermoyement, qu'après avoir affirmé dans l'étendue de la Ville, Prevôté & Vicomté de Paris, pardevant le Prevôt de Paris ou son Lieutenant, & pardevant les Juges & Consuls dans les autres Villes du Royaume où il y en a d'établis, que leurs créances leur sont bien & legitimement dûes en entier, & qu'ils ne prêtent leurs noms directement ni indirectement au debiteur commun, le tout sans frais. Voulons aussi que ceux desdits prétendus Créanciers qui contreviendront aux défenses portées par ces Présentes, soient condamnés aux Galeres à perpetuité ou à tems, suivant l'éxigence des cas, outre les peines pécuniaires contenue en ladite Ordonnance de 1673; & que les femmes soient, outre lesdites peines exprimées par ladite Ordonnance, condamnées au bannissement perpetuel ou à temps. Voulons que le contenu en la présente Declaration, soit exécuté jusqu'au terme porté par celle du 7 Decembre dernier pour toutes les faillites & banqueroutes qui ont été ouvertes depuis le premier Avril 1715, ou le seront dans la suite.

Si donnons en Mandement à nos amés & féaux Conseillers les Gens tenans notre Cour de Parlement à Paris, que ces Présentes ils ayent à faire lire, publier & regîtrer, & le contenu en icelles garder & exécuter selon leur forme & teneur, nonobstant toutes Ordonnances, Edits, Déclarations & autres choses à ce contraires, ausquelles Nous avons dérogé & dérogeons par cesdites Présentes: Car tel est notre plaisir. En témoin de quoi Nous avons fait mettre notre Scel à cesdites Présentes. Donné à Paris le onzième jour de Janvier l'an de grace 1716, & de notre Regne le premier. *Signé*, LOUIS. *Et plus bas*, Par le Roy, le Duc D'ORLEANS Regent présent, PHELYPEAUX. *Et scellée du grand sceau de cire jaune.*

Regîtrées, ouy & ce requerant le Procureur General du Roy, pour être exécutées selon leur forme & teneur, & copies collationnées en-

voyées aux Baillages & Senéchaussées du Ressort, pour y être lûes, publiées & registrées ; Enjoint aux Substituts du Procureur General du Roy d'y tenir la main, & d'en certifier la Cour dans un mois, suivant l'Arrest de ce jour. A Paris en Parlement le sixiéme jour de Février 1716. Signé, DONGOIS.

DECLARATION du Roy, concernant les Lettres & Billets de Change, & autres Billets payables au Porteur.

20 Juin 1716.

LOUIS par la grace de Dieu Roy de France & de Navarre : A tous ceux qui ces présentes Lettres verront, Salut. Par notre Edit du mois de May dernier, Nous avons ordonné que tous ceux qui sont Propriétaires de Lettres ou Billets de Change, ou autres Billets payables au Porteur, seront tenus dans le tems de quinze jours à compter du jour de la publication dudit Edit, de les déposer pour minute chez un Notaire du Châtelet de Paris, & hors ladite Ville chez un un Notaire Royal, devant lesquels lesdits Propriétaires déclareront leurs noms, surnoms, demeures, & leurs véritables qualités & professions, & affirmeront que lesdites Lettres ou Billets de Change, ou autres Billets payables au Porteur, leur appartiennent & sont sérieux & véritables, sauf à eux à en lever les expéditions dont ils pourront avoir besoin, à peine de nullité des Lettres ou Billets de Change, ou autres Billets payables payables au Porteur qui n'auront pas été déposés & affirmés sérieux & véritables dans la forme & dans le temps qui y sont prescrits. Nous avons depuis par Arrest de notre Conseil du 28 May dernier déchargé dudit dépôt les Billets des Receveurs Généraux de nos Finances qui ont été affirmés par les Propriétaires & visés, en exécution de notre Déclaration du 28 Mars dernier. Mais sur les représentations qui Nous ont été faites, que plusieurs particuliers propriétaires desdits Billets au Porteur, n'ont pû satisfaire à la disposition dudit Edit, dans le délay de quinzaine que Nous leur avions prescrit pour en faire le dépôt ; comme aussi que les

Debiteurs

Debiteurs defdits Billets font ou pourroient faire difficulté de les payer à leur échéance, fous prétexte que les Propriétaires qui ont fait le dépôt, ne pouvant plus rapporter les originaux defdits Billets, les Debiteurs ne les veulent pas reconnoître, & ne croyent pas avoir une entiere libération tant qu'ils ne leur font pas remis entre les mains; ce qui pourroit apporter du trouble dans le Commerce, & y caufer même des abus qu'il eft à propos de prévenir. A CES CAUSES, de l'avis de notre très-cher & très-amé Oncle le Duc d'Orleans Régent, de notre très-cher & très-amé Coufin le Duc de Bourbon, de notre très-cher & très-amé Oncle le Duc du Maine, de notre très-cher & très-amé Oncle le Comte de Toulouse, & autres Pairs de France, grands & notables Perfonnages de notre Royaume, & de notre certaine fcience, pleine puiffance & autorité Royale, Nous avons par ces Préfentes fignées de notre main, dit & déclaré, difons & déclarons, voulons & Nous plaît : Que tous ceux qui ont dépofé chez des Notaires des Lettres ou Billets de Change, ou autres Billets payables au Porteur, & affirmé devant eux qu'ils leur appartiennent, & qu'ils font férieux & véritables, dans le temps & en la forme portée par notre Edit du mois de May dernier, puiffent retirer des mains defdits Notaires les originaux defdites Lettres & Billets de Change, ou autres Billets payables au Porteur, que lefdits Notaires feront tenus de leur rendre, après avoir fait mention fur lefdits originaux, tant du dépôt que de la reftitution defdites piéces, & en avoir pris des copies certifiées defdits Propriétaires, pour demeurer annexées à la minute defdits Actes de dépôt. Et à l'égard de ceux qui n'ont pas encore fatisfait audit Edit du mois de may dernier, Nous ordonnons que dans un nouveau délai de quinze jours, à compter du jour de la publication qui fera faite des Préfentes dans les Bailliages reffortiffans nuement en nos Cours de Parlement, ils feront tenus de faire vifer les Lettres ou Billets de Change, ou autres Billets payables au Porteur, dont ils font Propriétaires, par un Notaire du Châtelet de notre bonne Ville de Paris, & hors ladite Ville par un Notaire Royal, devant lefquels Notaires lefdits Propriétaires déclareront leurs noms, furnoms & demeures, & leurs

R r

veritable qualité & profession, & affirmeront que lesdites Lettres ou Billets de Change, ou autres Billets payables au Porteur, leur appartiennent & sont sérieux & véritables, dont il sera dressé Procès verbal par lesdits Notaires, à la minute duquel il sera annexé copie certifiée par lesdits Propriétaires desdites Lettres ou Billets de Change, ou autres Billets payables au Porteur, après quoy l'original ainsi visé & affirmé véritable, sera rendu au Propriétaire avec une expedition dudit Procès verbal ; le tout sous les peines portées par ledit Edit du mois de May dernier, qui sera au surplus executé selon sa forme & teneur, tant pour ce qui pourra être pris par lesdits Notaires & pour la décharge du Contrôle, qu'à l'éxécution de l'Edit du mois d'Octobre 1705, concernant les Billets dont les Propriétaires poursuivront le payement en Justice.

Si donnons en Mandement à nos amés & féaux Conseillers les Gens tenans notre Cour de Parlement, Chambre des Comptes & Cour des Aydes à Paris, que ces Présentes ils ayent à faire lire, publier & registrer, & le contenu en icelles exécuter selon leur forme & teneur ; Car tel est notre plaisir. En témoin dequoi Nous avons fait mettre notre Scel à cesdites Présentes. Donné à Paris le vingtiéme jour de Juin l'an de grace mil sept cens seize, & de notre Regne le premier. *Signé*, LOUIS. *Et plus bas*, Par le Roy, le Duc D'ORLEANS Régent présent, PHELYPEAUX. Vû au Conseil, le Duc de NOAILLES. *Et scellée du grand Sceau de cire jaune.*

DECLARATION du Roy, contre ceux qui ont fait ou feront faillite.

Registrée en Parlement.

23 Juin 1716.

LOUIS par la grace de Dieu Roy de France & de Navarre : A tous ceux qui ces présentes Lettres verront, Salut. Le feu Roy de glorieuse mémoire notre très honoré

Seigneur & Bifayeul, auroit eſtimé néceſſaire pour les cauſes contenues en ſa Declaration du 10 Juin 1715, d'attribuer aux Juge & Conſuls la connoiſſance des faillites & banqueroutes juſqu'au premier Janvier 1716. Et Nous en avons depuis prorogé l'exécution par nos Déclarations des 7 Decembre 1715, & 10 de ce mois. Mais comme Nous avions été informés que ce qui avoit été accordé en faveur des ſeuls Négocians de bonne foy, avoit ſervi de prétexte à d'autres pour engager par des voyes frauduleuſes leurs Créanciers à ſouffrir des pertes très conſiderables par des Contrats d'atermoyement, ou autres Actes, Nous aurions pris par notre Declaration du 11 Janvier dernier quelques précautions capables d'arrêter le cours de ces abus ſi contraires au bien du Commerce. C'eſt par les mêmes conſidérations que Nous avons penſé que le plus ſûr moyen pour faire ceſſer les fraudes qui ont été ou pourroient être pratiquées, & d'obliger ceux qui ont fait faillite de donner à leurs Créanciers une parfaite connoiſſance de l'état de leurs affaires, afin que ceux-ci ne puiſſent par erreur accorder à leurs Debiteurs des accommodemens que ſous des conditions où aucunes des Parties ne puiſſent être lezées, & où elles trouvent un avantage mutuel & réciproque. A CES CAUSES, de l'avis de notre très-cher & très-amé Oncle le Duc d'Orleans Regent, de notre très-cher & très-amé Couſin le Duc de Bourbon, de notre très-cher & très-amé Oncle le Duc du Maine, de notre très-cher & très-amé Oncle le Comte de Toulouſe, & autres Pairs de France, grands & notables perſonnages de notre Royaume, & de notre certaine ſcience, pleine puiſſance & autorité Royale, Nous avons dit & déclaré, & par ces Préſentes ſignées de notre main diſons & déclarons, voulons & Nous plaît: que tous Marchands, Négocians, Banquiers & autres qui ont fait ou feront faillite, ſoient tenus de dépoſer un Etat exact, détaillé & certifié veritable de tous leurs effets mobiliers & immobiliers, & de leurs dettes, comme auſſi leurs Livres & Regiſtres, au Greffe de la Juriſdiction Conſulaire dudit lieu ou la plus prochaine; & que faute de ce ils ne puiſſent être reçus à paſſer avec leurs Créanciers aucun Contrat d'atermoyement, Concordat, Tranſaction ou autre Actes, ni

d'obtenir aucune Sentence ou Arreſt d'homologation d'i-
ceux, ni ſe prévaloir d'aucun ſauf-conduit accordé par leurs
Créanciers: Et voulons qu'à l'avenir leſdits Contrats & au-
trats & autres Actes, Sentences & Arreſts d'homologation &
ſauf-conduits ſoient nuls & de nul effet, & que leſdits Debiteurs puiſſent être pourſuivis extraordinairement comme
banqueroutiers frauduleux, par nos Procureurs Généraux
ou leurs Subſtituts, ou par un ſeul Créancier ſans le conſente-
ment des autres, quand même il auroit ſigné leſdits Contrats,
Actes ou ſauf conduits, ou qu'ils auroient été homologués
avec lui. Voulons auſſi que ceux qui ont précedemment paſſé
quelques Contrats ou Actes avec leurs Créanciers, ou en
ont obtenu des ſauf-conduits, ne puiſſent s'en ayder & prévaloir, ni des Sentences ou Arreſts d'homologation intervenus en conſequence; Défendons à nos Juges d'y avoir aucun
égard, ſi dans quinzaine pour tout délay, à compter du jour
de la publication des Préſentes, les Debiteurs ne dépoſent
leurs Etats, Livres & Regiſtres en la forme cy-deſſus ordonnées, & ſous les peines y contenues, au cas qu'ils n'y ayent
ci-devant ſatisfait. Et pour faciliter à ceux qui ont fait ou
feront faillite le moyen de dreſſer leurſdits Etats, Voulons
qu'en cas d'appoſition de ſcellé ſur leurs biens & effets, leurs
Livres & Regiſtres leur ſoient remis & délivrés, après néanmoins qu'ils auroient été paraphés par le Juge, ou autre Officier commis par le Juge qui appoſera leſdits ſcellés, & par un
des Créanciers qui y aſſiſteront, & que les feuillets blancs, ſi
aucun y a, auront été bâtonnés par ledit Juge ou autre Officier, à la charge qu'au plûtard après l'expiration dudit délai
de quinzaine, leſdits Livres & Regiſtres & l'Etat des effets
actifs & paſſifs feront dépoſés au Greffe de la Juriſdiction
Conſulaire ou chez un Notaire, par celui qui aura fait faillite: ſinon Voulons qu'il ſoit cenſé & réputé banqueroutier
frauduleux, & comme tel pourſuivi, ſuivant qu'il a été précedemment ordonné. Déclarons nulles & de nul effet toutes
Lettres de répi qui pourront être ci-après obtenues, ſi ledit
Etat des effets & dettes n'eſt attaché ſous le contre-Scel avec
un Certificat du Greffier de la Juriſdiction Conſulaire, ou du
Notaire entre les mains duquel ledit Etat avec les Livres &

Regiſtres aura été dépoſé. N'entendons néanmoins par ces Préſentes déroger en aucune maniere aux uſages & Privileges de la Juriſdiction de la Conſervation de Lyon, que Nous voulons être obſervés comme ils l'ont été précedemment.

Si donnons en Mandement à nos amés & féaux Conſeillers les Gens tenant notre Cour de Parlement à Paris, que ces Préſentes ils ayent à faire lire, publier & regiſtrer, & le contenu en icelles garder & exécuter ſelon leur forme & teneur, nonobſtant toutes Ordonnances, Edits, Déclarations & autres choſes à ce contraires, auſquelles Nous avons dérogé & dérogeons par ceſdites Préſentes: Car tel eſt notre plaiſir. En témoin de quoi Nous avons fait mettre notre Scel à ceſdites Préſentes. Donné à Paris le treziéme jour de Juin l'an de grace mil ſept cens ſeize, & de notre Regne le premier. *Signé*, LOUIS. *Et plus bas*, Par le Roy, le Duc D'ORLEANS Régent préſent, PHELYPEAUX. Vû au Conſeil, le Duc de NOAILLES. *Et ſcellée du grand ſceau de cire jaune.*

Regiſtrées, ouy, ce requerant le Procureur General du Roy, pour être exécutées ſelon leur forme & teneur, & copies collationnées envoyées aux Bailliages & Senéchauſſées du Reſſort, pour y être lûes, publiées & regiſtrées; Enjoint aux Subſtituts du Procureur General du Roy d'y tenir la main, & d'en certifier la Cour dans un mois, ſuivant l'Arreſt de ce jour. A Paris en Parlement le huitiéme jour de Juillet 1716. Signé, DONGOIS.

ARREST DU CONSEIL D'ESTAT du Roy, concernant les Billets ſolidaires des Traitans & Gens d'Affaires.

Extrait des Regiſtres du Conſeil d'Etat.

LE Roy étant informé que la plûpart des Traitans & Gens d'Affaires, après avoir éludé les pourſuites faites contr'eux pour les obliger à rendre leurs Comptes à la Chambre de Juſtice, refuſent d'acquitter les Billets ſolidaires qu'ils

1 May 1717.

doivent dans le Public, sous prétexte des avances qu'ils prétendent avoir faites au feu Roy, pour raison des Traités à l'occasion desquels ils ont fait des Emprunts, sans se mettre encore en peine de compter desdits Traités. Et Sa Majesté voulant connoître le nombre & le montant desdits Billets solidaires, Ouy le Rapport. SA MAJESTE' ESTANT EN SON CONSEIL, de l'avis de Monsieur le Duc d'Orleans Régent, a ordonné & Ordonne que tous les Billets solidaires faits par les Compagnies des Traitans & Gens d'Affaires, seront rapportés par des Notaires du Châtelet, qui seront choisis par les Propriétaires desdits Billets, & ce dans le quinziéme du présent mois de May, pour toute préfixion & délai, pardevant les Sieurs Amelot Conseiller d'Etat ordinaire, le Peletier des Forts Conseiller d'Etat, Rouillé du Coudray Conseiller d'Etat & Directeur des Finances, le Pelletier de la Houssaye & Fagon Conseillers d'Etat ; les Sieurs d'Ormesson, Gilbert de Voysins, de Gaumont & Tachereau de Baudry Maîtres des Requêtes, & le Sieur Dodun Président aux Enquêtes du Parlement de Paris, tous Conseillers au Conseil de Finances, que Sa Majesté a commis à cet effet, pour être lesdits Billets solidaires visés par l'un d'eux, après que les Propriétaires auront mis au dos desdits Billets leur Certificat contenant qu'ils leur appartiennent, de qui ils les tiennent, & la valeur qu'ils en ont payée : & ce à peine de confiscation, & d'une amende qui ne pourra être moindre du double de la valeur desdits Billets, en cas que le contenu desdits Certificats ne se trouve pas véritable ; Et ledit tems passé, lesdits Billets qui n'auront point été visés, demeureront nuls, éteints & supprimés en vertu du présent Arrest, sans qu'on en puisse prétendre ni répeter aucune valeur, & sans qu'on puisse esperer un nouveau délai. Défend Sa Majesté, sous les mêmes peines, & en outre du quadruple, à toutes personnes de prêter leurs noms pour certifier lesdits Billets qui ne leur appartiendront pas. Fait au Conseil d'Etat du Roy, Sa Majesté y étant, Monsieur le Duc d'Orleans Régent présent, tenu à Paris le premier jour de May 1717. *Signé*, PHELYPEAUX.

DECLARATION du Roy, qui proroge jusqu'au premier Janvier 1718 l'attribution aux Juge & Consuls de la connoissance des Faillites & Banqueroutes.

Registrée en Parlement.

29 May 1717.

LOUIS par la grace de Dieu Roy de France & de Navarre, à tous ceux qui ces présentes Lettres verront, Salut. La Déclaration du 10 Juin 1715, par laquelle pour les causes y contenues, le feu Roy notre très-honoré Seigneur & Bisayeul a estimé nécessaire d'attribuer aux Juges & Consuls la connoissance de tous Procès & Diférens Civils mûs & à mouvoir pour raison des Faillites ouvertes depuis le premier Avril 1715, ou qui surviendront dans la suite, ayant eu tout le succès qu'on pouvoit en esperer pour l'avantage du Commerce & l'utilité des Négocians, dont les biens auroient pû être consommés en frais de Justice, si la discussion en eût été portée en différentes Jurisdictions. Les mêmes considérations Nous ont déterminé à proroger cette attribution par nos Déclarations des 7 Decembre 1715, 13 Juin & 21 Novembre 1716 ; & Nous avons par nos Declarations des 11 & Janvier & 13 Juin 1716, pris des précautions suffisantes pour empêcher que les Debiteurs qui useroient de fraude & de mauvaise foy, ne pûssent se prévaloir d'un secours salutaire qui n'a dû être accordé qu'à ceux qui par quelques entreprises malheureuses, ou par des pertes imprévûes se trouvans hors d'état de satisfaire leurs Créanciers à l'échéance de leurs Billets & Promesses, ne détournent aucuns de leurs effets, & en donnent une entiere connoissance à tous les Particuliers qui ont interêt d'en être instruits. Nous avons été depuis informés que plusieurs Concordats passés entre les Marchands & Négocians qui ont fait faillite & leurs Créanciers, ne sont encore signés, homologués ou exécutés entierement, & que le fruit qui auroit pû être recueilli de la Declaration du 10 Juin 1715 & autres posterieures, seroit anéanti si Nous n'accordions encore une nouvelle prorogation de l'attribution de ces faillites aux Juges & Confuls, afin de leur donner tout le tems néceffaire pour terminer des accommodemens qu'ils ont menagé fans frais, & d'une maniere également avantageufe aux Marchands & Négocians dont les affaires font tombées en quelque défordre, & à leurs Créanciers : Notre intention étant de marquer en toutes fortes d'occafions la protection finguliere que Nous nous propofons de donner au Commerce, & de contribuer à fon parfait rétabliffement, qui commence dans plufieurs Provinces de notre Royaume. A CES CAUSES, de l'avis de notre très-cher & très-amé Oncle le Duc d'Orleans Régent, de notre très-cher & très-amé Coufin le Duc de Bourbon, de notre très-cher & très-amé Coufin le Prince de Conti, de notre très-cher & très-amé Oncle le Duc du Maine, de notre très-cher & très-amé Oncle le Comte de Touloufe, & autres Pairs de France, grands & notables Perfonnages de notre Royaume, & de notre certaine fcience, pleine puiffance & autorité Royale, Nous avons dit & déclaré, & par ces Préfentes fignées de notre main, difons, déclarons, voulons & Nous plaît : Que tous Procès, & Diférends Civils mûs & à mouvoir pour raifon des faillites & banqueroutes qui ont été ouvertes depuis le premier Avril 1715, ou qui furviendront dans la fuite, foient jufqu'au premier Janvier 1718, portés pardevant les Juge & Confuls de la Ville où celui qui aura fait faillite fera demeurant, pour y être difcutés & terminés fuivant la difpofition de ladite Declaration du 10 Juin 1715, en ce qu'elle n'eft pas contraire à nos Declarations des 11 Janvier, 10 & 15 Juin 1716, lefquelles feront exécutées felon leur forme & teneur. N'entendons pareillement déroger par ces Préfentes aux Ufages & Privileges de la Confervation de Lyon, ni à la Déclaration du 30 Juillet 1715, intervenue pour le Châtelet de notre bonne Ville de Paris, que Nous voulons auffi avoir leur exécution jufqu'audit jour premier Janvier 1718.

Si donnons en mandement à nos amés & féaux Confeillers les Gens tenans notre Cour de Parlement à Paris, que ces Préfentes ils ayent à faire publier & regiftrer, & le contenu en icelles garder, obferver & exécuter felon leur forme & teneur :

neur: Car tel est notre plaisir. En témoin de quoy Nous avons fait mettre notre Scel à cesdites Présentes. Donné à Paris le vingt-neuviéme jour de May l'an de grace 1717, & de notre Regne le deuxiéme. *Signé*, LOUIS. *Et plus bas*, Par le Roy, PHELYPEAUX. Vû au Conseil, VILLEROY. *Et scellée du grand sceau de cire jaune.*

Regiſtrées, ouy, ce requerant le Procureur Général du Roy, pour être exécutées ſelon leur forme & téneur, & copies collationnées envoyées aux Bailliages & Senéchauſſées du Reſſort, pour y être lûes, publiées & regiſtrées ; Enjoint aux Subſtituts du Procureur Général du Roy d'y tenir la main, & d'en certifier la Cour dans un mois, ſuivant l'Arreſt de ce jour. A Paris en Parlement le dix-huitiéme jour de Juin 1717. Signé, DONGOIS.

JUGEMENT & Ordonnance des Juge & Conſuls, ſuivant les Edits & Déclarations du Roy, portant défenſes à tous Marchands, leurs Juſticiables, de ſe pourvoir ailleurs que pardevant leſdits Juge & Conſuls, tant en demandant que défendant, pour fait de marchandiſe, & à tous Huiſſiers & Sergens de faire aucuns Exploits pour raiſon de ce, pardevant d'autres Juges ; enſemble aux Geoliers d'élargir les Priſonniers empriſonnés, en vertu des Sentences deſdits Juge & Conſuls, ſi ce n'eſt de leur Ordonnance.

SUr les plaintes à Nous faites par pluſieurs Marchands, qu'au préjudice de l'Edit d'érection de notre Juriſdiction, & Déclarations faites par le Roy ſur icelui, même de celle du quatriéme Octobre 1611 dernier, vérifiées en la Cour de Parlement, la plus grande partie des Marchands, tant de cette Ville de Paris que Forains, font aſſigner leurs debiteurs Marchands pour fait de marchandiſes, pardevant autres Juges que pardevant Nous ; tellement que leſdits debiteurs

27 Février 1612.

font travaillés de longues procedures & grands frais, tant en demandant que défendant; & ceux qui obtiennent Sentence ne peuvent avoir entiere exécution, tant à cause du refus que leur font aucuns Sergens de faire les Exploits à ce requis, que pour ce que les Geoliers & Gardes des Prisons élargissent & mettent hors d'icelles les Prisonniers emprisonnés en vertu de nos Sentences, de l'Ordonnance d'autres Juges que Nous, qui est en effet frustrer les Marchands du soulagement qu'ils pouvoient esperer par le benefice desdits Edits & Déclarations, & incommoder le Commerce, contre l'intention du Roy, & le pouvoir donné par Sa Majesté à notredite Jurisdiction; Pour à quoy remedier: Vû l'Edit d'érection de notredite Jurisdiction du mois de Novembre 1563, & les Declarations du Roy du 29 Avril 1565, & quatriéme Octobre 1611, verifiées en ladite Cour. AVONS fait & faisons défenses à tous Marchands, tant de cette Ville que Forains, & nos Justiciables, suivant lesdits Edits & Declarations, de faire assigner les uns les autres, ni proceder en premiere instance, ni exécution de nos Jugemens, tant en demandant que défendant, ailleurs que pardevant Nous, pour fait de marchandise vendue en gros ou en détail, entre Marchands, leurs veuve & heritiers, leurs Facteurs, Serviteurs & Commissionnaires, soit que les diférens procedent d'obligations passées sous le Scel du Châtelet de Paris, ou autres Scels, Cédules, Recepissés, Lettres de Change ou crédit, argent prêté ou baillé à recouvrer l'un pour l'autre par cedules ou missives pour cause de marchandise, & autres cas portés par lesdits Edits & Declarations du Roy, & ce à peine de tous dépens, dommages & interêts, de dix livres d'amende pour chacune fois qu'ils contreviendront, & de plus grande amende s'il y échet. Faisons aussi défenses en consequence desdits Edits & Declarations du Roy, à tous Huissiers & Sergens de faire aucuns Exploits d'assignation entre Marchands pour le cas susdit, en premiere instance ou en vertu de nos Sentences, pardevant autres Juges que pardevant Nous, à peine de nullité de leurs Exploits, dépens, dommages & interêts des Parties, & de cinquante livres d'amende. Comme aussi faisons défenses à tous Geoliers & Gardes des Prisons de laisser élargir & mettre hors d'icelles, les Personnes qui sont ou seront ci-après emprisonnés en vertu de nos Sentences, si ce n'est de notre Ordonnance & en vertu de nos Jugemens, à peine de répondre en leurs privés noms du dû, dépens, dommages & interêts des Parties, & de cinquante livres d'amende. Et afin que les Présentes soient notoires à un chacun, Ordonnons qu'elles seront signifiées tant aux Maîtres & Gardes des Corps des Marchands, qu'aux Maîtres des Communautés desdits Huissiers & Sergens, & ausdits Geoliers & tous autres qu'il appartiendra, ausquels sera laissé copie desdits Edits & Declarations, & des Présentes; & sera la Présente lûe & publiée notre Audiance tenant, & registrée sur nos Régistres, pour y avoir recours en tems & lieu. Donné à Paris le vingt-septiéme jour de Février l'an 1622.

Et au-dessous est écrit:

Lû & publié l'Audiance tenant, en la Jurisdiction des Consuls de Paris ledit jour. Signé, *GUERES.*

ARREST DE LA COUR DE PARLEMENT,
entre le Sieur Duc de Vendôme, prenant le fait pour son Procureur Fiscal dudit lieu, Appellant d'une Sentence des Consuls de Tours, prétendant qu'ils avoient jugé une Cause dont la connoissance luy appartenoit; Par lequel la Cour a maintenu lesdits Consuls en la possession de connoître des Causes de Marchand à Marchand pour fait de Marchandise, tant entre ceux qui sont demeurant ès Justices Royales, qu'Hauts Justiciers.

ENtre Messire Cesar de Vendôme Duc de Vendômois, Beaufort & Etampes, prenant la Cause de son Procureur Fiscal à Vendôme, Me Jean Dupont, Appelant d'une Sentence donnée par les Juge & Consuls de Tours le dixiéme Janvier 1617, en ce que lesdits Juge & Consuls auroient re-

28 Mars 1620.

tenu la connoissance de la la Cause d'entre Jean Piquet & ledit Dupont Demandeur en contravention d'Arrest selon la clause apposée au relief d'appel du dixiéme Février 1617, d'une part ; & Piquet & lesdits Juge & Consuls Intimés en leurs propres & privés noms, & Défendeurs en ladite clause d'autre. Vû par la Cour en la Chambre de l'Edit, où la Cause auroit été retenue par Arrest du vingt-uniéme dernier; l'Arrest de ladite Cour du vingt-deuxiéme aussi dernier, par lequel sur ledit appel les Parties auroient été appointées au Conseil, & sur ladite demande en contravention d'Arrrest, suivant ladite clause du droit, à écrire & produire sur le tout ce que bon leur sembleroit dans huitaine, pour leur être fait droit ; Causes d'appel, réponses à icelles, avertissement & productions desdites Parties. Arrest du vingt uniéme Aoust dernier, par lequel Me Pierre Martineau, Thomas Moireau & Gabriel Bonneau auroient été reçûs Parties intervenantes audit Procès, bailleront leurs moyens d'intervention dans trois jours, & lesdits Appellans leurs réponses, produiroient lesdites Parties dans huitaine moyen d'intervention, réponses à iceux. Productions desdites Parties. Conclusions du Procureur Général : Tout consideré. DIT A ESTE' que ladite Cour, sans soi arrêter à ladite intervention, faisant droit sur ledit appel, a mis lesdites Parties hors de Cour & de Procès, a déclaré lesdits Juge & Consuls follement intimés en leurs noms ; Et faisant droit sur les conclusions dudit Procureur General, a maintenu & maintient lesdits Juge & Consuls en la possession de connoître des Causes de Marchand à Marchand, & pour fait de Marchandise seulement, tant entre ceux qui sont demeurans ès Justices Royales, que des Hauts Justiciers, suivant les Edits & Declarations faites sur l'établissement de ladite Jurisdiction Consulaire, verifiées en ladite Cour, & sans dépens entre toutes lesdites Parties. Prononcé le vingt-huit Mars 1620. *Signé*, VOISIN.

ARREST DE LA COUR DE PARLEMENT,
au profit des Consuls de Troyes, contre le Prevôt dudit lieu ; Par lequel la Cour a cassé ce qui a été jugé par ledit Prevôt, lequel a été condamné à trente-deux livres Parisis de dépens, avec defenses tant audit Prevôt que Présidiaux, de prendre aucune Jurisdiction & connoissance des appellations interjettées, & en outre defenses audit Prevôt de faire défenses d'exécuter les Sentences desdits Juge & Consuls, à peine de répondre des dommages & interêts en son propre & privé nom.

LOUIS par la grace de Dieu Roy de France & de Navarre: Au premier des Huissiers de notre Cour de Parlement, ou autre notre Sergent sur ce requis, Salut. Comme le jour datté des Présentes, comparant judiciairement en notredite Cour Savin Marin Marchand, demeurant à Sainte Savigne, Faubourg de Troyes, Appellant comme de Juge incompétent des défenses faites par le Prevôt de Troyes le quatriéme Octobre 1622, au Jugement par luy rendu le cinquiéme dudit mois, portant condamnation d'amende ; d'une autre Sentence contre lui rendue en la Prevôté dudit Troyes le 24 Decembre audit an, défauts contre lui donnés, & des Jugemens rendus par les Présidiaux dudit Troyes les 27 & 30 Janvier dernier, & de tout ce qui s'en est ensuivi, d'une part : & Edme Dijon Marchand demeurant audit Troyes, intimé d'autre, & Me François le Febvre Prevôt dudit Troyes, Me Louis Vosday, Marin Martinet & Alexandre Malingre Conseillers en ladite Prevôté de Troyes, Intimés en leurs noms privés. Et encore ledit Dijon Appellant des Sentences données par les Juge & Consuls des Marchands audit Troyes des jours de   & ledit Marin Intimé d'autre, ou les Procureurs desdites Parties, & sans que les qualités puissent nuire ni préjudicier. Tubeuf pour l'Appellant conclud en ses appellations de défenses de se pourvoir parde-

15 May 1623.

Sf iiij

vant les Juge & Consuls pour la demande de vingt-cinq livres pour la vente d'un cheval, pour fait de Marchand à Marchand, & outre ce que le Prevôt a reçû à contester & faire preuve de la qualité de Marchand, & des condamnations des amendes contre lui rendues, à ce qu'il soit dit mal, nullement & incompétemment jugé, procedé & ordonné, à lui permis de faire exécuter la Sentence des Juge & Consuls ; & encore de ce que les Présidiaux, pour avoir relevé l'appel du Prevôt comme de Juge incompétent en la Cour, ils ont condamné le Sergent en une autre amende, à ce que le tout soit cassé, ledit Prevôt & Juge déclarés bien intimés, & condamnés en tous les dépens, dommages & intérêts. Carrogui pour Dijon demeure d'accord d'avoir acheté ledit cheval, mais que n'étant de la qualité de Marchand, n'est justiciable des Juge & Consuls. Bernage pour le Prevôt de Troyes, qui a conclu à follement intimé. Talon pour notre Procureur Général, a dit que la Cause de l'Appellant est miserable, que pour avoir payement d'une somme si modique, il faut avoir une si grande contestation, pour la Jurisdiction de laquelle le Prevôt, pour trop grande affection en son propre fait, contre les Ordonnances & Arrests, a fait des défenses à l'Appellant de se pourvoir pardevant les Juge & Consuls, & l'a comme trop vulgaire & prohibée aux Juges Royaux, sauf aux Parties se pourvoir par appel à la Cour ; néanmoins ici le Prevôt qui a voulu être Juge en sa Cause, a reçû à faire preuve par témoins de la qualité des Parties, ce qui est par trop dur ; c'est pourquoi ils estiment qu'il a été bien intimé en son nom de leur part, consent que les amendes soient restituées, ensemble celles adjugées par les Présidiaux, lesquels par envie de ce que l'on avoit relevé en la Cour pour l'incompétence, ont condamné l'Appellant en une autre amende, dont résulte que pour une somme de vingt livres, il coûte à à l'Appellant une grande somme de deniers ; c'est pourquoi ils adherent avec lui, & demandent que défenses soient faites aux Présidiaux de prendre connoissance des appellations qui seront relevées en la Cour. NOTREDITE COUR, entant que touche l'appel interjetté de la Sentence des Juges Présidiaux de Troyes, dit qu'il a été mal, nullement procedé, mal, nullement & incompétemment jugé, saisi & exécuté, a cassé & annullé, casse & annulle, révoque comme attentat tout ce qui a été fait, ordonne que l'amende en laquelle l'Appellant a été condamné, lui sera rendue, & à ce faire celui qui l'a reçûe, contraint par les mêmes voyes, nonobstant opposition ou appellation quelconque; a déclaré & déclare ledit Prevôt de Troyes bien intimé en son nom, & faisant droit sur l'appel, dit qu'il a été mal nullement & incompétemment jugé, procedé & ordonné, a cassé & annullé tout ce qui a été fait par ledit Prevôt, ordonne que les amendes esquelles l'Appellant a été condamné & contraint en vertu des Sentences dudit Prevôt, seront rendues & restituées, & à ce faire ceux qui les auront reçûes, contraints par les mêmes voyes, & si condamne ledit Prevôt ès dépens de l'intimation pour son regard, taxés & moderés à trente-deux livres parisis, & outre l'intimé en tous les autres dépens des appellations, tels que de raison : a permis & permet à l'Appellant faire exécuter les Sentences des Juge-Consuls; & ayant égard aux Conclusions du Procureur General, fait très-expresses inhibitions & défenses, tant aux Présidiaux de Troyes que Prevôt, de prendre aucune Jurisdiction & connoissance des appellations interjettées & qualifiées comme de Juge incompétent, relevées en la Cour, & au Prevôt de faire défenses d'exécuter les Sentences des Juge-Consuls, ains souffrir que les Parties se pourvoyent par les voyes de droit, à peine de répondre des dommages & interêts en leurs propres & privés noms. Si te mandons à la requête dudit Marin Appellant, mettre le présent Arrest à dûe & entiere exécution selon sa forme & teneur : De ce faire te donnons pouvoir. Donné à Paris en notre Parlement le quinziéme May l'an de grace 1623, & de notre Regne le quatorze. *Signé*, Par la Chambre, GALLARD. *Et scellé sur double queue de cire jaune.*

AUTRE SENTENCE DES JUGE
& Consuls d'Angers.

8 Février 1627.

LEs Juge & Consuls des Marchands établis & ordonnés par le Roy notre Sire en cette Ville d'Angers: A tous ceux qui ces présentes Lettres verront, Salut. Sçavoir faisons qu'entre Pierre Ernoul Marchand demeurant en cette Ville, présent en sa personne, Demandeur d'une part; & René Moire & Anne Quentin sa femme, aussi Marchand demeurant à Cossé le Vivien : comparant par Urbain Cupif Défendeur d'autre. Le Demandeur a conclu à ce que notre Sentence prononcée du quatorziéme jour de ce mois, soit déclarée diffinitive, & ce faisant que les Défendeurs soient condamnés solidairement, purement & simplement luy payer par deniers ou acquits valables, la somme de deux mille deux cens vingt livres, contenue & pour les causes portées par notredite Sentence, & aux interêts & dépens. De par ledit Cupif comparant comme dessus, auroit été dit en vertu de la Procuration spéciale passée pardevant Marteul Notaire Royal résidant à Cossé le Vivien le dix-huit de ce mois, a été remontré, comme ils ont ci-devant fait, qu'ils sont demeurans au Bourg de Cossé le Vivien au Comté de Laval, & qu'ils sont judiciaires du Juge ordinaire dudit lieu, devant lequel ils demandent leur renvoi de la Cause, comme étant leur Juge naturel, & déclarent qu'ils sont Appellans comme de Juges incompétens de notre Sentence de rétention de la Cause dudit jour quatorze de ce mois, & où viendroient passer outre, protestent, &c. & de Nous prendre à partie en nos propres & privés noms, & de toutes pertes, dépens, dommages & interêts. Répliquant par ledit Ernoul, a été dit que lesdits Moiré & sa femme sont Marchands qui font trafic de Marchandises, lesquels ont vendu & débité en gros & en détail le vin qu'il leur a vendu, mentionné par ladite Sentence, partant empêche le renvoy par eux requis, joint qu'ils en ont été déboutés par notredite Sentence du quatorziéme

torziéme de ce mois, & persisté en ses conclusions ; Surquoi Partie ouïe, lecture faite de noredite Sentence provisoire ci-dessus mentionnée, & au moyen de l'appel d'incompétence interjetté par lesdits Moyré & sa femme. ORDONNONS que les Parties se pourvoiront ainsi qu'elles verront, & néanmoins ce requerant lesdits Demandeurs, Ordonnons que notredite Sentence provisoire sera exécutée selon sa forme & teneur, baillant par lui caution de rendre ladite provision, si il est dit que faire se doive. Mandons au premier Sergent Royal sur ce requis, signifier ces Présentes à tous qu'il appartiendra, & faire en vertu d'icelles tous Exploits nécessaires : De ce faire dûement lui donnons pouvoir. Donné à Angers le vingt-huitiéme jour de Février 1627. Suivant lequel Jugement ci-dessus & autres provisoires ci mentionnés, led. Ernoult a été cautionné par Pierre le Guy Marchand de cette Ville, après avoir ouï lecture d'iceux, à quoi l'avons reçû & jugé, & condamné ledit Ernoult l'en acquitter par les mêmes voyes de rigueurs qu'il y pourroit être contraint. Donné audit Angers pardevant Nous Juges susdits le cinq Mars audit an. *Signé*, N O U L L E A U. *Et scellé de cire rouge.*

ARREST DE LA COUR DE PARLEMENT,
rendu à la Chambre de la Tournelle, par lequel les Juge & Consuls ayant été pris à partie en leur propre & privé nom en une affaire criminelle, ils ont été déclarés follement intimés, leur Partie condamnée pour réparation en leurs dommages & interêts, & aux dépens.

Entre Pierre Janson Marchand Bourgeois de Paris, & Elisabeth Gobert sa femme, Appellans de la permission d'informer, information, decret d'ajournement personnel, & de tout ce qui s'en est ensuivi, décerné par le Lieutenant Criminel au Châtelet de Paris, d'une part ; & Denys Duquesnet Marchand Mercier à Paris, Intimé d'autre. Et entre Guillaume Faussard Marchand à Rouen, & Marie Robbe sa

25 Janvier 1658.

femme, auſſi Appellans de la permiſſion d'informer, information, decret d'ajournement perſonnel, & de tout ce qui s'en eſt enſuivi, contr'eux fait & décerné par ledit Lieutenant Criminel au Châtelet de Paris, d'une part ; & ledit Duqueſnet intimé d'autre. Et encore entre ledit Duqueſnet Demandeur en deux Requêtes par luy préſentées à la Cour les   des preſens mois & an, tendantes à ce qu'il ſoit reçû oppoſant à l'exécution des Arreſts de défenſes particulieres obtenus par leſdits Janſon, Fauſſard & leurs femmes les 18 & 20 Decembre précedent, faiſant droit ſur ladite oppoſition, que leſdites défenſes ſeront levées, & en conſequence le Procès fait & parfait aux Accuſés, & pour cet effet les Parties renvoyées pardevant ledit Lieutenant Criminel au Châtelet de Paris, d'une part ; & leſdits Janſon, Fauſſard & leurs femmes, Défendeurs d'autre. Et encore ledit Duqueſnet, Demandeur en autre Requête par lui préſentée à la Cour le cinquiéme deſdits préſens mois & an, tendante à ce qu'en venant plaider ſur leſdites oppoſitions & appellations, les Juge & Conſuls des Marchands de cette Ville de Paris qui ont leur Procureur ordinaire en la Cour, ſeront tenus de venir plaider ſur ce que ledit Duqueſnet conclut à ce qu'ils ſoient condamnés, quoique ce ſoit ceux d'entr'eux qui ſe trouveront coupables par les informations faites à ſa requête pardevant le Lieutenant Criminel au Châtelet de Paris, aux mêmes peines dépens, dommages & interêts qu'iceux Fauſſard, Janſon & leurs femmes du moins, ſelon que la preuve qu'il y a contre leſdits Juge & Conſuls ou aucuns d'eux, le requerra, avec défenſes à iceux Juge & Conſuls de plus connoître des diférens dudit Duqueſnet contre ledit Fauſſard & ſa femme, à peine de nullité, caſſation de procedures, & de tous dépens, dommages & interêts, d'une part ; & leſdits Juge & Conſuls des Marchands de cette Ville de Paris, Défendeurs d'autre, ſans que les qualités puiſſent préjudicier aux Parties. Après que Billard Avocat pour Janſon & ſa femme, le Verrier Avocat pour Duqueſnet, & Ragueneau Avocat pour les Juge & Conſuls, ont été ouis, enſemble Talon pour le Procureur General. LA COUR a mis & met les appellations & ce dont eſt appel au néant, évoque à Elle le principal diférend d'entre les Parties, y faisant droit, les a mis hors de Cour & de Procès, leur fait défenses de se méfaire ni médire; déclare les Juge & Consuls follement intimés en leurs noms, condamne l'Appelant à la requête de qui l'information a été faite, en leurs dommages & interêts liquidés à seize livres parisis, & aux dépens. Fait en Parlement ce vingt-cinquiéme Janvier 1658. *Signé*, RADIGUES. BOSQUILLON, *Procureur*.

AUTRE Arrest de la Cour de Parlement séant audit Châtelet, par lequel ladite Cour auroit renvoyé pardevant les Juge & Consuls les Prisonniers detenus en vertu des Sentences per eux rendues, & ce qui sera par eux ordonné, seroit exécuté nonobstant, &c.

SUr ce que les Juge & Consuls ont représenté à la Cour qu'il y avoit quelques Prisonniers détenus en vertu de leurs Jugemens, ausquels est nécessaire de pourvoir de quelque soulagement; Sur la Requête de l'un d'eux présentée, LA COUR a renvoyé la Requête du Demandeur & autres Parties détenues en vertu des Sentences rendues par les Juge & Consuls, pardevant lesdits Juge & Consuls, & ce qui sera par eux ordonné, exécuté nonobstant oppositions ou appellations quelconques, & sans préjudice d'icelles. Fait au Châtelet, la Cour y séant, le huitiéme Avril 1659. Collationné.

8 Avril 1659.

ARREST de la Cour de Parlement, par lequel fur le Procès verbal & information faite par les Juge & Confuls, les nommés Soulage & Lagault auroient été condamnés de comparoir en l'Audience defdits Juge & Confuls, & là étant à genoux, nues têtes, dire & déclarer les paroles mentionnées audit Arreft, condamnés à aumôner au pain des Prifonniers la fomme de quarante-huit livres parifis, & défenfes.

Aouft 59.

VEu par la Cour le Procès verbal fait par les Juge-Confuls de cette Ville de Paris le 16 Juillet 1659, contenant les violences & juremens commis en leur Audiance par Michel Soulage Maître d'Hôtel du fieur Comte de Chalais, & Pierre Lagault Officier dudit fieur de Chalais ; & information par eux faite, enfuite écroue de leur emprifonnement fait à la Confiergerie du Palais par Huby Huiffier en ladite Cour, à la requête du Procureur General du Roy ledit jour. Arreft du 17 dudit mois, par lequel auroit été ordonné que d'office, à la requête du Procureur General du Roy, il feroit informé du contenu audit Procès verbal, & les Accufés prifonniers interrogés. Information faite en confequence par Me Michel Ferrand Confeiller à ce commis, le 19 dudit mois, à la requête dudit Procureur General Demandeur, contre lefdits Accufés. Interrogatoires à eux faits par ledit fieur Ferrand lefdits jours 17 & 19 Juillet, contenant leurs réponfes, confeffions & dénégations. Conclufions du Procureur General du Roy ; ouis & interrogés lefdits Accufés fur les cas à eux impofés : Tout confideré. DIT A ESTE' que la Cour pour les cas mentionnés au Procès verbal, a condamné & condamne lefdits Michel Soulage & Pierre Lagault comparoir en l'Auditoire des Juge Confuls, l'Audiance tenant, & là étant nuës têtes à genoux, dire & déclarer que temerairement, indifcretement & comme mal avifés, ils fe font emportés à jurer le nom de Dieu, & à proferer avec infolence

& au mépris de la Justice, les paroles injurieuses & de menaces contenues au Procès, contre l'honneur de la Justice & des Juges, dont ils se répentent, prient les Juge-Consuls de leur pardonner: Enjoint ausdits Soulage & Lagault de rendre l'honneur qui est dû aux Juges, respecter les lieux où se rend la Justice; Les condamne solidairement aumôner au pain des Prisonniers de la Consiergerie du Palais, la somme de quarante-huit livres parisis; leur fait défenses de récidiver à pareilles actions, à peine de punition exemplaire. Prononcé & exécuté, & ont lesdits Soulage & Lagault consigné lesd. soixante livres tournois le 4 Aoust 1659. *Signé par collation*,
   BOUCHARDEAU, avec paraphe.

Ensuit la teneur du Procès verbal pour l'exécution du susdit Arrest.

LE Lundy quatriéme jour d'Aoust 1659, dix à onze heures du matin, à la requête de Monsieur le Procureur General du Roy, Nous Nicolas Taluatz & François Megein Huissiers du Roy en sa Cour de Parlement, sommes transportés en l'Auditoire de la Jurisdiction Consulaire de cette Ville de Paris, pour faire exécuter l'Arrest de Nosseigneurs de Parlement, dont la teneur est ci-dessus écrite, & étant arrivés audit Auditoire, l'Audiance tenant par les Juge & Consuls de présent en Charge, en la présence de la plûpart des anciens Juges & Consuls de Paris, & de grand nombre de peuple, après avoir pris nos places au banc du Greffier de ladite Jurisdiction, avons mandé & fait venir lesdits Michel Soulage & Pierre Lagault; ausquels, après que Mr Drouet Commis au Greffe Criminel de ladite Cour à la Charge du Conseil, a prononcé l'Arrest contr'eux rendu, lesdits Soulage & Lagault étant nues têtes & à genoux, iceux Soulage & Lagault obéissant audit Arest, ont à haute & intelligible voix dit & déclaré que temerairement, indiscretement & comme mal avisés, ils se sont emportés & juré le nom de Dieu, & proferé avec insolence & au mépris de la Justice, les paroles injurieuses & de menaces contenues au Procès, contre l'honneur de la Justice & des Juges, dont ils se repentent, prient les Juge & Consuls de leur pardonner. Ce fait, sommes retirés, & relaché lesd. Soulage & Lagault au moyen de la consignation par eux faite entre les mains dudit Drouet, de l'aumône en laquelle ils ont été condamnés par ledit Arrest, & de ce que dessus fait & dressé le present Procès verbal.

Signé, TALUATZ & MEGEIN, avec paraphes.

PROCE'S verbal fait par les Juge & Consuls, contre François de Vintuille accusé de fausseté.

1 Juillet 1658.

CE jourd'hui premier jour de Juillet 1659, Nous Juge & Consuls des Marchands établis par le Roy notre Sire à Paris, assemblés en notre Chambre du Conseil pour travailler à la liquidation de certains dépens prétendus par François de Vintuille Sieur de Vintuile, Baron de Tournes & autres lieux, Demandeur à l'encontre de Baltazar Dagan Cadet de Collieres, Défendeur d'autre part. Après avoir vû & examiné la déclaration mise pardevant Nous par ledit Vintuille, ensemble les pieces sur lesquelles elle auroit été dressée, aurions eu suspicion de fausseté de quelques-unes desdites pieces, & notamment de certain Arrest du Conseil Privé en datte du 21 May 1658, signé en fin FOUCAULT, portant entr'autres choses renvoy pardevant Nous pour la liquidation de toutes sommes dûes par led. Dagan aud. Vintuille, dépens faits au Conseil Privé, Cour de Parlement, Grand Conseil, au Châtelet & pardevant Nous; ensemble de certain Certificats signés *Fabry* Avocat au Conseil, *Hourdault* Procureur en la Cour, *Petit* Procureur au Grand Conseil, & *Audry* Procureur au Châtelet, par lesquels Certificats il appert que l'on certifie ce qui a été employé dans ladite declaration être veritable : sur laquelle suspicion aurions fait venir devant Nous ledit Vintuille, & icelui par Nous interrogé, auroit soutenu lesdites pieces & Certificats par lui mis pardevant Nous, veritables ; & pour approbation de la verité d'iceux apposé son écriture & signature en fin desdits Certificats; & pour Nous éclaircir de la verité, aurions d'office envoyé Germain Verrier notre principal Commis au Greffe, chez lesdits sieurs Foucault, Fabry, Hourdault, Petit & Audry, pour exhiber à chacun d'eux lesdits prétendus Certificats signés d'eux, & sçavoir si les signatures apposées au bas d'iceux étoient veritables, & Nous en faire rapport : Lequel Verrier Nous auroit rapporté que suivant notre Ordonnance il auroit montré ausdits sieurs susnommés lesdits Certificats & les autres pièces employées dans ladite déclaration, & qu'après les avoir vûs & examinés, lui auroient dit n'avoir jamais écrit ni signé iceux Certificats certifiés être vrais par ledit Vintuille, même lesdits sieurs Fabry & Foucault que l'Arrest du Conseil portant renvoi pardevant Nous, étoit une pièce fausse & fabriquée aussi-bien que d'autres pièces employées dans icelle déclaration. Ouy lequel Rapport dudit Verrier, avons arrêté que ledit Vintuille demeureroit en notredite Chambre du Conseil, & de ce que dessus Nous en ferions notre Rapport à Monseigneur le Premier Président, pour y être pourvû suivant l'ordre qu'il Nous en donneroit. Et de fait Nous sommes partis à l'instant de notre Jurisdiction Consulaire, & rendus en l'Hôtel de mondit Seigneur le Premier Président, auquel en la présence de Monseigneur le Procureur General, avons fait le récit de tout ce que dessus; après lequel récit mondit Seigneur le Premier Président a mandé à M. Jamart l'un des Substituts de mondit Seigneur le Procureur General, de faire arrêter ledit Vintuille: suivant laquelle Ordonnance ledit sieur Jamart auroit envoyé Huby Huissier en la Cour, assisté de douze Archers; & ledit Huby parvenu au même tems que Nous en notre Hôtel Consulaire, se seroit saisi de la personne dudit Vintuille, & icelui conduit ès Prisons de la Consiergerie du Palais, où il auroit fait l'écroue de sa personne à la requête de mondit Seigneur le Procureur Général, dont & de tout ce que dessus avons fait & dressé le présent Procès verbal pour servir en tems & lieu ce que de raisons, lesdits jour & an que dessus. *Signé*, LE MARCHAND, LE VIEULX, HELIOT, PLANSON, & GERVAIS, Juge & Consuls. Et VERRIER, Commis au Greffe.

Ensuit l'écrou d'emprisonnement fait de la personne dudit Vintuille.

Extrait des Regiſtres du Greffe de la Conſiergerie du Palais à Paris.

FRançois Vintuille Ecuyer, amené Priſonnier ès Priſons de la Conſiergerie par Me Jacques Huby Huiſſier en la Cour, de l'Ordonnance verbale & à la requête de Monſieur le Procureur General. *Signé* LE BOURSIER, avec paraphe.

REGLEMENT, ordre & cérémonie qui ſe ſont obſervés dans la Juriſdiction Conſulaire de Clermont.

LA nomination d'un Juge & de deux Conſuls ſe doit faire à la fin du mois de Novembre, un jour d'Audiance, auquel ceux qui ſont en Charge font avertir le jour avant lad. nomination, M. l'Echevin qui eſt du Corps, & tous les notables Marchands qui ont droit d'entrer dans la Juriſdiction, conformément à l'article 5 du Tit. IX. de notre Ordonnance, à ce qu'ils ayent à ſe trouver à l'Egliſe de S. Pierre, où a été fait une fondation d'une grande Meſſe du St Eſprit le jour de la nomination, à Diacre & Soûdiacre, par Dame Anne Belier veuve de M. Beraud le 10 Mars 1714, reçû par le Maſſon Notaire Royal; & Meſſieurs l'Echevin, les Juge-Conſuls en Charge & les Anciens aſſiſtés de leurs Greffiers & Huiſſiers, vont tous en robbes dans ladite Egliſe, où ils ſe placent dans les hautes ſtalles du même ordre & rang que le jour de la Purification notre Fête.

Après laquelle ils reviennent dans le même ordre aſſiſtés de tout le Corps des Marchands, à la Maiſon de Ville, où ils montent au Siége pour faire faire la nomination de leurs ſucceſſeurs.

Il eſt à obſerver que par le Titre de fondation de cette Meſſe, il eſt expreſſément dit que le Corps des Marchands de cette Ville aura le même pouvoir que la Fondatrice, pour obliger à perpetuité Meſſieurs du Chapitre de faire celebrer ladite grande Meſſe chaque année, & au jour qui leur ſera fixé par Meſſieurs les Juge-Conſuls, ſans que le Chapitre ni autres puiſſent rien prétendre ni exiger du Corps des Marchands

chands, ayant été satisfait par ladite Dame Beraud qui en a payé le fonds.

Toutes les cloches doivent sonner le soir avant le jour d'icelle, sur les sept à huit heures du matin quand le Corps des Marchands entre, & lorsque la Messe est finie. Il se dit un *Libera me* pour le repos des ames des Marchands décedés, où pareillement toutes les cloches doivent sonner, ainsi qu'il est plus au long expliqué par ledit Titre de Fondation, & dont le tout a été accepté par les Actes Capitulaires du Chapitre & des Marguilliers des 8 & 9 Mars 1714, annexés à la minute, & Messieurs du Chapitre sont tenus d'en fournir expédition au Corps des Marchands.

Le Juge des Marchands ou celui qui doit présider en son absence, fait son compliment & son exposé à la Compagnie: ensuite dequoi le Procureur Conservateur fait ses réquisitions, après lesquelles la Compagnie délibere sur ce qu'il y a à décider sur l'exposition qui en a été faite, & après que le Juge a nommé deux Evangelistes pour conjointement avec le Greffier recueillir les voix, il est procedé à la nomination d'un Juge, deux Consuls & trois Conservateurs, suivant les suffrages qui sont donnés de vive voix par la Compagnie, lesquels doivent être recueillis par le Greffier de ladite Jurisdiction en présence desdits Evangelistes; & le Juge & les deux Consuls qui sont nommés, doivent s'ils sont présens sitôt leur nomination, prêter serment entre les mains des Juge-Consuls anciens, qui en même tems les mettent en possession au Siége en leurs places, & rendent ordonnances sur les Causes appellées par le Greffier. Il leur sera expliqué qu'ils prêtent serment de rendre la Justice dans l'équité pendant l'année de leur Consulat, maintenir les interêts du Corps, & assister exactement aux Services divins, Processions generales & particulieres, Prédications, *Te Deum* & autres Ceremonies publiques.

Il faut remarquer que s'il n'y avoit que le Juge ou l'un des deux Consuls nommés qui eût prêté serment aux anciens en l'absence des autres, ceux qui le devront prêter après feront tenus de le faire devant les anciens Juge-Consuls, à l'exclusion des nouveaux, quand même ils auroient siégé plusieurs jours; car le serment ne peut & ne doit être prêté qu'aux anciens, qui seuls ont ce droit.

Quelques jours après ladite nomination, les nouveaux Juge-Consuls nommeront quatre Conseillers pour assister exactement aux Audiances à peine d'amende, & ils donneront avis sur tous les Procès & diférends pendant toute l'année, & auront voix opinative seulement, parce que ce n'est que pour leurs instructions. Le Juge en nommera deux, & les deux autres par les deux Consuls; & étant avertis par les Huissiers, & parés en habit décent, ils prêteront serment ès mains des nouveaux Juge-Consuls d'assister exactement à toutes les Audiences à peine d'amende, & auront place immediatement après les anciens Juge-Consuls: lesquels anciens seront obligés d'assister en robes & toques aux Audiances, & ne pourront y être reçûs autrement. Et les Conseillers n'auront & ne pourront prétendre aucun rang aux autres Ceremonies, & n'auront aucun droit d'entrer dans les Assemblées de Ville, ni lors de la nomination des Echevins, la qualité de Conseiller ne leur donnant d'autre rang qu'au Siége. L'ancienne coutume est que les anciens Juge & Consuls siégent avant les Conseillers du côté droit, & les Conservateurs ou ceux qui ont passé par la Charge de Juge, du côté gauche.

Les Audiances se doivent tenir tous les Mardis, Jeudis & Samedis de chaque Semaine, à neuf heures du matin, ausquelles les Huissiers de ladite Jurisdiction ou l'un d'eux, doivent assister en robes, & aller de bon matin avertir les Juge & Consuls & les antiques Conservateurs & Conseillers pour aller à l'Audiance.

Les Juge-Consuls des Marchands ont droit d'assister, comme il s'est toujours pratiqué, à la Messe de Paroisse, grand-Messes, Sermons, Vêpres, Saluts, à toutes les Processions generales & aux particulieres de la Paroisse, & à tous les Offices, *Te Deum* & autres ausquels les Echevins assistent, à la réserve seulement des Offices qui se font dans le Chœur de la Cathédrale, où les Elûs ni eux n'ont aucune sceance ni place.

Ils assistent aussi avec les Echevins le jour de Pâques, à

l'issue du Sermon, à la visite des Prisonniers, des Hôpitaux & autres Eglises, tous en robbe, la coutume étant que de tout temps les Juge-Consuls suivent celles des Echevins, même les Lundis de la Pentecôte à Oreival, où ils vont accomplir avec les Echevins le vœu de la Ville, où ils assistent en robbe à l'Office divin qui s'y fait.

Ils doivent aussi assister en robbe à l'Office divin que le Corps des Marchands fait faire le jour de la Purification leur fête, à l'honneur de la très-Sainte Vierge, dans l'Eglise de S. Pierre ou ailleurs, où il se fait, pour l'ornement de laquelle les Bailles qui sont en Charge sont tenus d'y apporter tous leurs soins, entretenir le luminaire, payer l'Office & les Messes que le Corps fait dire pendant l'année, lequel payement se fait de l'argent qui provient des Fréries des Marchands. Et où & quand lesdites Fréries ne suffiroient pas, les Bailles sont tenus de fournir le surplus à leurs propres dépens; & s'il y a quelque chose de bon desdites Fréries, ils n'en peuvent profiter, en doivent tenir compte, & cela doit être employé aux necessités de la Frerie: & pour cet effet tiendront un état fidele de recette & de dépense dans le Livre de leur Frerie, signé & certifié veritable. Et le jour même de la Purification, à l'issue de Vêpres, les Consuls qui sont en Charge sont dès lors Bailles de ladite Frerie pour l'année suivante.

Le Juge qui est Roy de ladite Frerie, doit donner huit livres au moins pour son renage, & le Cierge que l'on luy donnera, luy appartient; & les Consuls doivent donner quatre livres chacun, les nouvelles Boutiques trois livres pour une fois seulement, & chaque Apprentif vingt sols, les Freries des autres Marchands à proportion de la commodité d'un chacun, dont la moindre sera de cinq sols. Et lorsque le Livre de la Frerie sera rempli, il devra être déposé dans les Archives de la Jurisdiction Consulaire.

Le Greffier & les Huissiers seront tenus d'aller prendre en robbe les Juge-Consuls dans leurs maisons, & les conduire aux Offices, Processions generales & particulieres, Sermons, Vêpres, *Te Deum*, & tous autres Offices où ils jugeront à propos d'assister, & de les reconduire dans le même ordre chez eux.

Le Greffier doit avoir toutes ses Causes présentées avant que Messieurs les Juge-Consuls, Conservateurs & Conseillers montent au Siége. Défenses lui sont faites d'en recevoir aucune lors de la tenue de l'Audience. Il ne peut aussi faire aucune Cause en l'Hôtel du Juge, quand les Parties sont de la Ville (si ce dont il s'agit ne requeroit celerité) mais doit remettre lesdites Parties aux jours d'Audiance, à peine d'amende contre ledit Greffier, nullité & cassation de procedures desdites Causes.

Tous Demandeurs Habitans de cette Ville qui ont Causes en l'Audiance, seront tenus y assister en personne, s'ils ne sont absens de la Ville ou malades, & ils doivent être ouis par leur bouche & plaider eux-mêmes leurs Causes, sinon seront leurs Causes remises & rayées dans le Registre.

Il n'y a qu'un seul délai pour défendre être accordé aux Parties, ainsi qu'il est porté par le Recueil des Arrests de la Jurisdiction Consulaire de Paris, lequel nous suivons ponctuellement.

Il est défendu aux Huissiers & Sergens de la Jurisdiction Consulaire d'assigner aucune personne de quelqu'état & qualité qu'elle soit, si la matiere provient de Marchandises achetée pour revendre, pardevant autres Juges que pardevant les Juge-Consuls, à peine d'amende & de suspension de leurs Charges, & d'assigner un Habitant à autres jours qu'à ceux d'Audiance ; & pour ce qui est des Forains & Etrangers, ils peuvent être assignés tant aux jours d'Audiance qu'autres, même à l'Hôtel du Juge, au choix des Parties.

Il est important que les Juge-Consuls en Charge tiennent la main à ce que dessus, & doivent enjoindre au Procureur Conservateur de Ville aux actions des Parties plaidantes, & des Particuliers qui assistent aux Audiances, afin que le respect que l'on doit à la Justice soit exactement observé ; E où il y auroit quelque chose de contraire au presént Reglement, il doit requerir contre les contrevenans telles amendes qu'il sera avisé par la Cour : car il est du devoir du Procureur Conservateur de prendre garde aux affaires qui peuvent arriver contre la droiture de ladite Jurisdiction.

Ceux qui auront des récusations à donner contre quelqu'un des Juges ou Consuls, ou Conservateurs & autres, les donneront non publiquement, mais par requête, sous peine de trois livres d'amende, ou autre plus grande si le cas y échet. Aux mêmes peines il est défendu aux Parties d'user d'aucunes invectives l'un contre l'autre, ni d'aucuns blasphêmes.

Il est défendu à toutes personnes d'entrer à l'Audience avec armes, éperons cannes ou battons, sous les mêmes peines, & de confiscation.

Il est enjoint aux Huissiers de se trouver à l'Audience en robbe, pour faire le service aux mêmes peines que dessus. Défenses à eux d'y paroître autrement qu'en robbe.

Et afin que personne n'en prétende cause d'ignorance, ordonnons que ces Présentes seront mises & affichées contre la porte du Parquet. Fait à Clermont audit Parquet Royal de la Cour le septiéme May 1714. Et ont assisté audit Reglement Messieurs Cortigier, l'aîné Juge ; Brun & Chaix Consuls ; Vazeilles, de Brion, antiques Consuls ; Teringaud, Deydier & de la Vaisse, Conservateurs ; Mallet, Thiery, Messance & Gaillard, Conseillers *Et signé*, CORTIGIER l'ainé, Juge ; & CHAUMONT, Commis Greffier.

ARREST solemnel, qui juge que la Cotte-morte ou la succession d'un Religieux Curé, appartient aux Pauvres & à la Fabrique de la Paroisse dont il étoit Curé.

FACTUM sur lequel l'Arrest de Réglement est intervenu.

POUR les Habitans & Marguilliers de la Paroisse de Saint Leger, Diocèse d'Amiens, Appellans, Intimés & Demandeurs,

Contre les Religieux, Prieur & Couvent de l'Abbaye de S. Pierre de Selincourt, Intimés, Appellans & Défendeurs.

IL s'agit de sçavoir à qui doit appartenir la Cotte-morte de Frere Firmin Caron, Religieux de l'Ordre de Premontré, & Curé Régulier de la Paroisse de S. Leger.

Les Apelans soutiennent qu'elle doit estre adjugée aux pauvres & à la fabrique de leur Paroisse, conformément aux dispositions canoniques & à la Jurisprudence des Arrests.

Les Intimez prétendent au contraire que cette dépouille leur apartient en qualité de Présentateurs à la Cure.

FAIT.

Frere Firmin Caron Religieux de l'Ordre de Prémontré, a esté pourvû en 1673. du Prieuré Curé de saint Leger, dépendant de l'Abbaye de Selincourt, même Ordre de Prémontré. Il est decedé en 1706. & a laissé beaucoup d'effets qui montent à la somme de 5000 liv. Les Religieux de Selincourt se sont emparez de tout sans aucune forme de Justice, prétendant que cette succession leur apartenoit, sous prétexte qu'ils ont droit de présenter à la Cure. Les Appelans qui sont les Habitans & Marguilliers de saint Leger ont demandé que la Cotte-Morte fût adjugée aux pauvres & à la fabrique, ausquels toutes les Loix Civiles & Canoniques l'attribuent.

La Cause portée aux Requestes du Palais, M. Bazin de la Galissonniere conclud en faveur des pauvres & de la fabrique, & requit pour Mr. le Procureur General qu'il fût fait défenses aux Religieux de Selincourt de s'emparer des Cottes-Mortes des Curez Reguliers.

La Sentence dont est appel adjuge aux Intimez la succession, à la charge seulement de payer la somme de mil livres par forme d'aumône, dont on ordonne la distribution par l'avis de Mr. l'Evêque d'Amiens en présence de Substitut de Mr. le Procureur General, moitié aux réparations de l'Eglise & des Ornemens, moitié à la nourriture des pauvres de la Paroisse.

Les Parties sont respectivement Appelans de cette Sentence: les pauvres & la fabrique, en ce qu'on ne leur a pas adjugé le titre & l'universalité de cette succession. Les Religieux, en ce qu'on a donné aux pauvres & à la fabrique une modique somme de mil livres.

Les Apelans fondent leurs moyens d'apel sur les principes établis par le Droit Canonique & la Jurisprudence des Arrests, & soutiennent que suivant ces principes la succession d'un Curé Régulier appartient aux pauvres & à l'Eglise du lieu où il a deservi la Cure.

Premier Moyen.

A l'égard des principes du Droit, le chap. *Quod Dei timorem ext. de Statu Monachorum*, nous aprend que ce ne fut que dans le neviéme Siecle qu'il fut permis aux Chanoines Reguliers de posseder des Cures. Le Pape Innocent III. déroge dans ce Chapitre aux dispositions précises des saints Canons, qui faisoient des défenses expresses à tous Religieux d'en deservir aucune.

Cette permission de deservir les Cures les ayant fait entrer dans la Hierarchie de l'Eglise, ils se trouverent dans l'obligation de suivre le Droit commun, établi par les Loix Civiles & Canoniques, lesquelles dans ces temps adjugeoient toute la succession d'un Ecclesiastique à l'Eglise qu'il avoit deservie, sans aucune distinction de biens. *Altari qui serviunt omnia perpetuo santificentur & in jus ejus tradantur.*

Dans la suite on crut qu'il estoit juste d'exclure de cette Loy commune les biens que les Ecclesiastiques avoient reçus de leur famille. L'authentique, *Licentiam de Episcopis & Clericis*, rend à la famille ces sortes de biens, en conservant à l'Eglise ceux qui provenoient des fruits du Benefice.

Ce temperament fut admis par nos Loix. Les Capitulaires de Charlemagne Liv. 10 chap. 150. decident que tous les biens acquis par un Prestre après son Ordination appartiennent à l'Eglise.

C'est à ces dispositions que les Chanoines Reguliers ont esté obligez de se conformer, & ils sont encore aujourd'huy dans la même obligation; car le changement qui est survenu par raport aux Ecclesiastiques Seculiers, dont toute la succession apartient présentement aux Familles, ne les regarde point; La difficulté de la separation des biens Ecclesiastiques d'avec ceux qu'ils avoient reçus de leur Famille, a fait decider la Question en faveur des parens. Mais cette difficulté n'ayant aucun lieu par raport aux Curez Reguliers, qui ne possedent que les biens acquis dans leur Cure, qui ont renoncé à tous les autres par leur Profession Religieuse, il doit demeurer pour constant que leur succession doit appartenir à leur Eglise, suivant la disposition du Chapitre. *Investigandum est. de peculio Cleric. quoniam Ecclesia ad quam nihil habens promotus est, esse debent juxta canonicam institutionem.*

SECOND MOYEN.

La Jurisprudence des Arrests n'est pas moins certaine.

Le Droit des Pauvres & des Fabriques a d'abord esté confirmé par deux anciens Arrests des 17. Avril 1553. & dernier Juillet 1559.

Il s'en trouve un grand nombre d'autres plus récens ; le premier, est du 25. Janvier 1635. Il s'agissoit de la Cotte-morte de Frere Magdelon Loiseau, Profés de l'Abbaye de Préneuf, & pourvû de la Cure de saint Georges, dépendant de l'Abbaye de Nôtre-Dame de Vaz, tous deux Ordre de saint Augustin. Les Monasteres contesterent sa dépoüille. Messieurs des Requestes (comme dans cette espece) l'adjugerent à l'Abbé de Présantation. Sur l'appel, la Cour adjugea tous les meubles délaissez par frere Magdelon Loiseau aux Pauvres de la Paroisse, & réunit les immebles à la Cure.

Le second, est du 13 Février 1643. même contestations entre deux Monasteres au sujet de la Cotte-Motte du Prieur Curé de Nogent.

Par l'Arrest rendu sur les Conclusions de Mr. l'Avocat General Talon, on ordonna que les deniers seroient remis entre les mains du Substitut de Mr. le Procureur General, pour estre employez au profit des pauvres & de la fabrique de Nogent.

Troisiéme Arrest encore plus solemnel du 13 Février 1651 sur une semblable contestation entre deux Monasteres, au sujet de la Cotte-Morte du Curé de Montagny, Mr. Talon portoit encore la parole.

En voicy les termes : *La Cour a reçû & reçoit le Procureur General du Roy Appelant de la Sentence du Bailly de Senlis : Et y faisant droit, a mis & met l'appelation & ce dont est appel au neant : Emandant. Ordonne que la dépouille du Religieux Curé sera employée pour les pauvres de Montagny, & necessitez de l'Eglise, par l'avis de l'Evêque de Senlis, le Substitut du Procureur General du Roy appellé.*

Le

Les Religieux de Selincourt opposent à ces décisions la maxime vulgaire : *Quidquid Monachus acquirit Monasterio.*

Pour y répondre, il suffit d'établir la difference qu'il y a entre la succession d'un Curé régulier, & celle d'un simple Religieux. Les Appelans ne disputent point cette seconde espece de succession. Ils conviennent que ce que le Religieux, qui est sous la puissance de son Superieur, acquiert par son travail & par son industrie, doit appartenir au Monastere, parce que ne pouvant rien avoir en propre, il est censé l'acquerir des biens du Monastere & pour le Monastere. Cette présomption cesse lorsque le Religieux est pourvû d'une Cure réguliere : il sort de la puissance de son Superieur pour entrer dans la Hierarchie de l'Eglise. Tout ce qu'il acquiert provient de sa Cure, dont les biens n'appartiennent point au Monastere : ils sont destinés pour la subsistance des Pauvres. Le Droit Canonique & la Jurisprudence des Arrests ont toujours distingué ces deux successions.

Ces Religieux tirent encore une nouvelle objection de leur qualité de Présentateurs de la Cure, de gros Decimateurs & de Curés Primitifs. Ils prétendent que ces sortes de Benefices ont été originairement accordés pour la subsistance des Monasteres.

On croit d'abord devoir retrancher l'argument qu'on tire des qualités de Présentateurs, gros Decimateurs & Curés Primitifs, qui n'ont jamais donné de droit à la succession d'un Curé.

Si ces Cures ont été accordées aux Monasteres pour leur subsistance, il suffit que ces Monasteres se soient retenu la meilleure partie des fruits, & qu'ils n'ayent laissé qu'une legere portion de ces fruits à ceux qui desservent les Cures : ils n'ont aucun droit sur cette portion, qui est le seul patrimoine du Curé & des Pauvres, entierement séparé des domaines & des droits qu'ils ont réunis à leur Manse.

On ne répondra point à l'appel qu'ils ont interjetté de la Sentence, en ce qu'elle adjuge mille livres aux Pauvres & à la Fabrique : cet appel ne peut servir qu'à prouver l'excès & l'injustice de leurs prétentions, qui tendent à ravir aux Pauvres cette legere portion d'une succession à laquelle ces Religieux n'ont aucun droit.

Me TARTARIN le j. Avocat.

CHRESTIEN, Proc.

ARREST DE REGLEMENT.

Février 10.

LOUIS par la grace de Dieu Roy de France & de Navarre: Au premier notre Huissier ou autre Sergent sur ce requis, Sçavoir faisons qu'*entre* les Habitans, Corps & Communauté de la Paroisse de Saint-Leger & les Marguilliers de ladite Paroisse, Appellans d'une Sentence des Requêtes du Palais le 8 Aoust 1709, d'une part ; & les Religieux, Prieur & Couvent de l'Abbaye de S. Pierre lès-Selincourt , Intimés d'autre. *Et entre* lesdits Religieux Appellans de ladite Sentence du 8 Aoust 1709, suivant leur Requête du quatorziéme Janvier dernier, en ce que par icelle il avoit été adjugé une somme de mille livres au profit des Pauvres de ladite Paroisse de Saint-Leger, & en consequence que l'appellation & ce dont est appel fût mis au neant, qu'en émandant ils fussent déchargés de ladite condamnation, qu'au résidu ladite Sentence sortiroit effet, & que lesdits Habitans fussent condamnés aux dépens, d'une part ; & lesdits Habitans, Corps & Communauté & Marguilliers de Saint-Leger, Intimés & Défendeurs d'autre. Après que Tartarin Avocat des Habitans de Saint Leger, & Doulcet Avocat des Religieux de Selincourt, ont été ouys pendant trois Audiances, ensemble Joly pour le Procureur General du Roy. NOSTREDITE COUR, en tant que touche l'appel interjetté par les Parties de Doulcet, a mis & met l'appellation au néant, ordonne que ce dont a été appellé sortira effet, condamne les Parties de Doulcet en l'amande de douze livres ; Et sur l'appel interjetté par les Parties de Tartarin, a mis & met l'appellation & ce dont a été appellé au néant, émandant, sans s'arrêter à la demande des Parties de Doulcet, adjuge aux Parties de Tartarin les effets délaissés par Frere Firmin Caron : Ordonne que dès-à-présent il en sera donné la somme de trois cens livres, qui fera distribuée aux Pauvres de la Paroisse de Saint-Leger, suivant le Rôle qui en sera arrêté par les Curé, Marguilliers, & le Procureur d'Office de ladite Paroisse : Et sera le surplus desdits effets distribué à la Fabrique & aux Pauvres de ladite Paroisse, suivant l'avis de l'Evêque d'Amiens, sans préjudice de la somme de cinq cens livres destinée pour bâtir la Chapelle dont il s'agit, si fait n'a été : Condamne les Parties de Doulcet aux dépens, tant des causes principales que d'appel. Si mandons mettre le présent Arrest à exécution : De ce faire donnons pouvoir. Donné en Parlement le quatriéme Février l'An de grace mil 1710, & de notre Regne le soixante-sept. Collationné. *Signé*, LORNE.

ARREST DU CONSEIL D'ESTAT

Privé du Roy, en faveur des Juge-Consuls, contre les Présidiaux.

Extrait des Registres du Conseil d'Etat Privé du Roy.

ENtre Jean Faure Marchand demeurant à Nevers, Demandeur aux fins de la Requête inserée en l'Arrest du Conseil du quinze Juillet 1709, & Exploits faits en consequence les 17 dudit mois de Juillet & 26 Aoust audit an, d'une part ; & les Officiers du Présidial de Saint-Pierre le Moutier, Défendeurs, & Claude Baudrion Procureur au Présidial de Saint-Pierre le Moutier, & Me Etienne Viau de la Garde Conseiller, Procureur de Sa Majesté audit Présidial, aussi Défendeurs d'autre part. Les Prevôt, Juge & Consuls de la Ville de Bourges reçûs Parties intervenantes en l'instance par Ordonnance du Conseil du 14 Octobre 1709, & Demandeurs aux fins de leur Requête d'intervention signifiée le même jour 14 Octobre audit an 1709, & Gaspard Leprestre Huissier Royal audit Siége Présidial de S. Pierre le Moutier, Claude Perjan Huissier Audiancier au Grenier à Sel de Nevers, Henri Guyot & Philippes Guillaume, Gardes-Gabelles audit Grenier à Sel, reçûs Parties intervenantes par Or-

13 Juillet 1711.

donnance du Conseil du 18 Novembre 1709, Demandeurs aux fins de leur Requête d'intervention & Exploit de signification d'icelle du 19 dudit mois. Et entre ledit Faure Demandeur en profit & utilité de défaut par luy levé au Greffe du Conseil le 7 Février 1710, contre Marin & Claude Baudrion, le sieur Viau Procureur du Roy au Présidial de Saint-Pierre le Moutier, & Claude Dubois Huissier, Défendeurs & D. faillans. Et entre led. Gaspard Leprestre Huissier Royal immatriculé au Bailliage & Siège Présidial de Saint Pierre le Moutier, Claude Perjan, Huissier Audiancier au Grenier à Sel de Nevers, Henri Guyot & Philippes Guillaume Gardes-Gabelles au Grenier à Sel dudit Nevers, Demandeurs en Requête verbale inserée au Procès verbal du 30 Août 1710, d'une part, & ledit Faure, ledit Viau, lesdits Officiers & lesdits Prevôt, Juge & Consuls de Bourges, Défendeurs d'autre. Et entre lesdits Leprestre & consorts, Demandeurs en autre Requête verbale inserée au Procès verbal du 16 Septembre audit an 1716, d'une part ; & lesdits Marin, Baudrion, lesdits Officiers de Saint-Pierre le Moutier, les Prevôt, Juge & Consuls de la Ville de Bourges, ledit Viau, Défendeurs d'autre part. Et entre ledit Faure Demandeur aux fins des Lettres par luy obtenues au grand Sceau en assistance de cause le 21 Septembre 1710, & Exploit d'assignation donnée en consequence le 27 dudit mois de Septembre d'une part, & Louis Desprez Ecuyer, Avocat du Roy au Présidial de Saint-Pierre le Moutier, &   Dubois Huissier Audiancier audit Présidial, Défendeurs d'autre. Et entre ledit Faure Demandeur en profit & utilité de défaut par lui levé au Greffe du Conseil le 15 Novembre 1710 contre lesdits Desprez & Dubois, Défendeurs & Défaillans d'autre part. Et entre ledit Viau Demandeur en Requête verbale inserée au Procès verbal du quinze Janvier 1711, d'une part ; & ledit Faure, lesdits Leprestre & consorts, Juge & Consuls de Bourges, ledit Viau, ledit Marin, Baudrion & les Officiers de S. Pierre le Moutier, Défendeurs d'autre. Et entre ledit Viau Demandeur en autre Requête verbale inserée audit Procès verbal d'une part ; & lesdits susnommés Défendeurs d'autre part. Et entre ledit Claude Baudrion Demandeur en Requête verbale inférée au Procès verbal du 22 Juin 1711, d'une part ; & ledit Faure, lesdits Officiers du Présidial de Saint-Pierre le Moutier, lesdits Desprez & consorts, ledit Viau, lesdits Leprestre & consorts, & les Consuls de Bourges Défendeurs d'autre part, sans que les qualités puissent nuire ni préjudicier aux Parties. VEU au Conseil du Roy l'Arrest rendu en icelui ledit jour 15 Juillet 1709 sur la Requête dudit Faure, tendante à ce que pour les causes y contenues il plût à Sa Majesté lui permettre de faire assigner au Conseil ledit Marin Baudrion, les Juges du Présidial de Saint-Pierre le Moutier, Claude Baudrion, le Procureur de Sa Majesté audit Présidial, & Claude Dubois Huissier en ladite Jurisdiction, pour voir dire que sans avoir égard à la Sentence du Présidial de Saint-Pierre le Moutier le 25 Juin 1709, laquelle sera déclarée nulle, & comme telle cassée & révoquée ; que la Sentence des Juge-Consuls de la Ville de Bourges du 18 Mars 1709, sera exécutée selon sa forme & teneur ; que défenses seroient faites d'en empêcher ou surseoir l'exécution, & pour la contravention commise par lesdits Juges, Procureur & Huissier, qu'ils seront solidairement condamnés, ledit Marin, Baudrion à payer audit Faure le contenu en ladite Sentence des Consuls, interêts, frais, mises d'exécution, en tous dommages, interêts & dépens, & en telle amande qu'il plaira à Sa Majesté, & que l'amende payée par l'Huissier sera restituée, à ce faire le Receveur contraint, & cependant faire défenses audit Marin, Baudrion de continuer ses poursuites au Présidial de Saint-Pierre le Moutier, ni ailleurs qu'au Conseil : par lequel Arrest il auroit été ordonné que lesdits Marin & Claude Baudrion, les Officiers de Saint-Pierre le Moutier, le Procureur de Sa Majesté audit Siége, & ledit Dubois seroient assignés au Conseil aux fins de ladite Requête, pour, Parties ouyes, leur être fait droit ainsi qu'il appartiendroit par raison. Commission sur ledit Arrest du même jour. Exploits d'assignations données en conséquence les 27 dudit mois de Juillet 26 Aoust audit an 1709, pour proceder aux fins de ladite Requête. Acte du 2 Octobre 1709, par lequel Me Dupradel Avocat ès Conseils, s'est constitué pour lesdits Officiers sur lad. assignation. Autre acte du 3 dudit mois d'Octobre, par lequel ledit Faure auroit déclaré aufdits Officiers qu'il donneroit sa Requête, à l'effet de faire commettre un Rapporteur en l'Instance. Requête & Ordonnance du Conseil du 7 Octobre 1709, par laquelle le sieur Lescalopier Maistre des Requêtes, a été commis Rapporteur de l'Instance ; au bas est la signification du dix dudit mois. Appointement à l'ordinaire de Reglement de l'Instance, signé dudit sieur Commissaire, suivant son Procès verbal du onze dudit mois d'Octobre, entre ledit Faure & lesdits Officiers du Présidial de Saint-Pierre le Moutier ; au bas desquels Appointement & Procès verbal sont les significations du quatorze dudit mois d'Octobre. Requête présentée au Conseil par lesdits Prevôt, Juge & Consuls de Bourges, tendante à ce que pour les causes y contenues, il plût à Sa Majesté les recevoir Parties intervenantes en l'Instance, leur donner acte de ce que pour moyens d'intervention, écritures & production, ils employoient le contenu en leurdite Requête, & de ce qu'ils adheroient aux conclusions dudit Faure pour la cassation dudit Jugement Présidial ; faire défenses ausdits Officiers de rendre à l'avenir de pareils Jugemens, & les condamner aux dépens ; au bas de laquelle est l'Ordonnance du Conseil du 14 Octobre 1709, portant soit reçû Parties intervenantes, acte de l'emploi, au surplus en jugeant, signifiée le même jour. Autre Requête présentée au Conseil par lesdits Leprestre & consorts, tendante à ce que pour les causes y contenues, faisant droit sur leur intervention, ordonner que les Ordonnances & Reglemens de Sa Majesté sur le fait de la Jurisdiction Consulaire, seront exécutés, & que sans avoir égard au Jugement Présidial du cinq Juin 1709, il sera cassé & annullé, que l'écroue de leurs personnes sera rayé & biffé, que l'amende de vingt-quatre livres dix sols payée par ledit Leprestre, lui sera rendue, à ce faire le Receveur contraint par corps, & que pour la vexation les Officiers dudit Présidial seront condamnés à telle réparation qu'il plaira à Sa Majesté ordonner, en trois mille livres de dommages & interêts, & aux dépens : au bas de ladite Requête est l'Ordonnance du Conseil dudit jour 18 Novembre 1709, portant reçûs Parties intervenantes, acte de l'emploi, au surplus en jugeant ; ladite Requête employée pour écritures & production sur ladite intervention. Défaut levé au Greffe du Conseil par ledit Faure le 7 Février 1710, contre Marin & Claude Baudrion, le sieur Viau Procureur du Roy au Présidial de Saint-Pierre le Moutier, & Claude Dubois Défendeurs & Défaillans; la demande en profit dudit défaut fournie par ledit Faure, tendante à ce qu'il plût à Sa Majesté & à Nosseigneurs de son Conseil, déclarer ledit défaut bien & dûment obtenu, & pour le profit adjuger audit Faure les fins & conclusions de sa Requête, & condamner les Défaillans aux dépens dudit défaut, & de tout ce qui a suivi. Procès verbal dudit sieur Commissaire du 5 May 1710, contenant les comparutions, dires & réquisitions des Avocats des Parties, au bas duquel est l'Ordonnance qui en donne acte, & ordonne que le nom dudit Viau inseré dans les qualités & dans les conclusions, tant de ladite Requête d'avertissement, que dans l'inventaire de production desdits Officiers du Présidial de S. Pierre le Moutier en sera rayé, sauf à faire droit sur la demande dudit Faure en profit de défaut par luy levé contre ledit Viau ainsi qu'il appartiendroit; au bas duquel Procès verbal est la signification du 21 Juin 1710. Autre Procès verbal dudit Commissaire du 30 Aoust audit an, contenant les comparutions, dires, contestations des Avocats des Parties, & à la Requête verbale desdits Leprestre & consorts y inserée, tendante à ce que les conclusions prises par leur Requête, attendu que c'est sous son nom & à sa requisition qu'ils ont été détenus dans les prisons de Saint-Pierre le Moutier, en forme de Chartre privée, sans avoir été écroués; que la Sentence du Présidial de S. Pierre le Moutier du 25 Juin 1709, qui les condamne en l'amende, a été rendue, & que l'écroue a été fait de leurs personnes à la requête dudit Viau, faute de payement de ladite amende, laquelle ils ont ensuite été contraints de payer, sauf son recours contre le sieur Desprez second Avocat du Roy audit Présidial; au bas duquel Procès verbal est l'Ordonnance dudit sieur Commissaire, qui donne acte aux Avocats des Parties de leurs comparutions, dires, requisitions & Requête verbale, déclare commun avec ledit Viau l'appointement de Reglement de l'instance, & sur les fins de la demande en décharge d'assignation dudit Viau inserée audit Procès verbal, ensemble sur celles de ladite Requête verbale, les Parties sont réglées à se communiquer, écrire & produire dans les délais du Reglement du Conseil & joint à l'instance, sauf à disjoindre s'il y échet ; au bas duquel Procès verbal est la signification du dix-sept dudit mois de Septembre 1710. Autre Procès verbal dudit sieur Commissaire du seize dudit mois de Septembre, contenant les comparutions, dires & réquisitions des Avocats des Parties, & la Requête verbale desdits Leprestre & consorts, tendante à ce que les conclusions par eux prises en l'Instance contre les Officiers & Procureur du Roy de Saint-Pierre le Moutier, soient pareillement adjugées contre ledit sieur Baudrion, comme ayant présenté Requête, sur laquelle a été rendue la Sentence du 25 Juin 1709 qui condamne lesdits Leprestre & consorts en l'amende de vingt livres, faute de payement de laquelle ils ont été emprisonnés, & ont été ensuite contraints de payer lad. amende; au bas duquel Procès verbal est l'Ordonnance dudit sieur Commissaire, par laquelle il auroit été donné acte ausdits Avocats de leurs comparutions, dires & réquisitions, & de ladite Requête verbale, & commune avec led. Marin, Baudrion l'appointement de Reglement de l'instance, & sur les fins de ladite Requête verbale regle les Parties à se communiquer, écrire & produire dans les délais du Reglement du Conseil, & joint à l'instance, sauf à disjoindre s'il y échet ; ensuite la signification du 22 dudit mois de Septembre. Lettres du Grand Sceau obtenues par ledit Faure le 21 dudit mois de Septembre audit an 1710, par lesquelles il luy auroit été permis de faire assigner au Conseil ledit Desprez & le nommé Dubois Huissier pour assister en l'instance, & voir déclarer ledit Jugement commun, ce faisant voir ordonner qu'ils seroient tenus de faire cesser le désaveu dudit Viau, sinon & à faute de ce qu'ils seroient condamnés solidairement en tous dépens, dommages & interêts, & proceder en outre comme de raison, le tout sans préjudice de l'instruction, & sans retardation du Jugement de ladite instance. Exploit d'assignation donnée en conséquence desdites Lettres le 27 mois de Septembre ausdits Desprez & Dubois. Acte du 29 Octobre 1710, par lequel ledit Faure s'est présenté comme Demandeur

sur

sur ladite assignation; au bas est l'Enregistrement au Greffe des Présentations du Conseil. Défaut levé au Greffe du Conseil le 15 Novembre 1710 par ledit Faure, contre lesdits Després & Dubois, faute par eux d'avoir comparu à ladite assignation dans les délais de l'Ordonnance. Demande en profit dud. Défaut fournie au Conseil par ledit Faure, tendante à ce qu'il plût à Sa Majesté & à son Conseil, déclarer ledit défaut bien obtenu, & pour le profit l'Arrest qui interviendroit commun avec lesdits Desprez & Viau, ce faisant les condamner de faire cesser le desaveu dudit Viau, sinon & à faute de ce, qu'ils seront condamnés solidairement en tous dépens, dommages & interêts. Copie signifiée du Procès verbal dudit sieur Commissaire du 15 Janvier 1711, contenant les comparutions, dires, réquisitions & contestations des Avocats des Parties, & les Requêtes verbales desdits Viau & Faure ; celle dudit Viau, tendante à ce que, où le Conseil ne jugeroit pas à propos de le décharger purement & simplement de l'assignation à lui donnée à la requête dud. Faure, comme n'ayant aucun interêt dans la contestation, il lui plût subordinement condamner ledit sieur Desprez à acquitter, garantir & indemniser ledit sieur Viau des condamnations qui pourroient être prononcées contre lui, tant en principal que dépens actifs & passifs ; celle dudit Faure tendante à ce qu'en expliquant & augmentant aux conclusions de la Commission par luy obtenue, où ledit Desprez ne feroit cesser ledit desaveu dudit Viau, il plut à sa Majesté le condamner solidairement avec les Officiers dudit Présidial & ledit Baudrion, à payer la somme de cent soixante-neuf livres de principal, interêts, frais, mises d'exécution, dépens, dommages & interêts ; au bas duquel Procès verbal est l'Ordonnance dudit sieur Commissaire, par laquelle il auroit été donné acte ausdits Avocats de leurs comparutions, dires, réquisitions & Requêtes verbales, & reglé les Parties, tant sur les Lettres en assistance de cause, que Requêtes verbales, à se communiquer, écrire & produire, & joint à l'Instance, sauf à disjoindre s'il y échet ; au bas est la signification du 26 Janvier 1711. Autre Procès verbal du sieur Commissaire à ce député, du 22 Juin 1711, contenant les comparutions, dires, réquisitions des Avocats

Y y

des Parties, & la Requête verbale de Claude Baudrion, tendante à ce qu'en procedant au Jugement de l'Instance, déclarer ledit Baudrion avoir été mal assigné en lad. Instance, & en consequence le décharger de l'assignation à lui donnée de la part dudit Faure le 27 Juillet 1709, avec dépens; au bas duquel Procès verbal est l'Ordonnance dudit sieur Commissaire, par laquelle il auroit été donné acte desdites comparutions, dires, réquisitions & Requête verbale, & ordonné que l'appointement de Reglement de l'Instance demeureroit commun avec ledit Baudrion, auquel il seroit tenu de satisfaire dans le tems y porté, & sur les fins de ladite Requête verbale les Parties sont reglées à se communiquer, écrire & produire dans le tems porté par ledit Reglement, & joint à l'instance, sauf à disjoindre s'il y échet; au bas est la signification du 27 dudit mois de Juin. Inventaire sommaire de communication de piéces fait par les Officiers du Présidial de S. Pierre le Moutier, pour satisfaire audit appointement; au bas est la signification du 21 Mars 1710. Autre Inventaire de communication de piéces fait par Marin Baudrion, pour satisfaire à l'appointement; au bas est la signification du 29 Avril 1711. Requête présentée au Conseil par ledit Faure, tendante à ce que pour les causes y contenues, il luy fût donné acte de ce que pour satisfaire à l'appointement signé en l'instance le onze Octobre 1709, ensemble à l'Ordonnance du quatorze dudit mois, & à celle du dix-huit Novembre suivant, il employe pour écritures & avertissement le contenu en ladite Requête, ce faisant, procedant au Jugement de ladite instance, lui adjuger les fins & conclusions de sa Requête inserée en l'Arrest introductif de l'instance du quinze Juillet 1709, & en consequence, sans avoir égard à la Sentence Présidiale du vingt-cinquiéme Juin mil sept cens neuf, qui sera declarée nulle, & comme telle cassée & annullée, ordonner que la Sentence des Juges-Consuls de Bourges sera executée, que défenses seront faites d'en empescher l'execution, & pour la contravention, que lesdits Officiers seront solidairement condamnez à payer au Suppliant le contenu en ladite Sentence des Consuls, interests, frais & mises d'execution, dommages, interests & dépens, que l'amende payée par l'Huissier sera restituée audit Faure, à ce faire le Receveur contraint; au bas de ladite Requeste est l'Ordonnance du Conseil du vingt Novembre 1709, portant ait acte au surplus en jugeant, signifiée le vingt-un dudit mois. Autre Requeste présentée au Conseil par les précedens Conseillers, Procureur & Avocat de Sa Majesté audit Présidial de saint Pierre le Moustier, tendante à ce que pour les causes y contenues, il leur fût donné acte de ce que pour satisfaire audit appointement de Reglement, ils employent ladite Requeste pour avertissement; ce faisant declarer Jean Faure non recevable en sa Requeste inserée en l'Arrest du quinze Juillet 1709, de laquelle il sera debouté, le condamner en l'amende & aux dépens, déclarer pareillement les Juges-Consuls de Bourges, Gaspard Leprestre Hussier Royal au Bailliage & Siege Présidial de saint Pierre le Moustier, Claude Perjan Huissier au Grenier à Sel de Nevers, non recevables en leurs interventions & demandes, dont ils seront deboutez chacun avec amende, & condamnez aux dépens; au bas est l'Ordonnance du Conseil du vingt-six Fevrier, portant acte de l'employ, au surplus en jugeant, signifiée le vingt-un dudit mois. Autre Requeste présentée au Conseil par ledit Viau, & par luy employée pour avertissement, suivant ledit Réglement de l'Instance, & tendante à ce qu'en procedant au Jugement de l'Instance, sans avoir égard à la Requeste verbale desdits Leprestre & consors inserée au Procès verbal du trente Aoust 1710, dont ils seront deboutez, décharger purement & simplement ledit sieur Viau de l'assignation à luy donnée au Conseil le vingt-six Aoust 1709. à la Requeste dudit Faure, comme n'ayant aucun interest dans la contestation, condamner ledit sieur Faure en tous les dépens, & en cas qu'il plût au Conseil l'ordonner autrement, condamner le sieur Desprez second Avocat du Roy au même Siege, à acquiter, garantir & indemniser ledit Viau des adjudications qui pourroient estre prononcées contre luy, & en tous les dépens faits activement & passivement; au bas de laquelle Requeste est l'Ordonnance du Conseil du dix Fevrier 1711, portant acte, au surplus en jugeant, signifiée le même jour. Autre Requeste présentée au Conseil par ledit Marin Baudrion Notaire Royal & Procureur au Bailliage & Siege Préfidial de faint Pierre le Mouſtier, par luy employée pour avertiſſement, & tendante à ce que pour les cauſes y contenues, & en procedant au Jugement de l'Inſtance, déclarer le Demandeur non recevable en ſa demande en caſſation,& autres fins & concluſions inſerées en l'Arreſt introductif de la préſente Inſtance du quinze Juillet 1709, dont il ſera débouté, avec amende & dépens, déclarer pareillement leſdits Juges-Conſuls de Bourges, Lepreſtre & Perjan Huiſſier & Records Intervenans, non recevables en leurs interventions, auſſi avec dépens; & en conſequence faiſant droit en l'Inſtance, renvoyer les Parties au Préſidial de faint Pierre le Mouſtier, pour y proceder tant pour raiſon du billet en queſtion, que pour les dommages & intereſts réſultans de l'empriſonnement de la perſonne dudit Baudrion, à luy réſervez, & condamner ledit Faure & autres Parties intervenantes en ſes dommages & intereſts, pour leſquels il ſe reſtraint à la ſomme de mille livres, & en tous les dépens, au bas eſt l'Ordonnance du Conſeil du 26 Avril 1711, portant acte de l'emploi, au ſurplus en jugeant, ſignifiée le 9 May ſuivant. Autre Requête préſentée au Conſeil par ledit Deſprez, & par luy employée pour avertiſſement ſuivant ledit Reglement de l'inſtance, & tendante à ce qu'ayant égard au déſiſtement ſignifié de la part dudit ſieur Faure audit Deſprez le 16 Aouſt 1709, & à la déclaration faite par ledit Deſprez qu'il n'a aucune part à la Sentence rendue par le Préſidial de Saint-Pierre le Moutier le vingt-cinq Juin 1709, lors de laquelle ledit Deſprez a donné des concluſions verbales pour l'intereſt de la Juriſdiction, & la conſervation des droits du Sceau, en ſa qualité d'Avocat du Roy, & que ledit Deſprez n'a auſſi aucune part à la mainlevée faite de la perſonne de Baudrion, & à l'Exploit d'écroue fait par Dubera Huiſſier des perſonnes de Lepreſtre Huiſſier & ſes aſſiſtans, déclarer ledit Deſprez mal intimé & pris à partie par ledit Faure, le condamner conformement à l'article ſecond de l'Ordonnance de François premier, rendue à l'occaſion des Priſes à Partie de Juges, en cent livres d'amende envers Sa Majeſté, & en pareille ſomme envers ledit Deſprez, & en tous les dépens; au bas de ladite Requête eſt l'Ordonnance du Conseil du 17 May 1711, portant acte de l'emploi, au surplus en jugeant, signifiée le même jour. Piéces produites par les Parties. Billet fait par Baudrion au profit des sieurs Faure freres de la somme de cent soixante-neuf livres, payable au vingt Janvier 1709, valeur reçûe comptant desdits sieurs, du 10 Janvier 1707, au dos duquel Billet est l'ordre dudit Faure de payer le contenu d'icelui à l'ordre dudit sieur de la Fontaine Marchand à Paris, valeur en compte, du 4 Février 1709. Copie signifiée d'un Protêt fait audit Baudrion le 26 dudit mois de Février ; ensuite est la dénonciation audit Faure du 4 Mars suivant. Exploit de dénonciation dudit Protêt, & assignation donnée audit Faure à la requête dudit Fontaine aux Consuls de Bourges le douze dudit mois de Mars. Sentence desdits Consuls de Bourges du dix-huit dudit mois de Mars, qui condamne Faure & par corps à reprendre ledit Billet dudit de la Fontaine, & le rembourser du contenu en icelui, & aux dépens, sans préjudice audit Faure son recours contre ledit Baudrion; ensuite est la signification de ladite Sentence, avec commandement d'y satisfaire, du douze 1709. Itératif commandement d'y satisfaire fait audit Faure le 17 dudit mois d'Avril, contenant exécution de meubles. Exploit de commandement fait à la requête dudit Faure audit Baudrion le 24 Avril 1709, de payer à sa décharge ladite somme de cent soixante-neuf livres, & vingt livres six sols neuf deniers, en quoi icelui Faure étoit condamné par ladite Sentence des Consuls de Bourges. Itératif commandement fait à la requête dudit Faure audit Baudrion de payer lesdites sommes, du 5 Juin 1709. Procès verbal d'emprisonnement dudit Baudrion ès Prisons de Saint Pierre le Moutier le 25 dudit mois de Juin, à la requête dudit Faure. Autre Procès verbal dudit Leprestre du même jour, au sujet de l'écroue dudit Baudrion, que le Greffier des Prisons ne voulut pas souffrir, qu'il n'eût parlé aux Juges de Saint-Pierre le Moutier. Sentence du Présidial de Saint-Pierre le Moutier du 25 Juin 1709, sur la requête dudit Baudrion, par laquelle il est fait défenses audit Faure de se servir de ladite Sentence par luy obtenue aux Consuls de Bourges le 18 Mars 1709 contre ledit Baudrion, & de la mettre à exécution, à peine de nullité & de cent livres d'amende ; & pour par ledit Faure avoir fait emprisonner ledit Baudrion en consequence d'icelle, ils sont condamnés solidairement en vingt livres d'amende, pour le payement de laquelle il est ordonné que ledit Leprestre & ses assistans qui étoient pour lors dans les Prisons, y resteroient, & seroient écroués à la requête du Procureur du Roy, jusqu'au payement d'icelle, & cependant a déclaré l'emprisonnement fait de la personne dudit Baudrion, nul & injurieux, lui fait main-levée de sa personne. Procès verbal de Claude Dubois premier Huissier Audiancier audit Présidial de Saint-Pierre le Moutier, contenant l'élargissement dudit Baudrion en vertu de ladite Sentence ; ledit Procès verbal en datte du même jour 25 Juin 1709. Quittance de la somme de vingt-quatre livres dix sols payée par lesdits Leprestre & Perjan pour ladite amende, dudit jour 25 Juin. Copie signifiée dudit Jugement Présidial audit Faure, à la requête dudit Baudrion, avec assignation audit Présidial pour se voir condamner en la somme de deux cens quarante livres pour ses dommages & interêts, du 26 dudit mois de Juin. Imprimé d'Arrest contradictoire du Conseil d'Etat du 23 Decembre 1668, intervenu entre tous les Officiers des Justices Royales & des Consuls de la Ville de Lyon, portant Réglement général pour la Jurisdiction Consulaire de ladite Ville, par lequel entr'autres choses il est fait défenses aux Officiers de la Sénéchaussée & Siége Présidial de Lyon d'élargir aucuns Prisonniers qui ayent été constitués de l'Ordonnance des Juge-Consuls de Lyon. Copie non signée d'Arrest contradictoire du Conseil du neuf Juin 1710, intervenu entre les Juge-Consuls de la Ville d'Angers, & les Juges Ordinaires, Maire & Echevins de la Ville de Laval, portant défenses d'empêcher l'exécution des Sentences des Consuls directement ni indirectement, ni de prononcer aucune condamnation d'amende contre les Parties, à peine d'en répondre en leurs propres & privés noms, de la dette & des dommages & interêts desdites Parties. Copie non signée d'Arrest du Conseil du douze Septembre 1684, portant renvoi au Parlement de Paris de l'appel d'une Sentence du Présidial de Moulins, comme de Juges incompétans ; & sur la prise à partie y mentionnée. Imprimé d'Arrest du Parlement de Paris du 7 Aoust 1698, contenant Reglement pour les Jurisdictions Consulaires, portant entr'autres choses que l'article 15 du Titre XII. de l'Ordonnance de 1667, sera exécuté selon sa forme & teneur. Imprimé d'Arrest du Parlement de Paris du 14 Février 1708, portant que les Arrests & Reglemens seront exécutés selon leur forme & teneur, fait défenses aux Juge-Consuls d'y contrevenir, & de connoître des causes d'entre Marchands qui ne sont pas demeurans dans l'étendue du Bailliage de Compiegne, où ils sont établis; leur enjoint de se conformer à l'Ordonnance de 1673; pour le renvoy des causes qui ne sont pas de leur compétance. Copie signée Daugy de Sentence des Consuls de Bourges du 8 Juin 1702, entre Louis Dupré Fermier du Duché de Nevers, & Maistre Marin Baudrion, par laquelle ledit Baudrion est condamné par défaut & par corps à payer une somme de quatre cens une livre dix-huit sols six deniers. Autre Sentence desdits Consuls du 22 Juin 1702, qui déboute Baudrion de l'opposition par luy formée au précedent écroue d'emprisonnement dudit Baudrion le 23 Octobre 1702, portant condamnation d'une somme de six cens livres; au dos est copie d'une autre Sentence des Consuls du douze Juillet 1703, qui reçoit Baudrion opposant à celle ci-dessus; ensuite est copie d'une autre Sentence desdits Consuls du trois Septembre 1703, qui ordonne l'exécution de celle du vingt-trois Octobre 1702. Copie non signée de Déclaration du Roy du 28 Janvier 1682, portant abrogation de la condamnation d'amende pour le transport de Jurisdiction. Autre copie non signée d'Arrest du Conseil d'Etat du 6 Avril 1709, faisant défenses aux Officiers du Parlement de Besançon de recevoir aucunes appellations des Consuls de lad. Ville qui seront par eux rendues au nombre de trois, & dans les Causes de cinq cens livres & au-dessous, à peine de nullité. Extrait délivré audit Viau par le Greffier du Présidial de Saint-Pierre le Moutier, du nombre des Juges qui assisterent à l'Audiance le 25 Juin 1709, du 30 Aoust 1710. Copie collationnée de Lettres de Provision données audit Baudrion pour l'Office de Procureur postulant audit Bailliage & Présidial de Saint Pierre le Moutier, du 23 Juillet 1676. Autre Provision en papier de l'Office de Notaire accordées audit Baudrion par les Maire perpetuel, Echevins & Procureur du Roy dudit Saint Pierre le Moutier du 8 Février 1678; le refus des Maire & Echevins de ladite Ville, comme ledit Baudrion n'est pas Marchand & ne fait aucun commerce, du 7 Novembre 1709. Lettre missive écrite par Baudrion audit Faure le 6 Février 1701. Memoires des marchandises fournies en consequence de ladite Lettre; au bas est un arrêté de la Damoiselle Baudrion du 8 Février 1701, dont les signatures sont barrées. Sentence du Présidial de Saint-Pierre le Moutier du 31 Juillet 1703, qui condamne Baudrion à payer à Faure le contenu audit arrêté. Certificat du Greffier de la Chambre dudit Présidial du 4 Septembre 1708, portant qu'il a été expédié une Commission au sieur Faure ledit jour. Autre Certificat du Commis au Contrôle des Actes de Notaires dudit jour quatre Septembre, portant qu'il a contrôlé un Billet du 20 Janvier 1707, signé *Baudrion*, de cent soixante-neuf livres le 4 Septembre 1708. Autre Certificat du Contrôleur des Exploits, du même jour. Copie non signée d'Arrest du Conseil d'Etat du 18 Novembre 1666, rendu entre les Officiers de la Senéchaussée de Moulins, servant de Reglement pour l'incompatibilité de la Charge d'Avocat du Roy avec celle de Receveur des Consignations. Inventaire de productions desdites piéces. Ecritures & productions des Parties. Contredits fournis par ledit Desprez & consorts contre la production des Officiers dudit Présidial de Saint Pierre le Moutier; au bas est la signification du 21 Juin 1710. Requête présentée au Conseil par le Prevôt, Juge & Consuls de Bourges, & par eux employée pour contredits contre la production desd. Officiers; au bas de laquelle Requête est l'Ordonnance du Conseil du 30 Juin 1710, portant acte, au surplus en jugeant, signifiée le premier Juillet suivant. Autre Requête présentée au Conseil par lesdits Juge & Consuls de Bourges, contenant production nouvelle d'une Sentence du 8 Avril 1710, aux inductions qui en sont tirées par ladite Requête; au bas de laquelle est l'Ordonnance du Conseil du 7 Juillet audit an 1710, portant réception de ladite piéce en donnant copie d'icelle, & au surplus en jugeant: ensuite est l'acte de baillé copie de ladite piéce, & la signification

du

du 7 dudit mois de Juillet. Requête présentée au Conseil par ledit Faure, & par luy employée pour satisfaire aux Ordonnances des 30 Aoust & 7 Septembre 1710; au bas est l'Ordonnance du Conseil, portant acte de l'emploi, au surplus en jugeant, du 6 Decembre 1710, signifiée le 9 dudit mois. Autre Requête présentée au Conseil par lesdits Desprez & consorts, & par eux employée pour satisfaire aux Reglemens des 30 Aoust & 16 Septembre 1710; au bas est l'Ordonnance du Conseil du dix Decembre 1710, portant acte dudit emploi, signifiée le même jour. Requête & Ordonnance du Conseil du 9 Mars 1711, par laquelle le sieur de Fremont Conseiller du Roy en ses Conseils, Maître des Requêtes ordinaire de son Hôtel, est subrogé Rapporteur de l'instance au lieu & place du sieur Lescalopier Maître des Requêtes; au bas est la signification du seize Mars 1711. Autre Requête présentée au Conseil par les Officiers dudit Présidial de Saint-Pierre le Moutier, & par eux employée pour contredits contre la production de Faure, & contre celles desdits Leprestre & consorts, & des Juge-Consuls de Bourges; au bas est l'Ordonnance du Conseil, portant acte dudit employ, au surplus en jugeant du 25 Octobre 1710, signifiée le 23 Avril 1711. Requête & Ordonnance du Conseil du 27 Avril 1711, portant que le sieur Rapporteur de l'Instance communiquera d'icelle aux sieurs de Marillac, Chauvelin, Amelot, de Harlay, de Nointel, Rouillé du Coudray & Foucault Conseillers d'Etat, pour à leur Rapport conjointement au Conseil, être fait droit aux Parties; au bas est la signification du 28 Avril 1711. Requête présentée au Conseil par les Juge-Consuls de Bourges, contenant production nouvelle des piéces y énoncées & datées; au bas de laquelle Requête est l'Ordonnance du Conseil du treize Juin 1711, portant seront les piéces reçûes & communiquées, au surplus en jugeant; ensuite est l'acte de baillé copie desdites pieces, & la signification du quinze Juin 1711. Imprimé de Factum pour les Consuls de Bourges, signifié le deux Juillet 1711. Autre imprimé de Factum pour Jean Faure, signifié le même jour. Autre Factum imprimé pour Gaspard Leprestre & consorts, au bas duquel est la signification du 3 dudit mois de Juillet 1711. Autre Factum imprimé pour Louis

Zz

Desprez, signifié le 6 du même mois. Requête présentée au Conseil par Marin Baudrion, contenant production nouvelle des pièces y énoncées & dattées, aux inductions qui en sont tirées par ladite Requête, au bas de laquelle est l'Ordonnance du Conseil du 6 Juillet 1711, portant soient les pièces reçûes & communiquées sans retardation, ensuite est l'acte de baillé copie desdites pieces, & la signification du 8 dudit mois de Juillet audit an 1711. Autre Requête présentée au Conseil par ledit Faure, contenant production nouvelle d'un Exploit du trois Juillet 1711, aux inductions qui en sont tirées par ladite Requête, au bas de laquelle est l'Ordonnance du Conseil, portant réception de ladite piéce en donnant copie d'icelle, du septiéme dudit mois de Juillet, ensuite est l'acte de baillé copie, & la signification du huit dudit mois. Autre présentée au Conseil par ledit Faure, & par lui employée pour contredits contre la production nouvelle de Baudrion du 6 Juillet 1711, au bas de laquelle Requête est l'Ordonnance du Conseil, portant acte de l'emploi, & la signification du neuf dudit mois de Juillet. Dire des Officiers dudit Présidial de Saint-Pierre le Moutier, employé pour défenses & contredits contre la Requête de production nouvelle, du huit dudit mois de Juillet; au bas est la signification du neuf du même mois. Autre Requête présentée au Conseil par les Officiers du Bailliage & Siége Présidial de Saint-Pierre le Moutier, contenant production nouvelle des piéces y énoncées & dattées, aux inductions qui en sont tirées par ladite Requête, au bas de laquelle est l'Ordonnance du Conseil du 9 Juillet 1711, portant réception desdites piéces en donnant copie d'icelles; ensuite est l'acte de baillé copie desdites piéces, & la signification du même jour. Dire dudit Desprez du dix dudit mois. Autre dire dudit Viau, servant de réponses à la Requête du dix-sept Juin; au bas est la signification du même jour dix Juillet. Autre dire dudit Faure, employé pour salvations aux contredits du neuf Juillet, & pour contredits contre la production nouvelle, aussi du même jour; au bas est la signification dudit jour dix Juillet. Réponses servant de contredits & salvations fournies par Jean Faure, au bas desquelles est la signification du treize dudit mois de Juillet. Certificat du Greffier Garde-Sacs des Productions du Conseil de ce jourd'huy, portant que de la part dudit Baudrion il n'a été produit aucunes piéces: Et généralement tout ce qui a été dit, mis, écrit & produit par les autres Parties pardevers ledit Sieur de Fremont d'Auneuil Maistre des Requêtes, Commissaire à ce deputé: Ouy son Rapport, après en avoir communiqué au Bureau dudit sieur de Marillac, Conseiller d'Etat ordinaire, aussi Commissaire à ce député; Et tout consideré. LE ROY EN SON CONSEIL faisant droit sur le tout, ayant égard à l'intervention des Juge-Consuls de Bourges, a ordonné & ordonne que les Arrests & Réglemens pour les Jurisdictions Consulaires, seront exécutés selon leur forme & teneur, fait défenses aux Officiers du Présidial de Saint-Pierre le Moutier, Baudrion & tous autres d'y contrevenir, sous les peines portées par les Ordonnances. Et sans avoir égard aux Requêtes des Officiers dudit Présidial, de Baudrion & du sieur Desprez Avocat du Roy, a cassé & annullé la Sentence rendue par lesdits Officiers le 25 Juin 1709; condamne lesd. Officiers & le sieur Desprez conjointement à réintégrer dans un mois Marin Baudrion dans les prisons de Saint-Pierre le Moutier à compter du jour de la signification du présent Arrest à leur Greffe, sinon & à faute de ce faire, Sa Majesté les a condamnés & condamne en leur propre & privé nom, à payer audit Fauro la somme de cent soixante-neuf livres contenuë au Billet à ordre dudit Baudrion, du 20 Janvier 1707, interêts & dépens adjugés par la Sentence des Consuls de Bourges du 18 Mars 1709, & les frais faits en consequence, sauf leur recours contre ledit Baudrion ainsi qu'ils aviseront bon être. Et ayant égard à l'intervention de Leprestre Huissier & ses assistans, Sa Majesté a déclaré l'emprisonnement de leurs personnes injurieux, tortionnaire & déraisonnable, ordonne que l'écroue sera rayé & biffé, que l'amende, le sol pour livre & droit de quittance payés par Leprestre, lui seront rendus & restitués, à ce faire les Receveurs, ses Commis ou Préposés contraints par corps, quoi faisant déchargés; condamne lesdits Officiers du Présidial en vingt livres de dommages & interêts envers lesdits Leprestre & ses assistans. Et faisant droit sur la

Requête verbale du sieur Viau, Sa Majesté l'a déchargé de l'assignation à lui donnée au Conseil; condamne Faure aux dépens envers le sieur Viau: Et sur la demande du sieur Viau contre le sieur Desprez, ensemble sur celle du sieur Desprez contre le sieur Viau, a mis & met les Parties hors de Cour. Et faisant droit sur la demande en dénonciation de Faure contre le sieur Desprez, condamne ledit sieur Desprez à acquitter ledit Faure de la condamnation de dépens prononcée contre lui au profit dudit Viau, & aux dépens faits par Faure contre le sieur Viau, ensemble en ceux de la dénonciation: Décharge Claude Baudrion le j. de l'assignation à lui donnée à la requête de Faure: Déclare le défaut levé au Greffe du Conseil contre Dubois Huissier bien & dûment obtenu, & néanmoins sur la demande contre lui formée, a mis les Parties hors de Cour, dépens compensés entre lesdits Faure, Baudrion le j. & Dubois: Condamne lesdits Officiers & Marin Baudrion en tous les dépens envers ledit Faure, même en ceux compensés ci-dessus entre Baudrion le j. Dubois & Faure: Condamne pareillement lesdits Officiers aux dépens envers les Consuls de Bourges, Leprestre Huissier & ses assistans. Fait au Conseil d'Etat Privé du Roy tenu à Versailles le treize Juillet mil sept cens onze. Collationné. *Signé*, MIOTTE, avec paraphe.

Le onze Decembre 1711 signifié à Me. Dupradel Avocat des Parties adverses, en son domicile à Paris, parlant à son Clerc, par Nous Huissier ordinaire du Roy en ses Conseils. Signé, DE SEIGNEROLLE.

LOUIS par la grace de Dieu Roy de France & de Navarre: Au premier notre Huissier ou Sergent sur ce requis, Nous te mandons & commandons que l'Arrest dont l'extrait est ci-attaché sous le contre-Scel de notre Chancellerie, ce jourd'huy rendu en notre Conseil d'Etat Privé, entre notre bien amé Jean Faure Marchand demeurant à Nevers, Demandeur d'une part; & les Officiers du Présidial de Saint-Pierre le Moutier, Défendeurs: les Prevôt, Juge & Consuls de la Ville de Bourges, intervenans; & Gaspard Leprestre Huissier Royal audit Siége de Saint-Pierre le Moutier, Claude

Perjan Huissier au Grenier à Sel de Nevers, Henri Guyot &
Philippes Guillaume Gardes des Gabelles, aussi intervenans
& Demandeurs, & Marin Baudrion. Tu signifies ausdits dénommés à ce qu'ils n'en ignorent, avent à y obéir & satisfaire
selon sa forme & teneur, & signifies de par Nous les défenses
y contenues, sous les peines y portées, & poursuivre entiere
exécution à la requête desdits Leprestre, Perjan, Guyot &
Guillaume, & tous autres significations, sommations, commandemens, contraintes y portées, & actes de Justice requis
& nécessaires. De ce faire te donnons pouvoir, sans demander
autre permission ni Paréatis : Car tel est notre plaisir. Donné
à Versailles le treize Juillet l'an de grace mil sept cens onze,
& de notre Regne le soixante-neuf. Par le Roy en son Conseil,
Signé, MIOTTE. Scellé le onze Decembre 1711.

*Aujourd'huy Jeudy douze Mars 1712, judiciairement l'Audiance
tenant, l'Arrest du Conseil d'Etat ci-dessus du treize Juillet 1711 a été
lû & publié par notre Greffier; de laquelle lecture & publication Nous
avons octroyé acte, & ordonné qu'il sera registré en notre Greffe, pour
y avoir recours. Fait & donné par Nous François Sapiens Prevôt, Remy
Chambon premier Consul, & Jacques Bonnet le j. second Consul, lesd.
jour & an. Signé, SAPIENS, CHAMBON, BONNET.
Et* DESSERRAND; *Greffier.*

ARREST DE LA COUR DE PARLEMENT
de Paris, qui juge qu'un Marchand qui est Porteur d'un Billet négociable, n'est pas tenu ni obligé de déclarer de qui il le tient.

ENtre François Thimoleon de Beaufort la Roche de Canillac, sieur de la Vort, Demandeur aux fins d'une Requête par lui présentée à la Cour le 23 Juillet 1716, tendante
à ce qu'il lui plût d'ordonner qu'avant faire droit sur l'appel
par lui interjetté de la Sentence rendue entre les Parties par
les Juge & Consuls de Clermont le dixiéme Janvier 1715, il

10 Decembre
1717.

fût ordonné que dans le jour le Défendeur ci-après nommé seroit tenu de déclarer le nom, la qualité & le domicile de celui de qui il tenoit le Billet dudit sieur de Beaufort de la Roche-Canillac du sixiéme May 1712, qui faisoit la matiere de la contestation, sinon & à faute de ce faire dans ledit tems, & icelui passé, que ledit Billet seroit déclaré nul, & en consequence que l'appel interjetté par ledit sieur de la Roche-Canillac de la Sentence rendue par lesdits Juge-Consuls de Clermont ledit jour dixiéme Decembre 1715, & ce dont avoit été appellé seroit mis au néant, émandant, qu'il seroit déchargé des condamnations contre lui prononcées par lad. Sentence, & que le Défendeur ci-après nommé seroit condamné aux dépens tant de causes principale que d'appel, même en ceux réservés par l'Arrest de la Cour du 22 Février 1716, d'une part; & Jean Cortigier l'aîné Marchand demeurant en la Ville de Clermont en Auvergne, Défendeur d'autre. Et entre ledit Cortigier Demandeur aux fins d'une Requête par lui présentée à la Cour le 19 Aoust 1716, tendante à ce qu'il lui plût le recevoir opposant à l'exécution de l'Arrest par défaut surpris par ledit sieur de Beaufort la Roche-Canillac le sixiéme dudit mois, faisant droit sur son opposition, déclarer la procedure nulle au principal, ordonner que les Parties viendront au premier jour plaider, & en cas de contestation, que ledit sieur de la Roche-Canillac seroit condamné aux dépens, d'une part; & ledit sieur de la Roche-Canillac Défendeur d'autre. Après que Gaubert Avocat de Beaufort, & Goguet Avocat de Cortigier ont été ouis. LA COUR a reçû & reçoit la Partie de Goguet opposante à l'exécution de l'Arrest par défaut, & au principal déboute la Partie de Gaubert de sa Requête, & l'a condamné aux dépens. Fait en Parlement le dix Decembre 1717. *Signé*, GILBERT. Collationné, *signé*, CHAPOTIN.

Le quinze Decembre 1717, signifié copie à Me. de Saint-Etienne. Et signé, *PORCHON.*

Collationné sur l'Expédition originale par Nous Conseiller-Secretaire du Roy, Maison, Couronne de France, Contrôleur en la Chancellerie établie près la Cour des Aydes de Clermont-Ferrand.

CORTIGIER.

EXTRAIT DES REGISTRES
du Conseil d'Etat.

SUR ce qui a été représenté au Roy en son Conseil, que par le Tarif de 1664 la Perelle à teinture a été imposée à huit sols du cent pesant pour les droits d'Entrée, & que par le même Tarif les droits d'Entrée de l'Orseille aprêtée ont été fixés à trois livres du quintal; que la différence de ces droits sur deux marchandises à peu près de même espece, donne lieu à des contestations fréquentes entre les Commis des Fermes des Bureaux de Gannat & Vichy, & les Marchands & Voituriers de la Province d'Auvergne, d'où il en entre considerablement dans les Provinces des cinq grosses Fermes, les Commis qualifiant Orseille aprêtée ce que les Marchands soutiennent être de la Perelle à teinture : A quoi Sa Majesté voulant pourvoir; Vû l'Avis du sieur Boucher Intendant en Auvergne, contenant que l'Orseille vient d'Hollande, & est faite avec une espece d'herbe qu'on nomme Mousse du Levant ou Orseille, qui croît dans les Isles de Canaries, qu'il n'en croît point en Auvergne, ni dans aucuns endroits du Royaume; Que la drogue qui s'acquitte aux Bureaux de Gannat & Vichy sous le nom d'Orseille, est faite avec une terre pierreuse que les pauvres gens grattent sur les rochers d'Auvergne, que cette terre est appellée Perelle à teinture ou Orseille, mais que ce dernier nom luy est donné improprement, & ne luy convient point, qu'on ne peut jamais la regarder comme Orseille aprêtée, & que c'est mal-à-propos que les Commis des Bureaux de Gannat & Vichy font payer trois livres par quintal sur cette drogue, qui ne doit que huit sols suivant le Tarif de 1664. Ouy le Rapport. LE ROY EN SON CONSEIL a ordonné & ordonne qu'il ne sera payé à l'avenir aux Bureaux de Gannat & Vichy que huit sols du cent pesant sur la Perelle à teinture, dite communément Orseille, venant communément de la Province d'Auvergne, conformément au Tarif de 1664 : Fait Sa Majesté défenses à Paul Manis Adjudicataire Général de

1 Février 1718.

ses Fermes de percevoir autres ni plus grands droits. Fait au Conseil d'Etat du Roy tenu à Paris le premier jour de Février 1718. Collationné. Et signé, GOUJON.

Le quatorze May 1718, à la requête des sieurs Jean & Pierre Chassaigne Marchands à Clermont en Auvergne, qui ont élû domicile à Paris chez le sieur Louis Chassaigne Marchand fils rue Cossonnerie, le present Arrest du Conseil a été signifié, & d'iceluy laissé copie aux fins y contenus, & réiteré les défenses y portées au sieur Paul Manis, Adjudicataire des Fermes Generales de Sa Majesté, en son Bureau à Paris rue de Grenelle St Honoré, à l'Hôtel des Fermes, parlant au Suisse dudit Hôtel, à ce qu'il n'en ignore, par Nous Huissier ordinaire du Roy en ses Conseils. Et signé, DE SEIGNEROLLE.

Collationné sur l'Expédition originale des Présentes, par Nous Conseiller Secretaire du Roy, Maison, Couronne de France, Contrôleur en la Chancellerie établie près la Cour des Aydes de Clermont-Ferrand, par Commission de Monseigneur le Garde des Sceaux de France, CORTIGIER.

REGLEMENT *fait par Nous François Thevin, Conseiller en ses Conseils d'Etat & Privé, Maistre des Requêtes ordinaire de son Hôtel, Intendant de la Justice, Police & Finance en ses Pays & Duchés d'Auvergne & Bourbonnois, lès 5 May & 12 Juin 1718, sur le fait des rangs & séances qui seront gardés & observés à la tenue des Assemblées générales & particulieres en la Maison de Ville de Clermont, & aux Processions générales d'icelle.*

PRemierement les Echevins présideront en ladite Assemblée.

Et quand les Elections se trouveront faites de quelqu'un des
Officiers

Officiers & Juges Magistrats au Siége Présidial, & qu'il y aura concurrence d'autres Officiers, ou des Bourgeois pareillement élûs, les Officiers du Siége Présidial auront les places de premier ou second Echevins, selon leur ordre.

Et en cas de concurrence entre les autres Officiers & Bourgeois anciens de la Ville, ayant eu rang & Charge en la Maison de Ville, les premiers & anciens Officiers des Compagnies & de la Communauté des Avocats seront préferés aux anciens Bourgeois pour les rangs des premier & second Echevins.

Et quant à ceux qui n'auront passé trente-cinq ans, & servi dix ans en leurs Offices & èsdites Communautés, les anciens & honorables Bourgeois ayant exercé & tenu des Charges en ladite Ville à plusieurs & diverses fois, pourront être préferés à cause de leurs services, âge & leur grande experience, sans préjudice de toutes autres choses des droits & prescéances desd. Officiers & Avocats, Bourgeois & autres personnes.

Au banc du côté droit seront assis en la forme accoutumée Messieurs le Président Présidial & Lieutenant Général, les trois Echevins antiques, Messieurs du Siége Présidial, & apèrs eux Messieurs les Président & Officiers de l'Election, les Avocats & Procureurs dudit Siége & autres, ausquels sera loisible, s'ils le veulent, de prendre place du côté des Bourgeois, selon leur rang & regle entr'eux.

Au siége du côté gauche seront assis les Maîtres des Eaux & Forêts, les Juges des Marchands, les Bourgeois de ladite Ville anciens, selon l'antiquité & le tems de leur réception aux Charges qu'ils ont eues en ladite Maison de Ville. Et au jour que les Auditeurs prendront places, ils se mettront du même côté au-dessus des dessusdits, pour ledit jour seulement.

E's Processions & Cérémonies publiques, Messieurs dudit Siége marcheront en Corps les premiers à côté droit, après eux le Maître des Eaux & Forêts, & les Président & Officiers de l'Election, les autres Officiers de Finance, & les Avocats & Procureurs.

Et du côté gauche Messieurs les Echevins & antiques, les Juges des Marchands & Consuls, les Capitaines de la Ville, les Juges de Police, & les anciens Bourgeois, chacun selon l'antiquité & le temps de leur réception ès Charges de ladite Ville, où prendront rang & place, si bon leur semble, les Avocats & Procureurs qui auront tenu lesdites Charges.

Ce que Nous ordonnons être desormais gardé & observé en ladite Maison de Ville & Processions, nonobstant oppositions & appellations quelconques faites ou à faire, & sans préjudice d'icelles, ni des rangs, droits & qualités de toutes les Parties en autres lieux & endroits. Donné à Clermont le cinquiéme jour de May 1618, sous notre seing & Scel de nos Armes. *Et signé*, F. THEVIN. *Et plus bas*, Par commandement de mondit Sieur, M. PIAU.

SUr la contestation formée au Conseil de la Ville de Clermont le huitiéme jour de Juin dernier, & députation vers Nous de M. Bournet premier Echevin, & de Mondory Président de l'Election, pour expliquer quelques points sur le présent Réglement, iceux ouis, Disons que les désignés par le service de dix ans & trente-cinq ans d'âge, s'entendent des Officiers du corps de ladite Election, jusqu'aux Avocats & Procureur du Roy, & non plus; & les Contrôleurs & Receveurs généraux résidans audit Clermont, mais non pas de tous autres, quoiqu'ils ayent Lettres, lesquels seront réglés pour ce qui est des Charges de la Maison de Ville, selon leurs antiquités & Charges qu'il y auront tenues, sans préjudice de leurs droits & prescéances en autres lieux. Le Président en l'Election ne sera compris en la regle desdites dix années d'exercice. Les Avocats qui seront preférés à cause du grand nombre, seront les quatre plus anciens; les autres en concurrence d'âge & des Charges qu'ils auront tenues en la Ville, seront preférés, sauf leurs droits de prescéance en autres lieux s'il y échet.

Les anciens Bourgeois & honnorables seront estimés ceux qui ont passé par les Charges d'Echevins, Juge des Marchands, Capitaine de la Ville, Auditeur de Compte, ou été par plusieurs & diverses fois employés aux autres Charges de ladite Ville, & ayant âge & experience convenable : Et sera le Reglement observé. Fait à Molins le douziéme jour de Juin 1618. *Signé*, F. THEVIN.

371

ARREST DU CONSEIL PRIVE' DU ROY,

donné entre Messieurs les Président & Elûs de l'Election de Clermont, & Messieurs les Juge & Consuls des Marchands dudit Clermont ; sur l'observance des séances & rangs que doivent tenir lesdits sieurs Elûs, & lesdits sieurs Juge & Consuls des Marchands, confirmatif du Reglement fait par ledit sieur Thevin.

Entre les Président, Lieutenant, Elûs, Contrôleur, Avocat & Procureur du Roy en l'Election de Clermont au bas Auvergne, Demandeurs en Lettres du dixiéme jour de Marz, d'une part ; & Barthelemy Bourlin, Antoine Antoine & Nicolas Grollier Marchands Bourgeois, Juge-Consuls de la Jurisdiction Consulaire de ladite Ville de Clermont, Défendeurs d'autre. VEU par le Roy en son Conseil lesdites Lettres dudit jour dixiéme Mars, à fin d'assigner lesdiss Défendeurs audit Conseil, pour voir dire que lesdits Demandeurs les précederont & prendront place, rang & scéance ès Processions, Assemblées publiques & ailleurs, avant eux & immediatement si bon leur semble, après les Echevins de ladite Ville de Clermont. Assignation ausdits Défendeurs à la requête desdits Demandeurs, aux fins desdites Lettres, du quatriéme Avril audit. an. Copie collationnée de Requête présentée par lesdits Echevins de ladite Ville pour les rangs & prescéances, au Sieur Thevin Conseiller du Roy en ses Conseil, Maître des Requêtes ordinaires de son Hôtel, & lors Intendant de la Justice, Finance & Police audit Pays d'Auvergne, au bas de laquelle est l'Ordonnance d'icelui, que les rangs & scéances y mentionnées seront reglés par le Conseil de ladite Ville, lequel en ordonnera en tout cas par provision, & sur les appellations se pourvoiront pardevant le Sénéchal, & puis au Parlement de Paris, du deuxiéme jour de Juin 1618. Copie collationnée de Reglement fait par ledit sieur Thevin le cinquiéme May audit an, par lequel, article

23 Novembre 1629.

A aa ij

six, eſt dit qu'ès Cérémonies publiques & Proceſſions, ceux du Siege Préſidial marcheront en corps au côté droit, après eux le Maître des Eaux & Forêts, & les Préſident & Officiers de l'Election, les autres Officiers de Finance, & les Avocats & Procureurs; Et en l'article ſept eſt dit: & à côté gauche marcheront les Echevins, les Antiques, les Juges des Marchands & Conſuls, les Capitaines de la Ville, les Juges de Police. Copie auſſi collationnée d'Acte d'Aſſemblée générale de ladite Ville, faite par les Echevins d'icelle étant lors en Charge, publié à ſon de trompe & cri public, à laquelle ont aſſiſté des Habitans de ladite Ville en grand nombre, où avant que d'expoſer aucune choſe des points réſultans d'icelle, ledit Reglement dudit ſieur Thevin a été lû & enregiſtré au Greffe par délibération de lad. Aſſemblée du ſixiéme dudit mois de May audit an. Copie imprimée d'Arreſt du Conſeil du neuviéme Avril 1619, par lequel eſt ordonné qu'en toutes Aſſemblées publiques & particulieres, les Préſident, Elûs & Receveurs de l'Election de Chartres précederont les Avocats du Bailliage & Siége Préſidial de ladite Ville en rang & ſcéance. Copie imprimée de deux Arreſts, l'un du Privé Conſeil du vingt-neuviéme May 1626, ſur la Requête des Préſident, Elûs, Contrôleurs, Conſeillers en l'Election de Blois, Grennetiers, Contrôleurs & Lieutenant, Conſeillers au Grenier & Magazin à Sel de ladite Ville, par lequel ladite Requête eſt renvoyée au grand Conſeil, pour être pourvû ſur icelle ainſi que de raiſon: l'autre Arreſt dudit Grand Conſeil du premier Septembre audit an, entre leſdits Préſident & Elûs en ladite Election de Blois, Grennetiers, Contrôleurs & Lieutenant, Conſeillers au Grenier à Sel dudit lieu, Demandeurs; & M. Laiſné Lieutenant-Aſſeſſeur audit Bailliage & Siége Préſidial de Blois, Défendeur; par lequel entr'autres choſes eſt ordonné que les Officiers de ladite Election marcheront à la main fenextre des Officiers Préſidiaux, à côté du plus ancien Conſeiller, avec le Préſidial. Copie imprimée d'autre Arreſt du Conſeil d'Etat du vingt-quatriéme Juillet 1627, par lequel eſt fait mention de l'Edit du mois de Juin audit an, donnant rang & ſcéance en toutes Aſſemblées aux Elûs immédiatement après les Juges

Présidiaux. Arrest du Conseil Privé du vingt-sixiéme Février dernier, par lequel est ordonné que lesdits Demandeurs, & Défendeurs ajoûteront à leurs productions tout ce que bon leur semblera dans trois jours, pour, au rapport du Commissaire à ce député, leur être fait droit ainsi que de raison, sommation, forclusion & signification de Requête, ledit Arrest signifié ausdits Défendeurs le lendemain dix-septiéme desdits mois & an. Acte du vingtiéme ensuivant d'emploi par lesdits Demandeurs de ce qu'ils avoient auparavant écrit & produit en l'Instance, & sommation ausdits Défendeurs de satisfaire audit Arrest, autrement protestation d'acquerir les forclusions; lesdites forclusions acquises par lesdits Demandeurs contre lesdits Défendeurs, du vingt-uniéme desdits mois & an. Appointement pris entre les Parties le vingt-sixiéme May 1628, leurs écritures & productions, & tout ce que par elles a été mis, écrit & produit pardevers le Commissaire à ce député: Ouy son Rapport & tout consideré. LE ROY EN SON CONSEIL a ordonné & ordonne que le Reglement fait par le sieur Thevin, Conseiller en son Conseil, & Maître des Requêtes de son Hôtel le cinquiéme May 1628, pour les rangs en ladite Ville de Clermont, sera observé & exécuté selon sa forme & teneur: a fait & fait défenses aux Parties d'y contrevenir. Fait au Conseil du Roy tenu à Paris le vingt-troisiéme Novembre mil six cens vingt-neuf. *Et signé*, LE TENNEUR.

Louis.

LOUIS par la grace de Dieu Roy de France & de Navarre: Au premier des Huissiers de notre Conseil, ou autre notre Huissier ou Sergent sur ce requis. Nous te mandons & commandons que l'Arrest ci-attaché, ce jourd'huy donné en notre Conseil entre les Président, Lieutenant, Elûs, Contrôleurs, nos Avocat & Procureur en l'Election de Clermont au bas Auvergne, Demandeurs d'une part; & Barthelemi Bourlin, Antoine Antoine & Nicolas Grollier Marchands Bourgeois Juge-Consuls de la Jurisdiction Consulaire de notredite Ville de Clermont, Défendeurs d'autre: Tu signifie ausdits Président, Lieutenant, Conseillers & Elûs de Clermont, à ce qu'ils n'en prétendent cause d'ignorance,

& leur fait défenses d'y contrevenir. De ce faire à la requête desdits Juge-Consuls te donnons pouvoir, & de faire pour l'entiere exécution de notredit Arrest tous Exploits de commandemens, assignations & contraintes requis & nécessaires, sans demander Visa ne Paréatis: Car tel est notre plaisir. Donné à Paris le vingt-troisiéme jour de Novembre l'an de grace 1629, & de notre Regne le vingtiéme. Par le Roy en son Conseil, LE TENNEUR.

Par Arrest du Conseil d'Etat du Roy, portant Reglement entre les Officiers de la Senéchaussée & Siége Présidial de Clermont, & les Maire & Echevins & Procureur du Roy en l'Hôtel-de-Ville de Clermont, donné à Marly le 12 Aoust 1698, le Roy a ordonné que le Réglement du sieur Thevin sera exécuté.

ARREST contradictoire du Conseil Privé du Roy, entre les Marchands de la Ville d'Aurillac, Demandeurs, contre Jacques & Claude Jourdan & autres Marchands Forains: Portant itératives défenses ausdits Défendeurs & à tous autres Marchands Forains de vendre & étaller audit Aurillac aucunes Marchandises, ou les faire vendre par personnes interposées, & de tenir Boutiques, Chambres ou Magazins hors les jours de Foire, le précedent & suivant, à peine de confiscation & de quinze cens livres d'amende.

Extrait des Registres du Conseil Privé du Roy.

9 Novembre 57.

ENtre les Marchands de la Ville d'Aurillac, Demandeurs en exécution de l'Arrest du Conseil du 17 Juillet 1655, suivant les Exploits d'assignation des dix-huit Decembre audit an 1655 & 17 Juillet 1656, & en Requête inserée dans l'Arrest dudit Conseil du 16 May audit an 1656, d'une part; & Jean & Claude Ponton, Jacques & Claude Jourdan &

consorts Marchands Forains Regnicoles & Etrangers, fréquentans les Foires & Marchés dudit Aurillac & autres de Hault-Auvergne, Défendeurs d'autre part. Et entre lesdits Ponton, Jourdan & consorts Demandeurs en Requête verbale inserée en l'appointement de Reglement du dix Novembre 1656, d'une part; & lesdits Marchands d'Aurillac, Défendeurs d'autre, sans que les qualités puissent nuire ni préjudicier aux Parties. VEU par le Roy en son Conseil copie collationnée dudit Arrest du Conseil du 18 Juillet 1655, donné sur la Requête desdits Marchands d'Aurillac, à ce qu'il plût à Sa Majesté faire très-expresses inhibitions & défenses à tous Marchands Forains & Etrangers de vendre ni étaller audit Aurillac aucunes marchandises en détail, ou les faire vendre par personnes interposées, ou de tenir Boutiques, Chambres ou Magazin ouverts, hors le tems de Foires, à peine de confiscation de leurs Marchandises, & de deux cens livres d'amende contre les contrevenans, applicable moitié à Sa Majesté, & moitié ausdits Marchands d'Aurillac, suivant & conformément aux Edits; sinon en cas de contribution à toutes charges & subsides, comme font tous les Marchands de ladite Ville, à condition que le tems de Foire pour lesdits Forains & Etrangers sera limité au jour de la Foire & précedent & le suivant: portant que conformément ausdits Edits & Déclarations, défenses sont faites à tous Marchands Forains de vendre ni d'étaller audit Aurillac aucunes marchandises d'autres jours que les jours de Foire, à peine de trois cens livres d'amende, & de confiscation des marchandises. Exploit d'assignation donné audit Conseil à la requête desdits Demandeurs ausdits Défendeurs en vertu du susdit Arrest, pour voir contr'eux, attendu la contravention audit Arrest, déclarer la peine portée par le susdit Arrest, encourue, & qu'il sera permis au Syndic des Marchands à la premiere contravention de faire proceder à la vente & adjudication publiquement des marchandises qui seront en leur pouvoir, & par eux exposées en vente, suivant & conformément audit Arrest; & en outre se voir condamnés en tous les dommages & interêts que lesdits Marchands pourront contr'eux prendre, dudit jour 18 Juin 1655. Copie dudit Arrest du Conseil du 16 May 1656, donné sur la Requête desdits Demandeurs, à ce qu'il plût à Sa Majesté casser l'Arrest du Parlement de Paris du douze Janvier dernier, faire défense audit Parlement de plus prendre connoissance du diférend des Parties, & à elles d'y faire aucunes poursuites, à peine de nullité & cassation, & de l'amende de 15 liv. & ordonner que ledit Arrest du Conseil du 17 Juillet seroit exécuté, & déclarer la peine portée par icelui encourue, portant que sur les fins de ladite Requête les Parties seroient sommairement ouyes, & cependant sursis à toutes poursuites, ausdites peines. Exploit d'assignation donnée en consequence audit Conseil à la requête desdits Demandeurs ausdits Défendeurs du 17 Juin 1656. Requête verbale desdits Défendeurs, à ce que sans avoir égard audit Arrest du Conseil du 17 Juillet 1655, qui sera rapporté comme obtenu par surprise sur simple Requête, & sans ouir ni appeller lesdits Défendeurs, ni à la Requête du 16 May dernier, dont ils seront déboutés comme du tout inutile, révoquer les Parties en la Cour de Parlement de Paris, pour y proceder sur les appellations relevées par les Défendeurs des Ordonnances du Lieutenant Général & Bailliage d'Aurillac, circonstances & dépendances, suivant les derniers erremens. Appointement de Reglement de l'Instance à communiquer, écrire & produire dans les délais ordinaires du dixiéme Novembre 1656. Requête présentée par lesdits Demandeurs au Sénéchal d'Auvergne ou son Lieutenant à Clermont, au bas de laquelle sont les Ordonnances, portant défenses ausdits Marchands Forains & Etrangers de vendre leurs marchandises, que durant les Foires qui y sont limitées, au jour desdites Foires, le précedent & le suivant, à peine d'amende & confiscation, des 18 Mars & 9 Novembre 1647. Autre Requête présentée au Bailly d'Auvergne ou son Lieutenant à Aurillac, aux fins de faire exécuter lesdits Arrests du Conseil & Ordonnances, au bas de laquelle sont les consentemens des Consuls dudit Aurillac, & conclusions du Procureur de Sa Majesté pour l'exécution du susdit Arrest du Conseil les onziéme Octobre & quinziéme Decembre 1655. Copie d'Arrest du Parlement de Paris, donné sur la Requête desdits Défendeurs, par lequel ils sont reçûs Appellans desdites

dites Ordonnances du Senéchal d'Auvergne, défenses de proceder ailleurs, & permis aufdits Défendeurs de continuer la vente de leurs Marchandises, suivant l'usage ordinaire, du 12 Septembre 1656. Ecriture & production desdits Demandeurs. Ordonnances des forclusions par eux obtenues d'écrire & produire en l'Instance de la part des Défendeurs, des 29 Novembre, 6 & 9 Decembre 1656, signifiées lesdits jours. Certificat du Greffier des productions du Conseil dudit jour, qu'il n'a été aucune chose produite de la part desdits Défendeurs; Et tout ce que par lesdits Demandeurs a été mis pardevers le sieur Dalbertas Commissaire à ce député: Ouy son Rapport, & tout consideré. LE ROY EN SON CONSEIL, faisant droit sur l'Instance, sans s'arrêter à l'Arrest du Parlement de Paris du 12 Janvier 1656, a ordonné & ordonne que l'Arrest du Conseil du 17 Juillet 1656 sera executé suivant sa forme & teneur, & conformément à icelui, fait Sa Majesté iteratives défenses ausdits Défendeurs & à tous autres Marchands Forains, de vendre & étaller audit Aurillac aucunes Marchandises en gros ou en détail, ou les faire vendre par personnes interposées, & de tenir Boutiques, Chambres ou Magazins ouverts, hors les jours de Foires, le précedent & le suivant, à peine de quinze cens livres d'amende, & de confiscation de leurs Marchandises; & pour la contravention faite par lesdits Défendeurs audit Arrest du Conseil du 26 Juillet 1655, a Sadite Majesté déclaré la peine de trois cens livres portée par icelui, encourue, au payement de laquelle ils seront contraints par corps: Condamne lesdits Défendeurs aux dépens. Fait au Conseil Privé du Roy tenu à Paris le dixneuviéme jour de Janvier 1657. Collationné. Signé,

DEMONS.

Le premier jour de Février 1657, signifié & baillé copie à Maistre Pons Calmet Avocat & Conseil des Parties averses, parlant à son Clerc en son domicile à Paris, Par moy Huissier au Conseil du Roy. Signé,

GUIGNEBEUF.

Collationné sur l'expedition originale en parchemin, exhibée aux Notaires Royaux à Clermont par sieur Jean Gramer Marchand d'Aurillac, & à luy renduë, qui a signé avec lesd. Notaires. Fait à Clermont le 2 Septembre 1673.

Bbb

ARREST DU CONSEIL D'ESTAT

du Roy, servant de Reglement général pour le Contrôle des Actes sous signature privée : Par lequel Sa Majesté veut que tous Actes sous seing privée soient contrôlés avant que la demande en puisse être formée en Justice dans tous les Siéges & Jurisdictions, même dans les Jurisdictions Consulaires, à l'exception des Lettres de Change & Billets à ordre des Négocians & Gens d'Affaires, & des Billets faits de Marchands à Marchands, causés pour fourniture de leur Commerce réciproque, sans qu'en aucuns autres cas, ni sous quelque prétexte que ce soit, on puisse se servir d'aucun Acte ou Titre sous seing privé, qu'il n'ait été préalablement contrôlé, sous les peines portées par l'Edit d'Octobre 1705.

Extrait des Regiſtres du Conseil d'Etat.

Février 18.

VEU au Conseil d'Etat du Roy les Remontrances faites à Sa Majesté par les Juges-Consuls de la Ville de Caen, par ceux de la Ville de Saint-Malo, Niort & autres Villes du Royaume : Contenant que leur Jurisdiction est troublée par le Fermier du Contrôle des Actes des Notaires, au sujet des Billets non à ordre ou des Mémoires arrêtés entre Marchanns, & autres Actes de même nature, sous prétexte que par l'article 183 du Tarif arrêté en conséquence de la Déclaration du 20 Mars 1708, Sa Majesté n'a excepté du payement du droit de Contrôle, que les Lettres de Change & Billets à ordre & au porteur des Marchands Négocians & Gens d'Affaires, quoique par Arrest du 30 Mars 1706, rendu en interprétation de l'Edit d'Octobre précedent, Sa Majesté ait permis aux Juges-Consuls de prononcer comme avant ledit Edit, toutes condamnations pour Billets de Change, à ordre ou au porteur, & generalement pour toutes matieres de leur compétence qui seroient portées devant eux, sans que les Actes en vertu desquels les demandes seroient faites, fussent contrôlés; les Juge-Consuls & les Parties mêmes n'ayant pû aucunement abuser de la disposition de cet Arrest, puisque par celui du 12 Octobre de ladite année 1706 Sa Majesté a déclaré nulles les assignations qui seroient données & les Jugemens qui seroient rendus par les Juge-Consuls dans les Causes, autres que celles dont la connoissance leur est attribuée par le Titre 12 de l'Ordonnance du mois de Mars 1673; en sorte que la Ferme du Contrôle n'a souffert aucun préjudice, & que les droits ont toujours été conservés sur les Actes que Sa Majesté a entendu y assujettir. Que l'on ne peut d'ailleurs objecter que cet Arrest du 30 Mars 1706 ait été revoqué par la Declaration du 30 Mars 1708, & le Tarif arrêté en consequence, puisque dans ladite Déclaration ni dans le Tarif il n'y a aucune clause particuliere pour déroger audit Arrest, & que l'article 183 du Tarif contenant une clause expresse pour déroger à l'Arrest du 12 Octobre 1706, c'est une preuve sensible que Sa Majesté n'a pas eu intention de déroger audit Arrest du 30 Mars 1706, puisqu'il n'en fait aucune mention : ce qui les rend d'autant mieux fondés à supplier Sa Majesté d'ordonner l'exécution dudit Arrest, Vû aussi les Memoires du Fermier pour réponse à ceux desdits Juge-Consuls, portant que les Arrests des 30 Mars & 12 Octobre 1706 ne subsistent plus, Sa Majesté ayant dérogé à toutes les dispositions qui y sont contenues par la Declaration du 20 Mars 1708, & précisément par l'article 183 du Tarif arrêté en consequence, puisque Sa Majesté par ledit art. n'ayant excepté du Contrôle que les Lettres de Change & Billets à ordre & au porteur des Marchands, Négocians & Gens d'Affaires, & ayant assujetti audit droit de Contrôle tous autres Actes de quelque nature qu'ils soient, c'est une consequence certaine que l'intention de Sa Majesté a été que tous les Billets, Lettres de Change de toute espece entre Marchands & autres personnes, & tous lesdits Actes autres que ceux ci-dessus, dont la connoissance leur est attribuée, fussent contrôlés conformément audit Tarif : sçavoir, les Actes & Contrats d'assurance, & Obligations à grosse avanture, suivant les art. 15, 16 & 17; les Attermoyemens ou Accords, suivant l'art.

20; les Comptes, Sociétés, Traités, fous-Traités entre Marchands, Comptes & Précomptes pour quelque cause que ce soit, suivant les art. 49, 50, 51 & 166; les Dissolutions ou Résolutions desdites Sociétés, Traités, Soutraités entre Marchands, suivant l'art. 66; les Lettres de Voitures, suivant l'art. 90: & enfin tous les autres Actes dont la connoissance leur est portée, ou qu'ils pourroient s'attribuer contre la disposition de l'Edit de Mars 1673. Qu'au moyen de la prétention desdits Juge-Consuls, que tous les Actes dont la connoissance est portée devant eux sont exempts du Contrôle, le Tarif n'auroit plus son exécution pour la plus grande partie des articles qui le composent, puisqu'entre les différens Actes cy-dessus rapportés, qui sont nommément assujettis aux Droits de Contrôle par des articles exprès du Tarif de 1708, quoique faits entre Marchands & pour faits de Commerce, & qui s'en trouveroient exceptés par cette disposition générale, il arriveroit encore qu'à l'égard de tous les Actes dénommés dans le Tarif, les Parties se prendroient exemptes dudit droit de Contrôle, lorsque la contestation en seroit portée dans les Jurisdictions Consulaires, elles affecteroient de porter devant les Juges & Consuls toutes sortes de demandes, ce qui priveroit les Jurisdictions ordinaires de la connoissance des Affaires qui leur sont attribuées, diminueroit de plus de moitié le produit des Droits de Contrôle, & mettroit les Fermiers hors d'état de soutenir un Bail qu'ils n'ont porté au prix où il est à présent, que dans l'esperance de jouir des Droits sur le pied du Tarif de 1708, Edits, Déclarations & Arrests intervenus en consequence, s'il ne plaisoit à Sa Majesté y pourvoir. Vû ledit Edit du mois de Mars 1673, celui du 2 Octobre 1705, les Arrests des 30 Mars & 12 Octobre 1706, la Declaration du 20 Mars 1708, & les articles 15, 16, 17, 20, 49, 50, 51, 66, 90, 166 & 183 dudit Tarif, arrêté en consequence de ladite Declaration, & autres Pieces & Memoires, Sa Majesté voulant y pourvoir par un Reglement general qui fasse cesser toutes les contestations mûes à ce sujet, & prévienne celles qui pourroient naître à l'avenir: Ouy le Rapport. SA MAJESTE' EN SON CONSEIL, sans s'arrêter aux remontrances des Juges-

Confuls de la Ville de Caen, Saint-Malo, Niort & autres lieux, en ce qui concerne l'exécution de l'Arreſt du 30 Mars 1706, a ordonné & ordonne que la Déclaration du Roy du 20 Mars 1708, & les articles 15, 16, 17, 20, 49, 50, 51, 66, 166 & 183 dudit Tarif arrêtés au Conſeil le même jour, ſeront exécutés, & en interprétant l'article 183, veut Sa Majeſté que tous Actes ſous ſeing privé ſoient contrôlés avant que la demande en puiſſe être formée en Juſtice dans tous les Siéges & Juriſdictions, même dans les Juriſdictions Conſulaires, à l'exception des Lettres de Change & Billets à ordre des Négocians & Gens d'Affaires, & des Billets faits de Marchands à Marchands, cauſés pour fourniture de Marchandiſe de leur Commerce reciproque, enſemble des extraits de Livres entre Marchands, pour fourniture de Marchandiſes qui peuvent concerner le commerce réciproque entr'eux, pour raiſon de leur négoce ſeulement, conformément à l'art. 4 du titre 12 de l'Edit de Mars 1713, pourvû néanmoins que leſdits Extraits de Livres ne forment point de Sociétés, Traités, Soutraités & Comptes, dont les droits de Contrôle ſont fixés par l'art. 166 dudit Tarif, auquel cas ils ſeroient contrôlés, & les droits payés conformément audit art. 166 dudit Tarif. Ordonne Sa Majeſté que leſdits Actes ci-devant exceptés demeureront exempts du Contrôle dans le cas ſuſdit ſeulement, ſans qu'en aucuns autres ni ſous quelque prétexte que ce ſoit, on puiſſe ſe ſervir d'aucun Acte ou Titre ſous ſeing privé, qu'il n'ait préalablement été contrôlé, ſous les peines portées par l'Edit d'Octobre 1705, Declaration & Arreſts. Enjoint Sa Majeſté aux ſieurs Intendans & Commiſſaires départis pour l'exécution de ſes Ordres dans les Généralités & Provinces du Royaume, de tenir la main à l'exécution du préſent Arreſt, nonobſtant oppoſitions ou empêchemens quelconques, dont ſi aucuns interviennent, Sa Majeſté ſe réſerve & à ſon Conſeil la connoiſſance, & icelle interdit à toutes ſes Cours & Juges. Fait au Conſeil d'Etat du Roy tenu à Paris le ſeptiéme jour de Février 1719. Collationné. *Signé*, GOUJON.

LOUIS par la grace de Dieu Roy de France & de Navarre, Dauphin de Viennois, Comte de Valentinois, Diois, Provence, Forcalquier & Terres adjacentes: A nos amés & Feaux Conseillers en nos Conseils les sieurs Intendans & Commissaires départis pour l'exécution de nos Ordres dans les Provinces & Généralités de notre Royaume, Salut. Nous vous mandons & enjoignons de tenir la main chacun endroit soi, à l'exécution de l'Arrest dont l'Extrait est cy-attaché sous le contre-Scel de notre Chancellerie, ce jourd'huy donné en notre Conseil d'Etat pour les causes y contenues: Commandons au premier notre Huissier ou Sergent sur ce requis, de signifier ledit Arrest à tous qu'il appartiendra, à ce que personne n'en ignore, & de faire en outre pour entiere exécution d'icelui tous Commandemens, Sommations & autres Actes & Exploits necessaires, sans autre Permission, nonobstant clameur de Haro, Chartre Normande & Lettres à ce contraires, oppositions ou empêchemens quelconques, dont si aucuns interviennent, Nous nous en réservons & à notre Conseil la connoissance, & icelle interdisons à toutes nos Cours & Juges: Voulons qu'aux copies dudit Arrest & des Présentes collationnées par l'un de nos amés & féaux Conseillers-Secretaires, foy soit ajoûtée comme aux Originaux: Car tel est notre plaisir. Donné à Paris le septiéme jour de Février l'an de grace 1719, & de notre Regne le quatriéme. *Et plus bas*, Par le Roy Dauphin, Comte de Provence, en son Conseil, le Duc D'ORLEANS Régent present. *Signé*, COUJON, avec paraphe. *Et scellé.*

Collationné aux Originaux par Nous Conseiller-Secretaire du Roy, Maison, Couronne de France & de ses Finances.

EDIT du Roy, qui veut que le Commerce de Terre ne déroge point à noblesse quand il se fait en gros, & qui permet à ceux qui feront ce Commerce, de posseder des Charges sans avoir besoin d'Arrest ni de Lettres de compatibilité, & de continuer en même tems ce Commerce, & jouir des mêmes Exemptions & Privileges à eux attribués; & en outre que le Chef de chaque Jurisdiction Consulaire du Royaume, de quelque nom qu'il soit appellé, soit exemt de logement de Gens de Guerre; de Guet & de Garde pendant le tems de son exercice.

Decembre 1717.

LOUIS par la grace de Dieu Roy de France & de Navarre: A tous presens & à venir, Salut. L'attention que Nous avons toujours euë pour faire fleurir le Commerce dans notre Royaume, Nous ayant fait connoître l'avantage que l'Etat retire de l'application de ceux de nos Sujets qui se sont attachés avec honneur au Negoce, Nous avons toujours regardé le Commerce en gros comme une Profession honnorable, & qui n'oblige à rien qui ne puisse raisonnablement compatir avec la Noblesse; ce qui Nous a même porté plusieurs fois à accorder des Lettres d'annoblissement en faveur de quelques-uns des principaux Négocians, pour leur témoigner l'estime que Nous faisons de ceux qui se distinguent dans cette Profession. Nous avons cependant été informés que grand nombre de ceux de nos Sujets qui sont nobles d'extraction, ou qui le deviennent par les Charges & Offices qu'ils acquierent, ainsi que ceux que nous annoblissons par grace, font difficulté d'entreprendre, de faire ou de continuer aucun Commerce, même en gros, autre que celui de Mer, que Nous avons déja déclaré ne point déroger à Noblesse, par la crainte de préjudicier à celle qui leur est acquise: Et voulant exciter tous ceux de nos Sujets nobles & autres qui peuvent avoir de l'inclination ou du talent pour le Commerce, à s'y adonner, & engager ceux qui ont embrassé cette Profession, à y demeurer & à y élever leurs enfans, Nous avons crû ne pouvoir rien faire de plus convenable, que de marquer au Public le cas que Nous avons toujours fait des bons Négocians, qui par leurs soins & leur travail attirent de toutes parts les richesses, & maintiennent l'abondance dans nos Etats. A ces CAUSES & autres à ce Nous mouvans, & de notre certaine science, pleine puissance & autorité Royale, Nous avons, en confirmant & renouvellant en tant que besoin seroit l'Edit du mois d'Aoust 1669, concernant le Commerce de Mer, que Nous entendons toujours être exécuté selon sa forme & teneur, dit, statué & ordonné, disons, statuons & ordonnons, voulons & Nous plaît, que par nos Sujets Nobles par extraction, par Charge ou autrement, excepté ceux qui sont actuellement revêtus de Charges de Magistrature, puissent faire librement toute autre sorte de Commerce en gros, tant au dedans qu'au dehors du Royaume, pour leur compte ou par commission, sans déroger à leur Noblesse. Voulons & entendons que les Nobles qui feront le Commerce en gros, continuent de préceder en toutes les Assemblées generales & particulieres les autres Négocians, & jouissent des mêmes exemptions & Privileges attribués à leur Noblesse, dont ils jouissoient avant que de faire le Commerce. Permettons à ceux qui font le Commerce en gros seulement, de posseder des Charges de nos Conseillers-Secretaires, Maison, Couronne de France & de nos Finances, & continuer en même tems le Commerce en gros, sans avoir besoin pour cela d'Arrest ni de Lettres de compatibilité. Seront censés & réputés Marchands & Negocians en gros, tout ceux qui feront leur Commerce en Magazin, vendront leurs Marchandises par balles, caisses ou pieces entieres, & qui n'auront point de boutiques ouvertes, ni aucun étalage ou enseignemens à leurs portes & Maisons. Voulons que dans les Villes du Royaume où jusqu'à présent il n'a pas été permis de négocier & faire trafic sans être receu dans quelque Corps de Marchands, il soit libre aux Nobles de négocier en gros, sans être obligés de se faire recevoir dans aucun Corps de Marchands, ni de justifier d'apprentissage. Et afin que les Familles des Marchands ou Négocians en gros, tant par Mer que par Terre,

soient

soient connues, pour jouir des prérogatives qui leur sont attribuées par ces Presentes; & pour recevoir les marques de distinction que Nous jugerons à propos de leur accorder, Nous voulons que ceux de nos Sujets qui s'adonneront au Commerce en gros, soient tenus à l'avenir de faire inscrire leurs noms dans un Tableau qui sera mis à cet effet dans la Jurisdiction Consulaire de la Ville de leur demeure, & dans les Chambres particulieres de Commerce qui seront ci-après établies dans plusieurs Villes de notre Royaume. Voulons & entendons pareillement que dans les Provinces, Villes & lieux où les Avocats, Medecins & autres principaux Bourgeois sont admis aux Charges de Maire, Echevins, Capitouls, Jurats & premiers Consuls, ceux des Marchands qui feront le Commerce en gros puissent être élûs concurremment ausdites Charges, nonobstant tous Statuts & Reglemens & usages contraires, ausquels Nous avons dérogé & dérogeons à cet effet par ces Présentes. Entendons pareillement que les Marchands en gros puissent être élûs Consuls, Juge, Prieur & Président de la Jurisdiction Consulaire, ainsi que les Marchands dans les Corps & Communautés des Marchands qui se trouvent établis dans plusieurs Villes & lieux du Royaume. Voulons aussi que le Chef de chaque Jurisdiction Consulaire, de quelque nom qu'il soit appellé, soit exemt de logement de Gens de Guerre, & de Guet & de Garde pendant le tems de son exercice. Et pour conserver autant qu'il est en Nous la probité & la bonne foy dans une Profession aussi utile à l'Etat, Nous déclarons déchûs des honneurs & prérogatives ci dessus accordés, ceux des Marchands qui auront fait faillite, pris des Lettres de Répi, ou fait des Contrats d'atermoyement avec leurs Créanciers. Si donnons en Mandement à nos amés & féaux Conseillers les Gens tenans notre Cour de Parlement, Chambre des Comptes & Cour des Aydes à Paris, que ces Présentes ils ayent à faire lire, publier & registrer, & le contenu en icelles garder & exécuter de point en point selon sa forme & teneur, cessant & faisant cesser tous troubles & empêchemens qui pourroient être mis ou donnés, nonobstant tous Edits, Déclarations, Arrests & autres choses à ce contraires, ausquelles Nous avons dérogé & dérogeons par cesd. Présentes.

C c c

aux copies desquelles collationnées par l'un de nos amés & féaux Conseillers & Secretaires, voulons que foi soit ajoûtée comme à l'Original: Car tel est notre plaisir. Et afin que ce soit chose ferme & stable à toujours, Nous y avons fait mettre notre Scel. Donné à Versailles au mois de Decembre l'an de grace mil sept cens un, & de notre Regne le cinquante-neuviéme. *Signé*, LOUIS. *Et plus bas*, Par le Roy, PHELYPEAUX. *Visa*, PHELYPEAUX. Vû au Conseil, CHAMILLART. *Et scellé du grand sceau de cire verte en lacs de soie rouge & verte.*

Registrées, ouy, ce requerant le Procureur General du Roy, pour être exécutées selon leur forme & teneur, & copies collationnées envoyées aux Bailliages & Sénéchaussées du Ressort, pour y être lûes, publiées & registrées; Enjoint aux Substituts du Procureur General du Roy d'y tenir la main, & d'en certifier la Cour dans un mois, suivant l'Arrest de ce jour. A Paris en Parlement le 30. Decembre 1701. Signé,
DONGOIS.

Registrées en la Chambre des Comptes, ouy & ce requerant le Procureur General du Roy, pour être exécutées selon leur forme & teneur, les Bureaux assemblés, le 9 Janvier 1702. Signé, RICHER.

Registrées en la Cour des Aydes, ouy & ce requerant le Procureur General du Roy, pour être exécutées selon leur forme & teneur, & ordonné que copies collationnées des Presentes Lettres en seront incessamment envoyées ès Siéges des Elections & des Juges des Traites, Entrées & Sorties du Ressort de ladite Cour, pour y être lûes, publiées & registrées: Enjoint aux Substituts dudit Procureur General esdits Siéges d'y tenir la main, & de certifier la Cour de leurs diligences au mois. A Paris le dix-neuviéme Janvier 1702. Signé, ROBERT.

Collationné par Nous Conseiller-Secretaire du Roy, Maison, Couronne de France, Contrôleur en la Chancellerie établie près la Cour des Aydes de Clermont-Ferrand. CORTIGIER.

DECLARATION du Roy, *portant que les Procès pour raison des Faillites & Banqueroutes, seront portés devant les Juges & Consuls jusqu'au premier Juillet 1722.*

LOUIS par la grace de Dieu Roy de France & de Navarre, à tous ceux qui ces présentes Lettres verront, Salut. Nous avons été informés que les differens changemens qui sont arrivés dans la maniere de payer les dettes entre Marchands & Négocians, en mettent plusieurs hors d'état de les acquitter en especes, & les exposent au danger de tomber en faillite, sans qu'on puisse en attribuer la cause, ou à leur mauvaise foi, ou à l'imprudence de leur conduite; que le désordre arrivé dans les affaires de quelques-uns, est capable d'en causer un pareil dans la fortune d'un grand nombre d'autres, & de donner lieu par là à des faillites successives; que si les uns & les autres restoient exposés aux poursuites rigoureuses de leurs Créanciers, & que la connoissance de ces faillites fût portée en differentes Jurisdictions, les conflits, la longueur, l'embarras & les frais des procedures acheveroient de ruiner les Marchands & Négocians contre lesquels elles seroient faites, & causeroient une perte certaine, tant aux Debiteurs qu'aux Créanciers; Nous avons estimé que le bien public & celui des Particuliers exigeoient que Nous eussions recours aux moyens ci-devant pratiqués par la Declaration du feu Roy de glorieuse mémoire notre très-honoré Seigneur & Bisayeul, du 10 Juin 1715, & par autres Declarations par Nous données depuis pour en proroger l'exécution, afin d'arrêter & prévenir les suites dangereuses du dérangement qui est actuellement dans le Commerce. C'est pour apporter à ce mal un remede efficace, & pour ménager également les interêts des Créanciers & des Debiteurs, que Nous avons résolu d'attribuer dans ces circonstances, pendant un tems limité, la connoissance des Procès & differens nés & à naître à l'occasion des faillites survenues, ou qui surviendront dans

5 Aou 1721.

la suite, à des Juges qui par leur profession sont particulierement instruits des Affaires du Commerce, & qui administrant la Justice gratuitement & avec des temperamens convenables, facilitent aux Debiteurs les moyens de se liberer, sans faire aucun préjudice à la sûreté des Créanciers. Et néanmoins attendu que les abus contraires au bien du Commerce, qui ont donné lieu à nos Declarations des 11 Janvier, 10. & 13. Juin 1716, peuvent se commettre de nouveau, s'il n'y étoit par Nous pourvû, & que ce que Nous voulons bien accorder en faveur des seuls Négocians de bonne foi, pourroit servir de prétexte à d'autres pour causer par des voyes frauduleuses des pertes considérables à leurs Créanciers, en passant des Contrats d'atermoyement ou autres Actes, Nous avons crû indispensable de renouveller en même tems les précautions que Nous avons ci-devant prises par lesdites Declarations, pour empêcher & arrêter ces abus. A CES CAUSES, de l'avis de notre très-cher & très-amé Oncle le Duc d'Orleans Petit-fils de France, Régent ; de notre très-cher & très-amé Oncle le Duc de Chartres, Premier Prince de notre Sang; de notre très-cher & très-amé Cousin le Duc de Bourbon ; de notre très-cher & très-amé Cousin le Comte de Charollois; de notre très-cher & très-amé Cousin le Prince de Conty, Princes de notre Sang; de notre très-cher & très-amé Oncle le Comte de Toulouse Prince légitimé, & autres Pairs de France, grands & notables Personnages de notre Royaume, & de notre certaine science, pleine puissance & autorité Royale, Nous avons par ces Présentes signées de notre main, dit & ordonné, disons & ordonnons, voulons & Nous plaît : Que tous les Procès & diférens civils mûs & à mouvoir pour raison des faillites & banqueroutes qui sont ouvertes depuis le premier Janvier de la présente année 1721, ou qui s'ouvriront dans la suite, soient jusqu'au premier Juillet de l'année prochaine 1722, portés pardevant les Juges & Consuls de la Ville où celui qui aura fait faillite sera demeurant; & pour cet effet Nous avons évoqué & évoquons tous ceux desdits Procès & diférends qui sont actuellement pendans & indécis pardevant nos Juges ordinaires ou autres Juges inférieurs, ausquels Nous faisons très-expresses inhibitions & défenfes d'en connoître, à peine de nullité; & iceux Procès & diférends avec leurs circonftances & dépendances, Nous avons renvoyé & renvoyons pardevant lefdits Juges & Confuls, aufquels Nous en attribuons toute Cour, Jurifdiction & connoiffance, fauf l'appel au Parlement dans le Reffort duquel lefdits Juge & Confuls font établis. Voulons que nonobftant ledit appel & fans préjudice d'icelui, lefdits Juges & Confuls continuent leurs procedures, & que leurs Jugemens foient exécutés par provifion. Voulons pareillement que jufqu'audit jour premier Juillet 1722, il foit par lefdits Juges & Confuls, à l'exclufion de tous autres Juges & Officiers de Juftice, procedé à l'appofition des fcellés, & confection des inventaires de ceux qui ont fait ou feront faillite; & au cas qu'ils euffent des effets dans d'autres lieux que celui de leur demeure, Nous donnons pouvoir aufdits Juges & Confuls de commettre telle perfonne que bon leur femblera, pour lefdits fcellés & inventaires qui feront apportés au Greffe de la Jurifdiction Confulaire, & joints à ceux faits par lefdits Juges & Confuls. Voulons auffi que les demandes afin d'homologation des délibérations des Créanciers, Contrats d'atermoyement, & autres Actes paffés à l'occafion defdites faillites, foient portés pardevant lefdits Juges & Confuls, pour être homologués fi faire fe doit, & que lefdits Juge & Confuls puiffent ordonner la vente des meubles, & le recouvrement des effets mobiliers, & connoiffent des faifies mobiliaires, oppofitions, revendications, contributions, & generalement de toutes autres conteftations qui feront formées en confequence defdites faillites & banqueroutes. N'entendons néanmoins empêcher qu'il puiffe être procedé à la faifie réelle & aux criées des immeubles pardevant les Juges ordinaires, ou autres qui en doivent connoître, jufqu'au bail judiciaire exclufivement, fans préjudice de l'exécution & du renouvellement des baux judiciaires précedemment ajugés, & fans qu'il puiffe être fait aucune autre pourfuite ni procedure, fi ce n'eft en confequrnce de délibérations prifes à la pluralité des voix par les Créanciers dont les créances excedent la moitié du total des dettes. Voulons en outre que jufqu'audit jour premier Juillet 1722, aucune plainte ne puiffe être rendue, ni Requête donnée à fin criminelle contre ceux qui auront fait faillite, & défendons très-expressément à nos Juges ordinaires & autres Officiers de Justice, de les recevoir, si elles ne sont accompagnées de déliberations & du consentement des Créanciers dont les créances excedent la moitié de la totalité des dettes: & quant aux procedures criminelles commencées avant la date des Présentes, & depuis ledit jour 26 Decembre 1710, voulons qu'elles soient continuées, & que néanmoins nos Juges ordinaires & autres Officiers de Justice soient tenus d'en surceoir la poursuite & le jugement sur la simple réquisition des Créanciers dont les créances excederont pareillement la moitié du total de ce qui est dû par ceux qui ont fait faillite, & en consequence des déliberations par eux prises & annexées à leur requête; n'entendons néanmoins que tous ceux qui ont fait faillite ou la feront ci-après, puissent tirer aucun avantage de l'attribution accordée aux Juges & Consuls, & des autres dispositions contenues en la présente Declaration, ni d'aucune déliberation, ou d'aucun Contrat signé par la plus grande partie de leurs Créanciers, que nous avons déclaré nuls & de nul effet, même à l'égard des Créanciers qui les auront signés, si les faillis sont accusés d'avoir, dans l'état de leurs dettes ou autrement, employé ou fait paroître des créances feintes & simulées, ou d'en avoir fait revivre d'acquittées, ou d'avoir supposé des transports, ventes & donations de leurs effets en fraude de leurs Créanciers: voulons qu'ils puissent être poursuivis extraordinairement comme Banqueroutiers frauduleux, pardevant nos Juges ordinaires, ou autres Juges qui en doivent connoître, à la requête des Créanciers qui auront affirmé leurs créances en la forme qui sera ci-après expliquée, pourvû que leurs Créanciers composent le quart du total des dettes, & que lesdits Banqueroutiers soient punis de mort, suivant la disposition de l'Article 12 du Titre XI. de l'Ordonnance de 1673. Défendons à toutes personnes de prêter leurs noms pour aider ou favoriser les banqueroutes frauduleuses, en divertissant les effets, acceptant des transports, ventes ou donations simulées, & qu'ils sçauront être en fraude des Créanciers, en se déclarant Créanciers ne l'étant pas, ou pour plus grande somme que celle qui leur est dûe, ou en quelque sorte & manière que ce puisse être. Voulons qu'aucun Particulier ne se puisse dire & prétendre Créancier, & en cette qualité assister aux assemblées, former opposition aux scellés & inventaires, signer aucune délibération ni aucun Contrat d'atermoyement, qu'après avoir affirmé, sçavoir dans l'étendue de la Ville, Prevôté & Vicomté de Paris, pardevant le Prevôt de Paris, ou son Lieutenant, & pardevant les Juges & Consuls dans les autres Villes du Royaume où il y en a d'établis, que leur créances leur sont bien & légitimement dûes en entier, & qu'ils ne prêtent leurs noms directement ni indirectement au Debiteur commun, le tout sans frais. Voulons aussi que ceux desdits prétendus Créanciers qui contreviendront aux défenses portées par ces Présentes, soient condamnés aux Galeres à perpétuité ou à tems, suivant l'exigence des cas, outre les peines pécuniaires contenues en ladite Ordonnance de 1673, & que les femmes soient, outre lesdites peines exprimées par ladite Ordonnance, condamnées au bannissement perpetuel ou à tems. Voulons que tous Marchands, Negocians, Banquiers & autres qui ont fait ou feront faillite, soient tenus de déposer un Etat exact, détaillé & certifié veritable, de tous leurs effets mobiliers & immobiliers de leurs dettes, comme aussi leurs Livres & Regiftres, au Greffe de la Jurisdiction Consulaire dudit lieu, ou la plus prochaine ; & que faute de ce, ils ne puissent être reçûs à passer avec leurs Créanciers aucun Contrat d'atermoyement, Concordat, Transaction ou autre Acte, ni obtenir aucune Sentence ou Arrest d'homologation d'iceux, ni se prévaloir d'aucun saufconduit accordé par leurs Créanciers ; & voulons qu'à l'avenir lesdits Contrats & autres Actes, Sentences & Arrests d'homologation, & sauf-conduits soient nuls & de nul effet, & que lesdits Debiteurs puissent être poursuivis extraordinairement comme Banqueroutiers frauduleux par nos Procureurs Generaux ou leurs Substituts, ou par un seul Créancier, sans le consentement des autres, quand même il auroit signé lesdits Contrats, Actes ou sauf-conduits, ou qu'ils auroient été homologués avec lui. Voulons aussi que ceux qui ont précedemment passé quelques Contrats ou Actes avec leurs Créanciers, ou en ont obtenu des sauf conduits, ne puissent s'en aider & prévaloir, ni des Sentences ou Arrests d'homologation intervenus en consequence: Défendons à nos Juges d'y avoir aucun égard, si dans quinzaine pour tout délay, à compter du jour de la publication des Présentes, les Débiteurs ne déposent leurs Etats, Livres & Registres en la forme ci-dessus ordonnée, & sous les peines y contenues, au cas qu'ils n'y ayent ci-devant satisfait. Et pour faciliter à ceux qui ont fait ou feront faillite, le moyen de dresser leursdits Etats, voulons qu'en cas d'apposition de scellé sur leurs biens & effets, leurs Livres & Registres leur soient remis & délivrés, après néanmoins qu'ils auront été paraphés par le Juge, ou autre Officier commis par le Juge qui apposera lesdits scellés, & par un des Créanciers qui y assisteront, & que les feuillets blancs, si aucuns y a, auront été bâtonnés par ledit Juge ou autre Officier, à la charge qu'au plus tard après l'expiration dudit délai de quinzaine, lesdits Livres & Registres, & l'Etat des effets actifs & passifs seront déposés au Greffe de la Jurisdiction Consulaire, ou chez un Notaire par celui qui aura failli ; sinon voulons qu'il soit censé & réputé Banqueroutier frauduleux, & comme tel poursuivi, suivant qu'il a été précedemment ordonné. Déclarons nulles & de nul effet toutes Lettres de répi qui pourront être ci-après obtenues, si ledit Etat des effets & dettes n'est attaché sous le contrescel, avec un Certificat du Greffier de la Jurisdiction Consulaire, ou d'un Notaire entre les mains duquel ledit Etat avec les Livres & Registres aura été déposé ; le tout sans deroger aux usages & Privileges de la Jurisdiction de la Conservation de Lyon, ni à la Declaration du 30 Juillet 1715, intervenue pour le Châtelet de notre bonne Ville de Paris. Si donnons en Mandement à nos amés & féaux Conseillers les Gens tenans notre Cour de Parlement à Paris, que ces Présentes ils ayent à faire lire, publier & registrer, & le contenu en icelles garder & exécuter selon leur forme & teneur, nonobstant toutes Ordonnances, Edits, Déclarations & autres choses à ce contraires, ausquelles Nous avons dérogé & dérogeons par ces Presentes, aux copies desquelles collationnées par l'un de nos amés & féaux Conseillers & Secretaires, voulons que

foi

foi soit ajoûtée comme à l'Original : Car tel est notre plaisir. En témoin dequoi Nous avons fait mettre notre Scel à cesdites Présentes. Donné à Paris le cinquiéme jour d'Aoust, l'an de grace mil sept cens vingt-un, & de notre Regne le sixiéme. *Signé*, LOUIS. *Et plus bas*, Par le Roy, le Duc D'ORLEANS Regent present, PHELYPEAUX. Vû au Conseil, LE PELLETIER DE LA HOUSSAYE. Et scellée du grand Sceau de cire jaune.

Registrées, ouy ce requerant le Procureur General du Roy, pour être exécutées selon leur forme & teneur, & copies collationnées envoyées aux Bailliages & Sénéchaussées du Ressort, pour y être lûes, publiées & registrées; Enjoint aux Substituts du Procureur General du Roy d'y tenir la main, & d'en certifier la Cour dans un mois, suivant l'Arrest de ce jour. A Paris en Parlement le trente Aoust 1721. Signé, *GILBERT.*

Ddd

CATALOGUE

DES NOMS ET SURNOMS DES MARCHANDS de Clermont qui ont été élûs Juges & Consuls en ladite Ville depuis 1628, les noms de leurs Prédécesseurs ayant été adhirés.

MESSIEURS, MESSIEURS,

1628 Barthelemy Bourlin, Juge.
Antoine Anthoine, I. Consul.
Nicolas Grossier, II. Consul.

1629 Bertrand Durand,
Maurice Sarsat,
Guillaume Dufraisse.

1630 Bertrand Vigier,
Etienne Garrel,
Mathieu Pelissier.

1631 Gerard Parrinet,
Gilbert Brunel,
Charles Montchozon.

1632 Victor Tallandier,
Jean Maloet.

1633 Bourlin,
François Chausseyras,
Jean Fournet.

1634 Pierre Brun,
Pierre Tissandier,
Martin Bourlin.

1635 Mathieu Pelissier,
Claude Savignat,
Claude Dufraisse.

1636 François Chausseyras,
Michel Bourlin,
Jean de Brion.

1637 Garnaud,
Jean Cohade,
Pierre le Riche.

1638 Vigier, Juge.
Pierre Ruchier, I. Consul.
Florin Perrier, II. Consul.

1639 Nicolas Grossier,
Jacques Maritan,
Pierre Grimaud.

1640 Michel Bourlin,
Antoine Brun,
François Carraud.

1641 Etienne Garrel,
Guillaume Pradette,
Guillaume de Brion.

1642 Claude Savignat,
André Olivier,
Anne Bellaigue.

1643 Guillaume de Brion,
François Bourlin,
Pierre Dufraisse.

1644 Martin Bourlin,
Pierre Dufresne,
Gilbert Brun.

1645 Pierre Tissandier,
Claude Robin,
François Laporte.

1646 Gilbert Brunet,
Louis Girard,
Gervais Concordant.

1647 Jean Maloet,
André Launegri,
Pierre Taravand.

Dddij

MESSIEURS, MESSIEURS,

1648 Pierre Grimaud, Juge.
Jacques Vergnal, I. Conful.
Antoine Prevoſt, II. Conful.

1649 Dufraiſſe,
Michel Majour,
Jean Montorcier.

1650 Pierre Dufreſne,
Claude Valleix,
Jean Bonnefont.

1651 Michel Bourlin,
Etienne Dufraiſſe,
Jean de la Faye.

1652 Gilbert Brun,
Antoine le Maſſon,
Antoine Boyt.

1653 Florin Perier,
Claude Chambery,
Michel Brunel.

1654 Gervais Concordant,
Thomas Moſnier,
François Gaſtepaire.

1655 Jean de Brion,
Scebaſtien Galeix,
Philibert Mareſchal.

1656 Thomas Moſnier,
Claude Lonvenceau,
Martial David.

1657 Etienne Dufraiſſe,
Blaize Blondel,
Guillaume Deydier.

1658 Michel Brunel,
Vaſſadel,
Pierre Renoux.

1659 Jean Montorcier,
Martin Ralus,
Jeudy.

1660 Sebaſtien Galeix,
Etienne Guyot,
Michel Arnaud.

1661 Michel Majour,
André Pradettes,
Hugues Guyot.

1662 Philibert Mareſchal,
Antoine Delaigue,
Antoine Brohet.

1663 Pierre Dufraiſſe, Juge.
Concordant, I. Conful,
Groſlier, II. Conful.

1664 Renoux,
Nicolas Thiery,
Jean Cortigier.

1665 Martin Ralus,
Brun Champeix,
Etienne Freſſanges.

1666 Deydier,
Vaſſadel,
Bernard.

1667 Delaigue,
Majour,
De Benoiſt,

1668 Michel Arnaud,
Bellaigue,
La Vallepeliere.

1669 Groſlier,
De Jeuneszomes,
Rome.

1670 Jean Cortigier,
Nicolas Jacquard.

1671 Etienne Dufraiſſe,
Maſſis,
Vaſſadel.

1672 Michel Concordant j.
Claude Savignat,

1673 Majour,
Baptiſte,
Bellaigue.

1674 Maſſis,
Gerard j.
Vazeilles.

1675 Deydier,
Antoine Mallet,
Juge.

1676 Vaſſadel,
Martinet,
Antoine Solignat.

1677 Dufraiſſe L.
Villaguée,
Vallette,

MESSIEURS, MESSIEURS,

1678 Blaise de Benoist, Juge.
  Garrel L. I. Consul.
  Concordant, II. Consul.

1679 De Jeunesomes,
  Brun,
  François Dufraisse.

1680 Girard,
  Antoine Maloet,
  Antoine Blatin.

1681 La Volpeliere,
  Juge j.
  Antoine Ducrochet.

1682 Claude Savignat,
  Pierre Renoux,
  Martin Teringaud.

1683 Bernard,
  Lazare David,
  Amable Bompart.

1684 Girard,
  Pierre Richard,
  Antoine Delaigue.

1685 Antoine Vassadel,
  Jean Girard,
  Annet Bergountrioux.

1686 Guillaume Belaigue,
  Jacques Bergountrioux j.
  Ligier Tamen.

1687 Antoine Mallet,
  Louis Girard,
  Pierre Guyot.

1688 Martial Concordant,
  Etienne David,
  Jean Cousty.

1689 Antoine Maloet,
  Ligier Vazeilles,
  Antoine Besson.

1690 Pierre Renoux,
  Jacques Cassiere,
  Hugues Arnaud.

1691 Lazare David,
  Pierre Cortigier,
  François Lesarge.

1692 Massis,
  Jean Chassagne,
  Sebastien Deydier.

1693 Annet Bergountrioux, Juge.
  Nicolas Thiery, I Consul.
  François Lavaisse, II. Consul.

1694 Louis Girard,
  Jacques David,
  François Prient.

1695 Majour,
  Jean-François Vazeilles,
  Jean Brughail.

1696 Teringaud,
  Vincent Redon,
  Michel Grossier.

1697 Antoine Besson,
  Hubert Ardillon,
  Joseph Rolland.

1698 Etienne David,
  Bondel,
  Honnoré Beraud.

1699 Pierre Savignat,
  Antoine Chesle,
  Jean Dufaud.

1700 Antoine Blatin,
  Pierre Grossier,
  Michel Verdier.

1701 Jean Cousty L.
  Antoine Nayrac,
  Jean Coussayre.

1702 Pierre Guyot L.
  Claude Mosnier,
  Gabriel Solignat.

1703 Sebastien Deydier,
  Jacques Bonardel,
  Jean Ardillon.

1704 Joseph Rolland,
  Etienne Bergountrioux,
  Jean Queyreaux.

1705 Ligier Tamen,
  Jean Mondeyras,
  Jean Ducrochet.

1706 François Prient,
  Jean Cortigier L.
  Jacques Astier.

1707 Hubert Ardillon,
  Martial Mallet,
  Pascal Durin.

Ddd iij

MESSIEURS, **MESSIEURS,**

1708 Pierre Grostier, Juge.
Cosme Brun, I. Consul.
Antoine Balbon, II Consul.

1709 François Laveſſ,
Jean Malloet,
Jean Juge.

1710 Jean Dufaux,
Jean Esteaume,
Pierre Vazeilles.

1711 Jean Couſſaire,
Amable Girard j.
Michel Bergountrioux.

1712 Jean Queyriaux,
Jean Teringaud,
Gilbert Godon.

1713 Honoré Beraud,
Amable de Brion,
Nicolas Vazeilles.

1714 Jean Cortigier L.
Jean Brun Couſty,
François Cheix.

1715 Jean Maloet,
Antoine Mallet,
Martial Queyreaux.

1716 Martial Mallet,
Georges Beſſon,
Georges Blatin L.

1717 Antoine Mondayras,
François Redon,
Antoine Neyrat.

1718 Jean Terringaud,
Pierre Guyot,
Gabriel Teallier.

1719 Gabriel Solignat,
Jean Chaſtagne,
Guillaume Brun.

1720 Pierre Vazeilles,
Claude André,
Jean Gros.

1721 Jean Ducrochet,
Antoine Savignat,
Ligier Mallet.

CATALOGUE de Messieurs les Juge & Consuls de la Ville de Riom depuis l'année 1633.

MESSIEURS,

- 1633 Moquet, P. Pitasson, & Ant. Azan.
- 1634 Ligier Bauduy, Rochefort, & Jean Azan.
- 1635 Brugeas, Bernard, & Almaric.
- 1636 Rollet, Chaumard, & Valleix.
- 1637 Beauxamis, Guimonneau, & Noualhat.
- 1638 De Montigny, Pradel, & Deat.
- 1639 J. Chevalier, J. Forest, & J. Amy.
- 1640 De Lalande, Arvier & J. Olier.
- 1641 Moquet, Du Jouannet, & Bonnet.
- 1642 Claude Arvier, Almaric, & Jacq. Fressanges.
- 1643 Rochefort, Gilb. Bauduy, & J. Meunier.
- 1644 Pierre Titasson, Antoine du Jouannet, & Gamy.
- 1645 Michel Titasson, Antoine Sablon, & M. Bonnet.
- 1646 B. Roze, G. Azan, & M. du Jouannet.
- 1647 S. Guymonneau, Genebran, & Sablon.
- 1648 J. Fourest, J. Azan, & J. Lemadon.
- 1649 Almaric, P. Legay, & Bouteix.
- 1650 Moquet, Amy, & Arpin.
- 1651 Rochefort, J. Fressanges, & Costeraute.
- 1652 Beauxamis, Ant. Chevalier, & J. Roux Sonareix.
- 1653 Gilb. Azan, Paulet & Chassagnes.
- 1654 N. Boisson, J. Puray, & Antoine Valleix j.

MESSIEURS,

- 1655 Pradel, Bourlin & Chassagne.
- 1656 Amy L. Gervais, & Bordot.
- 1657 Du Jouannet, Gravier, & Deat.
- 1658 De Beauxamis, Costeraut, & Puray L.
- 1659 Guimonneau, Vigouroux & Maubet.
- 1660 Chevalier, Apret, & Deat j.
- 1661 Poulet, Legay, & Vallet L.
- 1662 Rochefort, Ollier, & Bletterve.
- 1763 Almaric, Jacques Maubet, & Azan J.
- 1664 Chaduc, Chassagne, & Metayer.
- 1665 Causteraut, Lib. Sablon, & Fressanges.
- 1666 Bourlin, Valleix & Boisson j.
- 1667 Du Jouannet, Roux & Redon.
- 1668 De Lalande, Vallet & Cardet.
- 1669 Chevalier, Fressanges, & Dugourg.
- 1670 Apret, Puray, & Pellabout.
- 1671 Couterault Lib. H. Maubet, & F. Vallée.
- 1672 Valleix, Bordas, & Assolent.
- 1673 J. Maubet, A. Fressanges, & Gaubert.
- 1674 Chassaigne, A. Dear, & Bouteix.
- 1675 Bourlin, P. Deat, & Rougier L.
- 1676 Chevalier, Vigouroux & Ant. Deat.
- 1677 H. Maubet, Cardet & J. Biorat.
- 1678 A. Vallet, A. Amy, & J. Puray.
- 1679 J. Fressanges Ap. Vaissier, & Imbert.

E e e

MESSIEURS,

1680 Bordaet, Bouteix & Vallette.
1681 P. Deat, F. Vallée, & Ant. Bordet.
1682 J. Maubet, Redon, & Sadre.
1683 Ant. Freſſanges, N. Maubet L. & Pierre Legay j.
1684 Hugues Maubet, J. Legay, & P. Mallet.
1685 A. Vallet, A. Maubet, & A. Bletterie.
1686 P. Coſterolle, J. Biorac, & N. Maubet j.
1687 P. Deat, Aſſolent, & Amable Legay.
1688 Amy, Imbert, & Chefdeville.
1689 Ant. Freſſanges, Vallette, & Maliquet.
1690 J. Maubet, P. Mallet, & Sablon.
1691 N. Maubet, Bletterie, & Chevalier.
1692 Legay, Theillot, & Bonnet.
1693 Gaubert père, A. Legay, & J. Boiſſon.
1694 Biorat, Maliquet, & Languaitte.
1695 Maubet, Chefdeville, & Deat.
1696 G. Sudre, G. Chevalier, & Tourin Goubert.
1697 G. Vallette, J. Roux, & Freſſanges L.
1698 Ant. Bletterie, Claude Bonnet, & François Alexandre.
1699 Noel Maubet L. Pierre Vallet fils, & Vayrand.
1700 Amable Legay, Ant. Deat, & Gilbert Andrieux.
1701 Ant. Chefdeville, Joſeph Boiſſon, & Ant. Freſſanges.
1702 Gilbert Chevalier, Blaiſe Languille, & Georges Redon.
1703 Pierre Mallet L. François Alexandre, & Jacq. Maubet j.
1704 Jean Legay, Torin Gaubert fils, & François Faure.

MESSIEURS,

1705 Ant. Bletterie, Benoiſt Sablon, & Amable Frenaye.
1706 Ant. Deat, Jean Pouteix, & Jacques Vallet.
1707 Amable Maubet, Ant. Freſſanges, & Ant. Gelly.
1708 Charles Teillot, Gregoire Redon, & J. Bapt. Duroyat.
1709 François Alexandre, Jacq Maubet, & Georges Maudon.
1710 Gilb. Vallette, Amable Frenaye, & Hugues Maubet.
1711 Blaiſe Languille, Jacques Mallet, & Michel Pourdige.
1712 Joſeph Boiſſon, Ant. Gelly, & Ant. Solignat.
1713 Taurin, Gaubert, Jacq. Vallet, & Ant. Deſervat.
1714 Gilbert Chevalier, Gilbert Vayraud, & Ant. Aſſolent.
1715 Georges Redon, Jean-Baptiste Duvai, & Jean Berthon.
1716 François Alexandre, Hug. Maubet, & Jean Rougier.
1717 Antoine Freſſange, Bernard Fauret, & Gilb. Lemberteche.
1718 Antoine Gely, Antoine Solignat, & Claude Toreau.
1719 Amable Frenaye, Antoine Aſſolent, & Amable Amy.
1720 Jacques Vallet, Jean Berthon, & Antoine Sauvageon.
1721 Hugues Maule, de Servat, & Deroches.

ETAT des Noms de Messieurs les Juges & Consuls de la Ville de Brioude, qui ont passé en Charge depuis l'établissement de ladite Jurisdiction.

MESSIEURS,   MESSIEURS,

1705 Guillaume Vairon, Juge, Pierre de Vauzelles, I. Consul, & Jean-Baptiste Expigoux, II. Consul.

1706 Jean-Baptiste Expigoux, Jean Besson, Pierre Dejax.

1707 Pierre Dejax, Jean de Vauzelles, Robert Planche.

1708 Jean Besson, André Bonel, Robert Roux.

1709 André Bonnel, Jean-Marie de Bruxelles, Jean-Bapt. Guyten.

1710 Jean-Marie de Bruxelles, Jean Barthomeuf, Pierre Chademouson.

1711 Robert Planche, Claude Alluis, Antoine Thomas.

1712 Guillaume Vayron, Ant. Bomport, Pierre Facq.

1713 Claude Alluis, Etienne Martinon, Pierre Plaix.

1714 Robert Roux, Guillaume Pichot, Blaise Grenier.

1715 Jean-Baptiste Guyton, Jacques Faci, Pierre Chirat.

1716

1717

1718

1719

1720

1721

Eee iij

TABLE

DES EDITS, DECLARATIONS, ARRESTS, Reglemens, Ordonnances, Sentences, &c. contenus dans ce Recueil.

Rangés par ordre alphabétique.

A

Arreſt de la Cour de Parlement du 2 Septembre 1572, ſur l'Enterinement des Lettres Patentes du premier Aouſt 1572, portant qu'icelles ſeront lûes, publiées és Auditoires deſdites Sénéchauſſées & Siége Préſidial de Riom, jour de Plaiz, & icelles enregiſtrées és Greffes deſdits lieux, page 50

Arreſt de la Cour de Parlement du 2 Juillet 1575, ſur l'enterinemnnt des Lettres Patentes du 5 Novembre 1574, pour l'exécution des Jugemens des Juges & Conſuls de Clermont, tant dans les Reſſorts du Bourbonnois, Lyonnois, Limoſin, la Marche, Berry, Saint-Pierre-le-Mouſtier, Foreſt, Vellay, qu'autres Limitrophes du Pays d'Auvergne, 54

Arreſt de la Cour du Parlement de Bordeaux, portant caſſation du Reglement fait par les Préſidiaux de Guyenne, enſemble de la condamnation d'amende portée par icelui, & déclare le tout nul & abuſif, & fait inhibitions & défenſes, tant aux Préſidiaux de Guyenne, qu'à tous autres du Reſſort de la Cour, de faire tels Reglemens, & d'entreprendre cy-après ſur la Juriſdiction de la Cour de la Bourſe, ni de recevoir aucun appel venant de ladite Cour de la Bourſe: Ordonne en outre que tant le Procureur General du Roy audit Siége de Guyenne, que celui qui a prononcé ledit Reglement, comparoîtront en perſonne en la Chambre du Conſeil; ledit Arreſt obtenu par Pierre Vidal le 11 Mars 1604, 62

Arreſt de la Cour de Parlement de Bourdeaux, portant adjournement perſonnel contre le Lieutenant General de Bragerac, & Permiſſion auſdits Juges & Conſuls de faire exploiter leſdits Mandemens decernés par eux, avec injonction au premier Huiſſier ou Sergent Royal ſur ce requis, d'exploiter leſdits Mandemens, à peine de nullité; ledit Arreſt obtenu par leſdits Juges & Conſuls le 4 Mars 1607, 64

Arreſt de la Cour de Parlement, portant défenſes au Prevoſt de Paris de proceder par caſſation des Sentences des Juges & Conſuls, ni d'en empecher l'execution, à peine de répondre des dommages & interefts des Parties; fauf à fe pourvoir par appel en la Cour à l'ordinaire; ledit Arreft obtenu par Nicolas Marcher le 14 Mars 1611, 66

Arreft du Confeil Privé du Roy du 13 Juin 1611, fur la Requête préfentée par la Communauté des Marchants de Poitou, ès Villes de Poitiers & Niort, par lequel le Roy en fon Confeil, fans avoir égard aux Ordonnances des Préfidiaux, leur a fait inhibitions & défenfes, conformément aux Lettres Patentes ci-devant tranfcrites du 22 Février 1599, de troubler ni empêcher lefdits Juge & Confuls en l'exercice de leurs Charges, & mettre au neant leurs Sentences, & autres défenfes & injonctions portées par lefdites Lettres Patentes, 67

Arreft de la Cour de Parlement du 5 Mars 1615, intervenu au profit de Martin Parifis & de Jean Guillebon fon Affocié, Appellant du Jugement du Prevôt de Paris du 10 Juin 1614, d'une part; & lefdits Danier & fa femme; ledit Jugement portant caffation d'une Sentence des Juge & Confuls. Par lequel la Cour a caffé, révoqué & annullé tout ce qui avoit été fait par ledit Prevoft de Paris, & ordonne que les amendes, fi aucunes avoient été payées, feroient rendues, 70

Arreft de la Cour de Parlement du 23 May 1620, portant Reglement entre les Juges Préfidiaux & les Juge & Confuls de Troyes, 71

Arreft de la Cour de Parlement du 30 Janvier 1652, donné au profit des Juge & Confuls d'Abbeville, & Antoine Mauvoifin Marchand & leur Greffier en Chef, Appellans d'une Sentence rendue par le Lieutenant General de la Senéchauffée de Ponthieu, 74

Arreft de la Cour de Parlement de Rouen, du 10 May 1658, extrait d'un gros Regiftre contenant les Edits & Declarations du Roy, & Arrefts de fon Confeil & du Parlement de Normandie, donné en faveur de la Jurifdiction des Prieur & Confuls des Marchands à Rouen & du Commerce, 79

Arreft de la Cour de Parlement du 7 Septembre 1648, donné au profit des Juges & Confuls de Reims, contre les Officiers du Bailliage dudit Reims, par lequel la Cour ordonne qu'ils auront Commiffion pour faire en icelle qui bon leur femblera, aux fins de leur Requête; cependant feront les Arrefts & Reglemens de ladite Cour, executés; Fait défenfes aufdits Officiers d'y contrevenir, à peine de mille livres d'amende contre chacun des contrevenans en leurs noms; & en cas de contravention, permet d'emprifonner les contrevenans, 81

Arreft de la Cour de Parlement du 5 Juin 1568, par lequel ladite Cour auroit ordonné que par les Juge & Confuls il feroit pourvû aux Prifonniers détenus en vertu de leurs Sentences & Ordonnances par eux rendues, jufqu'à la fomme de deux cens liv. 84

Arreft de la Cour de Parlement du 18 Janvier 1577, intervenu au nom de Philippes Petit-pied Marchand à Troyes, Appellant d'une Sentence des Juge & Confuls de Paris, rendue au profit de Noel Doublet Marchand à Paris, comme prétendant n'être point jufticiable; au furplus ordonne que la Sentence des Juge & Confuls dont eft appel, fortiroit fon effet, 85

Arreft

Arrest de la Cour de Parlement du 18 Juillet 1623, au profit des Juge & Consuls de la Ville de Troyes, contre Etienne Blanchard Huissier en ladite Jurisdiction, Appelant de leur Sentence; lequel pour réparation des cas mentionnés au Procès, a été condamné à comparoir en l'Audience desdits Juge & Consuls, nud tête & à genoux, & demander pardon, & banni pour un an du Bailliage de Troyes, 87

Arrest de la Cour de Parlement du 27 Juillet 1624, intervenu sur l'appellation faite par le nommé Marlot du Jugement des Juge-Consuls, portant confirmation d'icelui, 88

Arrest de la Cour de Parlement du 30 Janvier 1641, par lequel le Procès verbal & information faite par les Juge & Consuls de Paris, & emprisonnement fait de la personne de Jacques Lalonde, de leur Ordonnance, en la Consiergerie du Palais, & ensuite le Procès fait & parfait audit Lalonde; lequel pour les cas mentionnés au Procès, auroit été condamné à faire amende honorable en l'Auditoire des Juge & Consuls, battu & fustigé de verges, & banni du Royaume, 89

Arrest du Conseil d'Etat du 17 Novembre 1661, confirmatif de la Sentence rendue le 24 Octobre 1661 par les Juge & Consuls de Paris, portant condamnation pour un Billet payable au porteur, valeur reçûe, 96

Arrest de la Cour de Parlement du 19 Juillet 1631, au profit de Pierre Ernoul Marchand à Angers, contre René Moyré & Anne Quantin sa femme, aussi Marchands demeurans à Cossé le-Vivien, Ressort de Laval, confirmatif des Sentences rendues par les Juge & Consuls d'Angers au profit dudit Ernoul contre lesdits Moyré & sa femme, 101 & suiv.

Arrest de la Cour de Parlement du premier Juillet 1706, confirmatif d'une Sentence du Châtelet qui a jugé une question importante dans la Coutume de Paris, & autres Coutumes qui ont des dispositions semblables, sur une question de Substitution, 105 & suiv.

Arrest du Parlement du 29 Juillet 1634, rendu en faveur des Echevins & Habitans de la Ville de Clermont, contre les Consuls & Habitans de Montferrand, 110

Arrest diffinitif du Conseil Privé du Roy, du 23 Juillet 1638, contre Montferrand, 111

Arrest du Parlement du 5 Aoust 1651, donné au profit des Juge & Consuls d'Anjou à Angers, contre les Presidiaux de Châteaugontier, 114

Arrests du Parlement donnés au profit des Juge & Consuls à Angers, contre les Officiers de la Senechaussée & Prevôté de Saumur, les 29 Aoust & 11 Septembre 1654, 116 & suiv.

Arrest du Conseil Privé du Roy du 28 Novembre 1662, au sujet de la prescéance accordée aux Marchands contre les Procureurs, 120 & suiv.

Arrest du Conseil d'Etat du 9 Septembre 1673, portant Reglement general pour l'âge que doivent avoir les Juge-Consuls des Marchands des Jurisdictions Consulaires du Royaume, suivant l'Edit de Sa Majesté du mois de Février 1672, qui regle l'âge des autres Officiers de Judicature, verifié en Parlement le 29 desdits mois & an, 126

Arreſt du Conſeil d'Etat du 28 Novembre 1674, qui permet aux Marchands de continuer d'écrire ſur leurs Livres de Papier marqué, juſqu'à ce qu'ils ſoient achevés, 126

Arreſt de la Cour de Parlement du 21 Juillet 1668, qui reçoit des enfans mineurs à rentrer dans leurs Biens vendus en Juſtice après trois publications, avec des Obſervations du Droit Romain, 136 & ſuiv.

Arreſt de la Cour de Parlement du 22 Juillet 1689, rendu en interprétation de l'art. 10 du Tit. III. de l'Ordonnance des Négocians & Marchands: Par lequel on a jugé qu'un Marchand eſt obligé de repréſenter ſes Livres, pour juger de la validité de ſa créance, quoiqu'il ait une reconnoiſſance paſſée pardevant Notaires, 145

Arreſt du Conſeil Privé du Roy du 9 Juin 1670, portant Reglement général au profit des Juges & Conſuls du Royaume, contre les Officiers des Siéges Royaux, hauts Juſticiers, Subalternes & autres, 153

Arreſt du Conſeil Privé du Roy du 13 Juin 1611, donné ſur la Requeſte préſentée par les Communautés des Marchands des Villes de Poitiers & Niort: par lequel le Roy en ſon Conſeil, ſans avoir égard aux Ordonnannances des Préſidiaux, leur a fait inhibitions & défenſes, conformément aux Lettres Patentes de Sa Majeſté du 2 Février 1599, de troubler & empêcher leſdits Juge & Conſuls en l'exercice de leurs Charges, & mettre au néant leurs Sentences, & autres défenſes & injonctions portées par leſdites Lettres Patentes, 185

Arreſt de la Cour de Parlement du 7 Aouſt 1698, portant Reglement entre les Officiers du Châtelet & les Juge & Conſuls, 169 & ſuiv.

Arreſt de la Cour de Parlement du 27 Juin 1699, en forme de Réglement, rendu au profit des Juge & Conſuls de Poitiers, contre les Officiers de la Sénéchauſſée & Siége Préſidial de Poitiers, 176

Arreſt du Conſeil d'Etat du Roy du 19 May 1705, concernant les Billets de Change, les aſſignations du Tréſor Royal, & les Promeſſes des Gabelles, 184

Arreſt du Conſeil d'Etat du Roy du 2 Avril 1701, pour la preſcéance des Marchands qui exercent les charges de Juge & de Conſuls, & de ceux qui ont paſſé par leſdites Charges dans la Juriſdiction Conſulaire de la Ville de Poitiers, ſur les Procureurs Poſtulans au Bailliage & Siége Préſidial de la même Ville, avec les moyens des Parties, 185 & ſuiv.

Arreſt du Conſeil d'Etat du Roy, contradictoire & définitif, du 28 Juin 1701, pour la preſcéance des Marchands Juge-Conſuls de la Ville de Poitiers ſur les Procureurs au Préſidial de la même Ville, 212

Arreſt de la Cour de Parlement du 31 Aouſt 1702, par lequel en confirmant les Sentences des Juge & Conſuls de Paris, on juge que des Mineurs qui ont tiré, accepté & endoſſé des Lettres de Change, ne ſont point reſtituables, & qu'ils ſont Conſulaires & contraignables par corps, 221 & ſuiv.

Arreſt du Conſeil d'Etat Privé du Roy du 2 Aouſt 1704, qui déboute un Mineur de ſa demande en caſſation de l'Arreſt du Parlement de Paris du 30 Aouſt 1702, par lequel en confirmant les Sentences des Juge & Conſuls de Paris, on juge que des Mineurs qui ont tiré, accepté & endoſſé des

Lettres de Change, ne font point restituables, & qu'ils font Consulaires & contraignables par corps, 232

Arrest du Conseil d'Etat du Roy du 30 Mars 1706, qui excepte de l'execution de l'Edit du mois d'Octobre 1705, rendu pour le contrôle des Actes des Jurisdictions Consulaires, 244

Arrest de la Cour de Parlement du 18 May 1706, qui juge que le Porteur d'un Billet ou Lettre de Change, qui a pour obligé le Tireur, l'Accepteur & les Endosseurs, n'est pas obligé, en cas de faillite de tous les cobligés, d'en opter un, & qu'il peut exercer ses droits contre tous, 246

Arrest du Conseil d'Etat du Roy du 13 Juillet 1709, qui regle la forme de la Procedure que les Huissiers & Sergens doivent observer pour le payement des Billets solidaires, 251

Arrest de la Cour de Parlement du 28 Mars 1713, confirmatif d'une Sentence, rendu en faveur des sieurs Chalus & Lamure Marchands de Lyon, contre Jean-Antoine Sablon Ecuyer sieur du Corail, Capitaine de Cavalerie au Regiment du Roy, & Charles Granchier Conseiller du Roy, Receveur des Consignations de la Sénéchaussée d'Auvergne à Riom, pour raison d'un Billet au Porteur: Par lequel la Cour a mis l'appellation au néant, & ordonne que ce dont a été appellé sortira effet, avec amande & dépens, 268 & suiv.

Arrest de la Cour de Parlement du 18 Juillet 1713, qui juge qu'un Associé ne peut engager les autres Associés par des pactions & autres actes faits peu de tems avant la banqueroute ouverte, 272 & suiv.

Arrest du Conseil d'Etat du Roy du 19 Novembre 1709, concernant les interests des Billets solidaires des interessés dans les Fermes du Roy, 288 & s.

Arrest de Reglement du 30 Aoust 1714, portant que celui qui aura perdu une Lettre de Change, s'adressera au dernier Endosseur, & non au tireur pour en avoir une seconde, 291 & suiv.

Arrest du Conseil d'Etat du Roy du 1 Mars 1717, concernant les Billets solidaires des Traitans & Gens d'Affaires, 317

Arrest de la Cour de Parlement du 28 Mars 1620, entre le sieur Duc de Vendosme prenant le fait & cause pour son Procureur Fiscal, dudit lieu, Appellant d'une Sentence des Consuls de Tours, prétendant qu'ils avoient jugé une cause dont la connoissance lui appertenoit: Par lequel la Cour maintint les Consuls en la possession de connoître des Causes de Marchand à Marchand pour fait de Marchandise, tant entre ceux qui sont demeurans ès Justices Royales, qu'hauts Justiciers, 323

Arrest de la Cour de Parlement du 15 May 1623, au profit des Consuls de Troyes, contre le Prevost dudit lieu: Par lequel la Cour a cassé ce qui a été jugé par ledit Prevost, lequel a été condamné à rendre deux livres pariss de dépens, avec défenses tant audit Prevost que Présidiaux, de prendre aucune jurisdiction & connoissance des appellations interjettées, & en outre défenses audit Prevost de faire défense d'executer les Sentences desdits Juge & Consuls, à peine de répondre des dommages & interests en son propre & privé nom, 325

F ff ij

Arreſt de la Cour de Parlement du 25 Janvier 1658, rendu en la Chambre de la Tournelle, par lequel les Juge & Conſuls ayant été pris à partie en leur propre & privé nom en une Affaire criminelle, ils ont été déclarés follement intimés, leur Partie condamnée pour réparation en leurs dommages & intereſts, & aux dépens, 329

Arreſt de la Cour du Parlement ſéant au Châtelet du 8 Avril 1659, par lequel ladite Cour auroit renvoyé pardevant les Juge & Conſuls les Priſonniers detenus en vertu des Sentences par eux rendues, & ce qui ſera par eux ordonné ſeroit executé nonobſtant, 331

Arreſt de la Cour de Parlement du 4 Aouſt 1659, par lequel ſur le Procès verbal & information faite par les Juge & Conſuls, les nommés Soulage & Lagault auroient été condamnés de comparoir en l'Audience deſdits Juge & Conſuls, & là étant à genoux nues têtes, dire & déclarer les paroles mentionnées audit Arreſt, 332

Arreſt du Conſeil d'Etat Privé du Roy du 13 Juillet 1711, en faveur des Juge & Conſuls contre les Préſidiaux, 347 & ſuiv.

Arreſt de la Cour de Parlement du 10 Decembre 1717, qui juge qu'un Marchand qui eſt porteur d'un Billet négociable, n'eſt pas tenu ni obligé de déclarer de qui il le tient, 365

Arreſt du Conſeil Privé du Roy du 23 Novembre 1629, donné entre Meſſieurs les Preſidens & Elûs de l'Election de Clermont, & Meſſieurs les Juge-Conſuls & Marchands dudit Clermont, ſur l'obſervance des rangs & ſéances qu'ils doivent tenir, 371

Arreſt contradictoire du Conſeil Privé du Roy du 19 Ianvier 1657, rendu entre les Marchands de la Ville d'Aurillac, & les Marchands Forains portant défenſes auſdits Marchands Forains de vendre & étaller tous les jours de Foire audit Aurillac, 374

Arreſt du Conſeil d'Etat du Roy du 7 Février 1719, ſervant de Reglement general pour le Contrôle des Actes ſous ſignature privée, &c. 378 & ſuiv.

C

Catalogue des noms & ſurnoms des Marchands de Clermont qui ont été élûs Juges & Conſuls en ladite Ville depuis 1628, 395 & ſuiv.

Catalogue des Juges & Conſuls de la Ville de Riom, 401

Catalogue des Juges & Conſuls de la Ville de Brioude, 405

Commiſſion du Roy du 2 Janvier 1567, pour l'exécution de la Declaration du Roy du 18 Decembre 1566: portant que les Juge & Conſuls de Clermont prêteront le ſerment devant les anciens Juge & Conſuls, 34

Commiſſion du Roy de l'année 1570, portant permiſſion d'impoſer ſur tous les Marchands, Artiſans, faiſant trafic en gros & en détail, de la Ville & Faubourgs de Clermont, certaine ſomme de deniers pour l'achat ou louage d'une Maiſon commune, &c. 46 & ſuiv.

Commiſſion du Roy du 13 Juin, 1611 pour l'execution de l'Arreſt du Conſeil Privé du Roy donné le même jour en faveur des Marchands de Poitou ès Villes de Poitou & Niert, contre les Ordonnances des Préſidiaux, &c. 67

D

DEclaration du Roy en interprétation de l'Edit donné à Bourdeaux le 28 jour d'Avril 1565, verifiée en Parlement le 19 Juillet 1565, contre les Marchands Privilegiés où il y a Jurisdiction Consulaire, 21 & suiv.

Declaration du Roy donnée à Bourdeaux au mois d'Avril 1565, sur l'établissement d'un Juge & deux Consuls des Marchands en sa Ville de Clermont Principale & Capitale de la Province d'Auvergne, creée à l'instar de la Jurisdiction Consulaire de Paris, pour jouir par eux des mêmes privileges accordés aux Juge & Consuls de Paris par l'Edit d'érection du mois de Novembre 1563, 27

Declaration du Roy donnée à Paris le 18 Decembre 1566, portant que les Juge & Consuls de la Ville de Clermont prêteront le serment devant les anciens Juge & Consuls, 33

Declaration du Roy donnée à Paris le dernier jour de Ianvier 1567, en interprétation de l'Edit d'érection & du pouvoir donné aux Juge & Consuls des Marchands de la Ville de Clermont, sur ce qu'ils doivent & peuvent connoître, par forme de Reglement, 36

Declaration du Roy du 10 May 1686, pour l'interprétation des Articles IV. & VI de l'Ordonnance du mois de Mars 1673, concernant les Lettres & Billets de Change, 134

Declaration du Roy du 26 Février 1692, en interpretation de l'Edit du mois de Mars 1673, concernant les Billets de Change qui se font par les Gens d'Affaires, & les contraintes par corps, 147

Declaration du Roy du 14 Octobre 1611, obtenue par les Iuge-Consuls des Marchands, portant la connoissance & pouvoir de leurs Iurisdictions, en interprétation d'une autre Declaration du mois d'Octobre 1610, 162

Declaration du Roy du 23 Decembre 1699 en forme de Reglement pour les Lettres de Répy, 178

Declaration du Roy du 16 Mars 1700, concernant les Billets de Change, 182

Declaration du Roy du 18 Novembre 1702, portant que toutes cessions & transports sur les biens des Marchands qui font faillite, seront nuls, s'ils ne sont faits dix jours au moins avant la faillite publiquement connue, &c. 233

Declaration du Roy du 3 Decembre 1702, servant de nouveau Reglement pour les Lettres d'Etat, 235

Declaration du Roy du 15 May 1703, par laquelle Sa Majesté declare n'avoir entendu comprendre dans l'exécution de l'Edit du mois de Decembre 1684 les Iurisdictions Consulaires du Royaume, dans lesquelles les Porteurs de Promesses, Billets ou autres actes passés sous signature privée, pourront obtenir des condamnations contre leurs debiteurs, sans qu'au préalable il soit besoin de proceder à la reconnoissance desdites Promesses, sinon aux cas expliqués par ladite Declaration, 242

Declaration du Roy du 20 *Decembre* 1712, *en faveur des Huissiers des Jurisdictions Consulaires,* 278

Declaration du Roy du 28 *Novembre* 1713, *qui regle la maniere de payer les Lettres de Change & Billets payables au Porteur, par rapport aux diminutions des Especes,* 281

Declaration du Roy du 20 *Février* 1714, *en interpretation de celle du* 28 *Novembre* 1713, *concernant le payement des Billets & Lettres de Change,* 285

Declaration du Roy du 10 *Juin* 1715, *portant que les Procés & diferens civils pour raisons des faillites & banqueroutes, seront portées pardevant les Juge & Consuls jusqu'au premier Janvier* 1716, 301

Declaration du Roy du 28 *Juin* 1715, *qui ordonne que par provision les droits qui doivent être perçûs dans les Jurisdictions Consulaires créées par l'Edit du mois de Mars* 1710, *pour les Expéditions du Greffe, seront payées sur le même pied qu'ils se payent au Greffe des Juge & Consuls des Marchands de la Ville de Paris, &c.* 305

Declaration du Roy du 11 *Janvier* 1716, *concernant les faillites & banqueroutes, dont la connoissance est attribuée aux Juges & Consuls,* 309

Declaration du Roy du 20 *Juin* 1716, *concernant les Lettres & Billets de Change, & autres Billets payables au Porteur,* 312

Declaration du Roy du 13 *Juin* 1716, *contre ceux qui ont fait ou feront faillite,* 314

Declaration du Roy du 29 *May* 1717, *qui proroge jusqu'au premier Janvier* 1718 *l'attribution aux Juges & Consuls de la connoissance des faillites & banqueroutes,* 319

Declaration du Roy du Roy du 5 *Août* 1721, *portant que les Procés pour raison des faillites & banqueroutes, seront portés devant les Juge & Consuls jusqu'au premier Juillet* 1722. 387 & suiv.

E

Edit du Roy sur l'Erection, Election & Etablissement d'un Juge & de quatre Consuls des Marchands en sa ville de Paris, donné au mois de Novembre 1563, *&c.* 15

Edit du Roy donné à Bourdeaux au mois d'Avril 1565, *sur l'Etablissement d'un Juge & deux Consuls des Marchands en sa Ville de Clermont, principale & Capitale de la Province d'Auvergne,* 27

Edit du Roy donné à Toulouse au mois de Février 1565, *sur l'Etablissement d'un Juge & deux Consuls des Marchands en sa Ville de Thiers, créée à l'instar de la Jurisdiction Consulaire de Paris,* 29

Edit du Roy donné à Fontainebleau au mois de Mars 1567, *sur l'Etablissement d'un Juge & de deux Consuls des Marchands en sa Ville de Riom, &c.* 40

Edit du Roy, portant confirmation de l'Etablissement de la Jurisdiction Consulaire des Marchands de la Ville de Clermont, &c. 55

Edit du Roy du mois de Iuillet 1704, *pour la nomination d'un Iuge & deux Consuls à Brioude*, 58

Edit du Roy donné à Versailles au mois de Decembre 1684, *sur la reconnoissance des Promesses & Billets sous seing privé*, 131

Edit du Roy du mois de Mars 1710, *portant Etablissement de vingt nouvelles Iurisdictions Consulaires*, 253

Edit du Roy du mois de Septembre 1710, *portant création d'une Iurisdiction Consulaire dans la Ville de Tulles*, 262

Edit du Roy du mois de Decembre 1701, *qui veut que le Commerce de Terre ne déroge point à Noblesse, quand il se fait en gros*, 383

I

INstruction generale sur la Iurisdiction Consulaire, 1 & suiv.

L

Lettres Patentes du Roy données à Paris le 18 Ianvier 1567, *portant défenses & interdiction au Senechal de Clermont, & autres, d'empêcher directement ou indirectement les Iuge & Consuls dudit Clermont en l'exercice de leur Iurisdiction*, 35

Lettres d'interdiction du 4 Septembre 1570, *au profit des Iuge & Consuls des Villes de Clermont, Riom, Montferrand & Thiers, &c.* 42

Lettres Patentes du Roy du 11 Septembre 1570, *portant interdiction & défenses au Parlement de connoître des prétenuës contraventions opposées par les Praticiens des Sénéchaussées & Bailliages d'Auvergne, &c.* 44

Lettres Patentes du Roy du premier Aoust 1572, *en faveur des Iuge & Consuls de la Ville de Clermont, portant injonction au Parlement de faire défenses, tant aux Sénéchaux de Clermont & de Riom, & Gens tenans le Siège Présidial audit Riom, qu'autres Officiers, d'empêcher les Sergens d'assister à leur Iurisdiction*, 48

Lettres Patentes confirmatives de celles du premier Aoust 1572, 72

M

Memoire pour la Communauté des Procureurs du Présidial de Poitiers, *Demandeurs en Requeste d'opposition à l'Arrest du Conseil d'Etat du 2 Avril* 1701, *contre le Corps des Marchands de la même Ville, Défendeurs aux fins de la Requête inserée audit Arrest*, 198

Memoire des droits qui se levent dans la Iurisdiction Consulaire de Paris, 307

O

OPposition des Procureurs à l'Arrest du 2 Avril 1701, 193

Ordonnance rendue par les Iuge & Consuls de Clermont, contre ceux qui occupent & comparoissent pour les deux Parties, 56

Ordonnance des Iuge & Consuls de Clermont de l'année 1662, *contre les Conseillers de ladite Iurisdiction, par faute d'assister aux Audiences*, 57

Ordonnance de M. le Lieutenant General de Police de la Ville de Clermont, sur les Conclusions de M. le Procureur du Roy, 308

Ordonnance des Iuge & Consuls, portant défenses à tous Marchands de se pourvoir ailleurs que pardevant lesdits Iuge & Consuls, 321

P

PRocès verbal fait par les Iuge & Consuls, contre certain Quidam accusé d'avoir pris une Bourse à l'Audience, 93

Procès verbal par défaut des Marchands de la Ville de Poitiers, pardevant M. l'Intendant, en exécution de l'Arrest du 2 Avril 1710, 194

Procès verbal fait par les Iuge & Consuls de la Ville de Paris, contre François de Vintuille accusé de fausseté, 334

R

REglement de M. l'Intendant d'Auvergne, sur le fait des rangs & séances qui seront observées à la tenue des Assemblées generales & particulieres en la Maison de Ville de Clermont, & aux Processions générales d'icelle, 368

Réglement, ordre & cérémonies qui se font observés dans la Jurisdiction Consulaire de Clermont, 336

Réponse des Marchands de la Ville de Poitiers, à l'acte d'opposition des Procureurs, 193

Réponse des Marchands de Ladite Ville de Poitiers, au Mémoire des Procureurs Postulans de la même Ville, contenant leurs prétendus moyens d'opposition à l'Arrest du Conseil du 2 Avril 1701, 204

Requeste présentée par les Marchands de Clermont à Mrs du Présidial de Riom, sur l'Enregistrement de leurs Lettres en la Sénéchaussée & Siége Présidial dudit Riom, 31

Requeste présentée à M. l'Intendant par les Marchands, Iuge & Consuls de la Ville de Poitiers, 191

S

SEntence des Iuge & Consuls de Paris, portant condamnation pour un Billet payable au Porteur, valeur reçue, 95

Sentences des Iuge & Consuls d'Angers, au profit de Pierre Ernoul, contre René Moyré & sa femme, 98

Sentence des Iuges de la Conservation de Lyon, pour raison d'un Billet payable au Porteur, 265

Sentence des Iuge & Consuls d'Angers, 328

Fin de la Table.

ARREST

ARREST DE LA COUR DE PARLEMENT,

qui déclare le Substitut de M. le Procureur Général au Bailliage & Siége Présidial d'Appeaux de Vic en Carladais, bien intimé & pris à partie; & en consequence, casse & annulle l'Ordonnance rendue par le Lieutenant particulier audit Siége, condamne sa veuve solidairement avec ledit Substitut, de payer à la veuve Vazeilles la somme de 717 liv. 7 s. à elle dûe par Jacques Deprat, à laquelle il avoit été condamné par Sentence du Consulat de Clermont du 31 Juillet 1717, & en tous les dépens, dommages & interests, &c.

LOUIS par la grace de Dieu Roy de France & de Navarre: Au premier des Huissiers de notre Cour de Parlement, ou autre premier notre Huissier ou Sergent sur ce requis. Sçavoir faisons que vû par notre Cour le défaut faute de comparoir obtenu aux Présentations d'icelle le 4 Septembre 1720 par Damoiselle Jeanne Thierry, veuve de défunt Leger Vazeilles Marchand de la Ville de Clermont Capitale d'Auvergne, Appellante comme de Juges incompetens de l'Ordonnance rendue par Me Jean Boissy Lieutenant particulier au Siége Présidial d'Appeaux de Vic en Carladais le deuxiéme Octobre 1719, & Demanderesse en prise à partie suivant les Arrests de notre Cour des 4 de Decembre 1719 & 23 Mars 1720, & Exploit du 16 Juillet audit an, contre Jacques Deprat Marchand demeurant au lieu des Chases, Paroisse de S. Jacques d'Ailblait, Intimé; Me Henry Pages sieur de Hute, Substitut de M. le Procureur General au Bailliage Royal & Siége Présidial d'Appeaux de Vic, Intimé & pris à partie; Damoiselle Jeanne Soubrier veuve & heritiere testamentaire de défunt Jean Boissy notre Lieutenant particulier audit Bailliage Royal & Siége Présidial d'Appeaux de Vic, Défenderesse sur la prise à partie; Me Antoine Rougier Pro-

23 Aoust 1721.

Ggg

cureur au Bailliage & Siége Préfidial dudit Appeaux de Vic, & encore ledit Jacques Deprat, Défendeurs & Défaillans. Ordonnance rendue par ledit Boiſſy Lieutenant particulier au Bailliage & Siége Préfidial d'Appeaux de Vic, au bas de la Requête à lui préſentée le 2 Octobre 1719 par Jacques Deprat, ſur les concluſions dudit Pages Subſtitut audit Siége, par laquelle ledit Deprat a été déchargé des condamnations contre lui prononcées par ladite Sentence rendue aux Conſuls de Clermont le 31 Juillet 1717, fait défenſes audit Vazeilles de la mettre à exécution dans l'étendue du Reſſort dudit Bailliage d'Appeaux, à peine de trois cens livres d'amende, & de tous dépens, dommages, interêts dudit Deprat, & cependant ordonné qu'il ſeroit élargi des Priſons de Murat, à quoi faire ſeroit le Geolier contraint par ſaiſie de ſes biens & par corps, & en ſatisfaiſant il demeureroit d'autant quitte & valablement déchargé, & ſeroit ladite Ordonnance executée nonobſtant oppoſitions ou appellations quelconques, & ſans préjudice d'icelles. Requête énoncée audit Arreſt du 4 de Decembre 1719 obtenu par ladite Thierry veuve Vazeilles, à ce que pour les cauſes y contenues il plût à notredite Cour la recevoir Appellante comme de Juges incompétens de l'Ordonnance rendue par ledit Boiſſy Lieutenant particulier au Bailliage & Siége Préfidial d'Appeaux de Vic le 2 Octobre précedent au profit dudit Deprat, tenir l'appel pour bien relevé, Audience au premier jour, & cependant faire défenſes d'exécuter ladite Ordonnance, permettre à ladite veuve Vazeilles de faire intimer & prendre à partie ledit Boiſſy notre Lieutenant particulier audit Siége d'Appeaux de Vic en ſon propre & privé nom, à l'effet dequoi octroyer Commiſſion être délivrée à ladite veuve Vazeilles pour le faire aſſigner en icelle dans les délais de l'Ordonnance, pour voir dire & ordonner qu'il ſera déclaré bien intimé & pris à partie, ce faiſant condamné en ſon propre & privé nom à payer à ladite veuve Vazeilles la ſomme de 717 liv. 7 ſ. à elle dûe par ledit Deprat, de laquelle il a été condamné par ladite Sentence du 31 Juillet 1717, des interêts d'icelle à compter du jour qu'ils ſont adjugés par ladite Sentence, en ſes dommages-intereſts & aux dépens; ledit Arreſt du 4. Decembre 1719 qui a reçû ladite veuve Vazeilles Appelante tenu pour bien relevé, luy permet de faire intimer sur l'appel qui bon luy semblera, même de prendre à partie ledit Juge, Audience donnée aux Parties au premier jour, & cependant fait défenses de mettre ladite Ordonnance du Juge de Vic à exécution, & faire poursuites ailleurs qu'en notredite Cour, à peine de mille livres d'amende, dépens, dommages & interêts. Requête énoncée dans l'Arrest du 23 Mars 1720 obtenu par ladite veuve Vazeilles, à ce qu'elle fût reçûe Appellante en adherant à son premier appel comme de Juge incompetent, de l'Ordonnance renduë par ledit Boissy Lieutenant particulier au Bailliage & Siége Présidial d'Appeaux de Vic, sur & en conformité des conclusions dudit Pages Substitut audit Siége, le 2 Octobre 1719, & de tout ce qui a suivi au profit dudit Deprat, & à ce qu'il fût fait défenses d'éxécuter ladite Ordonnance, & faire poursuites ailleurs qu'en notredite Cour, à peine de mille livres d'amende, dépens dommages & interêts ; comme aussi qu'il fût permis à ladite veuve Vazeilles, en conformité de l'Arrest du 4 Decembre 1719, de faire intimer & prendre à partie ledit Pages Substitut de M. le Procureur General audit Bailliage & Siége Présidial d'Appeaux de Vic en son propre & privé nom : à l'effet dequoi octroyer Commission être délivrée pour le faire assigner en icelle, & en même tems, les veuve, enfans, heritiers & bientenans dudit feu Boissy Lieutenant particulier audit Siége d'Appeaux de Vic, à comparoir dans les délais de l'Ordonnance, pour voir dire & ordonner que ledit Pages Substitut seroit déclaré bien intimé & pris à partie, ce faisant condamné conjointement & solidairement avec ladite veuve, enfans & heritiers, & bientenans dudit défunt Boissy, payer à ladite veuve Vazeilhes la somme de 717 liv. 7 s. à elle dûe par ledit Deprat, & à laquelle il a été condamné par Sentence du 31 Juillet 1717, rendue au Consulat de Clermont, aux interêts de ladite somme à compter du jour qu'ils sont adjugés par ladite Sentence, en ses dommages & interêts & dépens, sans préjudice à ladite veuve Vazeilles de ses autres droits & actions : ledit Arrest du 23 Mars 1720, portant que celui du 4 Decembre 1719 sera executé selon sa forme & teneur, & en conséquence a permis à ladite veuve Vazeilles d'intimer & prendre à partie ledit Pages Subſtitut, & d'aſſigner les veuve, enfans & heritiers dudit défunt Boiſſy, pour proceder aux fins de ladite Requête & Exploits d'aſſignations données en notredite Cour le 16 Juillet 1720, à la requête de ladite veuve Vazeilles en exécution deſdits Arreſts des 4 Decembre 1719. & 23 Mars 1720 auſdits Pages Subſtitut, Sombreas, veuve Boiſſy, Deprat, aux fins des Commiſſions portées par leſdits Arreſts, & ledit Rougier Procureur aſſigné par l'un deſdits Exploits, pour voir dire qu'attendu qu'il étoit dans la contravention de l'art. 13 du Tit. XIII. de l'Ordonnance de 1673, pour avoir ſigné la Requête ſur laquelle l'Ordonnance du deuxiéme Octobre 1719 étoit intervenue, il fût condamné en cinquante livres d'amende applicable, moitié au profit de lad. veuve Vazeilles, & l'autre moitié au profit des Pauvres. Demande ſur le profit dudit défaut, & autres Piéces: Concluſions de notre Procureur General; Tout joint & conſideré. NOTREDITE COUR déclare ledit défaut bien & dûment obtenu, adjugeant le profit d'iceluy, déclare ledit Henry Pages Subſtitut du Procureur General du Roy au Bailliage & Siége Préſidial d'Appeaux de Vic en Carladais bien intimé & pris & partie, & en conſequence a mis & met l'appellation & ce dont a été appellé au néant, émandant, déclare l'Ordonnance rendue par feu Jean Boiſſy Lieutenant Particulier audit Siége d'Appeaux de Vic, ſur les concluſions dudit Pages Subſtitut le deuxiéme Octobre 1719, condamne leſdits Pages Subſtitut, & Jeanne Joubrier veuve & heritiere teſtamentaire dudit Boiſſy ſon mari ſolidairement, payer à ladite Jeanne Thierry veuve Leger Vazeilles, la ſomme de 717 liv. 7 ſ. à elle dûe par ledit Jacques Deprat, à laquelle il a été condamné par Sentence rendue par les Juge-Conſuls de Clermont le 31 Juillet 1717, aux interêts de ladite ſomme à compter du jour qu'ils ſont adjugés par ladite Sentence, en ſes dommages & interets; comme auſſi condamne ledit Antoine Rougier Procureur audit Siége d'Appeaux en cinquante livres d'amende, applicable moitié à ladite Thierry veuve Vazeilles, & l'autre moitié au profit des Pauvres de la Ville d'Appeaux: Condamne en outre leſdits Pages Subſtitut, Soubrier veuve Boiſſy, Deprat & Rougier aux dépens de l'Inſtance dudit défaut, & de tout ce qui s'en eſt enſuivi, tels que de raiſon. ET MANDONS au premier deſdits Huiſſiers de notredite Cour de Parlement, ou autre premier notre Huiſſier ou Sergent ſur ce requis, mettre le préſent Arreſt à exécution. De ce faire te donnons pouvoir. Donné en notredite Cour de Parlement le 23 Aouſt l'an de grace 1721, & de notre Regne le ſixiéme. Collationné. Signé, RICHARD. Par la Chambre, *ſigné*, GILBERT.

Scellé le 3 Septembre 1721. Signé, BESNIER.

ORDONNANCE de M. l'Intendant de la Province d'Auvergne, portant Reglement pour la tenue de la Foire des Proviſions de Carême, en la Ville de Clermont-Ferrand.

GILLES BRUNET D'EVRY, Chevalier, Seigneur de la Paliſſe & autres lieux, Baron de Châtel-Montaigne, Conſeiller du Roy en ſes Conſeils, Maître des Requêtes ordinaire de ſon Hôtel, Intendant de Juſtice, Police & Finance en la Généralité de Riom & Province d'Auvergne.

7 Février 1722.

M. le Maréchal de BERVICK, par ſon Ordonnance du 12 Septembre 1721, ayant défendu dans toute l'étendue de ſon Commandement la tenue de toutes les Foires, à la réſerve de celles qui ont accoutumé de ſe tenir pour la vente des Beſtiaux; juſqu'à ce que Meſſieurs les Intendans ayent jugé à propos de permettre en connoiſſance de cauſe la tenue deſdites Foires: NOUS, en exécution de ladite Ordonnance, avons jugé qu'il étoit d'une très-grande utilité pour la Province, de laiſſer ſubſiſter la Foire qui a accoutumé de ſe tenir à Montferrand, à commencer du Vendredi qui précede le Vendredi de devant le Carême-prenant, pour finir au Vendredi de devant le Carême, attendu qu'elle eſt principalement établie pour la débite des Proviſions pour le Carême; Et afin d'empêcher que ſous prétexte des Proviſions de Carême ou autrement, on ne cherche à introduire dans la Ville de Montferrand des Etofes & Marchandises venant des lieux suspects, Nous ordonnons que les sieurs Commissaires du Bureau de Santé établi en cette Ville de Clermont, se transporteront à tour de rôle avec des Commissaires Verificateurs, en la Ville de Montferrand, en nombre de quatre chaque jour, à commencer Lundi prochain 9 du présent mois, jusqu'au Dimanche suivant inclusivement, pour examiner & faire verifier en la maniere ordinaire au lieu à ce destiné, toutes les Marchandises qui pourront être conduites à ladite Foire des Provisions : Faisons défenses à tous Marchands d'exposer en vente aucunes Marchandises, qu'elles n'ayent été verifiées par lesdits Commissaires qui leur en délivreront des Certificats signés d'eux, à peine contre les contrevenans de confiscation des Marchandises, & de mille livres d'amende, & de plus grande peine s'il y échet; Et à cet effet lesdites Marchandises ne pourront entrer dans ladite Ville de Montferrand, que par la Porte de Bize seulement, autrement dite Porte de Riom. Permettons néanmoins pour la facilité des alans & venans, de tenir la Porte de l'Hôpital ouverte, autrement dite Porte de Clermont, à la charge de n'y pouvoir faire passer aucune Marchandise, sous peine de punition corporelle; Ordonnons que toutes les autres Portes de la Ville de Montferrand demeureront fermées, à l'exception de celle de la Rodade qui sera ouverte le Vendredi 13 de ce mois seulement, & ce depuis sept heures du matin jusqu'à quatre heures du soir, afin de faciliter le passage du Marché aux Bestiaux, sans que par ladite Porte de la Rodade il soit permis de faire passer aucunes Marchandises, à peine de confiscation d'icelles, & de punition corporelle. Enjoignons aux Commissaires de Santé, & autres préposés à la garde de lad. Porte ledit jour Vendredi 13 de ce mois, d'y tenir exactement la main, à peine d'en demeurer responsables. Ordonnons pareillement aux Commissaires de Santé, & autres préposés à la garde de la Porte de l'Hôpital, depuis le Lundi 9 jusqu'au Dimanche 15 de ce mois inclusivement, de renvoyer à la Porte de Bize les Conducteurs des Marchandises qui se présenteront, afin qu'on les conduise au Bureau, où les sieurs Commissaires de la Ville de Clermont seront assemblés à

Montferrand, & sans passer par la Ville, pour être verifiées par lesdits sieurs Commissaires, à peine de mille livres d'amende, & de punition corporelle, s'il y a lieu. Faisons défenses sous les mêmes peines, de sortir ou faire sortir depuis ledit jour 9 jusqu'au 15 inclusivement, aucunes Etofes & Marchandises de lad. Ville de Montferrand, qu'elles n'ayent été auparavant vûes & verifiées, & plombées par les sieurs Commissaires du Bureau de Santé de Clermont, & qu'elles ne soient munies de leur Certificat. Les Commissaires & autres préposés à la garde des Portes de la Ville de Montferrand, n'y pourront sous les mêmes peines, laisser entrer aucunes Personnes étrangeres sans un Certificat de Santé, lequel sera présenté ausdits sieurs Commissaires du Bureau de Clermont, avant qu'il puisse être introduit dans la Ville, pour être par eux visé, s'ils le jugent convenable. Le Plomb ou Sceau du Bureau de Santé de Clermont sera apposé sur chaque Balle de Marchandises dont on aura permis l'entrée, & les droits ordinaires de trois sols par blomb seront payés; & les fonds qui pourront rester déduction faite de ce qui revient au Plombeur & au Contrôleur, seront employés suivant nos Ordonnances particulieres, aux frais extraordinaires que la Ville de Montferrand sera obligée de faire à l'occasion dudit Bureau de Santé. Et au cas que lesdits sieurs Commissaires jugent à propos d'envoyer quelques Marchandises en quarantaine, elles seront conduites à la Ville neuve, lieu destiné pour la quarantaine de Clermont. Ledit Bureau de Santé ne sera composé que des Commissaires dudit Bureau de la Ville de Clermont, à l'exception du sieur Dumas Lieutenant Criminel dudit Montferrand, & notre Subdélégué, qui en cette derniere qualité seulement pourra y assister quand bon luy semblera, & y avoir voix délibérative. Et sera la présente Ordonnance lûe, publiée & affichée, tant aux Portes de la Ville de Montferrand, qu'au Bureau desdits sieurs Commissaires de Clermont qui se tiendra à Montferrand. Enjoignons au sieur Dumas notre Subdélégué, de tenir la main à son exécution. Fait à Clermont ce 7 Février 1722. *Et signé*, BRUNET D'EVRY.

MEMOIRE.

POUR les Affaires de la Douanne.

AU mois de   1622, le Roy Louis XIII. étant en Languedoc, voulut établir des Bureaux de Douanne entre l'Espagne & le Languedoc. Les Languedochiens dont le Commerce étoit grand avec l'Espagne, les refuserent. Le Roy voulut bien avoir égard à leurs remontrances, & leur permit par une Declaration donnée à Coignat en 1622, le libre usage de leur Commerce avec l'Espagne, à condition qu'ils seroient réputés comme Etrangers à l'égard du reste du Royaume; & pour cela il ordonna qu'il seroit établi des Bureaux de Douanne entre le Languedoc & l'Auvergne, avec cette clause expresse, qu'aussi-tôt que les Refusans auroient souffert les Bureaux aux confins de l'Espagne, ceux-là seroient supprimés.

M. de Mégrigny Intendant d'Auvergne, fut commis pour l'établissement de ces Bureaux; mais trouvant cela très-difficile à cause des montagnes, il les établit entre l'Auvergne & le reste de la France: sçavoir à Vichy, Gannat & Montluçon. Les Habitans d'Auvergne s'y opposerent, mais il leur fut répondu que ces Bureaux n'étant établis qu'en consequence du refus du Languedoc, on ne feroit payer que les Marchandises de Languedoc, & que celles d'Auvergne ne payeroient rien, & que ces Bureaux ne seroient que des Bureaux de conserve. Depuis cela, par succession de tems, on a assujetti non-seulement toutes les Marchandises d'Auvergne à payer des droits, mais même tout ce qui vient de Paris & tout ce qui y va, jusqu'à une paire de souliers & des gans, quand ils sont neufs, & cela se fait avec tant de rigueur, que l'on fait ouvrir les Ballots pour visiter tout ce qu'ils contiennent.

Cela empêche entierement le Commerce de toutes les Marchandises de la Province d'Auvergne, & même de celles du Languedoe & du Velay, qui font arrêtées par ces Bureaux.

Cependant depuis plus de cinquante ans les Bureaux entre le Languedoc & l'Espagne ont été établis ; ainfi il feroit de la juftice de fupprimer les autres, fuivant les termes de la Declaration de Coignat, & cela feroit d'une extrême importance pour la Province d'Auvergne. Et il feroit même de l'interêt du Roy de les fupprimer, par l'avantage qui en pourroit revenir par le Commerce que l'on établiroit pour toutes les Marchandifes de la Province, qui la rendroit une des meilleures du Royaume.

A l'égard feulement du Vin, ce qui eft caufe qu'on ne peut le débiter,

C'eft que notre Riviere d'Allier n'étant pas toujours navigable, il faut pour tranfporter nos Marchandifes, attendre qu'il vienne des crues d'eau.

Et comme le Vin eft une des plus confidérables Marchandifes avec les Pommes, & que nos vendanges font fort tardives, les Batteaux qui emportent nos Vins & nos Pommes, ne peuvent partir au plûtôt qu'à la moitié du mois de Novembre, lorfqu'il y a une crue d'eau.

Quand donc nos Batteaux font arrivés à Vichy, les Commis de la Douanne les arrêtent pour régler les droits : durant ce tems-là la crue paffe, les Batteaux font obligés d'attendre une autre crue, qui ne vient quelquefois qu'un mois ou fix femaines après. Lorfqu'elle vient, les Batteaux partent ; mais comme c'eft dans le fort de l'Hyver, il arrive fouvent qu'ils trouvent le canal de Briare gelé : cela les arrête encore à Briare, d'où ils ne peuvent partir qu'après la gelée.

Il arrive deux inconveniens de ce retardement du Vin fur la Riviere durant près de trois mois à Vichy ou à Briare.

Le premier, que le vin s'affoiblit par le féjour fur l'eau. Et le fecond, que les Batteliers en boivent tant qu'ils veulent, & remettent fort aifément de l'eau dans les poinçons, enforte qu'ils arrivent à Paris moitié eau & moitié vin ; ce qui fait croire que le vin d'Auvergne ne peut pas fouffrir le tranfport. Et cela n'arriveroit pas, fi les Batteaux en partant d'Auvergne n'étoient point arrêtés à Vichy, & s'ils pouvoient arriver à Paris avant l'Hyver, dans toute leur force.

A l'égard de l'avantage du Roy, c'est qu'au lieu que les Bureaux de Vichy, Gannat & Montluçon ne portent qu'environ vingt mille francs de profit au Roy, à cause du peu de Marchandises qui y passent, & des frais de régie ; le Vin seul de la Province, qui communes années pourroit envoyer trente mille poinçons de vin aisément, payeroit à l'entrée à Paris plus de cinq cens mille francs.

Les Habitans de Paris y trouveroient de l'avantage, parce qu'il leur abonderoit plus de vin.

Et ceux d'Auvergne s'enrichiroient par la débite de leur Vin, & payeroient plus aisément leurs Tailles ; au lieu qu'ils sont ruinés les années d'abondance, par les grands frais qu'il faut faire pour la culture des Vignes & pour ammeubler le Vin, lequel ils sont obligés de donner à deux liards la pinte, faute de commerce, parce qu'il faut qu'il se consomme dans le Pays.

Ces Bureaux étant donc injustement conservés, puisque la Declaration de Coignat porte qu'ils feront supprimés aussitôt que le Languedoc aura souffert des Bureaux entre l'Espagne & eux, & qu'ils sont établis depuis plus de cinquante ans.

Il n'y a donc nulle difficulté à obtenir la suppression de ces Bureaux de Vichy, Gannat & Montluçon.

F I N.

Contraste insuffisant

NF Z 43-120-14